“十二五”普通高等教育本科国家级规划教材
普通高等教育土建学科专业“十二五”规划教材
高校城市规划专业指导委员会规划推荐教材

控制性详细规划

同济大学
天津大学
重庆大学　　联合编写
华南理工大学
华中科技大学

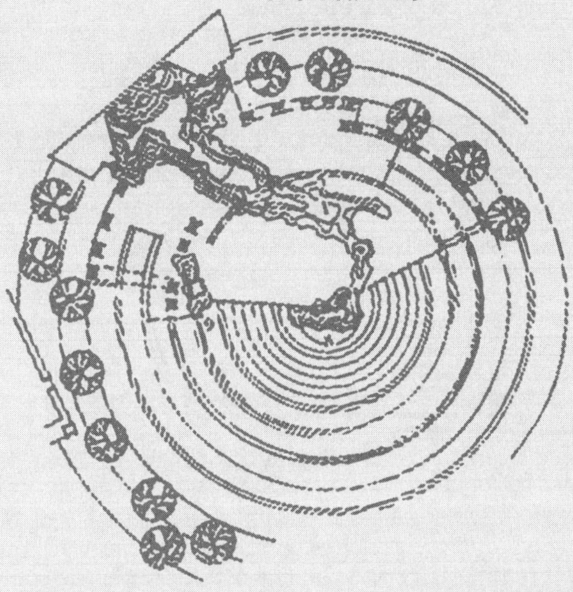

中国建筑工业出版社

图书在版编目(CIP)数据

控制性详细规划／同济大学，天津大学，重庆大学，华南理工大学，华中科技大学联合编写．—北京：中国建筑工业出版社，2010.7（2025.5重印）
"十二五"普通高等教育本科国家级规划教材
普通高等教育土建学科专业"十二五"规划教材
高校城市规划专业指导委员会规划推荐教材
ISBN 978-7-112-12227-1

Ⅰ.①控… Ⅱ.①同… ②天… ③重… ④华… ⑤华… Ⅲ.①城市规划－高等学校－教材 Ⅳ.① TU984

中国版本图书馆CIP数据核字（2010）第125233号

本书严格按照高等学校城市规划专业的教学大纲进行编写。全书讲述了控制性详细规划概述，控制性详细规划的编制方法，规定性控制要素，引导性控制要素，配套设施控制，控制性详细规划的实施与管理，控制性详细规划发展的新动向，规划案例。

本书适用于高等学校城市规划专业的所有学生，以及政府管理人员和相关从业人员。为更好地支持本课程的教学，我们向使用本书的教师免费提供教学课件，有需要者请与出版社联系，邮箱：jgcabpbeijing@163.com。

* * *

责任编辑：杨　虹
责任设计：赵明霞
责任校对：王金珠　关　健

"十二五"普通高等教育本科国家级规划教材
普通高等教育土建学科专业"十二五"规划教材
高校城市规划专业指导委员会规划推荐教材

控制性详细规划

同济大学
天津大学
重庆大学　　联合编写
华南理工大学
华中科技大学

*

中国建筑工业出版社出版、发行（北京海淀三里河路9号）
各地新华书店、建筑书店经销
北京雅盈中佳图文设计公司制版
建工社（河北）印刷有限公司印刷

*

开本：787毫米×1092毫米　1/16　印张：$24\frac{1}{4}$　字数：620千字
2011年6月第一版　2025年5月第二十四次印刷
定价：56.00元（赠教师课件）
ISBN 978-7-112-12227-1
(19490)

前　言

—Preface—

我国引入控制性详细规划的概念已经二十多年了，控制性详细规划的技术体系日趋成熟，业已成为我国城市规划管理的主要手段。自2008年《城乡规划法》实施两年多来，新的控制性详细规划理论和方法不断涌现。本教材编写组根据多年积累的教学经验和规划实践，结合规划设计和管理的常用理论、方法、实例和各地的实践探索，汇总成这本教材。

本教材在编写中参考了同济大学出版社出版的由夏南凯、田宝江所编写的《控制性详细规划》教材，在此基础上重新调整了结构，并且增加了新的理论和实践案例。

鉴于控制性详细规划仍然是一门发展中的学科，各地新的经验和方法本教材也不可能完全收入，这些都需要我们在今后的工作中充实和完善。

目 录

—Contents—

第一章　控制性详细规划概述

第一节　控制性详细规划的涵义、特征与作用

一、控制性详细规划的涵义与主要内容

（一）概况

控制性详细规划产生于20世纪80年代，在我国开展已有20多年的历史，最初是以"土地分区规划管理"的概念引入我国的。20世纪80年代，我国的市场经济体制初步建立，传统的"总体规划—详细规划"体系方法明显地显示出对新形势的不适应。为适应土地有偿使用的要求，上海、北京等地的城市规划管理部门和规划设计单位借鉴北美大陆以及我国港台地区实行的"土地分区规划管理"方法，结合我国城市规划的实际情况，在详细规划中引入区划的思想，从土地划分、开发控制、建筑管理等角度来制定规划，并逐步形成了适合我国城市规划编制和管理的基本方法——控制性详细规划的初步框架。它的特点是以控制性指标作为主要的规划管理依据，并通过法定

程序来确定规划的权威和正统地位。

控制性详细规划是对城市建设项目进行具体的定性、定量、定位和定界的控制和引导。作为一种对传统详细规划进行改良和变革的手段，它的产生适应了我国城市规划管理与开发建设新形势的要求，弥补了总体规划（分区规划）和修建性详细规划之间的空缺，使我国传统的以“总体规划—详细规划”为主体的两阶段规划体系开始转向以控制性详细规划为主导的规划控制和引导体系。从以城市形体设计为目标的详细规划，到以地块控制指标为核心的控制性详细规划的转变，深刻地反映了我国政府从计划经济向市场经济过渡过程中城市规划控制手段和方法的变革。经过审批的控制性详细规划成为政府实施规划管理的核心层次和最主要的依据。

较早出现的控制性详细规划有同济大学编制完成的上海虹桥开发区详细规划和清华大学编制完成的桂林市中心区详细规划，这两项规划分别对基地提出了一系列的控制性指标。经过多年的研究与充实，1991 年 9 月颁布的《城市规划编制办法》第一次在国家城市规划编制体系中明确了控制性详细规划的地位。至 1995 年，建设部《城市规划编制办法实施细则》的颁布，使之走上了规范化的道路。此后，控制性详细规划迅速普及，并对引导全国的城市建设和开发活动起到了重要作用。

（二）控制性详细规划的涵义

关于控制性详细规划的定义很多，国家以及各地区的规划部门对控制性详细规划的涵义都有一定的阐述。按照《城市规划基本术语标准》（GB/T 50280—1998）的定义，控制性详细规划（regulatory plan）“以城市总体规划或分区规划为依据，确定建设地区的土地使用性质和使用强度的控制指标、道路和工程管线控制性位置以及空间环境控制的规划要求”。

根据我国建设部 2006 年颁布的《城市规划编制办法》，城市规划编制一般分为总体规划和详细规划两个阶段。大中城市根据需要，可以在总体规划的基础上编制分区规划。详细规划分为控制性详细规划和修建性详细规划。从规划的层面来看，我国城市规划可以分为战略层面和操作层面，总体规划被视为战略层面，详细规划属操作层面。控制性详细规划将以上两个层面衔接起来，以总体规划或分区规划为依据，以土地使用控制为重点，详细规定建设用地的性质、使用强度和空间环境，强调规划设计与管理和开发相衔接，是规划管理的依据，并指导修建性详细规划的编制。

控制性详细规划作为衔接城市总体规划和修建性详细规划的关键性编制层次，既有整体控制要求，又有局部控制要求；既能延续并深化总体规划意图，又能对城市片区及地块建设提出可直接指导修建性详细规划编制的准则。同时，控制性详细规划作为管理城市空间资源、土地资源和房地产市场的一种公共政策，适应了我国城市快速发展的需要，可以实现规划管理的最简化操作，大大缩短了决策、规划、土地批租和项目建设的周期，提高了城市建设的效率。

（三）控制性详细规划编制的目标

控制性详细规划编制的目标是指在城市总体规划的指导下，制定所涉及的城市局部地区、地块的具体目标，并提出各项规划管理控制指标，直接指导各项建设活动。具体表现在：

(1) 明确所涉及地区的发展定位，与上位的城市总体规划、分区规划中的相应内容相衔接，使之能够进一步分解和落实，确定该地区在城市中的分工；

(2) 依据上述发展定位，综合考虑现状问题、已有规划、周边关系、未来挑战等因素，制定所涉及地区的城市建设各项开发控制体系的总体指标，并在用地和公共服务设施、市政公用设施、环境质量等方面的配置上落实到各地块，为实现所涉及地区的发展定位提供保障；

(3) 为各地块制定相关的规划指标，作为法定的技术管理工具，直接引导和控制地块内的各类开发建设活动。

（四）控制性详细规划的主要内容

控制性详细规划主要以对地块的用地使用控制和环境容量控制、建筑建造控制和城市设计引导、市政工程设施和公共服务设施的配套，以及交通活动控制和环境保护规定为主要内容，并针对不同地块、不同建设项目和不同开发过程，应用指标量化、条文规定、图则标定等方式对各控制要素进行定性、定量、定位和定界的控制和引导。

按照自 2006 年 4 月 1 日起施行的《城市规划编制办法》，控制性详细规划应当包括下列内容：①确定规划范围内不同性质用地的界线，确定各类用地内适建、不适建或者有条件地允许建设的建筑类型；②确定各地块建筑高度、建筑密度、容积率、绿地率等控制指标，确定公共设施配套要求、交通出入口方位、停车泊位、建筑后退红线距离等要求；③提出各地块的建筑体量、体型、色彩等城市设计指导原则；④根据交通需求分析，确定地块出入口位置、停车泊位、公共交通场站用地范围和站点位置、步行交通以及其他交通设施，规定各级道路的红线、断面、交叉口形式及渠化措施、控制点坐标和标高；⑤根据规划建设容量，确定市政工程管线位置、管径和工程设施的用地界线，进行管线综合，确定地下空间开发利用的具体要求；⑥制定相应的土地使用与建筑管理规定。

控制性详细规划的管理是通过指标的制定来实现的。规划控制指标可以分为强制性指标和引导性指标。按照《城市规划编制办法》(2006)，控制性详细规划确定的各地块的主要用途、建筑密度、建筑高度、容积率、绿地率、基础设施和公共服务设施配套规定应当作为强制性内容；人口容量、建筑形式、体量、风格、色彩要求及其他环境要求等为引导性内容。前者是必须执行的，后者则是参照执行。由于控制性详细规划的强制性内容是规划管理中要求强制执行的内容，因此对土地使用者具有较大的约束。

在控制性详细规划中引入城市设计导则，是借鉴欧美国家经验，强化城市设计内容的尝试。城市设计导则是针对规划区城市环境面貌的指导性准则，对影响空间景观的元素提出相对具体的设计建议和要求，包括建筑立面风格、材料、色彩、体量、夜间照明及城市家具、环境小品等。

二、控制性详细规划的特征

控制性详细规划是伴随着中国城市规划理论及实践的变革而出现的。它代表了一种新的规划理念，表明了中国城市规划管理从终极形态目标走向动态控制的不断渐进的过程。与以形体设计为特征的传统修建性详细规划相比，它还代表一种新的技术手段，实现了规划设计与规划管理有机结合。

（一）控制引导性和操作灵活性

控制性详细规划既可以适应社会经济环境的变化，也可以满足城市建设的快速发展对规划提出的新要求。控制性详细规划的控制引导性主要表现在对城市建设项目具体的定性、定量、定位、定界的控制和引导，这既是控制性详细规划编制的核心问题，也是其不同于其他规划编制层次的首要特征。控制性详细规划通过技术指标来规定土地的使用性质（《城市用地分类与规划建设用地标准》（GBJ 137—90）中的小类）和使用强度，以土地使用控制为主要内容，以综合环境质量控制为要点，从以下 6 个方面进行控制：土地使用性质细分及其兼容范围控制；土地使用强度控制；主要公共设施与配套设施控制；道路及其设施与内外交通关系控制；城市特色与环境景观控制；工程管线控制。控制性详细规划通过对土地使用性质的控制来规定土地允许建什么，不允许建什么，应该建什么；通过建筑高度、建筑密度、容积率、绿地率等控制指标来控制土地的使用强度，控制土地建设的意向框架，从而达到引导土地开发的目的。

控制性详细规划的操作灵活性一方面表现在通过将抽象的规划原理和复杂的规划要素进行简化和图解，从中提炼出控制城市土地功能的基本要素，从而实现城市快速发展条件下规划管理的简化操作，提高了规划的可操作性，缩短开发周期，提高城市开发建设效率；另一方面，控制性详细规划在确定必须遵循的控制指标和原则外，还留有一定的“弹性”，如某些指标可在一定范围内浮动，同时一些涉及人口、建筑形式、风貌及景观特色等指标可根据实际情况参照执行，以更好地适应城市发展变化的要求。

（二）法律效应

法律效应是控制性详细规划的基本特征。控制性详细规划是城市总体规划法律效应的延伸和体现，是总体规划宏观法律效应向微观法律效应的拓展。控制性详细规划编制工作，是城市开发的前期工作，是控制土地出让、转让的依据。控制性详细规划的文本、图则互相匹配，各自关联，从投入开发的土地总量、土地使用性质和开发强度、土地开发时序等三方面共同制约着城市土地开发建设活动。因此，控制性详细规划超越了规划设计的范畴，成为城市规划管理的依据和手段之一，其成果具有明显的法律约束功效。1992 年年底颁布实施的《城市国有土地使用权出让转让规划管理办法》（1992 年建设部令第 22

号），明确了出让、转让城市国有土地使用权之前，应当编制控制性详细规划；2006 年 4 月 1 日起实施的《城市规划编制办法》，对控制性详细规划的编制内容和要求以及其中的强制性内容进行了明确规定。这些法规都为控制性详细规划在规划管理中的法律效应提供了依据。

（三）图则标定

图则标定是控制性详细规划在成果表达方式上区别于其他规划编制层次的重要特征，是控制性详细规划法律效应图解化的表现。它用一系列控制线和控制点对用地和设施进行定位控制，如地块边界、道路红线、建筑后退线、绿化控制线及控制点等。控制性详细规划图则在经法定的审批程序后上升为具有法律效力的地方法规，具有行政法规的效能。

（四）开发导向

在我国由计划经济向市场经济转变这一宏观背景下产生的控制性详细规划与传统的详细规划相比，最大的不同在于它是直接面向市场的规划手段。因此，控制性详细规划的目的更侧重于强化政府的综合调控职能，使政府能够在建设项目、投资来源、建设时序等因素都不太确定的情况下，通过对土地的开发控制来引导开发商在城市规划的整体安排下从事建设活动。控制性详细规划实施的手段不一定是通过政府直接投资进行，而是以政府制定的控制性详细规划作为土地使用框架，吸引各方投资进行开发。

三、控制性详细规划的作用

从 20 世纪 80 年代我国城市规划界开始尝试编制控制性详细规划至今，通过借鉴国外经验和 20 多年来的本土化、地方化，控制性详细规划在相当程度上满足了当今城市规划工作的需要，本身也得到了较大的发展。作为一种切实有效的、强有力的规划手段，控制性详细规划已经成为协调规划设计与建设管理的桥梁，针对城市规划管理的一切政策的制定和制度改革几乎都和它有关，在城市建设管理中的地位和作用日益凸显。特别是 2000 年以后，我国许多城市大规模地编制控制性详细规划，深圳、成都、无锡、济南等城市都提出了控制性详细规划“全覆盖”的目标，对控制性详细规划的重视达到了空前的程度。具体来说，控制性详细规划的作用表现在以下 4 个方面。

（一）承上启下，强调规划的延续性

在我国的城市规划体系中，控制性详细规划的核心价值即在于“承上启下”，主要体现在规划设计与规划管理两个方面。在规划设计上，控制性详细规划作为总体规划、分区规划和修建性详细规划之间的环节，是详细规划编制阶段的第一编制层次，以量化指标将总体规划的原则、意图、宏观的控制转化为对城市土地乃至三维空间定量、微观的控制，从而具有宏观与微观、整体与局部的双重属性，确保了规划体系的完善和连续。在规划管理上，控制性详细规划将总体规划宏观的管理要求转化为具体的地块建设管理指标，使规划编制与规划管理及城市土地开发建设相衔接。

（二）与管理结合、与开发衔接，作为城市规划管理的依据

“三分规划，七分管理”是城市建设的成功经验。在城市土地有偿使用和市场经济体制条件下，城市规划管理工作的关键在于按照城市总体规划的宏观意图，对城市每块土地的使用及其环境进行有效控制，引导各项开发建设活动。控制性详细规划填补了形体示意规划的缺陷，将抽象的规划原理和复杂的规划要素进行简化和图解化，将规划控制要点用简练、明确的方式表达出来，最大程度地实现了规划的可操作性，作为控制土地批租、出让的依据，通过对开发建设的控制正确引导开发行为，使土地开发的综合效益最大化，实现社会效益、经济效益和环境效益的统一。

控制性详细规划增强了规划的“弹性”和可操作性，是规划与管理、规划与实施衔接的重要环节，是规划管理的必要手段和主要依据，是进行建设项目许可的重要前提条件，并直接为规划管理人员服务。控制性详细规划的形成和发展，初步适应了投资主体多元化带来的利益主体多元化和城市建设思路多元化对城市规划的冲击，较好地适应了市场经济体制下城市规划管理的需要，为政府控制和引导城市土地开发提供了最直接的工具，是我国城市规划体系建立以来最重要的成就之一，同时也为推进我国城市管理的规范化起到了积极的作用。

（三）体现城市设计构想

控制性详细规划可将城市总体规划、分区规划中宏观的城市设计构想，以微观、具体的控制要求加以体现，并直接指导修建性详细规划及环境景观设计等的编制。控制性详细规划对城市设计主要以引导为主，以建筑色彩、建筑形式、建筑体量、建筑群体空间组合形式、建筑轮廓线等为控制对象，按照美学和空间艺术处理的原则，从建筑单体环境和建筑群体环境两个层面对建筑设计和建筑建造提出指导性的综合设计要求和建议，甚至提供具体的形体空间设计示意，为开发控制提供管理准则和设计框架。控制性详细规划既避免了传统详细规划中建筑布局的僵硬，为基地的使用者预留了一定的灵活性，又避免了更大程度的随意性，在一定程度上保证了开发的秩序。

（四）城市政策的载体

城市政策是一定时期内为实现城市发展的某种目标而采取的特别措施。相对于城市规划原则来说，城市政策的针对性更强。控制性详细规划作为管理城市空间资源、土地资源和房地产市场的一种公共政策，在编制和实施过程中都包含诸如城市产业结构、城市用地结构、城市人口空间分布、城市环境保护等各方面广泛的政策性内容，通过传达城市政策方面的信息，在引导城市社会、经济、环境协调发展方面具有综合能力。城市开发过程中各类经济组织和个人可以通过控制性详细规划所提供的政策，辅以城市未来发展的相关政策和信息来消除开发项目决策时所面对的不确定性和风险，从而促进资源的有效配置和合理利用。

第二节 我国控制性详细规划产生的背景与发展历程

控制性详细规划成为我国城市规划编制体系中的一个重要组成部分，有其历史的必然性。它产生于我国实行改革开放、计划经济体制向市场经济体制转变，城市土地使用制度出现重大变革，由无偿无限期使用转向了有偿有限期使用，土地进入市场，土地的价值规律发挥作用的大背景下。在这一社会背景下，如何对城市土地这一资源进行有效的利用和分配，是我国城市建设、开发、管理面临的重要挑战。从城市规划管理的角度看，引进新的控制手段和方法来解决城市建设面临的种种新问题显得尤为迫切。

一、城市建设方面的要求

（一）土地使用制度改革提出新问题

长期以来，我国城市土地使用制度实行无偿、无限期的行政划拨制度，土地的经济效益得不到发挥，土地资源浪费严重。1987 年深圳市实行了国有土地有偿出让制度，以此为开端，我国城市土地使用逐步由无偿划拨向有偿使用过渡，从完全的计划模式向市场模式过渡。在市场模式中，土地的有偿使用使土地作为基本生产要素可以进行商品化经营，土地资源由市场这一〝无形的手〞进行调配，按照〝价高者得〞原则，土地使用权最终属于能够支付最高租金的使用者，土地价值将能获得经济上的最大实现。在城市建设中，应当运用商品经济的价值规律和市场机制来调节土地的供需关系，利用土地的级差效益，调整和优化城市土地利用结构，合理配置土地，提高土地的利用效率。土地使用制度的转变，要求规划与之相适应，以满足土地招投标出让的管理及技术要求，这直接促进了控制性详细规划的引入与形成。

（二）建设方式与投资渠道变化带来新要求

土地的有偿使用，使土地开发的投资者由单一的城市政府变为国家、集体、个人及企业等多方，出现了投资渠道的多样化和利益主体的多元化。例如，上海市虹桥经济技术开发区采用土地批租制度进行土地出让，成功引进外资，1988 年以 2800 万美元出让虹桥开发区第 26 号地块 1.29 万 m^2 。50 年的土地使用权。

不同的投资者对城市开发建设的要求也各有不同，这就要求规划能适应这种多元化的需求。同时，城市开发建设的方式也多种多样，零星建设、无序建设和盲目建设等自行分散建设方式严重影响了城市的合理布局和城市面貌的完整性，致使市政工程设施建设不完善、环境质量低下。而成片、综合的开发建设方式则可使城市建设按照城市规划有序地进行，其综合开发的产品主要是土地和房屋，这些产品均可作为商品进入市场交换，从而促进房地产业的发展。

1989 年，桂林市中心区控制性详细规划（图 1–2–1、图 1–2–2）根据规划和实际建设的要求，按照区、片、地块三级划分土地，规划地块不宜太小或

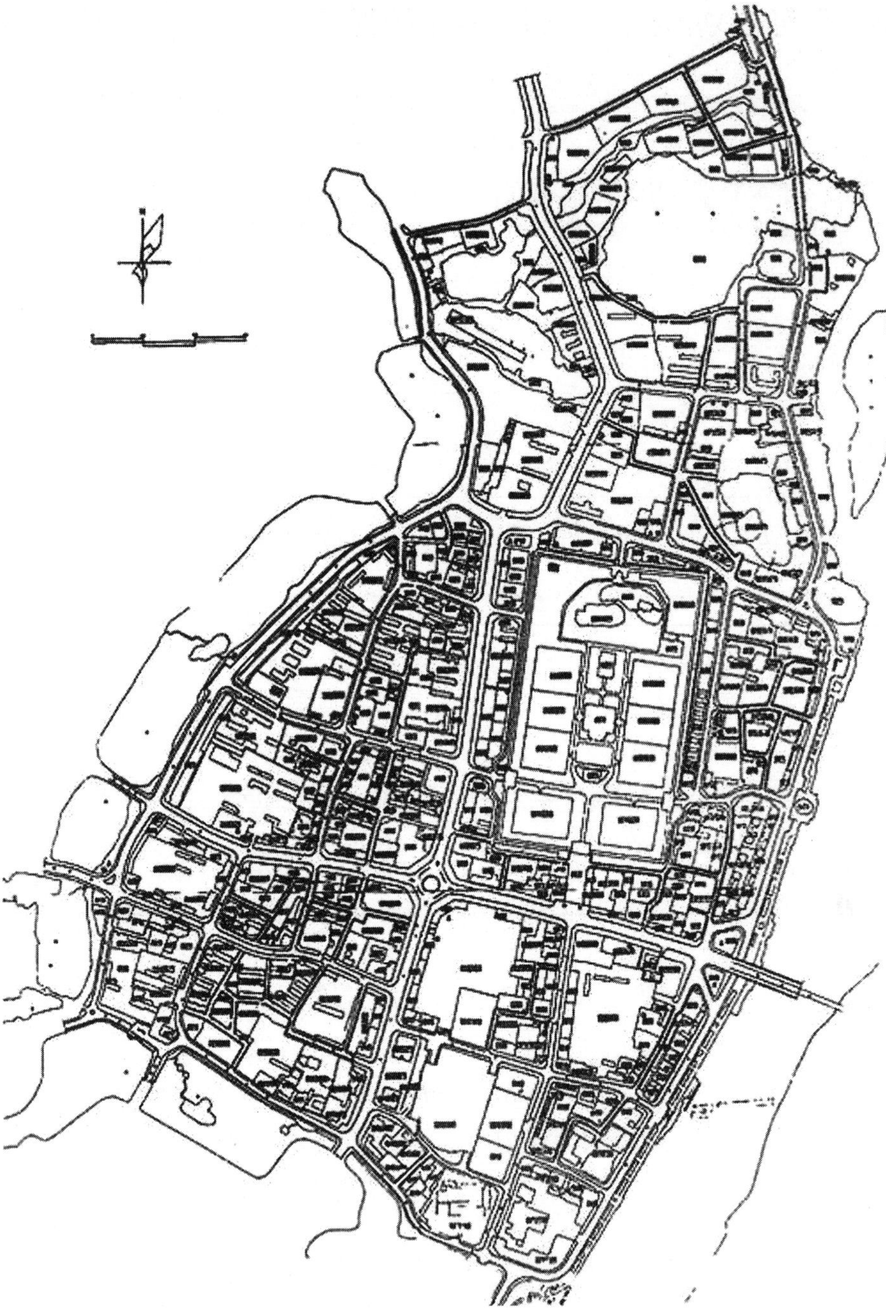

图 1–2–1　桂林市中心区详细规划——用地规划图

过大，以便于组织统一建设，并能使本规划地块内形成相对协调统一而又富于表现力的建筑群面貌。为了能够适应城市建设的需要，体现上一层次规划的意图和目标，可将规划用地的综合指标体系分为控制性指标和引导性指标两大类。桂林市中心区详细规划采用 12 项指标构成的综合指标体系，对规划用地的建设进行控制和引导。

在这种情况下，控制性详细规划的层次、深度适宜，同时采取规划的语

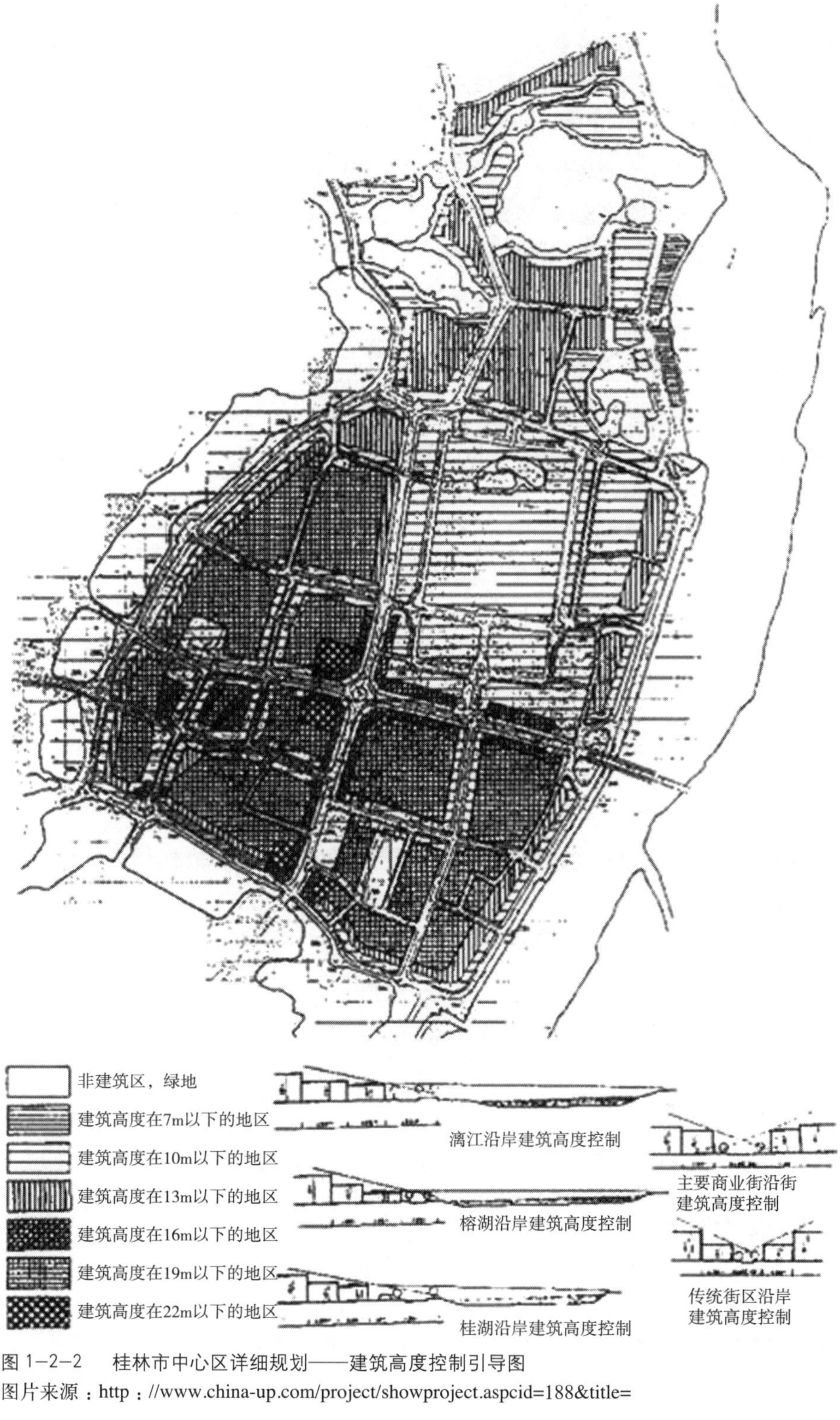

图 1-2-2　桂林市中心区详细规划——建筑高度控制引导图
图片来源：http：//www.china-up.com/project/showproject.aspcid=188&title=

言表述规划的原则和目标，并制定了详细的建设要素控制指标，成为城市建设的有效引导。控制性详细规划有助于城市土地开发的有效控制，使城市总体规划落在实处，保障城市的健康、有序发展。

（三）城市经济、产业等结构的大调整所提出的新要求

从 20 世纪 70 年代开始，经济全球化逐渐席卷全世界，城市在世界经济和当地经济中的地位更加重要，城市间的全球化竞争更趋明显，城市在区域中所处的地位、承担的角色与职能分工也随之变化，这都会通过城市的结构、用地布局及构成反映出来。此外，城市产业结构是涉及城市性质、经济效益、发展方向的一个基本内容，它的水平高低、合理与否直接影响城市发展的各个方面。产业结构的调整，必然引起城市土地配置和城市空间形态的变化。对此，城市规划应该加以积极的引导，并在方法、理念上提出相应的对策。

二、规划管理方面的要求

（一）土地管理的观念与方法的转变

城市土地使用制度的改革，是我国经济体制改革中从理论到实践上一次重要转变，对于城市土地管理的观念和方法也带来了很大的冲击。在城市土地市场中，城市土地既是资源，又是城市资产，城市土地不再无偿使用，城市政府要通过城市土地的批租、出让、转让等方式获得利益，并把收益用于城市公用事业。在土地投放上，也不再是采用有计划的行政划拨模式，而是根据城市土地的供求情况，采用分期、分批的方式投放市场。例如，通过控制性详细规划提供指标要求，某市经济技术开发区共出让土地 11 块，面积 7.2 万 m^2，引进外资达 22.38 亿美元，每平方米土地引进外资超过 3000 美元，显示出土地制度改革带来的巨大经济效益，其中土地出让所带来的收益也为城市的公用事业提供了资金。在城市土地管理中，可以运用价值规律，用经营的方式实现土地资源的最优配置，控制性详细规划为此提供了一个有效的手段。一方面，根据区位的不同，采用不同的控制要求，合理确定土地价格；另一方面，在行政调节之外，要依靠经济、法律、技术并用的调节手段来实现城市规划的意图。

（二）房地产开发管理方式的转变

随着社会主义市场经济体制的建立，房地产市场也蓬勃发展，城市土地使用制度的改革给城市土地使用带来了生机和活力，也给房地产开发管理提出了新的任务和要求，使得房地产开发管理不再仅限于批地、审图等工作。为合理利用城市土地，提高土地的效益，我国在土地的投放中引入市场机制，采用招投标的方式，由中标者进行开发，并由政府以控制性详细规划为依据对房地产开发活动进行有效的干预，形成对房地产开发的支持、引导、制约三者并重的管理模式。

三、新形势下对规划设计工作的要求

（一）城市规划要适应规划管理工作的要求

市场经济条件下的规划管理工作，不仅比计划经济时代的工作量大，而且更加艰巨复杂，对规划决策的科学性和管理的效率也提出了更高的要求，这就需要在微观层面上提供一种规划方法，使其可以在上一层次规划的指导下，编制出简练、明确、具体、具有较强的实施性和操作性的规划成果，并便于将其制定或转化为规划管理实施条例，控制性详细规划的出现正满足了这些要求。控制性详细规划把规划指标分解到具体的地块上，其量化的指标涵盖了经济效益、社会效益和环境效益的要求，同时便于为每一块城市土地的出让和转让提供招标标底条件与管理准则，有利于对修建性详细规划的管理，为具体建设项目提供规划设计条件，较好地满足了新形势下规划管理的要求。

（二）要求规划具有弹性

在引入控制性详细规划之前，总体规划过于原则化，修建性详细规划虽然明确、直观，但却缺乏灵活性和弹性，在建设计划、任务、投资均未落实的情况下编制的修建性详细规划很容易与实际相背离而不能实现。控制性详细规划在对土地进行地块划分的基础上，对不同地块提出了详细的开发控制指标，这种指标体系简单明了，易于操作管理，维护了规划的原则性与严肃性。同时，控制性详细规划具有一定的灵活性和弹性，它不仅明确了每块土地的使用性质和地块的控制指标，还提供了一定的弹性范围，比如规划地区用地性质的兼容性、用地控制指标的变化幅度等，这些特征满足了城市发展中的不确定性所要求规划应具备一定弹性的需要。

（三）要求微观（详细规划）层次规划符合总体规划的意图

在我国的城市规划体系中，控制性详细规划占据了极其特殊的地位，其上位规划为总体规划（包括分区规划），下位规划为修建性详细规划。总体规划是一定时期内城市发展的整体战略框架，研究的是城市土地利用、总体布局、发展方向等战略层面的问题，不可能对每一个地块提出详细、明确的规划要求。修建性详细规划是对小范围内城市开发建设活动所进行的总平面布局和空间形体组织，它提供的是用于具体项目建设的蓝图。从总体规划到修建性详细规划，是一个从宏观到微观，从战略层面到操作层面的过程。如果在城市具体项目建设过程中，对规划范围内外的现状、环境、发展、功能联系、建设配套等一系列问题的整体性综合研究不够，很容易脱离整体、脱离实际，缺少地方特色和城市特色，甚至造成建设性破坏。因此，控制性详细规划作为两者之间有效的过渡与衔接，起到深化总体规划和指导修建性详细规划的作用，确保城市规划体系的完善和连续。

（四）要求具体体现城市设计构想

城市设计是对城市空间环境所作的整体构思和安排，贯穿于城市规划的始终。在控制性详细规划中，城市设计导引的编制体现了城市设计的构想，可据以对区域的建筑形象进行控制，以便取得整体协调的效果，并能有效地指导修建性详细规划的编制。

综上所述，在总结实践经验和吸取国外有益经验的基础上，在总体规划、分区规划与修建性详细规划之间，有必要出现一个新的规划编制层次，做到既能深化、完善总体规划宏观意图，又能进行全面、微观的具体控制；既能满足规划编制要求，又能适应规划管理工作的需要；既能硬性控制，又能灵活变通；既有经济效益、社会效益和环境效益的统一，又能对土地开发进行调控，控制性详细规划就承担了这样的角色（图1—2—3）。

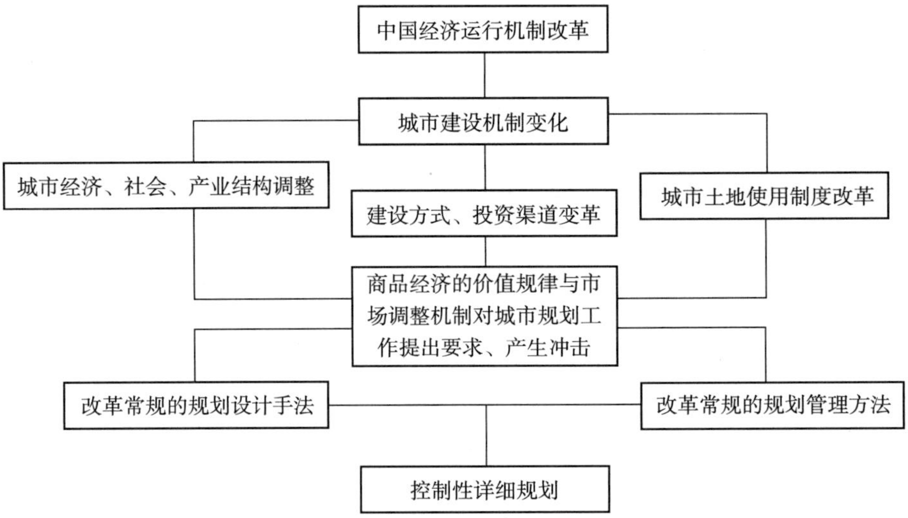

图1—2—3 控制性详细规划产生背景示意图

四、我国控制性详细规划的发展历程

我国控制性详细规划编制和管理工作已进行20余年。这20余年的发展过程，大致可以分为三个阶段：①第一阶段：从形体设计走向形体示意，即通过"摆房子"的形式制定规划管理依据，以约束不合实际的高密度开发及见缝插针式的盲目发展。②第二阶段：从形体示意到指标抽象。形体示意的灵活程度往往掌握在具体办事人员的手中，缺乏规范化，且由于城市建设的不确定因素较多，易造成脱离实际的后果。量化指标的抽象控制摒弃了形体示意规划的缺陷，对规划地区进行地块划分并逐一赋值，通过控制指标约束城市开发建设。③第三阶段：从指标抽象逐步走向完整、系统的控制性详细规划。这一阶段的特点是文本、图则及法规三者互相匹配，且各自关联，共同约束城市开发建设活动。在这三个阶段中，下列事件在控制性详细规划的产生、发展和完善的历程中具有标志性意义。

1980年，美国女建筑师协会访华进行学术交流，带来了一个新概念——土地分区规划管理（区划法，Zoning）。

1982年，上海虹桥开发区的规划。为适应外资建设的要求，虹桥开发区编制了土地出让规划，首次采用了用地性质、用地面积、容积率、建筑密度、建筑后退、建筑高度、车辆出入口方位及小汽车停车位等8项指标对每个地块土地的开发进行控制，成为我国最早进行控制性详细规划尝试的地区之一。

1986 年 8 月，上海市城市规划设计院承担了部级科研课题"上海市土地使用区划管理研究"。该课题对国内外城市土地使用区划管理情况进行了深入研究，在消化吸收国外区划技术的基础上，从我国实际出发，提出了我国城市采取的土地使用管理模式应是规划区划融合型，即控制性规划图则、区划法规结合的匹配模式。通过研究，编制了《城市土地使用区划管理法规》、《上海土地使用区划管理法规》文本及编写说明，制定了适合上海市的城市土地分类及建筑用途分类标准，并对综合指标体系中的各种名词作了详尽的阐述，减少了解释的随意性，具有普遍意义。1990 年建设部组织专家对该课题进行评审，肯定了区划技术对土地有偿使用和规划管理走向立法控制的重大作用。

1986 年 8 月，在兰州召开的全国城市规划设计经验交流会上，上海市虹桥开发区和兰州城关区规划的经验得到了与会者的重视。虹桥开发区规划受到了外国专家的肯定，兰州城关区规划则是在 $14km^2$ 的中心区用地上全面布置了建筑，规划手法采用传统模式，但目的是为了满足建设管理的需要，与传统的详细规划有很大不同。

1987 年，厦门、桂林等城市先后开展了控制性详细规划编制工作。同济大学编制的厦门市中心南部特别区划，通过 10 项控制指标，把城市规划的意图落实到具体地块上。同时，规划为每个地块设计了一张示意图，直观形象地表达了不同区划指标下的建筑形态，为开发商和管理部门使用区划创造了便利条件。清华大学则在桂林市中心区作了详细规划研究，具体做法是在基础研究和规划专业研究的基础上，将中心区用地按区、片、块逐项划分为基本地块，并为每一基本地块的综合指标逐一赋值，然后通过这些系统完整的综合指标体系对城市建设加以控制引导。这两项规划，引入了区划的思想，借鉴了虹桥开发区规划的做法，结合我国城市规划的实际情况，初步形成了一套较为完善的控制性详细规划编制的基本方法。

中国城市规划设计研究院在苏州古城桐芳巷居住街坊改造规划中注意了控制性详细规划的研究，对街坊用地进行了三个层次的区划，即街坊现状综合评价性区划、街坊改造开发经营意向性区划和街坊改造开发控制管理性区划，将物质空间规划与改造实施的经营管理控制性规划结合起来，对旧街坊做了投入产出的经济分析，为旧街坊的改造开发提供了规划依据。

1987 年，广州开展了覆盖面积达到 $70km^2$ 的街区规划，并制定颁布了《广州市城市规划管理办法》和《实施细则》两个地方性法规，使城市规划通过立法程序与管理结合起来。

1988 年，温州城市规划管理局编制了温州市旧城控制性详细规划，改革了传统详细规划的编制办法，提出了"地块控制指标 + 图则"的做法，制定了《旧城区改造规划管理试行办法》和《旧城土地使用和建设管理技术规定》两个地方性法规。

1989 年 8 月，江苏省城乡规划设计研究院承接了江苏省建委关于“苏州市古城街坊控制性详细规划研究”的课题，于次年 10 月编制完成。课题对控制性详细规划几个重要问题，如规划地块的划分、综合指标的确立、新技术运用以及它同分区规划的关系等方面做了较详细的研究，并据此编写了《控制性详细规划编制办法》（建议稿）。

1991 年，东南大学与南京市规划局共同完成的“南京市控制性详细规划理论方法研究”课题，对控制性详细规划做了较为系统的总结。

1991 年，建设部颁布实施了第 12 号部长令《城市规划编制办法》，明确了控制性详细规划的编制内容和要求。

1992 年，建设部下发了《关于搞好规划、加强管理，正确引导城市土地出让转让和开发活动的通知》，对温州市编制控制性详细规划引导城市国有土地出让转让的做法进行推广。

1992 年，建设部颁布实施第 22 号部长令《城市国有土地出让转让规划管理办法》，进一步明确出让城市国有土地使用权之前应当制定控制性详细规划。

1995 年，建设部制定的《城市规划编制办法实施细则》进一步明确了控制性详细规划的地位、内容与要求，使其逐步走上了规范化的轨道。

1996 年，同济大学在全国率先开设控制性详细规划本科课程。

1998 年，深圳市人大通过了《深圳市城市规划条例》，将控制性详细规划的内容转化为法定图则，作为城市土地开发和控制的依据，为我国控制性详细规划的立法做了有益的探索。法定图则是通过一系列的法定程序与过程，有关各方达成共识而形成的相互之间共同遵守的“规划实施图则”，其本质为“公共契约”。

2003 年 12 月颁布实施的《上海市城市规划条例》，明确了控制性编制单元在上海市城市规划编制和管理体系中的法律地位，使之成为独立的规划层次。控制性编制单元将总体规划、分区规划确定的总体控制要求细化、分解，并在单元范围内统筹安排、予以明确，通过强制性和引导性两类规划要求，指导控制性详细规划的编制。

2004 年 9 月广东省人大颁布了《广东省城市控制性详细规划管理条例》，规范了控制性详细规划的编制、审批、实施、调整以及公众参与等法定程序，并引入了规划委员会制度，实行决策权与执行权分离的创新体制，是我国第一部规范控制性详细规划的地方性法规。为了配合该条例的实施，广东省建设厅于 2005 年 7 月出台了《广东省城市控制性详细规划编制指引（试行）》，更具体地规定控制性详细规划的成果应当包括技术文件、法定文件和管理文件。技术文件全面纳入国家标准确定的控制性详细规划的编制要求，并作为编制法定文件和管理文件的技术支撑；法定文件是规定控制性详细规划强制性内容的文件；管理文件是城市规划行政主管部门实施规划管理的操作依据。

2006 年 4 月 1 日，新的《城市规划编制办法》开始施行，对控制性详细规划的内容、要求及其中的强制性内容进行了明确规定，控制性详细规划变得更加规范和完善。

2008年1月1日，新的《城乡规划法》开始施行。与旧的《城市规划法》相比较，新法在以下两方面加强了控制性详细规划的地位和作用：①强化了控制性详细规划在开发控制中的法定地位和核心地位。如《城乡规划法》规定，"……对符合控制性详细规划和规划条件的，由城市、县人民政府城乡规划主管部门或者省、自治区、直辖市人民政府确定的镇人民政府核发建设工程规划许可证"（第四十条）；"修建性详细规划应当符合控制性详细规划"（第二十一条）；"建设单位应当按照规划条件进行建设；……变更内容不符合控制性详细规划的，城乡规划主管部门不得批准"（第四十三条）。②加强了控制性详细规划在土地出让中的作用。如《城乡规划法》规定，"在城市、镇规划区内以划拨方式提供国有土地使用权的建设项目，……由城市、县人民政府城乡规划主管部门依据控制性详细规划核定建设用地的位置、面积、允许建设的范围，核发建设用地规划许可证"（第三十七条）；"以出让方式提供国有土地使用权的，在国有土地使用权出让前，城市、县人民政府城乡规划主管部门应当依据控制性详细规划，提出出让地块的位置、使用性质、开发强度等规划条件，作为国有土地使用权出让合同的组成部分。未确定规划条件的地块，不得出让国有土地使用权"（第三十八条）；"规划条件未纳入国有土地使用权出让合同的，该国有土地使用权出让合同无效"（第三十九条）。

第三节 国外、我国港台地区相关规划类型简介

在国外及我国港台地区，同我国控制性详细规划较为相近的概念有美国的区划法、英国的发展规划、新加坡的开发指导规划、我国香港的法定图则以及土地使用管理法等。我国控制性详细规划的原理和控制手段与区划更为类似，但在内容、法定性和实施框架上又不完全相同。

一、美国城市规划体系及区划法

区划法最早起源于19世纪末的德国，是一种土地分区管理法。它是在对土地进行详细划分的基础上，规定土地的用地性质，建筑及环境容量指标，并通过立法作为城市开发控制的法定依据。目前，这一方法发展较成熟，并在很多西方国家及地区得到应用。

20世纪初产生的美国区划，主要是为了保护土地的财产权且避免对相邻的物业价值造成损害。如1916年纽约市区划法的主要意图是控制由摩天楼高度的无序增长而导致的大量住户搬离和税收流失。从产生到现在，美国区划已经历了近100年的时间，其目标也逐渐从保护私人财产权发展到"保障公众的健康、安全和福利"。

（一）美国城市规划概况

美国是一个联邦制国家，由50个州组成。政府的行政管理分为三级体系：联邦政府、州政府、地方政府。联邦政府不具有法定的规划职能，只能借助于财政手段发挥间接影响。地方政府的城市规划行政职能来源于州政府的授权法，由于美国没有国家层面上的统一的城市规划法规，因此，不同的州具有不同城市规划职能和行政体系。

美国的城市规划体系可分为两个层面：综合规划（Comprehensive Plan）和区划法规（Zoning Regulation）。

综合规划是地方的发展规划，是制定城市的中长期战略目标以及土地利用、交通管理、环境保护、基础设施等方面的发展准则和空间策略，为城市的各分区和系统实施性规划提供指导性框架，不足以成为开发控制的直接依据，由于各州的立法差异，编制综合规划并非所有地方政府的法定职能。

区划法规是美国城市中进行开发控制的重要依据，在开发控制方面，区划是地方政府影响土地开发的最主要手段。区划法规确定了地方政府辖区内所有地块的土地使用性质、建筑类型及开发强度。在区划法规批准后，所有的建设都必须按照其所规定的内容实施，对于与区划法规相符的开发项目的审批无需举行公共听证会（除非区划条例中有特别规定）。在实施过程中，由于种种原因而需要对区划法规进行调整，那么就需按照法定程序进行，而且往往都非常复杂，有的甚至与区划法规制定的程序完全一致。这些程序在州的授权法和区划法规中都有详细的规定。在区划法规实施的过程中，土地所有者对区划法规修改的内容、对规划委员会、区划委员会或立法机构的决定不满，或者社区居民对区划调整有意见，可以将这些案件呈交法庭进行审理。

（二）区划法产生的背景

19世纪之前，美国城市发展是在缺少规划和公共控制的状况下进行的，由此导致城市出现了诸如拥挤、不卫生、环境恶化等城市问题。这些问题促进了一系列改革运动的形成，如卫生改革、保证城市开放空间运动、住房改革运动等。其中，1893年芝加哥哥伦比亚世界博览会引发和推动了城市美化运动。

20世纪初，随着城市人口聚集，土地利用的强度加大，为了取得自己土地利益最大化，土地所有者无节制地滥用土地造成了城市卫生条件下降，阳光和新鲜空气丧失，火灾危险增加以及城市面貌和公共环境遭到破坏等恶果。为了城市的整体利益，政府需要有管理城市土地的权力。以纽约为例，大量的私人资本在纽约集聚，对办公建筑和零售商业建筑急剧膨胀的需求造成了城市土地资源的短缺，同时，建筑技术的提高和电梯的改进使高层建筑不断蔓延。1915年，纽约建成了42层的公平大厦，它位于派恩街和百老汇街的交叉口，形成了一个面积达7英亩的阴影区，从而剥夺了周围地区原有的阳光和空气。类似的情况在纽约愈演愈烈，因此对于转变城市规划管理方式和改变土地利用方式的变革势在必行。1909年和1915年，联邦最高法院在两起诉讼案中，确认了地方政府有权限制建筑物的高度和规定未来的土地用途而无需作出补偿。1914～1916年，纽约州立法部门修改了《纽约章程》，并把纽约市划分为许多“区”，对每个区都规定了使用性质、建筑高度、建筑体量、建筑位置和庭院面积等控制指标。1916年纽约市通过了《区划条例》，其内容包括建筑高度和建筑后退的控制规定、土地使用的分区原则等，这是美国历史上第一个区划法，实现了用法律控制土地的革命。1920年，纽约市的区划法得到纽约州最高法院的认可，正式成为法律。1922年，纽约发表了《标准区划许可法案》，为全美50个州制定区划提供了蓝本。同年，通过批准俄亥俄州尤克里德·阿母布勒社区（Village of Euclid v.Ambler）区划方案，美国最高法院认识到区划是地方政府保护公众健康、安全和公众福利的有效法律手段，从而确定了区划在美国的法律地位。至1926年，美国的大多数城市都有了自己的区划法规。1945～1961年，是区划的修订、完善和推广的时期，首先是芝加哥在1957年颁布了区划法规，提出了“奖励性区划规定”（Zoning Bonus）的概念。1961年，纽约通过对1916年区划法规的修订，颁布实施了现在通用的区划法规，该法规协调了土地利用和容量规定，增加了“奖励性区划规定”，即通过允许额外的建筑面积鼓励开发商进行土地开发时附建公共广场等开放空间，增设了城市设计导引原则和设计标准的内容，增加了设计评审过程。此时的区划控制指标更加完善，控制手段更加灵活，控制思想更加富有人性，有利于城市特色的保护和城市公共空间环境的创造。

（三）区划的主要内容和方法

区划法是美国城市进行开发控制的重要依据，区划是地方政府进行控制城市土地开发的主要手段，只有将城市规划的内容全面而具体地转换成区划法规的内容，才能为城市规划的实施提供良好的保证。

区划是将地方政府所辖的土地划分为不同的地块，对每个地块制定管理规定的规划。确定每一地块的用地性质和有条件允许混合使用的用途，同时引入城市设计的思想，确定土地开发的物质形态方面的要求和控制指标。

一部典型的区划法规包括两方面的内容，即对规划进行界定的条例文本和确定地块边界并运用条例条款的区划地图。条例文本包括：内容和目的、定义、地块边界轮廓、各项规则的清单、规划委员会、上诉委员会、立法机构、具有相应司法权的法庭和职责、区划地图的编制和审批程序、区划地图与综合规划的一致性要求、不同手续的成本以及有关申请、上诉等程序的规定。区划条例和区划地图通过适当的程序可以随时修正，并且这种修正一旦通过即具有法定的效力。

区划法作为地方法规，一旦通过地方立法机构审议批准后，便对所辖的土地利用起法定管理作用。其编制形式因城市而异，但基本内容大同小异，一般主要包括：

1. 确定用地性质

尽管区划有着很强的地方性，但在用地性质划分上有个共同的特点，即通常将与开发和使用直接相关的用地划分为三类基本区划地区：居住、商业和工业，而将设施和辅助用地划分为特殊用途。区划地块是按亚分类控制的，而各城市的亚分类方法不尽相同，比如纽约区划法中将居住用地分为 10 个亚类 R1……R10，除 R1 以外，其他类型又进行了更细的划分，如 R2 划分为 R2 和 R2X。而芝加哥的居住用地与纽约不同，划分为 8 类 R1……R8。另一个共同点是：每一项细分如 R10A 都自动赋有包括容积率（FAR）在内的一整套开发控制指标，不须另行计算。

由于上述土地分类较少，相容性差，愈来愈不适应城市的发展，因此，在区划法中又增加了许多新的土地利用类型，如：①混合利用区。一般为商业和住宅混合使用建造区。②特殊使用区。为保护具有突出传统特征或为城市发展而限定的特殊保护地段。③有限开发区。仅在满足区划法规定的某些条件下才允许开发的地区。④集合建设区。多为在住宅区内为争取好的环境而集中建设的地区。⑤鼓励建设区。允许给予一定的优惠条件换取某些公众利益需要的地区。

2. 开发强度

开发强度通过土地利用的定量控制指标反映出来，包括用地面积、容积率、建筑密度、旷地率。

（1）容积率（*FAR*）。容积率是一个用于控制建筑容量的原则性容量规定，它反映了建筑的可使用面积数量与建筑占地面积之间的关系。纽约区划规定 *FAR* 的最小值为 0.5，高密度办公区的最高 *FAR* 为 15，芝加哥为 16。在一定地区主要是中心区，基本容积率可以允许有所增加，条件是开发商为公众提供拱廊或广场等设施，这称为“奖励性区划规定”，它提供了开发控制的弹性，强调政府与开发商之间的互动。

（2）旷地／旷地率（*OSR*）。在一定的居住区内，开发行为必须提供旷地或称开放空间，这个要求是通过旷地率来控制的，它反映了开放空间占总建筑面积的百分比。例如，若一个控制区内的 *OSR* 是 19，即表示在该用地上开发时必须留出不少于总建筑面积 19%的用地作为旷地。在有些居住区，旷地是由庭院控制或由最大建筑覆盖率或占地率（Maximum Lot Coverage）决定的。

（3）建筑密度。指建筑物正投影占地块面积的比率。

3. 环境与设施

楼层面积、旷地和建筑密度控制都是避免地块过度开发和过分拥挤的指标，可是，这些控制指标本身并不能保证开发项目不对其他街区或建筑应有的阳光和空气造成影响。为此，还需要增加其他指标来满足环境和设施方面的要求。

（1）院落。院落规定划分外部空间结构，并提供建筑群之间的空间。一般每座居住建筑要求一个 9.14m^2 的院落。因此，两栋居住建筑间的院落在同一街区且以反对称布局的将会有 18.28m^2 的空间间隔。

（2）高度与退缩。为提供街道与院落的开敞感和日照，在多数中、高密度区，沿街建筑的前墙高度由一个高度值或层数所规定，超过这个高度时，建筑物要按一个理论的倾角进行退缩——这个概念就是天空暴露面——用以限制相应建筑的墙体高度。在有些街区，天空暴露面规定控制建筑的后院保留足够的空间，占地面积不超过40%的塔式建筑可以突破天空暴露面规定。在多数低密度区，有最大周边墙规定，超过这个高度时，建筑必须建成坡屋顶或进行退缩。

（3）密度。该指标用于控制人口，因此只适用于居住区，如人口密度。密度控制是一种开发饱和度的控制方法，以便使城市可以有计划地安排所需的学校、公用设施和交通设施。

（4）停车场。区划法也要求多数新开发的项目配建街区内的停车场，新开发的集中停车场有助于缓解路边停车造成的拥挤，区划法规也要求在商业区和工业区设置街区内的货车停车场位。

（5）标牌。各区的标牌尺寸和位置均由区划法规作出规定。

（6）执行标准。工业用地和一定强度的商业用地必须执行噪声控制、空气污染和产生干扰行为的标准。区划法规规定可接受的最低标准，并且提供建筑所有者必要的环境条件如日照、空气、通风以使其共享一个更安全、更宜居的环境。

（四）区划法编制形式与运作

一部美国的区划法包括不可分割的两部分：区划文本和图则。区划文本阐述区划设立以及城市用地与开发管理规定。区划文本一般包括以下章节：①制定区划的目标和原则；②规定与定义；③区划分区；④区划总则；⑤合法例外；⑥居住用地开发控制；⑦商业用地开发控制；⑧工业用地开发控制；⑨区划行政等内容。区划图则只标明区划地块的位置、边界、用地性质等，不包括定量指标，指标是由文本进行规定的。在芝加哥区划法的图则中附有图例，内容包括各类用途的名称以及有关用途与容量规定在文本中的索引。大部分区划法都包括若干附件，囊括与执行区划有关的其他法令或规定，如《为成人服务的特殊用途规定》、《地标法》、《防洪法》及《历史性地区保护法》等。附件包括对上一版本的区划法规的修正条例。

美国区划的行政体系是根据分权原则设置的，各州、市、县的具体设置不尽相同，但一般包括四大块：政府的立法机构（如市议会）、规划委员会、区划执行部门、区划上诉委员会等。这些机构主要处理的事务有区划证书发放、占地证书发放、变更、上诉、修改、特殊用途、收费、处罚。不管是区划的制定者、执行者还是开发商，都必须遵守区划管理规定，任何一方对于区划法的内容有不同意见而提出调整或修改时，都要通过法定的程序进行。如果政府不同意修改、开发商对调整或修改后的成果不满意或者认为修改的程序不合法，都可以向法庭提出诉讼，通过法院解决。

（五）区划法具有参照意义的条例

在区划实践方面，美国在传统区划的基础上进行了一系列改良，以增强区划的灵活性和适应性，包括以下一些主要方法。

（1）“整体计划发展”条例。即放宽传统密度限制条例的硬性规定，以鼓励整体的、有条件的大规模发展，只规定整个用地密度的总体指标，一般用于住宅及整体计划的商业发展。

（2）“开发权转让”条例。用于保护在市中心高密度、高地价的地区内有价值的建筑群和古建筑。在这些区域，建筑容积率受到一定的影响。为使业主的经济利益不受损失，允许业主将其“发展容积”（以建筑面积算）转卖给其他的开发者（也称容积率转移）（图 1–3–1）。

（3）特殊地区条例。用于大学和医院之类地区，减少这些地区和邻里的摩擦，并增加区内各种用途的兼容性。

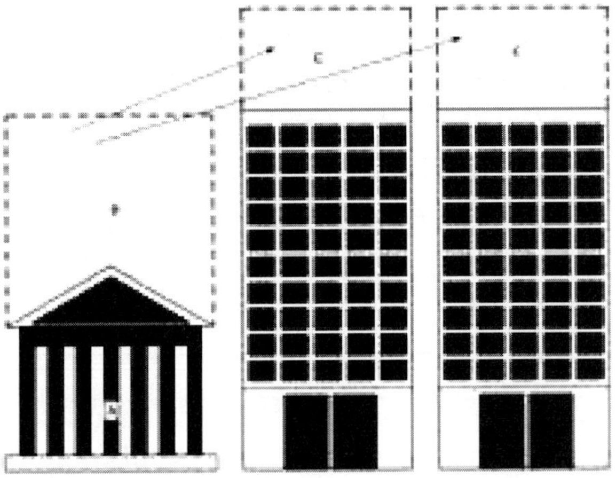

图 1–3–1 “开发权转让”条例

（4）区划奖励。区划奖励是政府运用规划权来引导开发商公益性投资的手段。根据 1961 年纽约市区划修订条例，如果开发商在其基地内提供公共广场等开放性空间，则容积率可以增加 20%。另一方面，建筑物周围过多的开敞空间有时也会对街道界面的连续性产生消极的影响，于是区划奖励的范围又被扩大，如果开发商在建筑物的内部提供公共活动的空间，也可以享受容积率奖励的优惠。在区划奖励的实践中，也出现过一些颇有争议的实例。如美国西雅图有一个区划奖励实例（图 1–3–2），按照常规区划所许可的建筑物层数为 27 层，但开发者提供了各种公共设施，满足了相应的区划奖励条件，建筑物的许可层数从 27 层增加到 55 层。

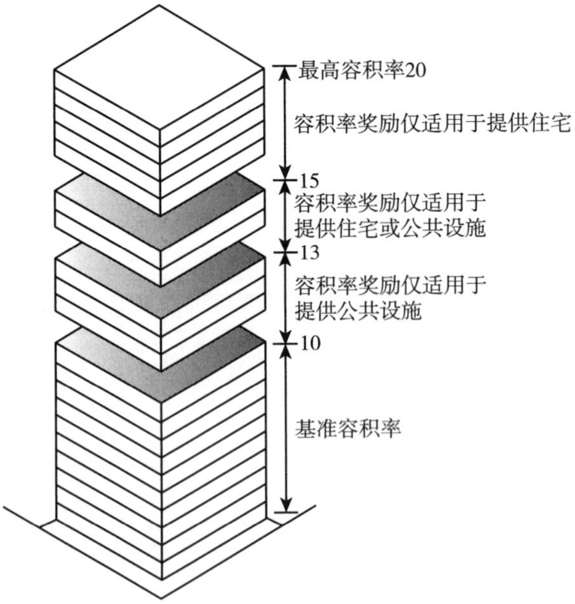

图 1–3–2 美国西雅图市办公区的容积率奖励体制图示

（5）土地储存（Land Bank）。这是指政府在将要开发的地区，事先征购大量的土地，然后根据需要，可以统一规划，统一开发土地。这样，规划可以处于较主动的地位，克服土地由私人控制所造成的区划被动性。

二、日本城市土地使用规划

日本城市土地使用规划分为地域划分、区划制度和街区规划三个基本层面。每个层面的土地使用规划都包括发展政策和土地使用管制规定两个部分。发展政策制定发展目标及其实施策略，不具有直接管制开发活动的法律效力，但可作为制定管制规定的依据。

（一）地域划分

城市规划区发展政策制定未来 10 ～ 20 年的发展目标以及实施策略，包括人口和产业分布、土地使用配置、城市开发、交通体系、公共设施、环境保护和城市防灾等方面。

城市规划区包括城市建成区以及周边的农业和森林区域。因此，城市规划区的范围往往是城市建成区的 4 ～ 5 倍。根据 1968 年的城市规划法，城市规划区划分为城市化促进地域和城市化控制地域。

地域划分与城市规划区的交通网络规划、公共设施规划和土地调整计划相结合，目的是防止城市无序蔓延，控制城市形态和土地配置，提高公共设施的投资效益，确保城市的协调发展。

（二）区划制度

土地使用区划是日本城市土地使用规划体系的核心部分。城市化促进地域划分为 12 类土地使用分区，包括 7 类居住地区、2 类商业地区和 3 类工业地区（表 1–3–1）。在不同的土地使用分区，依据城市规划法和建筑标准法，对于建筑物的用途、容量、高度和形态等方面进行相应的管制。土地使用分区是为了避免用地混杂所造成的相互干扰、维护地区形态特征和确保城市环境质量。

日本土地使用分区制度的演变　　表 1–3–1

<table>
<tr><th>1919 年</th><th>1950 年</th><th>1968 年</th><th>1992 年</th><th>说　明</th></tr>
<tr><td rowspan="7">住区</td><td rowspan="7">居住区</td><td rowspan="2">Ⅰ类居住专用区</td><td>Ⅰ类低层居住专用区</td><td>保护低层住宅居住环境，最大高度 10m，商业和办公建筑最大面积为 $50m^2$</td></tr>
<tr><td>Ⅱ类低层居住专用区</td><td>保护低层住宅居住环境，最大高度 10m，商业和办公建筑最大面积为 $150m^2$</td></tr>
<tr><td rowspan="2">Ⅱ类居住专用区</td><td>Ⅰ类中／高层居住专用区</td><td>保护中／高层住宅居住环境，商业和办公建筑最大面积为 $500m^2$</td></tr>
<tr><td>Ⅱ类中／高层居住专用区</td><td>保护中／高层住宅居住环境，商业和办公建筑最大面积为 $1500m^2$</td></tr>
<tr><td rowspan="3">普通居住区</td><td>Ⅰ类普通居住区</td><td>保护居住环境，商业和办公建筑最大面积 $3000m^2$</td></tr>
<tr><td>Ⅱ类普通居住区</td><td>保护以居住为主的环境</td></tr>
<tr><td>准居住区</td><td>确保住宅和车辆设施之间的协调</td></tr>
<tr><td rowspan="2">商业区</td><td rowspan="2">商业区</td><td>邻里商业区</td><td>邻里商业区</td><td>设置为邻里居民服务的商店，禁止剧院和舞厅</td></tr>
<tr><td>商业区</td><td>商业区</td><td>设置商业和其他商务设施</td></tr>
<tr><td rowspan="3">工业区</td><td>准工业区</td><td>准工业区</td><td>准工业区</td><td>在与住宅相邻的建筑中，允许没有严重危害的小型工厂</td></tr>
<tr><td rowspan="2">工业区</td><td>工业区</td><td>工业区</td><td>设置工业设施</td></tr>
<tr><td>专用工业区</td><td>专用工业区</td><td>大规模工业区，禁止住宅</td></tr>
</table>

资料来源：Urban Land Use Planning System in Japan，1996.

早在1919年，日本的城市规划法和城市建筑法就引入了土地使用区划制度，仅分为居住区、商业区和工业区三种类型，以确保私人部门的开发活动与公共部门的基础设施建设计划之间相互协调。到1950年，增设了准工业区类型。1968年的城市规划法对于居住区、商业区和工业区又进行了细化，土地使用分区增至8类，以提高城市环境质量。20世纪80年代以来，随着第三产业的发展，居住区面临着商业建筑和办公建筑的开发压力，导致用地价格飞涨。到1992年，居住区又进行了细化，以限制各类居住区的商业建筑和办公建筑，土地使用分区也从8类增至12类。

在1964年，引入了容积率作为建筑容量的限制规定。在此之前，建筑容量控制的相关规定是基地覆盖率和建筑高度。日本是一个地震多发地区，建筑高度一直受到严格控制。随着建筑抗震结构的技术进步，建筑高度限制逐渐放宽。容积率规定在控制建筑容量的同时使建筑设计具有更多的可能性。与此同时，建筑物的斜面管制界定了建筑物的“外壳”，以确保城市环境质量的最低限度（特别是日照要求）。在斜面管制的“外壳”之内，建筑物的形态设计是完全自由的。

土地使用分区的法定依据是城市规划法和建筑标准法。城市规划法规定土地用途、地块面积、基地覆盖率和容积率，建筑标准法则涉及建筑物的具体规定（如斜面限制和阴影限制）。尽管如此，土地使用分区制度作为对于私人产权的有限控制，只是确保城市环境质量的最低限度，但不能达到城市发展的理想状态。

除了土地使用分区作为基本区划以外，还有各种特别区划。这些补充性的特别区划是以有关的专项法而不是城市规划法为依据的。特别区划并不覆盖整个城市化促进地域，只是根据特定目的而选择其中的部分地区，包括高度控制区、火灾设防区和历史保护区等。

（三）街区规划

日本的街区规划作为促进地区发展的整体性和独特性的一种规划措施，参照了德国的建设规划图则（B—Plan）。街区规划范围为数公顷，针对街区的特定情况，对于土地使用区划的有关规定进行细化，并对建筑和设施的实际建造进行详细布置。因此，街区规划是比土地使用分区更为精细化的管制方式，有助于增强街区发展的整体性和独特性。

街区规划内容包括规划文件和规划图则，有时还附有地区景观意象图示，以帮助公众对于规划意图的理解。规划文件包括发展政策和物质规划两个部分，发展政策部分阐述地区发展目标以及实施策略，不具有开发控制的法律效力，物质规划包括土地使用、公共设施（如车辆通道、公园和其他开敞空间）、建筑设计（除了容积率、基地覆盖率、地块面积、建筑后退和高度以外，还包括建筑物的形态和外观）和保留树木的规定。

近年来，街区规划的应用越来越广泛，已不仅是对于土地使用区划的细化，往往还可以修改和取代土地使用区划的有些规定。土地使用分区是定期修编的，而街区规划可以根据需要而随时编制。街区规划逐渐被作为一种具有灵活性的规划措施来促进私人部门参与城市开发项目，同时也使当地社区享有更多的参与机会。街区规划的实施依赖于开发商和土地业主的各项建造活动，因此要促使所有的权益者都参与规划编制过程，对于街区发展前景达成广泛的共识。

三、我国香港城市规划体系及开发控制

我国内地的城市规划体系很大程度上借鉴了香港的规划体系。作为全世界人口密度最高的地区之一，香港的土地使用控制十分严格。在规划体系上，历史上曾受英国殖民统治的香港并没有简单照搬英国的发展规划体系，而是结合了英美两国开发控制体系的特点，形成了兼具确定性和灵活性的法定图则体系。

香港的规划体系由三个层面的规划组成：全港发展策略规划、次区域发展策略规划和地区规划。全港发展策略制定长远规划大纲，贯彻政府的土地用途、交通基础设施及环境方面的政策，作为次区域及地区规划的依据；次区域发展策略规划是根据全港发展策略所制定的大纲而制定的，是全港发展策略与地区规划之间的桥梁，能把全港性的目标在5个次区域演绎为更具体的规划目标，每份次区域发展策略都附有一系列的图则及发展策略，为更详尽的地区规划及工程规划提供发展大纲；地区图则是详细的土地用途图则，它通过把土地划为不同的用途，将全港及次区域层面的概要规划原则在地区层面加以落实。香港土地使用强度控制的内容并不多，主要有基地系数即容积率、基地覆盖率、沿街建筑高度和开放空间等。

在城市土地的开发控制方面，为实现规划图则所定的目标，政府通过法定和非法定的方式实施和执行发展管制。按照法定的管制办法，任何被批准的建设申请，都要符合法定图则的规定，非法定的管制办法主要是指政府通过租约的方式来控制土地的开发利用。

（一）地区图则

地区图则分为法定图则及政府内部图则两类。法定图则根据香港《城市规划条例》而制定，包括分区计划大纲图和发展审批地区图。分区计划大纲图明确规划分区内的拟议土地用途（包括住宅、商业、工业、游憩用地、政府／团体／社区用地、绿化地带、保护区、综合发展区、乡村式发展、露天存货或其他指定用途）和主要道路系统。分区计划大纲图附有注释，列出分区内通常准许的用途（第1栏用途），以及其他须取得规划委员会许可的用途（第2栏用途），以达到兼具确定性和灵活性之目的。发展审批地区图主要为非城市地区而制订的过渡性图则，有效期为3年，期间可由分区计划大纲图取代。香港的法定图则涵盖全港约一半的土地，是政府监管公共发展和私人发展计划的重要依据，多年来对香港的城市建设起到了重要作用。政府内部图则有发展大纲和详细蓝图，更详尽地表明区内土地用途及道路骨架等，一经批准，政府部门都要依据其内容贯彻。

（二）租约——控制土地的开发利用

政府通过租让土地，由租约来控制土地的开发利用，香港的土地归政府公有，其土地政策的核心是土地的租用制。政府土地租给开发商和土地的使用者，其途径有 3 种：

（1）公开拍卖土地使用权，卖给出价最高的竞投者；

（2）招标：政府事先审查土地开发方案，并有严格的限制；

（3）私人契约：主要用于公共事业的开发、低收入住宅、市政设施等。

政府通过三种方式将土地出租，并同时用租约（地契）规定土地用途，土地租用限期和每年应缴纳地租。租约（地契）是土地出租者即政府和承租人之间的一种法律合同，其内容包括租期、出租价值、可续地契和不可续地契的续期、地契条款、修订及政府对土地的回收等。其中和城市规划密切相关的政府部门对开发商进行控制的重要依据是地契条款，即地契附加条件。地契条款是对售出或批租给私人开发的地块进行各方面的管制，由屋宇地政署地政处事先征询城市规划处及其他政府有关部门意见后拟定。通过地契条款，香港政府施行对城市具体地块的使用和权属管理。这些附加条件一般包括下列内容：

（1）土地使用性质；

（2）建筑控制：建筑类型、高度、容积率、覆盖率、后退红线等；

（3）建筑形式及组合方式：要求承租人新建的建筑必须与相邻的建筑是同一形式的，在高度、特征及外观上都要与环境协调；

（4）道路：地块内的所有街巷都要符合政府规定；

（5）绿地：地块内绿地的形式和设立要由政府审批，而其日常维护由业主负责；

（6）防干扰：业主不对邻近地块产生任何不良影响；

（7）停车场：政府须审查地块内的单位建筑面积车位数是否符合要求；

（8）建筑违约诉讼：建筑工程须符合所有地契附加条件和所有相关条例法规；

（9）其他类包括：奖励条款，交通接口，污水处理等；

（10）完工时间：一般规定土地出让后 4 年完工。

这样，政府通过将规划要求纳入地契附加条件之中而实现其规划意图。

四、德国规划体系及建设规划图则

德国是一个联邦国家，在东、西德统一为一个国家后，继承了地方的自治传统，明确保证城市、县和乡镇的自治权。德国的地方规划，亦即城镇规划，包括两个部分：土地利用规划（Flaechennutzungsplanung，简称 F—Plan）和建设规划图则（Bauungsplan，简称 B—Plan）。这两项规划在德国有关建设法和规划法的核心法——《建设法典》中通称为建设指导规划，编制建设指导规划是地方政府的义务。德国城市的开发控制，主要是依据具有法律效应的建设规划图则（B—Plan）等一系列法规来实现的。

19 世纪中晚期的德国（普鲁士）城市结构仍保持中世纪的形式，但工业革命带来了大量的城市问题：房屋拥挤、人口剧增、居住条件恶化等。为了解决这一系列问题，政府于 19 世纪中叶制定了《公共建设法》，规定了城市建设的管理制度。1868 年和 1875 年，巴登和普鲁士分别颁布了《建筑红线法》，标志着德国规划法的产生。

1891 年，法兰克福首先使用了土地分区的方法来管理城市土地。它将城市区分为 6 个区，主要是确定城市土地利用性质，控制建筑密度和建筑体积（容积率）。在住宅区和混合区内，为控制高密度住宅的发展，均规定每户占地面积。

从 19 世纪末至今，德国遵循 1774 年制定的普鲁士通法的规定："一般情况下，每个所有者都允许拥有自己的地产和建筑，允许改建其建筑，但是不允许任何建设、改建损害和危害公共利益，损害城市和公共广场的外貌形式。"为此，德国制定了关于防火、交通和日照的城市建设法规，确定了城市建设必须遵循的技术规范，制定了有关建筑高度、间距和院落大小的规定。20 世纪以后，德国城市规划法认为，除了道路之外，城市的开敞绿地以及公共活动服务的建设用地也属于城市的公共利益，道路的宽度与其两侧建筑的功能和规模有直接的关系，为了维护公共利益，要求对这些建筑的功能和体量作出详细的规定。

五、小结

通过以上对美国、日本、中国香港、德国相关规划类型的介绍并结合英国、法国等发达国家的经验可以看出：在不同的国家和地区，由于政体构成、各级政府的权力分配、城市规划的法律法规等差异，形成了不同的规划控制、法规控制结合方式，控制内容和审批层次上也有较大差别，进而演化形成了各自不同的城市开发控制的实践道路。

从控制手段看，德、英、法等国主要依靠规划控制手段对城市土地开发进行控制，其特点是立足于规划，通过立法明确规定各种规划的法律地位，通常是在一部城乡规划法中规定编制、执行程序，规定城市的开发必须在规划的指导下进行。而美国多是依靠法规控制手段对城市进行开发控制，其特点是把规划的成果转译成法律的语言，通过区划法并辅以其他法律来对城市的开发进行控制，把城市规划管理完全纳入了法制管理的轨道。近年来，为适应土地使用中复杂性和不确定性日益增加的趋势，同时为了加强规划的法律效力，追求规划的严肃性和弹性，一些国家和地区将规划控制和法规控制结合在一起，其特点是规划与城市立法相结合，相互促进，协同运作，同时采用多种形式的管理手段，提高管理效率。如我国香港就是以城市规划和城市立法相结合对土地开发进行控制的，取得了良好的实践效果。

从控制内容看，经济发展较平稳的国家和地区，控制性详细规划层次的规划的控制内容和指标较为细致，控制的要素也较为具体。例如美国区划是地方政府将其所管辖的地区划分成不同的地块，进而对每一地块制定规划管理规则，包括确定具体的使用性质或允许土地使用混合的程度等，同时对区划的修改调整也有严格的程序规定。而经济处于快速发展阶段的国家和地区，为适应动态管理和提高工作效率的要求，规划需要一定的弹性空间，因此规划控制的强制性内容和指标较为简单。例如，新加坡的开发指导规划、我国香港的法定图则控制的要素较少，主要控制土地利用、公共设施和道路交通等。

从规划审批看，发达国家和地区的控制性详细规划层次的规划基本上都具有法律效力，公众参与在编制和审批中都占据重要地位。经济发展较平稳的国家和地区，控制性详细规划层次的规划审批机构级别较高，一般由地方议会审批，如美国区划一般由市议会审议通过，德国的建造规划也由地方议会审批。而经济处于快速发展阶段的国家和地区则根据法律、法规授权由政府审批，如我国香港的法定图则由特区行政长官会同行政会议审批；新加坡的开发指导规划由国家发展部审批。

此外，就美国和英国的开发控制体系比较而言，美国的区划体系是典型的市场经济体制下的产物，由于顺应了城市与经济发展的需求及其法定性特点，为房地产开发提供了市场确定性，因而时至今日，仍是城市管理最为重要的工具之一。英国的发展规划的内容比区划概括得多，主要规定土地利用类型及土地开发强度，和美国区划的最大区别在于，在美国如果开发商提出的开发计划符合区划的规定，将自动获得规划许可，但英国的发展规划认为由于城市的多样性，规划编制时很难考虑到各个方面，因此即使符合发展规划的开发计划书也不一定获得规划许可，还有待于规划管理部门进一步审定。换言之，美国的区划是法定图则，英国的发展规划却不是法定图则，而只是规划管理和审批的依据之一。美国区划体系的市场确定性强，尤其是对开发商而言风险较小，但灵活性不够；相比之下，英国的发展规划控制体系灵活性较强，对不同开发计划的反应较为敏感，但政府自由裁量权大，对开发商而言不确定性强。主要原因之一是英国的国土面积只有美国的1/38，人口密度高达美国的8倍，因而对土地利用的控制极为谨慎。

国外及我国港台地区相关规划类型的成功经验对于我国的控制性详细规划有很好的借鉴意义，其中主要包括以下方面：①立法是城市规划和城市土地开发控制的关键所在；②区划是规划图则与法规的结合物；③城市规划的操作，包括一整套实施的程序、步骤和方法，以及执法体制都要是一个完善的系统。

思考题

1．什么是控制性详细规划?

2．简述控制性详细规划的特征和作用。

3．简述我国控制性详细规划产生的背景和历程。

4．通过对德国、美国、日本、我国香港类似于控制性详细规划类型的规划的介绍，试比较我国内地控制性详细规划与它们的异同。

第二章　控制性详细规划的编制内容与方法

第一节　编制的程序

一、任务书的编制

（一）任务书的提出

根据城市建设发展和城市规划实施管理的需要，为进一步贯彻城市总体规划和分区规划的要求，需编制控制性详细规划。在程序上，首先必须由控制性详细规划组织编制主体（包括城市人民政府城乡规划主管部门、县人民政府城乡规划主管部门及镇人民政府）制定控制性详细规划编制任务书。

（二）任务书的编制

目前，在控制性详细规划的编制程序之中，我国城市人民政府或经授权的城市规划行政主管部门（规划局）作为控制性详细规划编制组织主体，选择确定规划编制的主体，如规划设计单位、研究机构等。任务书的形式多样，内容一般包括以下部分：

1．受托编制方的技术力量要求，资格审查要求；

2．规划项目相关背景情况，项目的规划依据、规划意图要求、规划时限要求；

3．评审方式及参与规划设计项目单位所获设计费用等事项。

任务书制定时通常是由城市人民政府的规划行政主管部门负责组织技术力量，通过起草、审核、审批等程序，制定规划项目任务书。

二、编制过程与工作要点

（一）工作阶段划分

按常规委托的控制性详细规划设计项目，编制工作一般分为五个阶段：①

（1）项目准备阶段

（2）现场踏勘与资料收集阶段

（3）方案设计阶段

（4）成果编制阶段

（5）上报审批阶段

（二）各阶段工作要求

1．项目准备阶段

（1）熟悉合同文本，了解项目委托方的情况。明确合同中双方各自的权利与义务，例如：规划设计内容形式和要求，规划项目编制时间安排，委托方在规划编制过程中协助受托方完成的事项，以及技术情报和资料保密、验收评价方式、报酬支付方式、违约金赔偿额及争议解决办法等事项。

（2）了解进行项目所具备的条件（基础资料情况，如地形图的绘制年份，比例是否适用，是否需要重测或是补测；上一层次规划完成的年份，是否具有法律效力；前一轮规划成果是否符合社会经济发展需要，是否符合上一层次规划要求；委托方是否有超常规的委托要求）。

（3）编制项目工作计划和技术工作方案（根据项目的规模、难易程度等划分工作阶段并进行各阶段的时间安排）。

（4）安排项目所需专业技术人员。

控制性详细规划围绕土地使用控制这一核心内容，工作涉及层面广泛且细致深入。既需要考虑整体城市甚至区域经济社会环境等宏观层面要素对规划的制约和影响，同时也要具体研究规划区范围内以土地利用为核心展开的道路交通、市政公用设施、历史文化环境保护策略、绿地水系景观系统等方面内容。所以，应该根据不同规划项目的具体特点和委托方要求侧重点、规划项目难易程度安排技术人员。

① 全国注册城市规划师执业资格考试指定参考用书之四．城市规划实务．北京：中国建筑工业出版社，2000.

（5）确定与委托方的协作关系。

如编制方进行现场踏勘与调查研究工作时，委托方应提供相应的帮助及其在协作关系中应履行的义务；规划编制方按照双方约定提供现场踏勘的义务；委托方在规划资料收集工作中应如约提供帮助等。

2. 现场踏勘与资料收集阶段

现场踏勘的基本要求如下：

（1）实地考察规划地区的自然条件，现状土地的使用情况，土地权属占有情况，绘制现状图，现状图纸绘制应按相应要求进行（详见本章第三节）；

（2）实地考察现状基础设施状况（道路交通、市政公用设施等）、建筑状况（建筑性质、建筑质量、建筑高度等）；

（3）实地考察规划地区的周围环境，尽可能俯视规划地区全貌；

（4）实地考察规划地区内文物保护单位和拟保留的重点地区、地段与构筑物的现状及周围情况；

（5）走访有关部门。

如到房管部门了解当地城市房地产市场供求情况，价格水平，发展趋势；走访水务部门了解地区河流水系分布、洪水水位数据、相关排水措施；走访电力电信部门了解区域供电设施、高压走廊的位置等级，现有电信设施布局等；走访土地管理部门、建设（房屋）行政主管部门及人民防空部门了解地区的地质地貌、矿产资源和城市地下空间的开发利用现状等；走访城乡规划行政主管部门及建设行政主管部门了解有关“五线”（红线、绿线、蓝线、紫线、黄线）的划定、实施的基本情况。

（6）实地考察规划地区所在城市概貌。

控制性详细规划现场踏勘调查应收集以下基础资料：

（1）已经依法批准的城市总体规划或分区规划对本规划地段的发展目标定位，相关专项规划对本规划地段的控制要求，相邻地段已批准的规划资料；

（2）土地利用现状、使用权属及边界，用地地质、水文、地貌、气象等资料，用地性质应分至小类统计；

（3）现状人口规模、分布、年龄、职业构成等；

（4）建筑物现状，包括房屋用途、产权、布局、建筑面积、层数、建筑质量、保留价值等；

（5）公共设施种类、规模、分布状态、类型；

（6）工程设施及管网现状，老城区应着重调查现有工程管网建设年代、技术类型、走向、规格、使用情况及旧损程度等情况；

（7）土地经济分析资料，包括地价等级类型，土地级差效益，有偿使用状况，地价变化，开发方式等；

（8）所在城市及地区历史文化传统、建筑特色、环境风貌特征等资料。

对现场勘探与收集的资料进行整理与分析。一般可从用地结构、道路交通、基础设施、建筑质量、景观风貌和建筑管理等方面进行整理和分析，找出现状存在的主要问题，确定规划目标和指导思想，对城市功能结构、建筑空间、景观环境、地下空间开发利用、五线控制等方面规划控制进行研究。分析研究中需要做到以下几点：

（1）以落实上一层次规划的要求为基础。对总体规划或分区规划所确定的城市社会经济发展、城市建设的历史、自然环境及城市基础设施等内容进行深入细致的调查研究，明确规划范围在总体规划中的区域位置、用地性质等。

（2）将当地城市规划部门提供的资料与实地考察相结合，掌握第一手资料。

（3）对收集的资料进行从定性到定量的系统分析和整理，提出问题并给予相应的解决对策。

（4）采用公众参与的方法（包括现场问询、问卷调查、媒体征询等），增加资料收集的深度和广度。

（5）在分析城市地下空间的开发和利用时，应考虑与当地的经济和技术发展水平结合，统筹防灾减灾、人民防空、交通、通信及商业服务设施等相关建设的需要。

3. 方案设计阶段

控制性详细规划方案设计阶段一般要经过构思、协调、修改、反馈的过程，这个过程根据项目的不同反复的次数也不同，一般要经过 2 ～ 3 次。在此阶段应初步确定地块细划与规划控制指标。

（1）方案比较：方案编制初期要有至少两个以上方案进行比较和技术经济论证。

（2）方案交流：方案提出后要与委托方进行交流，向委托方汇报规划构思，听取有关专业技术人员、建设单位和规划管理部门的意见，并就一些规划原则问题做深入沟通；在此过程中同时应当采取公示、征询等方式，充分听取规划涉及的单位、公众的意见。

（3）方案修改：根据多方达成的意见进行方案修改，必要时做补充调研。

（4）意见反馈：修改后的方案提交委托方再次听取意见，对方案进行修改，直至双方达成共识，转入成果编制阶段，对公众参与的有关意见采纳结果予以公布。

4. 成果编制阶段

控制性详细规划应以用地控制管理为重点，以实施总体规划意图为目的，其成果内容重点在于规划控制指标的制定。

（1）规划编制内容和深度、成果形式详见第三节。

依据要清楚，论证要充分，责任要分清。对规划有重要影响的问题要有委托方提供的文字资料作为依据附在成果文件中（如已划拨的用地红线、防洪堤的位置、高压走廊的位置、学校的拆迁等），同时各阶段的会议纪要、形成的修改意见和公众参与的有关意见采纳情况以文字形式在成果文件（附件）中体现。

（2）控制性详细规划成果文件中的文本是城市规划主管部门制定地方城市规划管理法规的基础，应在编制时征询城市规划主管部门的意见反复修改完成。

5. 规划审批阶段

城市控制性详细规划由城市人民政府审批，一般分三步：

（1）成果审查

控制性详细规划项目在提交成果时一般要先开成果汇报会后再上报审批，重要的控制性详细规划项目要经过专家评审会审查和城市规划委员会审议后再上报审批。成果汇报会和专家评审等其他相关审查会议由委托方负责组织。

（2）上报审批

已编制并批准分区规划的城市控制性详细规划，除重要的控制性详细规划由城市人民政府审批外，可由城市人民政府授权城市规划管理部门审批。一般上报审批工作由委托方负责，规划编制单位负责提供规划技术文件，遇重大修改，由双方协商解决。

（3）成果修改

已批准的城市控制性详细规划若需要进行修改，组织编制机关应当对修改的必要性进行论证，征求规划地段内利害关系人的意见，严格执行城乡规划法，方可编制修改方案。修改后的控制性详细规划，应当依照原审批程序报批。控制性详细规划修改涉及城市总体规划、镇总体规划的强制性内容的，应当先修改总体规划。

第二节　控制性详细规划指标的确定方法

控制性详细规划的核心内容是其各项控制指标，可以分为规定性控制指标和引导性控制指标两大类、十三小项。

控制性详细规划控制指标一览表　　　　**表 2-2-1**

编　号	指　标	分　类	注　解
1	用地性质	规定性	
2	用地面积	规定性	
3	建筑密度	规定性	
4	容积率	规定性	
5	建筑高度／层数	规定性	用于一般建筑／住宅建筑

续表

编　号	指　标	分　类	注　解
6	绿地率	规定性	
7	公建配套项目	规定性	
8	建筑后退道路红线	规定性	用于沿道路的地块
9	建筑后退用地边界	规定性	用于地块之间
10	社会停车场库	规定性	用于城市分区、片的社会停车
11	配建停车场库	规定性	用于住宅、公建、地块的配建停车
12	地块出入口方位、数量和允许开口路段	规定性	
13	建筑形体、色彩、风格等城市设计内容	引导性	主要用于重点地段、文物保护区、历史街区、特色街道，城市公园以及其他城市开敞空间周边地区

在以上指标中建筑密度、容积率、建筑高度／层数、绿地率是控制性详细规划的主要控制指标。在2006年版的《城市规划编制办法》中，以上四项指标与地块的主要用途、基础设施和公共服务设施配套规定被确定为控制性详细规划的强制性内容。

建筑密度是指一定地块内所有建筑物的基底总面积占用地面积的比例，可以反映出一定用地范围内的空地率和建筑密集程度。

容积率是指一定地块内，总建筑面积与建筑用地面积的比值，是表述地块开发强度和评价城市土地开发利用合理程度的一项重要指标。一个地块在建筑密度一定的条件下，容积率与建筑的平均层数成正比，同理，在建筑平均层数一定的条件下，容积率与地块的建筑密度成正比。

绿地率是指一定地块内各类绿化用地总面积占该地块总面积的比例，它是调节、制约开发容量，保证建设用地基本环境质量的关键性指标。

控制性详细规划控制指标体系的确定通常是以建筑密度和容积率的确定为核心的，在规划实践中，对于建筑密度和容积率的指标赋值方法多种多样，一般有以下几种：城市整体强度分区原则法、人口指标推算法、典型实验法、经济推算法和类比法。以下就不同方法分别加以介绍。

一、城市整体强度分区原则法

根据微观经济学区位理论，从宏观、中观、微观三个层面，确定城市开发总量和城市整体强度（即核心指标建筑密度和容积率），建立城市强度分区的基准模型和修正模型，进行各类主要用地的强度分配，为确定地块容积率、制定地块密度细分提供原则性指导（图2–2–1）。此方法优点是在区位理论基础上，将分区管理控制向系统化、数据化、精细化方向大大推进，使城市规划控制管理中各项指标的确定更具严密性，进一步提高了控制性详细规划编制、

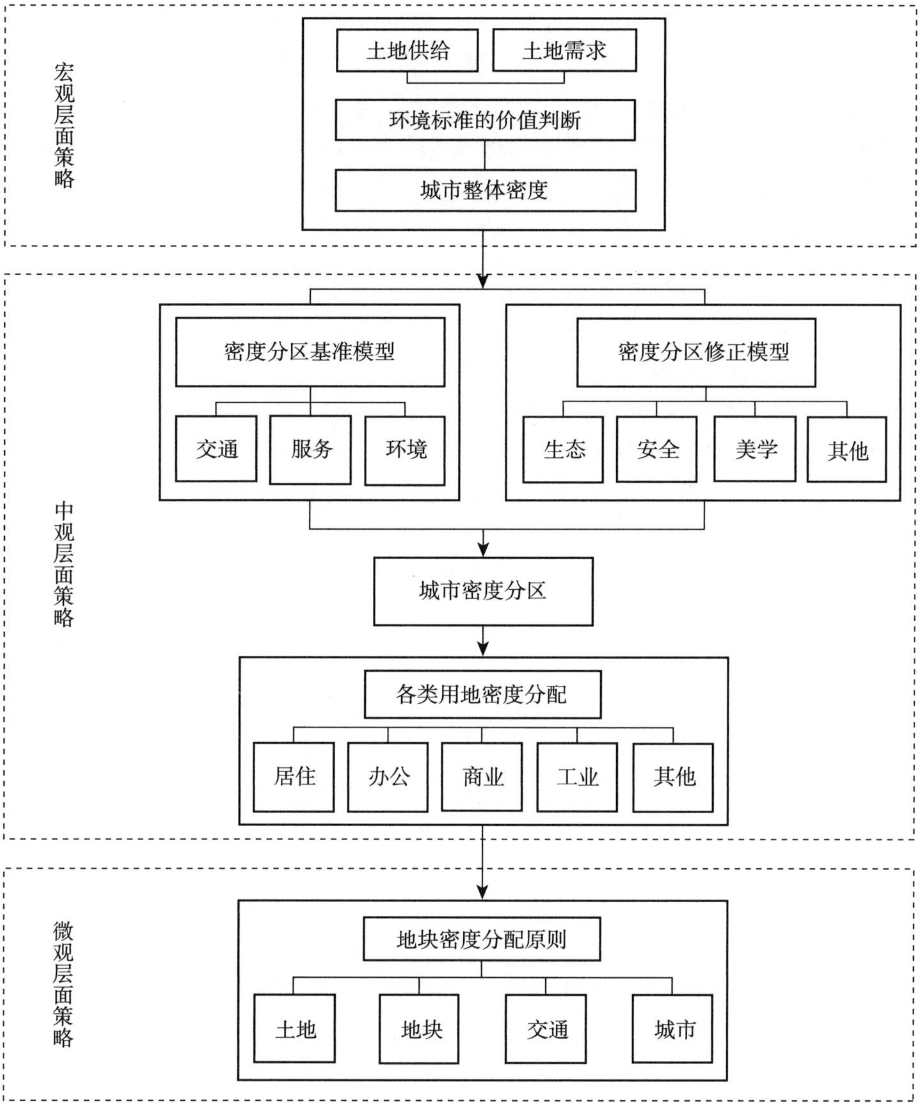

图 2-2-1　城市密度分区方法体系结构图

指标制定的科学性。但分区推导模型内容体系构建尚待进一步探讨，模型中各项因子选择和推导过程中各因子所占比重的确定等因素，对于分区控制合理性程度、密度分配结果有很大影响。以下就城市密度分区原则方法和城市容积率分区原则方法的具体应用——《深圳经济特区城市密度分区研究》①和《武汉市主城区用地建设强度研究》②做简要介绍。

1. 深圳经济特区城市密度分区研究

在《深圳经济特区城市密度分区研究》中，宏观层面以"城市总体规划确定的用地规模人口为土地供应的基本参考，根据城市社会和经济发展的未来

① 唐子来，付磊．城市密度分区研究——以深圳经济特区为例．城市规划汇刊，2003.4。

② 武汉市城市规划设计研究院．武汉市主城区用地建设强度研究。

趋势，结合相关经验类比分析”，推测“各类建筑的需求数量以及占城市建筑总量的比例”。通过综合权衡“社会经济发展建筑需求总量”与“环境标准可接受程度”两方面因素，确定城市整体密度。

中观层面采用“计量化的精细方法”，通过建立“基准模型”、“修正模型”对城市进行密度分区。这一阶段策略制定方法较目前我国一些城市（如上海、广州和厦门等）所采用的城市密度分区法不同（表 2–2–2），比之更加系统化和精细化。“基准模型遵循微观经济学效率原则，以交通区位（如大容量轨道交通线路和城市主次干道）、服务区位（如城市主次商业中心）和环境区位（如城市主要公共绿地）作为密度分区基本影响因素”，按照各因素“空间格局和影响权重，将城市空间划分为若干基准密度分区”，确定不同开发强度区域的整体结构。而“修正模型”则是在效率原则基础上，“引入生态原则（生态敏感地区）、安全原则（不良地质地区）、美学原则（城市设计形态考虑）或文化原则（历史保护地区）等等”来修正“基准模型”，将“模型”进行扩展，形成基于效率原则的基准密度分区和基于其他原则的修正密度分区。修正的结果“可能提高或降低城市局部地区的开发强度”（图 2–2–2）。

上海城市密度分区表　　　　表 2–2–2

<table>
<tr><td colspan="2" rowspan="4">区位
建筑容量
类别</td><td colspan="4">中心城（外环线以内地区）</td><td colspan="6">中心城外（外环线以外地区）</td></tr>
<tr><td colspan="2">内环线以内地区</td><td colspan="2">内外环线之间地区</td><td colspan="2">新　城</td><td colspan="2">中心镇</td><td colspan="2">一般镇和其他地区</td></tr>
<tr><td colspan="2">D(%)</td><td colspan="2">FAR</td><td colspan="2">D(%)</td><td colspan="2">FAR</td><td colspan="2">D(%)</td></tr>
<tr><td>20</td><td>0.4</td><td>18</td><td>0.35</td><td>18</td><td>FAR</td><td>D(%)</td><td>FAR</td><td>D(%)</td><td>FAR</td></tr>
<tr><td colspan="2">低层独立式住宅</td><td>30</td><td>0.9</td><td>27</td><td>0.8</td><td>25</td><td>0.3</td><td>18</td><td>0.3</td><td>18</td><td>0.3</td></tr>
<tr><td colspan="2">其他低层居住建筑</td><td>多层</td><td>33</td><td>1.8</td><td>30</td><td>1.6</td><td>0.7</td><td>25</td><td>0.7</td><td>25</td><td>0.7</td></tr>
<tr><td rowspan="2">居住建筑（含酒店式公寓）</td><td>高层</td><td>25</td><td>2.5</td><td>25</td><td>2.0</td><td>30</td><td>1.4</td><td rowspan="2">30</td><td rowspan="2">1.0</td><td rowspan="2">30</td><td rowspan="2">1.0</td></tr>
<tr><td>多层</td><td>50</td><td>2.0</td><td>50</td><td>1.8</td><td>25</td><td>1.8</td></tr>
<tr><td rowspan="2">商业、办公建筑（含旅馆建筑、公寓式办公建筑）</td><td>高层</td><td>50</td><td>4.0</td><td>45</td><td>3.5</td><td>50</td><td>1.6</td><td rowspan="2">40</td><td rowspan="2">1.2</td><td rowspan="2">40</td><td rowspan="2">1.2</td></tr>
<tr><td>低层</td><td>60</td><td>1.2</td><td>50</td><td>1.0</td><td>40</td><td>2.5</td></tr>
<tr><td rowspan="3">工业建筑（一般通用厂房）仓储建筑</td><td>多层</td><td>45</td><td>2.0</td><td>40</td><td>1.6</td><td>40</td><td>1.0</td><td>40</td><td>1.0</td><td>40</td><td>1.0</td></tr>
<tr><td>高层</td><td>30</td><td>3.0</td><td>30</td><td>2.0</td><td>35</td><td>1.2</td><td>35</td><td>1.2</td><td>35</td><td>1.2</td></tr>
<tr><td>按建设部《公园内部用地比例》的规定执行</td><td>—</td><td>—</td><td>—</td><td>—</td><td>—</td><td>—</td><td>—</td><td>—</td><td>—</td><td>—</td></tr>
<tr><td>公共绿地</td><td colspan="11">—</td></tr>
</table>

注：1. D ——建筑密度，FAR———建筑容积率；

2. 本表仅适用于未编制详细规划的、小于或等于 3 万 m^2 的单一基地；

3. 本表规定的指标为上限。

资料来源：上海市城市规划管理技术规定（土地使用 建筑管理）2003 年。

微观层面则是对各密度分区当中具体地块密度进行细分，总体原则是各地块密度分配结果总和不能导致“建筑总量的明显突破”。这一层面的地块密度分配考虑到“土地用途、地块规模、交通条件和城市设计”四方面影响。土地使用性质不同，地块密度也就不同，而“地块具备两种或两种以上的用途类型，综合用途地块的容积率显然会不同于单一用途地块容积率”。而地块规模、交通条件和各地区地块面临的城市设计要求不同，地块密度也就应当相应调整。

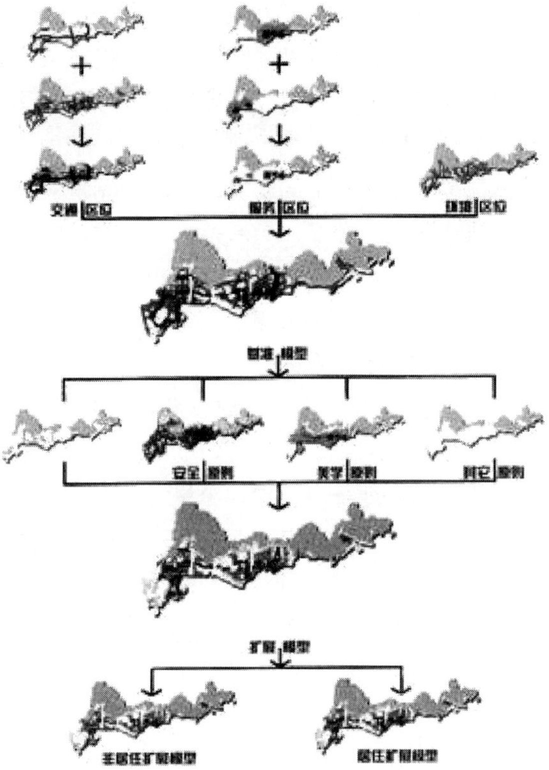

图 2–2–2　城市密度分区阶段分析模型

2. 武汉市主城区用地建设强度研究

以《武汉市主城区用地建设强度研究》为例，其在尊重现状强度分布的基础上，以确定城市总体发展方向和建设增长模式为先导，并以引导中心城区人口疏散为切入点，首先在宏观层面确定城市总体建设目标及人口的合理分布；其次在中观层面确定城市合理的强度分布结构，形成强度分区体系，测算用地基准容积率；最后在微观层面上分析用地建设强度的变化规律，制定出基准容积率在交通区位、用地规模、场地朝向等条件发生变化的情况下用地建设强度的调整系数，并最终确定出各强度分区内的各类建设用地的强度指标上限，作为控制性详细规划编制和用地建设管理的执行标准（图 2–2–3）。

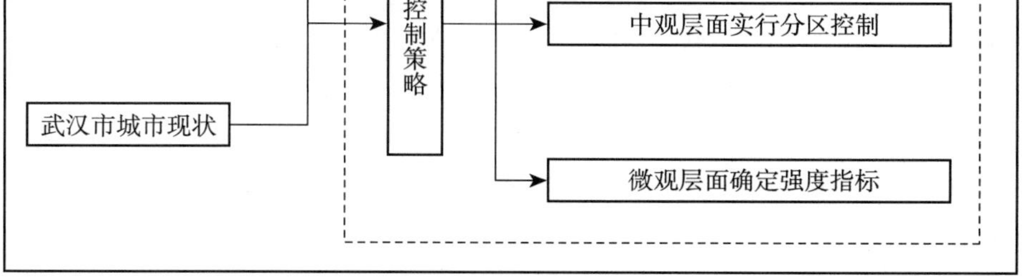

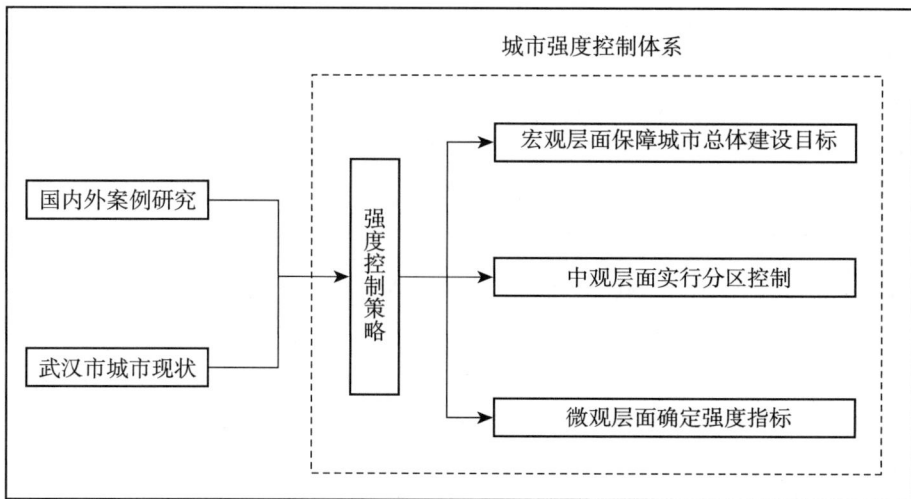

图 2–2–3《武汉市主城区用地建设强度研究》分析框架

通过对《深圳经济特区城市密度分布研究》以及《武汉市主城区用地建设强度研究》的介绍可以看出，城市整体强度分区原则法从城市建筑总量确定到地区强度分配，再到具体地块强度分配，逐级进行强度控制，系统结构清晰明了。较之传统从单个局部地块出发，就地块论地块制定容积率的做法，城市整体强度分区法从全局出发，宏观控制规划地块开发总量，进而确定局部地块开发强度和建筑密度，层层推进，为控制性详细规划指标确定提供参考与外部框架，更显其全局性与科学性的特点，适用性也较强。

二、人口指标推算法

人口指标推算法，即通过总体规划或分区规划确定的分区人口密度和地块环境容量等来确定规划区内的规划人口总量，并以人口总量与人均用地指标的乘积来推算地块内的建筑总量，从而确定该地块的容积率的方法。其中环境容量推算法对于城市老城区、生态敏感区、历史文化保护地段及基础设施受限区较为适用，此方法依据城市中这些特殊地段的最主要的限制因素（人口密度）来确定地块的建设强度指标，把城市建设强度限定在较为合理的范围内。分区人口密度推算法则适用于城市中上位规划内容明确且切合实际、地块功能以居住为主的地区。

1. 环境容量推算法

基于环境容量的可行性来制定控制指标，即根据建筑条件、道路交通设施、市政设施、公共服务设施的状况及可能的发展规模和需求，按照规划人均标准推算出可容纳的人口规模及相应的容积率等各项指标。此方法优点在于计算比较简便，其结果在一定情况下较为准确，缺点是指标确定因素较单一，综合适应性不强。

环境容量指标较多，这里就供水容量推算主要控制性指标过程介绍如下：

建设用地面积＝现状或规划用水量／单位建设用地综合用水量①；

$$人口容量=\frac{建设用地面积}{人均建设用地指标值}$$

建筑总量＝规划人均建筑面积 × 人口容量②

2. 分区人口密度推算法

根据总体规划或分区规划对控制性详细规划范围内的人口容量以及城市功能的规定，提出人口密度和居住人口的要求；按照各个地块的居住用地面积，推算出各地块的居住人口数；再根据规划期内的人均居住用地、人均居住建筑面积等，就可以推算出某地块的容积率、建筑密度、建筑高度等控制指标。此方法资料收集简单，计算方法简易，缺点是对上位规划依赖性强，对新出现的情况适应性不够，且只适用于以居住为主的地块。

---

① 相关指标参见《城市给水工程规划规范》GB 50282—98及其他规范。

② 同注释①。

人口推算法推算主要控制性指标过程如下：

规划范围内居住用地总面积＝人口容量 × 人均居住用地面积

按功能分区组织要求划分地块，分配居住用地；

地块人口容量＝地块居住用地面积／近期人均居住用地面积

地块居住建筑量＝地块人口容量 × 人均居住建筑面积

同理，计算出其他类型建筑量，与地块居住建筑量加和求得地块建筑总量；

地块容积率＝地块建筑总量／地块面积

根据上位城市规划及其他法定规划、规范对建筑限高控制，综合确定建筑限高值和建筑平均层数；

地块停车位个数＝地块建筑量 × 停车位配置标准。

三、典型实验法

根据规划意图，进行有目的的形态规划，依据形态规划平面计算出相应的规划控制指标，再根据经验指标数据，选择相关控制指标，两者权衡考虑，用作地块的控制指标。这种方法的优点是形象性、直观性强，便于掌握，对研究空间结构布局较有利，缺陷在于工作量大并存在较大局限性和主观性。

在实践中，针对一个地段可以先进行城市设计，确定出主要的城市控制要素和指标，然后根据城市设计导则编制控制性详细规划。

如重庆市茶园片区在组织编制控制性详细规划之前，先组织编制了《茶园城市副中心城市设计》，在交通结构、建设规模、建筑布局以及景观要素等规划研究的基础上，对开发强度、建筑高度、体量、后退控制和边界、色彩和风格、天际线、视廊等要素进行了引导和控制，然后在城市设计的基础上，对规划方案进行深化及调整，优化用地布局，合理细分土地，细化相关的指标体系等，最后编制完成《重庆市茶园城市副中心控制性详细规划》。

四、经济测算法

地块的不同容积率有着不同的产出效益，经济测算法就是根据土地交易、房屋搬迁、项目建设等方面价格与费用等市场信息，在对开发项目进行成本—效益分析的基础上，确定一个合适的容积率，使开发建设主体能获得合理的经济回报，保证项目的顺利实施。这种方法的优点是科学性和可实施性强，缺点在于采用静态匡算的方法，一些重要测算指标如房地产市场供求与价格等处于不断变化中，就难免导致测算结果不够准确。

经济测算法示例见附录一：泉州古城控制性详细规划经济分析实例。

五、类比法（经验归纳统计法）

通过分析比较与规划建设在性质、类型、规模等方面具有相类似特性的控制性详细规划项目案例，选择确定相关控制指标，如容积率、建筑密度、绿化率等。这种方法的优点是简单、直观、明确，缺点是只能在相类似的规划项目中选取控制指标数值，如有新情况出现，则难以准确把握。通常情况下，新区开发等现状条件单一的地块更适于使用这种方法。

类比法推荐资料参见附录二：建筑容量确定参考。

以上介绍了当前控制性详细规划编制工作中核心指标确定的一般方法，这些方法通常都带有较强的地方特色，是各个地方城市在规划编制及管理工作中依据各自城市的状况总结出的适合当地城市的指标计算方法，是在我国城市用地大规模的开发使用及规划控制过程中探索出的一系列行之有效的方法。同时，这些指标赋值方法基本上涵盖了我国城市中当前控制性详细规划编制的各种分区类型，对各类城市控制性详细规划的编制具有较强的指导和借鉴作用。

以上指标赋值方法各有特点，应根据规划项目条件、内容、目标的不同，有针对性地选择使用。当然每种方法在确定指标时都难免存在偏颇和不足，所以，实际工作中一般鼓励采用多种方法相互印证，综合运用多种可能的方法来确定并校正规划控制指标。

第三节　控制性详细规划的编制内容深度与成果要求

一、深度要求

（一）基本要求

控制性详细规划是城市规划体系中的一个重要组成部分，它是城市总体规划各项指标能够落实的保证，是编制修建性详细规划的重要依据，也是城市规划管理部门进行城市规划管理的依据。其成果表达深度应满足以下三方面要求：

1. 既能深化、补充、完善落实总体规划、分区规划意图，又能落实到每块具体用地上；

2. 能充当土地租让、招（议）标、标底条件和管理的依据与建设的指导。

控制性详细规划应当能控制城市开发在规划意图内有序进行，提供修建性详细规划的编制依据或具体城市开发项目的规划条件。控制性详细规划将控制条件、指标与具体要求落实到相应的建设地块上进行控制，作为土地招（议）标底条件和建设管理的依据与建设的指导，使不同类型、不同开发主体与开发方式的建设项目能够在各开发准备阶段和实施阶段获得可信的技术依据。

3. 直接指导修建性详细规划和个案建设（规划设计条件）

《城市规划编制办法》(2006)第二十四条指出："编制城市控制性详细规划，应当依据已经依法批准的城市总体规划或分区规划，考虑相关专项规划的要求，对具体地块的土地利用和建设提出控制指标，作为建设主管部门（城乡规划主管部门）作出建设项目规划许可的依据。编制城市修建性详细规划，应当依据已经依法批准的控制性详细规划，对所在地块的建设提出具体的安排和设计。"以上规定从法律的角度确定了控制性详细规划对修建性详细规划和个案建设的指导地位。

（二）内容深度

按照我国《城市规划编制办法》中的要求，控制性详细规划的内容深度要求如下：

1. 确定规划范围内不同性质用地的界线，确定各类用地内适建、不适建或者有条件地允许建设的建筑类型。

2. 确定各地块建筑高度、建筑密度、容积率、绿地率等控制指标，确定公共设施配套要求、交通出入口方位、停车泊位、建筑后退红线距离等要求。

3. 提出各地块的建筑体量、体型、色彩等城市设计指导原则。

4. 根据交通需求分析，确定地块出入口位置、停车泊位、公共交通场站用地范围和站点位置、步行交通以及其他交通设施。规定各级道路的红线、断面、交叉口形式及渠化措施、控制点坐标和标高。

5. 根据规划建设容量，确定市政工程管线位置、管径和工程设施的用地界线，进行管线综合。确定地下空间开发利用具体要求。

6. 制定相应的土地使用与建筑管理规定。

需要说明的是，在落实总体规划和分区规划的前提下，在满足《城市规划编制办法》、《城市规划编制办法实施细则》的基础之上，根据规划的具体地段的位置、性质、开发规模的不同要求，控制性详细规划在深度方面有所不同。

例如，城市中的工业开发区，规划控制的内容就应当与其他地段不一样。由于开发区内工业的性质、类别往往具有不确定性，仅笼统地区分污染、轻污染和重污染工业还缺少量的控制，因此有必要就它对环境污染的影响程度作出具体的量化控制，可以分别用允许排放的废气、烟尘、污水的单位有害物含量和噪声等级作出指标控制，此外还可以就其允许耗用水、电等能源量进行控制，而对于工业区内的建筑物体量、体型，则不必作出太多的限制规定。这种做法既适应了工业区开发管理的需要，又能保证良好的城市环境质量和工业区对基础设施在总的容量上的控制。

城市的中心区、重要街道、广场、古城保护地区以及城市居住区在城市空间、景观上有较高的要求，其城市设计通常被提高到很重要的地位。因此对于城市空间、建筑物体量、体型、色彩乃至形式、风格、材料等都需要作出较为详细的控制与引导；对于这些重要地段容积率的控制、奖励以及因地块性质的兼容性并由此引起的容积率容许变化值，也都需要认真研究，提出可行的控制意见。而上述控制内容对城市的一般地区和非近期开发的市郊结合部，其重要性则相对降低。

旧城区或历史文化保护区的控制性详细规划，不仅应确定主要规定性控制指标，还应把人口容量、建筑高度、建筑风格、建筑材料、建筑色彩作为主要控制指标。历史文化保护区应按照保护规划的要求在地块分图则中对以下内容加以明确：单位保护范围、核心历史保护范围界线、核心自然保护界线、修缮建筑、保留建筑、整饰建筑、拆除建筑。此外，对建筑的高度控制要求应予以特别强调，为维护规划区原有的历史文化风貌，需要对规划区建设用地内的建设进行具体高度分区控制，并做出控制规划图。

小城镇的控制性详细规划，应着重考虑小城镇土地资源的合理配置，根据小城镇的地理环境特征及经济发展特点，合理调配用地功能，疏解地区交通，改善市政设施。应建立适合小城镇开发建设的指标体系，注重在环境容量、生态格局和城镇风貌上进行控制引导。同时合理引导人口集聚，制订符合小城镇开发建设的实施措施，推进小城镇健康有序地发展，并使其为推动中国的城市化进程发挥积极的作用。

综上所述，控制性详细规划应以用地的控制和管理为重点，因地制宜，以实施总体规划、分区规划的意图为目的，成果内容重点在于规划控制指标的体现。

1. 掌握合适的规划编制内容和深度，一般按《城乡规划法》及其解说、建设部《城市规划编制办法》的要求完成。此外，还应体现城市规划强制性内容要求①。控制性详细规划的强制性内容包括：各地块的主要用途、建筑密度、建筑高度、容积率、绿地率、基础设施和公共服务设施配套规定。

2. 控制性详细规划成果应当包括规划文本、图件和附件。图件由图纸和图则两部分组成，规划说明、基础资料和研究报告收入附件。

二、控制性详细规划图纸成果及深度要求

（一）规划用地位置图（区位图）（比例不限）

标明规划用地在城市中的地理位置，与周边主要功能区的关系，以及规划用地周边重要的道路交通设施、线路及地区可达性情况；

（二）规划用地现状图（1：1000 ～ 1：2000）

标明土地利用现状、建筑物现状、人口分布现状、公共服务设施现状、市政公用设施现状。

1. 土地利用现状包括标明规划区域内各类现状用地的范围界限、权属、性质等，用地分至小类；

2. 人口现状指标明规划区域内各行政辖区边界人口数量、密度、分布及构成情况等；

3. 建筑物现状包括标明规划区域内各类现状建筑的分布、性质、质量、高度等；

4. 公共服务设施、市政公用设施现状标明规划区内及对规划区域有重大影响的周边地区现有公共服务设施（包括行政办公、商业金融、科学教育、体

---

① 《城市规划强制性内容暂行规定》建规 [2002]218 号第七条："城市详细规划的强制性内容包括：规划地段各个地块的土地主要用途；规划地段各个地块允许的建设总量；对特定地区地段规划允许的建设高度；规划地段各个地块的绿化率、公共绿地面积规定；规划地段基础设施和公共服务设施配套建设的规定；历史文化保护区内重点保护地段的建设控制指标和规定，建设控制地区的建设控制指标。以上六点都应该在控制性详细规划编制内容、控制指标体系中着重体现出来。"

育卫生、文化娱乐等建筑）类型、位置、等级、规模等，道路交通网络、给水电力等市政工程设施、管线的分布情况等。

（三）土地使用规划图（1：1000 ~ 1：2000）

规划各类用地的界线，规划用地的分类和性质、道路网络布局，公共设施位置；须在现状地形图上标明各类规划用地的性质分类、界线和地块编号，道路用地的规划布局结构，标明市政设施、公用设施的位置、等级、规模，以及主要规划控制指标。

（四）道路交通及竖向规划图（1：1000 ~ 1：2000）

确定道路走向、线型、横断面、各支路交叉口坐标、标高、停车场和其他交通设施位置及用地界线，各地块室外地坪规划标高；

1. 道路交通规划图

在现状地形图上，标明规划区内道路系统与区外道路系统的衔接关系，确定区内各级道路红线宽度、道路线型、走向，标明道路控制点坐标和标高、坡度、缘石半径、曲线半径，重要交叉口渠化设计；轨道交通、铁路走向和控制范围；道路交通设施（包括社会停车场、公共交通及轨道交通站场等）的位置、规模与用地范围。

2. 竖向规划图

在现状地形图上标明规划区域内各级道路围合地块的排水方向，各级道路交叉点、转折点的标高、坡度、坡长，标明各地块规划控制标高。

（五）公共服务设施规划图（1：1000 ~ 1：2000）

标明公共服务设施位置、类别、等级、规模、分布、服务半径，以及相应建设要求。

（六）工程管线规划图（1：1000 ~ 1：2000）

标明各类工程管网平面位置、管径、控制点坐标和标高，具体分为给排水、电力电讯、热力燃气、管网综合等。必要时，可分别绘制。

1. 给水规划图

标明规划区供水来源，水厂、加压泵站等供水设施的容量、平面的位置及供水标高，供水管线走向和管径。

2. 排水规划图

标明规划区雨水泵站的规模和平面位置，雨水管渠的走向、管径及控制标高和出水口位置；标明污水处理厂、污水泵站的规模和平面位置，污水管线的走向、管径、控制标高和出水口位置。

3. 电力规划图

标明规划区电源来源，各级变电站、变电所、开闭所平面位置和容量规模，高压走廊平面位置和控制宽度。

4. 电信规划图

标明规划区电信来源，电信局、所的平面位置和容量，电信管道走向、管孔数，确定微波通道的走向、宽度和起始点限高要求。

5. 燃气规划图

标明规划区气源来源，储配气站的平面位置、容量规模，燃气管道等级、走向、管径。

6. 供热规划图

标明规划区热源来源，供热及转换设施的平面位置，规模容量，供热管网等级、走向、管径。

（七）环卫、环保规划图（1：1000～1：2000）

标明各种卫生设施的位置、服务半径、用地、防护隔离设施等。

（八）地下空间利用规划图（1：1000～1：2000）

规划各类地下空间在规划用地范围内的平面位置与界线（特殊情况下还应划定地下空间的竖向位置与界线），标明地下空间用地的分类和性质，标明市政设施、公用设施的位置、等级、规模，以及主要规划控制指标。

（九）五线规划图（1：1000～1：2000）

标明城市五线：市政设施用地及点位控制线（黄线）、绿化控制线（绿线）、水域用地控制线（蓝线）、文物用地控制线（紫线）、城市道路用地控制线（红线）的具体位置和控制范围。

（十）空间形态示意图（比例不限，平面一般比例为1：1000～1：2000）

表达城市设计构思与设想，协调建筑、环境与公共空间的关系，突出规划区空间三维形态特色风貌，包括规划区整体空间鸟瞰图，重点地段、主要节点立面图和空间效果透视图及其他用以表达城市设计构思的示意图纸等。

（十一）城市设计概念图（空间景观规划、特色与保护规划）（1：1000～1：2000）

表达城市设计构思、控制建筑、环境与空间形态、检验与调整地块规划指标、落实重要公共设施布局。须标明景观轴线、景观节点、景观界面、开放空间、视觉走廊等空间构成元素的布局和边界及建筑高度分区设想，标明特色景观和需要保护的文物保护单位、历史街区、地段景观位置边界。

（十二）地块划分编号图（比例1：5000）

标明地块划分具体界线和地块编号，作为分地块图则索引。

（十三）地块控制图则（比例1：1000～1：2000）

表示规划道路的红线位置，地块划分界线、地块面积、用地性质、建筑密度、建筑高度、容积率等控制指标，并标明地块编号。一般分为总图图则和分图图则两种。地块图则应在现状图上绘制，便于规划内容与现状进行对比。图则中应表达以下内容：

1. 地块的区位；

2. 各地块的用地界线、地块编号；

3. 规划用地性质、用地兼容性及主要控制指标；

4. 公共配套设施、绿化区位置及范围，文物保护单位、历史街区的位置及保护范围；

5. 道路红线、建筑后退线、建筑贴线率，道路的交叉点控制坐标、标高、转弯半径、公交站场、停车场、禁止开口路段、人行过街地道和天桥等；

6. 大型市政通道的地下及地上空间的控制要求，如高压线走廊、微波通道、地铁、飞行净空限制等；

7. 其他对环境有特殊影响设施的卫生与安全防护距离和范围；

8. 城市设计要点、注释。

分图图则是控制性详细规划成果的具体体现，绘制图纸时需要具备以下方面内容：控制图纸、控制表格、控制导则，此外还包括风玫瑰、指北针、比例尺、图例、图号和项目说明。图则包括一些基本的组成要素，如各种"控制线"、坐标标注、其他标注和地块编号等。

此外，控制性详细规划图纸视具体项目编制需要，可增加规划结构图、绿化结构图、总平面示意图等。

三、控制性详细规划文本基本内容要求

控制性详细规划文本的一般格式与基本内容：

（一）总则（说明编制规划的目的、依据、原则及适用范围，主管部门和管理权限）

1. 规划背景、目标

简要说明规划编制的社会经济背景与规划目标，一般是就规划地区与周边环境的目前经济发展情况与未来变动态势，由此带来的相应社会结构变化和城市土地资源、空间环境面临的重大调整，以及城市开发需求与规划管理应对等情况予以说明，突出在新形势下进行规划编制的必要性，明确规划的经济、社会、环境目标。

2. 规划依据、原则

简要说明与规划区相关联并编制生效使用的上级规划、各级法律法规行政规章及政府文件和技术规定，这些都是规划内容条款制定必须或应当遵照参考的依据。规划原则是对规划内容编制具体行为在规划指导思想和重大问题价值取向上的明确和限定。

3. 规划范围、概况

简要说明规划区自然地理边界，说明规划区区位条件，现状用地的地形地貌、工程地质、水文水系等对规划产生重大影响的情况。

4. 文本、图则之间的关系、各自作用、适用范围、强制性内容的规定

控制性详细规划文本与图则是相辅相成的关系。要实现规划控制的意图，单靠控制性详细规划文本文字性控制，或是控制性详细规划分图图则图形化控制，都不能达到理想的效果，一般应当将两者结合使用。此外，文本在什么时候、什么地方、哪些方面使用，也要说明，即说明文本的适用范围。同时，规划文本、图则的法律地位、强制性条款指标内容设置也要明确说明。

5. 主管部门、解释权

规划文本的技术性和概括性较强，所以需要明确规划实施过程中，由谁来对各种问题的协调进行处理和解释，明确规划实施主管单位和规划解释主体及权限。

（二）规划目标、功能定位、规划结构

落实城市总体规划或分区规划确定的规划区在一定区域环境中的功能定位，确定规划期内的人口控制规模和建设用地控制规模，提出规划发展目标，确定本规划区用地结构与功能布局，明确主要用地的分布、规模。

（三）土地使用

根据《城市用地分类与规划建设用地标准》GBJ137—90、《镇规划标准》GBJ50188—2007划分地块，明确细分后各类用地的布局与规模。对土地使用的规划要点进行说明。特别要对用地性质细分和土地使用兼容性控制的原则和措施加以说明，确定各地块的规划控制指标。同时，需要附加如《用地分类一览表》、《规划用地平衡表》、《地块控制指标一览表》、《土地使用兼容控制表》等土地使用与强度控制技术表格。

（四）道路交通

明确对规划道路及交通组织方式、道路性质、红线宽度、断面形式的规定（附《规划道路建设控制表》），以及对交叉口形式、路网密度、道路坡度限制、规划停车场、出入口、桥梁形式等及其他各类交通设施设置的控制规定。

（五）绿化与水系

标明规划区绿地系统的布局结构、分类以及公共绿地的位置，确定各级绿地的范围、界限、规模和建设要求；标明规划区内河流水域的来源，河流水域的系统分布状况和用地比重，提出城市河道"蓝线"（即河流水体及其两岸须控制使用的用地，二者合成区域的边界线）的控制原则和具体要求。

（六）公共服务设施规划

明确各类配套公共服务设施的等级结构、布局、用地规模、服务半径，对配套设施的建设方式规定进行说明。 此外，严格控制公益性公共服务设施的等级结构、用地规模，如中小学、老年活动中心、青少年活动中心等。

（七）五线规划

对城市五线——市政设施用地及点位控制线（黄线）、绿化控制线（绿线）、水域用地控制线（蓝线）、文物用地控制线（紫线）、城市道路用地控制线（红线）的控制原则和具体要求。

（八）市政工程管线

1. 给水规划

（1）预测总用水量，提出水质、水压的要求；

（2）选择供水引入方向；

（3）确定加压泵站、调节水池等给水设施的位置及规模；

（4）布局给水管网，计算输配水管管径，校核配水管网水量及水压；

（5）选择管材。

2. 排水规划

(1) 明确排水体制；

(2) 预测雨、污水排放量；

(3) 确定雨、污水泵站、污水处理厂等相关设施位置、规模和卫生防护距离；

(4) 确定雨、污水系统布局、管线走向、管径复核，确定管线平面位置、主要控制点标高、出水口位置；

(5) 对污水处理工艺提出初步方案。

3. 供电规划

(1) 预测总用电负荷；

(2) 选择电源引入方向；

(3) 确定供电设施（如变电站、开闭所）的位置和容量；

(4) 规划布置 10kV 电网及低压电网；

(5) 明确线路敷设方式及高压走廊保护范围。

4. 电信规划

(1) 预测通信总需求量；

(2) 选择通信接入方向；

(3) 确定电信局、所位置及容量；

(4) 确定通信线路位置、敷设方式、管孔数、管道埋深等；

(5) 确定规划区电台、微波站、卫星通信设施控制保护措施及重要通信干线（含微波、军事通信等）保护原则。

5. 燃气规划

(1) 预测总用气量；

(2) 选择气源引入方向；

(3) 确定储配气站位置、容量及用地保护范围；

(4) 布局燃气输配管网，计算管径。

6. 供热规划

(1) 预测总热负荷；

(2) 选择热源引入方向；

(3) 布局供热设施和供热管网；

(4) 计算管径。

(九) 环卫、环保、防灾等控制要求

1. 环境卫生规划

(1) 估算规划区内固体废弃物产量；

(2) 提出规划区的环境卫生控制要求；

(3) 确定垃圾收运方式；

(4) 布局各种卫生设施，确定其位置、服务半径、用地、防护隔离措施等。

2. 防灾规划

(1) 确定各种消防设施的布局及消防通道间距等；

(2) 确定地下防空建筑的规模、数量、配套内容、抗力等级、位置布局，以及平战结合的用途；

(3) 确定防洪堤标高、排涝泵站位置等；

(4) 确定抗震疏散通道及疏散场地布局；

(5) 确定生命线系统的布局，以及维护措施；

(6) 提出综合防灾要求及措施。

(十) 地下空间利用规划

确定地下空间的开发功能、开发强度、深度以及规定不宜开发区等，并对地下空间环境设计提出指导性要求。

(十一) 城市设计引导

1. 在上一层次规划提出的城市设计要求基础上，提出城市设计总体构思和整体结构框架，补充、完善和深化上一层次城市设计要求。

2. 根据规划区环境特征、历史文化背景和空间景观特点，对城市广场、绿地、水体、商业、办公和居住等功能空间，城市轮廓线、标志性建筑、街道、夜间景观、标识及无障碍系统等环境要素方面，重点地段建筑物高度、体量、风格、色彩、建筑群体组合空间关系，以及历史文化遗产保护提出控制、引导的原则和措施。

(十二) 土地使用、建筑建造通则，一般包括：土地使用规划、建筑容量规划、建筑建造规划等三方面控制内容[①]

1. 土地使用规划控制

(1) 对土地使用规划的规定；

(2) 对规划用地细分的管理规定（规划街坊、地块划分）；

(3) 对土地使用兼容性和各种用地适建性的规定。

2. 建筑容量规划控制

(1) 对规划街坊、地块建筑容量控制规定；

(2) 对规划街坊、地块建筑密度控制规定；

(3) 对规划街坊人口容量和密度的规定；

(4) 对规划街坊、地块容量和密度变更调整的规定。

3. 建筑建造规划控制

(1) 对建筑高度的控制规定：

①对规划街坊及地块建筑限高的一般规定；

②对主要道路交叉口周边和沿路建筑高度的控制规定；

③对涉及优秀历史建筑、文物及历史文化风貌保护区域内建筑高度的控制规定；

④对涉及城市主要景观视线走廊、微波通道、机场净空等地区的建筑高度的控制规定；

---

① 详见《上海市城市规划管理技术规定（土地使用 建筑管理）》。

⑤对其他特定地区的建筑高度控制规定。

（2）对建筑后退的控制规定

①对建筑后退道路红线的控制规定；

②对建筑后退地块边界的控制规定。

（3）对建筑单体面宽的控制规定；

（4）对建筑间距的控制规定。

（十三）其他包括公众参与意见采纳情况及理由、说明规划成果的组成、附图、附表与附录（名词解释与技术规定、图则索引查询）等

四、控制性详细规划说明书的基本内容

规划说明书是编制规划文本的技术支撑，主要内容是分析现状、论证规划意图、解释规划文本等，为修建性详细规划的编制以及规划审批和管理实施，提供全面的技术依据。规划说明书的基本内容可分为以下方面：[①]

（一）前言

阐明规划编制的背景及主要过程。包括任务的接受委托、编制的整个过程、方案论证、公开展示、修改和审批的全过程，鸣谢协作单位等。

（二）概况

通过分析论证，阐明规划区区位环境状况的优劣和建设规模的大小，对规划区建设条件进行分析。需要对用地坡度、高程、地质、水文以及风向、植被、土壤等现状因素进行分析，在各类分析的基础上，对用地的适应性（从土地利用、环境条件、防灾、社会经济、文化历史等方面）进行综合评价。

（三）背景、依据

阐明规划编制的社会、经济、环境等背景条件，阐明规划编制的主要法律、法规依据和技术依据。对文本相关规定进行具体阐述和解说。

（四）目标、指导思想、功能定位、规划结构

对规划区发展前景做出分析、预测，在此基础上提出近、中期发展目标；阐明规划的指导思想与原则；阐明规划区在区域环境中的功能定位与发展方向，深化落实总体规划和分区规划的规定；阐明规划区用地结构与功能布局，明确主要用地的分布、规模。

（五）土地使用规划

根据《城市用地分类与规划建设用地标准》GBJ137—90、《镇规划标准》GBJ50188—2007 划分地块，明确细分后各类用地的布局与规模。在分析论证的基础上，对土地分类和土地使用兼容性控制的原则和措施进行说明，合理确定各地块的规划控制指标。

（六）公共服务设施规划

阐明各类配套公共服务设施的等级、布局、用地规模、服务半径，对配

① 重庆市控制性详细规划编制技术规定（试行）渝规发 [2002]32 号。

套设施的建设方式规定进行说明。此外，还应根据规划用地所处区位不同，说明对配套建设的公建项目在配建要求上的区别，如老城与新区、居住区与工业区、商业区与一般地区的不同要求。

（七）道路交通规划

1. 对外交通

说明铁路、公路、航空、港口与城市道路的关系及保护控制要求。

2. 城市交通

（1）阐明现状道路、准现状道路红线、坐标、标高、断面及交通设施的分布与用地面积等；

（2）调查旧区交通流量，在城市专项交通规划指导下对新区交通流进行预测；

（3）确定规划道路功能构成及等级划分，明确道路技术标准、红线位置、断面、控制点坐标与标高等（工作图精度采用 1：500 地形图）；

（4）道路竖向及重要交叉口意向性规划及渠化设计；

（5）布置公共停车场（库）、公交站场；

（6）明确规划管理中道路的调整原则。

（八）绿地、水系规划

详细说明规划区绿地系统的布局结构以及公共绿地的位置规模，说明各级绿地的范围、界限、规模和建设要求；分析规划区内河流水域基本条件，结合相关工程规划要求，确定河流水域的系统分布，说明城市河道“蓝线”（即河流水体及其两岸须控制使用的用地，二者合成区域的边界线）控制原则和具体要求。

（九）市政工程规划

1. 给水规划

（1）说明现状用水情况，调查周边水厂、调节池、加压站、水压和管网情况；

（2）选取用水标准，预测总用水量；

（3）分析选择供水引入方向；

（4）确定加压泵站、调节水池等给水设施的位置及规模；

（5）布局给水管网，计算输配水管管径，校核配水管网水量及水压，选择管材。

2. 排水规划

（1）现状及存在问题分析。包括现状汇水面积，防洪情况及管网情况；

（2）明确排水体制，计算汇水面积，确定防洪标准，污水量；

（3）确定雨、污水泵站、污水处理厂等相关设施位置、规模和卫生防护距离；

（4）确定雨、污水系统布局、管线走向、管径复核，确定管线平面位置、主要控制点标高、出水口位置；

（5）拟定雨水利用措施，对污水处理工艺提出初步方案。

3. 供电规划

（1）说明现状电力情况，分析存在问题（包括现状用电情况、周边变电站、开闭所和现状电力线路情况）；

（2）选取用电标准，预测总用电负荷；

（3）分析选择电源引入方向；

（4）确定供电设施（如变电站、开闭所）的位置和容量；

（5）规划设计10kV电网及低压电网；

（6）明确线路敷设方式及高压走廊保护范围。

4. 电信规划

（1）说明现状电信情况（包括电信线路、周边电信局设置的情况等），分析存在的问题；

（2）选取电信预测标准，预测通信总需求量；

（3）分析选择通信接入方向；

（4）分析确定电信局（所）位置及容量，阐明通信线路位置、敷设方式、管孔数、管道埋深等；

（5）明确微波通道走向宽度和对构筑物的控制保护措施、高度限制要求。

5. 燃气规划

（1）说明现状管网、储配气站的情况，分析存在的问题；

（2）选取用气标准，预测总用气量；

（3）分析选择气源引入方向；

（4）确定储配气站位置、容量及用地保护范围；

（5）布局燃气输配管网，计算管径。

6. 供热规划

（1）说明现状管网、供热设施的情况，分析存在的问题；

（2）选取供热标准，预测总热负荷；

（3）分析选择热源引入方向；

（4）布局供热设施和供热管网，计算管径。

（十）环保、环卫、防灾等

1. 环境卫生规划

（1）选择适当预测方法，估算规划区内固体废弃物产量；

（2）分析确定垃圾收运方式，固体废弃物处理处置方式及其他环境卫生控制要求；

（3）分析废物箱、垃圾箱、垃圾收集点、垃圾转运站点、公厕、环卫管理机构等布局规模要求，提出防护隔离措施等。

2. 防灾规划

（1）分析城市消防对策和标准，确定各种消防设施通道的布局要求等；

（2）分析防空工程建设原则和标准，确定地下防空建筑设施规划，以及平战结合的用途；

（3）分析城市防洪标准，确定防洪堤标高、排涝泵站位置等；

（4）分析城市抗震指标，确定抗震疏散通道、疏散场地布局；

(5) 论证城市综合防灾救护建设运营机制，确定生命线系统规划布局。

(十一) 地下空间规划

确定地下空间的开发功能、开发强度、深度以及规定不宜开发地区等，并对地下空间环境设计提出指导性要求。

(十二) 城市五线控制规划

明确对城市五线——市政设施用地及点位控制线（黄线）、绿化控制线（绿线）、水域用地控制线（蓝线）、文物用地控制线（紫线）、城市道路用地控制线（红线）的控制规定。

(十三) 地块开发

对开发地区（规划区）资金投入与产出进行客观分析评价，目的是为确定规划区科学合理的开发模式提供依据，同时验证控制性详细规划方案建筑总量、各类建筑量分配的合理性。核心是确保控制性详细规划在满足社会、环境、历史文化保护等要求的同时，具备实际开发建设总体可行性。

在控规说明书内容中应附上规划区各地块土地使用强度控制表（表2–3–1、表2–3–2）及用地兼容性和替代性一览表（表2–3–3），方便查阅。

地块控制指标一览表 **表 2–3–1**

地块编号	用地性质	用地面积 (m^2)	建筑面积 (m^2)	配建车位 (辆)	绿地率 (%)	建筑限高 (m)	容积率	建筑密度 (%)
A1–1	R2	34400	41200	200	35	18	1.2	25
A1–2	R2	27300	32760	160	35	18	1.2	25
A1–3	U	9000	7200	20	20	10	0.8	30
A1–4	G12	15800	—	—	85	—	—	—
A1–5	G2	25900	—	—	50	—	—	—
B1–1	R2	23000	27600	140	35	18	1.2	25
B1–2	R2	18800	22560	100	35	18	1.2	25

地块土地使用强度控制表（建筑红线后退距离、交通出入口方位两类控制指标在分图则中表示） **表 2–3–2**

地块编号	用地性质	用地面积 (m^2)	建筑面积 (m^2)			容积率	建筑密度 (%)	建筑限高 (m)	绿地率 (%)	居住户数	配建车位 (辆)	备注
			居住面积	公共面积	建设总量							
A1–1	R2	34400	41200			1.2	25	18	35		200	
A1–2	R2	27300	32760			1.2	25	18	35		160	
A1–3	U	9000		7200		0.8	30	10	20		20	
A1–4	G12	15800	—			—	—	—	85		—	
A1–5	G2	25900	—			—	—	—	50		—	
B1–1	R2	23000	27600			1.2	25	18	35		140	
B1–2	R2	18800	22560			1.2	25	18	35		100	

用地混合性和替代性一览表 **表 2–3–3**

主导用地性质	兼容用地性质	替代用地性质
二类居住用地（R2）	居住与公共设施混合用地（RC）	无
居住与公共设施混合用地（RC）	二类居住用地（R2）	
行政办公用地（C1）	教育科研设计用地（C6）	商业金融业用地（C2）
商业金融业用地（C2）	C2 类各项用地可相互兼容	行政办公用地（C1） 文化娱乐用地（C3） 体育用地（C4） 医疗卫生用地（C5） 教育科研设计用地（C6）
文化娱乐用地（C3）	体育用地（C4）	C2
指定的停车场库用地（S3）	商业金融业用地（C2）	无
一类工业用地（M1）	教育科研设计用地（C6）	二类居住用地（R2）
其他各类用地	无	无

思考题

1. 控制性详细规划的控制指标有哪些？其中哪些是核心指标？
2. 控制性详细规划的控制指标确定方法有哪些？
3. 什么是土地兼容性？简述土地兼容性适用条件和确定方法。
4. 控制性详细规划的内容及深度要求有哪些？

第三章　规定性控制要素

控制性详细规划中的首要内容，就是控制体系的确定。控制体系是影响控制性详细规划控制功能发挥的最主要的内部性因素，包括控制内容和控制方法两个层面。控制内容层面是指控制性详细规划所控制的要素，它对控制性详细规划功能作用的影响主要体现在功能作用发挥的广度上；控制方法层面是指为实现规划意图选取控制的手段，它对控制性详细规划功能作用发挥的深度有决定性的影响。控制性详细规划的控制内容和控制方法是控制体系中互为联系、互为影响的两个层面。

规划控制体系的内在构成是规划控制体系建立的基础。从城市规划管理的眼光来看，任何城市建设活动，不管是综合开发还是个体建设，其内在构成都包括以下六个方面：土地使用、环境容量、建筑建造、城市设计引导、配套设施和行为活动。这六个方面的内容基本概括了城市建设活动的主要范围。因此，城市规划管理对建设项目的控制一般也是通过这六个方面进行。

一、土地使用控制

土地使用控制即对建设用地上的建设内容、位置、面积和边界范围等方面做出规定，其具体控制内容包括用地性质、用地使用相容性、用地边界和用地面积等。用地性质按《城市用地分类与规划建设用地标准》GBJ137—90规定建设用地上的建设内容。用地使用相容性（土地使用兼容）通过土地使用性质兼容范围的规定或适建要求，给规划管理提供一定程度的灵活性。

二、环境容量控制

环境容量控制即为了保证良好的城市环境质量，对建设用地能够容纳的建设量和人口聚集量作出合理规定，其控制指标一般包括：容积率、建筑密度、人口密度、人口容量、绿地率和空地率等。容积率和建筑密度分别从空间和平面上规定了建设用地的建设量；人口密度规定了建设用地上的人口聚集程度；绿地率和空地率规定了公共绿地和开放空间在建设用地里所占的比例。这几项控制指标分别从建筑、环境、人口三个方面综合、全面地控制了环境容量。

三、建筑建造控制

建筑建造控制即为了满足生产、生活的良好环境条件，对建设用地上的建筑物布置和建筑物之间的群体关系作出必要的技术规定，其主要控制内容有建筑高度、建筑间距、建筑后退、沿街建筑高度、相邻地段的建筑规定等，同时还包括消防、抗震、卫生防疫、安全防护、防洪以及其他专业的规定（如机场净空、微波通道等）。

四、城市设计引导

城市设计引导多用于城市中的重要景观地带和历史文化保护地带，即为了创造美好的城市环境，依照空间艺术处理和美学原则，从城市空间环境角度对建筑单体和建筑群体之间的空间关系提出指导性的综合设计要求和建议，乃至用具体的城市设计方案进行引导。

建筑单体环境的控制引导，一般包括建筑风格形式、建筑色彩、建筑高度等内容，另外还包括绿化布置要求及对广告、霓虹灯等建筑小品的规定和建议。建筑色彩一般从色调、明度和彩度上提出控制引导要求，建筑体量一般从建筑竖向尺度、建筑横向尺度和建筑形体三方面提出控制引导要求。对商业广告、标识等建筑小品的控制则规定其布置内容、位置、形式和净空限界等。

建筑群体环境的控制引导，即对由建筑实体围合成的城市空间环境及其周边其他环境提出控制引导原则，一般通过规定建筑组群的空间组合形式、开敞空间的长宽比、街道空间的高宽比和建筑轮廓线示意等达到控制城市空间环境的目的。

五、配套设施控制

配套设施是生产、生活正常进行的保证，配套设施控制即对居住、商业、工业、仓储等用地上的公共设施和市政设施建设提出定量配置要求，包括公共设施配套和市政公用设施配套。公共设施配套一般包括行政管理、商业、金融、文化、教育、体育、卫生等公共服务设施的配套要求；市政设施配套包括给水、排水、电力、通信及供热和燃气等基础设施的控制要求，还包括机动车和非机动车停车场（库）的配置规定等内容。配套设施控制应按照国家及地方规范（标准）作出规定。

六、行为活动控制

行为活动控制即从外部环境的要求，对建设项目就交通活动和环境保护两方面提出控制要求。

交通活动的控制在于维护交通秩序，其规定一般包括规定允许出入口的方向和数量、交通运行组织规定、地块内允许通过的车辆类型以及地块内停车泊位的数量和交通组织、装卸场地位置、面积和相关规定等。

环境保护的控制则通过限定污染物排放的最高标准，来防治在生产建设或者其他活动中产生的废气、废水、废渣、粉尘、有毒有害气体、放射性物质以及噪声、震动、电磁波辐射等对环境的污染和危害，达到环境保护的目的，这方面控制应与当地环境保护部门的相关要求相结合。

下面的结构图归纳出以上六个方面的控制内容，它们共同形成控制性详细规划控制体系的内在构成。由于控制内容的选取受多种因素的影响，因此对每一规划用地不一定都需要从这六个方面来控制，而应视用地的具体情况，选取其中部分或全部内容来进行控制。

上述六个方面的内容，可以用相应的控制指标加以落实。这六个方面可派生出 12 个主要控制指标，这 12 个控制指标又分为规定性指标和指导性指标两类。

规定性指标（指令性指标）指该指标是必须遵照执行，不能更改的。包括：用地性质、用地面积、建筑密度、建筑限高（上限）、建筑后退红线、容积率（单一或区间）、绿地率（下限）、交通出入口方位（机动车、人流、禁止开口路段）、停车泊位及其他公共设施（中小学、幼托、环卫、电力、电信、燃气设施等）。

指导性指标（引导性指标）是指该指标是参照执行的，并不具有强制约束力，包括：人口容量（居住人口密度）；建筑形式、风格、体量、色彩要求；其他环境要求（关于环境保护、污染控制、景观要求等的指导性指标，可根据现状条件、规划要求、各地情况因地制宜的设置）。

本章将对上述规定性指标（控制性详细规划的规定性控制要素）展开并加以说明。

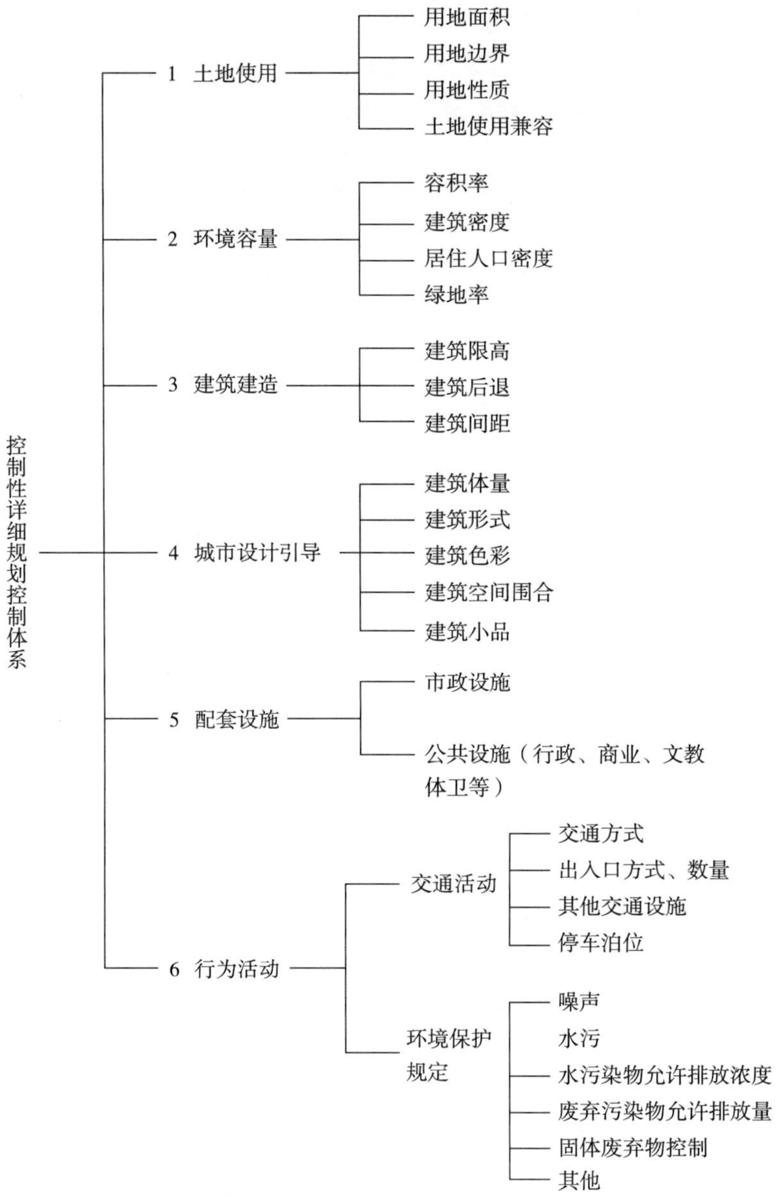

图 3-0-1 控制性详细规划控制体系图

第一节 土地使用控制

一、土地使用控制的内容及作用

（一）控制内容

土地使用控制，即是对建设用地的建设内容、位置、面积和边界范围等方面做出规定，其具体控制内容包括土地使用性质、土地使用兼容性、用地边界和用地面积等。用地边界、用地面积规定了建设用地规模的大小；用地使用性质按《城市用地分类与规划建设用地标准》GBJ137—90规定建设用地上的建设内容，包括10大类、46中类、73小类（见附表1–10）。土地使用兼容性通过土地使用性质兼容范围的规定或建筑适建要求，规定了用地相容或者混合使用的规划要求，满足了市场变化的需求，同时也对城市规划管理工作提出了新的要求。

（二）控制作用

土地使用控制是控制详细规划中规定性控制要素的核心部分，具有重要的作用：

（1）城市总体规划是一定时期内城市发展的整体战略框架，具有很大的原则性和灵活性，是一种粗线条的框架规划。控制性详细规划是实施性的法定规划，衔接总体规划（包括分区规划）和修建性详细规划，对上落实总体规划的战略部署，对下指导修建性详细规划的编制。总体规划落实在控制性详细规划（简称控规）层面上主要体现在土地利用规划方面，即控规中用地性质和土地使用兼容性的规定应当与总体规划一致，并对总体规划的用地性质进行细化。在控规中也可以根据实际情况对用地性质和用地边界进行适当调整，并及时将信息反馈给上位规划。

（2）修建性详细规划作为实施层面的规划，需要有一个相对具体明确的规划来进行指导，控规土地使用控制中对地块面积、边界、用地性质和兼容性要求提出了明确的要求，即将总规中有关土地利用的信息转译给修建性规划，使总体规划与修建性规划之间在土地利用方面不产生脱节和背离现象。

（3）土地使用控制是控规中的核心内容，用地边界反映了用地的区位和用地面积的大小，用地性质和兼容性决定了土地及其附属建筑使用的用途，这些都关系到土地权益的分配和调整，与业主切身利益休戚相关。合理确定土地使用控制指标至关重要。

二、用地面积（Site Area）

（一）用地面积的概念

用地面积，即建设用地面积，是指由城市规划行政部门确定的建设用地边界线所围合的用地水平投影面积，包括原有建设用地面积及新征（占）建设用地面积，不含代征用地的面积，单位为hm^2（万平方米），精确度全国各地略有不同，一般为小数点后两位，每块用地不可有重叠部分。用地面积是控规中各种规定性指标要素计算的基础。

在用地面积的计算中，必须特别注意的是：用地面积（Ap）和征地面积（Ag）是有区别的。用地面积是规划用地红线围合的面积，是确定容积率、建筑密度、人口容量所依据的面积，用地面积不包括代征用地面积，如图3–1–1中短虚线划定部分；征地面积是由土地部门划定的征地红线围合而成，包含用地面积和代征用地面积两部分，如图3–1–1中长虚线划定部分，显然用地面积小于

征地面积，即 $Ap \leqslant Ag$

而代征用地面积 $= Ag-Ap$

代征用地是指由城市规划行政部门确定范围，由建设单位代替城市政府征用集体所有土地或办理国有土地使用权划拨手续，并负责拆迁现状地上建构筑物、安置现状居民和单位后，交由市政、交通部门、绿化行政部门等行政单位进行管理的规划市政、道路、绿化以及其他用地，通常有代征道路用地面积、代征绿化用地面积、代征其他用地面积等。

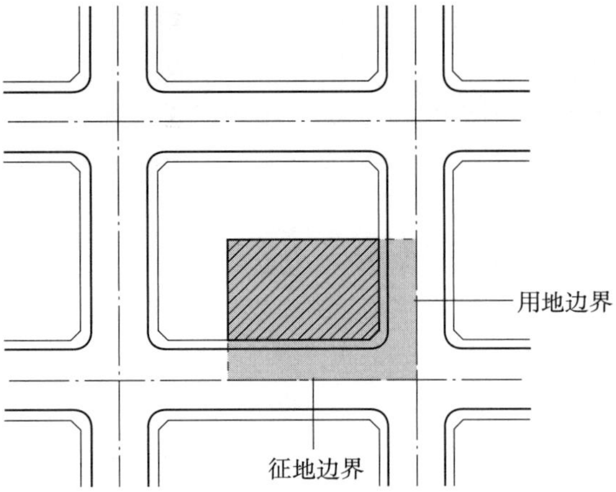

图 3-1-1 用地与征地边界范围对照示意图

（二）用地面积确定的原则

1. 用地面积通常与用地边界的四至范围有关，在城市新区开发中，用地面积的大小通常由道路、河流、行政边界、各种规划控制线围合而成的地块大小决定。

2. 用地面积应当根据用地的使用性质，结合实际使用情况具体确定，不应盲目划定，避免土地资源浪费或用地不足的情况出现。

3. 用地面积与城市开发模式有关，采用小规模渐进式开发时，控规中划分的地块面积往往较小，采用大规模整体式开发时，控规中划分的地块面积通常较大。

4. 用地面积与城市的区位也有较大关系，城市中心区地块往往划分的面积相对郊区用地面积较小，主要原因是城市中心区土地稀缺、权属复杂，取得较大的地块经济代价较大，操作难度高。

5. 在实际操作中，某些地块形状怪异，如扁长带形用地或钝角三角形用地，虽然面积较大，但实际可以利用的面积较小，在这种情况下，往往需要根据实际使用要求对用地边界和用地面积进行合理的调整，如中学用地必须符合运动场的设置要求，一些厂矿企业对用地面积和用地形状有特殊要求。

6. 在一些城市建成区，由于各种原因，地块划分不均，部分用地面积较小，不适合作为独立地块单独建设，需要在控规中做出调整或者说明。

如《上海市城市规划管理技术规定（土地使用 建筑管理）》中指出：

建筑基地未达到下列最小面积的，不得单独建设：

1. 低层居住建筑为 500m^2；

2. 多层居住建筑、多层公共建筑为 1000m^2；

3. 高层居住建筑为 2000m^2；

4. 高层公共建筑为 3000m^2。

建筑基地未达到前款规定的最小面积，但有下列情况之一，且确定不妨碍城市规划实施的，城市规划管理部门可予核准建设：

1. 邻接土地已经完成建设或为既成道路、河道或有其他类似情况，确实无法调整、合并的；

2. 因城市规划街区划分、市政公用设施等的限制，确实无法调整、合并的；

3. 农村地区的村镇建设，因特殊情况，确实难以达到前款规定面积的。

4. 国家及地方相关法规和标准：

（1）居住区内各类公共服务设施的用地面积参考《城市居住区规划设计规范》GB50180—93 中的公共服务设施千人指标进行计算；

（2）人均居住用地控制指标详见《城市居住区规划设计规范》GB 50180—93；

（3）水厂用地和泵站用地面积指标详见《城市给水工程规划规范》GB 50282—98；

（4）公共加油站用地面积详见《城市道路交通规划设计规范》GB 50220—95。

三、用地边界（Land Bordline）

（一）用地边界的概念

用地边界是规划用地与道路或其他规划用地之间的分界线，用来划分用地的范围边界。一般用地红线表示的是一个包括空中和地下空间的竖直的三维界面。

通常用地边界分为三种类型：

（1）自然边界：如河流、湖泊、山体等；

（2）人工边界：如道路、轨道、高压走廊等；

（3）概念边界：如行政边界线、安全设施防护界线、规划控制线等，其中规划控制线种类较多，包括轨道交通线路及保护控制线、管道运输线路及保护控制线、高压走廊保护控制线、微波通道保护控制线、河流水域的保护控制线、文物保护单位、历史保护街区的绝对保护线和建设控制地带界限、景观、通风廊道控制线等等。

用地边界是用来界定地块使用权属的法律界线，"地块是用地控制和规划信息管理的基本单元，是土地买卖、批租、开发的基本单元。地块标示出了所有的产（用）权关系，精确地记录了城市土地的划拨位置，界定了不同土地所有者或使用者，以及相应的用地性质和开发强度控制，因而界定了每块土地的责、权、利。"[①]通过用地边界的清晰界定，将城市用地划分成各个地块，便于规划控制管理。

（二）用地边界划分的原则

确定用地面积与边界不应停留于简单的表面形式上，而应以用地性质规划为基础，综合考虑街坊开发建设管理的灵活性以及小规模成片更新的可操作性等因素，对地块进行合理划分。地块用地边界的划分一般有如下原则：

（1）严格根据总体规划和其他专业规划，根据用地部门、单位划分地块；

① 梁江，孙晖．邹德城市土地使用控制的重要层面：产权地块——美国分区规划的启示.2000,06.

(2) 尽量保持以单一性质划定地块，即一般一个地块只有一种使用性质；

(3) 建议每一个地块至少有一边和城市道路相邻；

(4) 结合自然边界、行政界线划分地块；

(5) 考虑地价的区位级差；

(6) 地块大小应和土地开发的性质规模相协调，以利于统一开发；

(7) 有利于保护文物古迹和历史街区，对于文物古迹风貌保护建筑及现状质量较好、规划给予保留的地段，可单独划块，不再给定指标；

(8) 规划地块划分必须满足“专业规划线”的要求，专业规划线用于城市基础设施的控制要求，主要有道路红线、河湖水面蓝线、城市绿化绿线、城市基础设施用地黄线、文物古迹保护紫线等，可参考表 3–1–1 及图 3–1–2；

(9) 规划地块划分应尊重地块现有的土地使用权和产权边界；

(10) 满足标准厂房、仓库、综合市场等特殊功能要求，适应建筑群体组合及城市设计需要；

(11) 地块划分可根据开发模式和管理要求，在规划实施中进一步重组（小地块合并成大地块，或大地块细分为小地块）；

(12) 地块划分规模可按新区和旧城改建区两类区别对待，新区的地块规模可划分得大些，面积控制在 0.5 ~ 3 公顷左右，旧城改建区地块可在 0.05 ~ 1 公顷左右，旧城改建中还应考虑合并同性质、同质量建筑的可能性，兼顾街道和消防通道等要求。

规划控制线一览表　　　　表 3–1–1

线形名称	线形作用
红线	道路用地和地块用地边界线
绿线	生态、环境保护区域边界线
蓝线	河流、水域用地边界线
紫线	历史保护区域边界线
黄线	城市基础设施用地边界线
禁止机动车开口线	保证城市主要道路上的交通安全和通畅
机动车出入口方位线	建议地块出入口方位、利于疏导交通
建筑基底线	控制建筑体量、街景、立面
裙房控制线	控制裙房体量、用地环境、沿街面长度、街道公共空间
主体建筑控制线	延续景观道路界面、控制建筑体量、空间环境、沿街面长度、街道公共空间
建筑架空控制线	控制沿街界面连续性
广场控制线	控制各种类型广场的用地范围、完善城市空间体系
公共空间控制线	控制公共空间用地范围

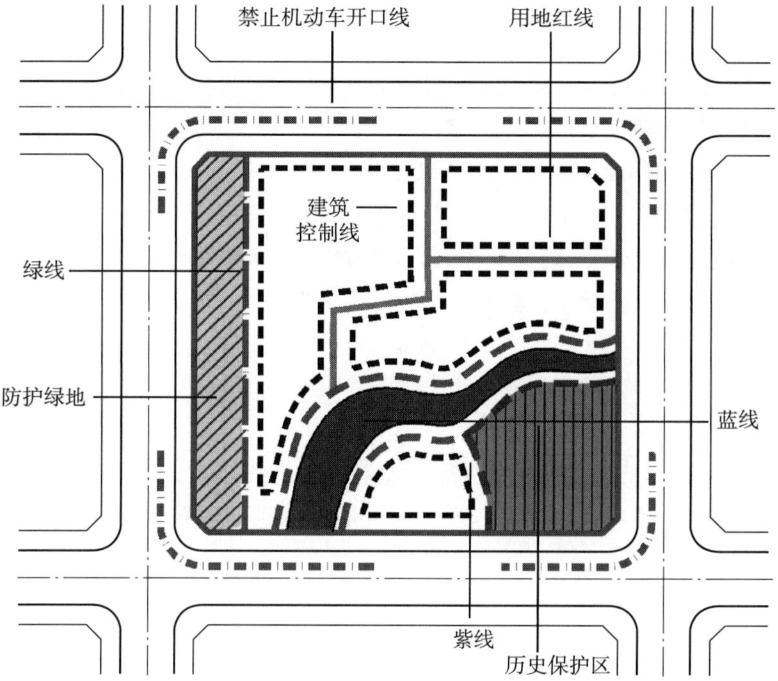

图 3-1-2 用地边界专业规划线图示

（三）用地边界的相关问题

多层次规划用地划分体系

大城市城市规划区规模庞大，覆盖多个行政管理区，城市部分街区的行政边界和物业权属关系错综复杂。在大城市的规划编制中，用地边界涉及多种因素，比较难确定。为了便于城市规划的管理和实施，可以在组织控规编制的过程中实行多层次规划用地划分体系。如，《天津市城市规划管理技术规定》中指出：天津市的控规用地划分体系为"规划编制单元－规划街坊－规划地块"三级体系，控制性详细规划编号索引由区号、单元号、街坊号、地块号组成：街坊编号为区号XX—单元号XXX—街坊号XX（编号用阿拉伯数字表示）。

规划编制单元的划分原则为：

（1）不打破行政区界线；

（2）以城市主次干道、铁路或者河流等自然地貌为边界；

（3）每个编制单元面积一般为 2km^2 左右，由若干街坊组成；

（4）关系密切的相邻街坊应当划入一个单元。

规划编制单元内按照下列规定划分街坊：

（1）便于规划的编制和管理，考虑土地使用性质和功能的内在关联性；

（2）一般以城市道路、河流、铁路、居住社区、行政街道界限范围等为界限；

（3）用地规模，在旧城区宜为 0.1 ~ 0.2km^2，在新城区宜为 0.3 ~ 0.5km^2。特殊地区可根据需要确定街坊用地规模；

(4) 充分考虑合理的公共设施服务半径。

(四) 相关法规及标准规范

(1)《城市绿线管理办法》(2002 年 9 月 13 日发布,2002 年 11 月 1 日实施。本办法所称城市绿线，是指城市各类绿地范围的控制线。)

(2)《城市紫线管理办法》(2003 年 12 月 17 日发布,2004 年 2 月 1 日实施。本办法所称城市紫线，是指国家历史文化名城内的历史文化街区和省、自治区、直辖市人民政府公布的历史文化街区的保护范围界线，以及历史文化街区外经县级以上人民政府公布保护的历史建筑的保护范围界线。)

(3)《城市黄线管理办法》(2005 年 12 月 20 日发布,2006 年 3 月 1 日实施。本办法所称城市黄线，是指对城市发展全局有影响的、城市规划中确定的、必须控制的城市基础设施用地的控制界线。)

(4)《城市蓝线管理办法》(2005 年 12 月 20 日发布,2006 年 3 月 1 日实施。本办法所称城市蓝线，是指城市规划确定的江、河、湖、库、渠和湿地等城市地表水体保护和控制的地域界线。)

四、用地性质 (Land Use)

(一) 用地性质的概念

用地性质是对城市规划区内的各类用地所规定的使用用途。用地性质包含两方面的意思：一是土地的实际使用用途，如绿地、广场等，一是附属于土地上的建（构）筑物的使用用途，如商业用地、居住用地等。大部分用地的使用性质需要通过土地上的附属建构筑物的用途来体现。

(二) 用地性质确定的原则

用地性质是一项非常重要的用地控制指标，关系到城市的功能布局形态。用地性质的划分应参照国家标准——《城市用地分类与规划建设用地标准》GBJ137—90（简称《标准》，见附表 1–10）来确定。《城市用地分类与规划建设用地标准》GBJ137—90 是控制性详细规划用地分类的基本依据，城市用地分类采用大类、中类和小类三个层次的分类体系，共分 10 大类、46 中类、73 小类，采用字母数字混合型代号，大类采用大写英文字母表示，例如居住用地为大写的 R，中类和小类各加一位阿拉伯数字表示，如中类的 R1 和小类的 R11。一般根据所在城市规模、城市特征、所处区位、土地开发性质等确定土地细分类别。

具体的确定原则如下：

(1) 根据城市总体规划、分区规划等上位规划的用地功能定位，确定具体地块的用地性质。

(2) 当上位规划中确定的地块较大，需要进一步细分用地性质时，应当首先依据主要用地性质的需要，合理配置和调整局部地块的用地性质。

(3) 相邻地块的用地性质不应当冲突，消除用地的外部不经济性，提高土地的经济效益。

（三）新增用地性质

城市用地分类代码可用于城市规划的图纸和文件，使用比较方便，但是由于这个标准考虑到全国的通用性和普遍性，对一些具体问题仍难以解决，如对于有沿街店铺的居住用地，在《标准》中没有具体给出用地性质。在总体规划和分区规划中我们一般将其列入居住用地，但控制性详细规划要求规定得十分明确，一般要求划分到小类，就需要有针对这类用地的专门的性质规定和用地代码。在全国注册城市规划师执业考试指定用书之一《城市规划原理》中，关于控制性详细规划的用地分类基于国家标准提供了另外一套标准（见附表1–10），为解决上述问题提供了一种思路，表 3–1–2 是这个标准中较国家标准新增的一些用地分类和代码，图 3–1–3 是部分新增用地分类的图示。需要说明的是，这些用地分类尚未得到国家权威部门的确认，只是作为规划中的一种技术手段，供设计人员参考使用。

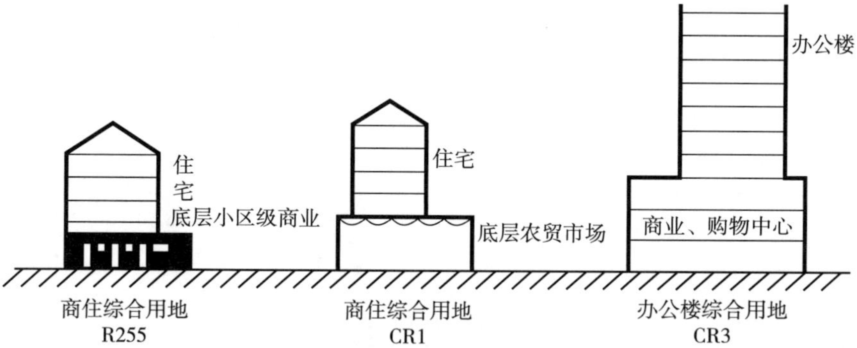

图 3–1–3　部分新增用地分类图示

《城市规划原理》中较国家标准新增用地分类和代号　　表 3–1–2

国标或新增小类	新增细分类	类别名称	范　围
R12		公共服务设施用地	
	R12C61	托儿所用地	
	R12C62	幼儿园用地	
	R12C63	小学用地	
	R12C64	中学用地	
	R12C65	其他公共服务设施用地	
R22		公共服务设施用地	
	R22C61	托儿所用地	
	R22C62	幼儿园用地	
	R22C63	小学用地	
	R22C64	中学用地	
	R22C65	其他公共服务设施用地	

续表

国标或新增小类	新增细分类	类别名称	范　围
R25		商住综合用地	含上层为住宅与底层小区及小区级以下的公共服务设施建筑
R32		公共服务设施用地	
	R32C61	托儿所用地	
	R32C62	幼儿园用地	
	R32C63	小学用地	
	R32C64	中学用地	
	R32C65	其他公共服务设施用地	
R35		商住综合用地	含上层为住宅与底层小区及小区级以下的公共服务设施建筑
CR1		一类商住综合用地	农贸市场及其他交易市场等与住宅的综合用地
CR2		二类商住综合用地	其他商业金融、文化娱乐设施及饮食业与住宅的综合用地
CR3		办公楼综合用地	办公等写字楼与商业金融、文化娱乐设施的综合用地
CR4		旅馆业综合用地	旅馆招待所与商业金融、文化娱乐设施的综合用地
CR5		一类工业建筑综合用地	包括一类工业与住宅混合，以及一类工业与商业金融、文化娱乐设施混合的综合用地

应该注意上表中有两种商住综合用地，一种是以居住为主的，一般属于居住小区用地范围；一种是以商业为主的，一般位于商业区。

（四）相关问题

2008年1月1日起执行的《中华人民共和国城乡规划法》确定规划区的概念为："本法所称规划区，是指城市、镇和村庄的建成区以及因城乡建设和发展需要，必须实行规划控制的区域。"当前城乡规划范围包含城市和乡村两大区域，用地分类标准有三个：《城市用地分类与规划建设用地标准》GBJ137—90，《村镇规划标准》GB 50188—93中的村镇用地分类，《风景名胜区规划用地规范》GB 50298—1999中的风景区用地分类。当前中国城市化速度加快，村镇和城市之间的界限日渐模糊，在新形势下，规划编制要求区域统筹、城乡统筹考虑，综合协调城市、郊区和乡村的发展，这就需要有一个统一的用地标准来制定规划。如何统一用地标准，这是现在规划行政管理和规划编制实践工作中所面临的问题。

（五）相关法规及标准规范

(1)《城市用地分类与规划建设用地标准》GBJ137—90

(2)《村镇规划标准》GB 50188—93

(3)《镇规划标准》GB 50188—2007

(4)《风景名胜区规划用地规范》GB 50298—1999

五、土地使用兼容性(Land Use Compatibility)

(一)土地使用兼容性的概念

土地使用兼容性包括两方面涵义:"其一是指不同土地使用性质在同一土地中共处的可能性,即表现为同一块城市土地上多种性质综合使用的允许与否,反映不同土地使用性质之间亲和与矛盾的程度。就这个意义而言,也可以用'土地使用相容性'来替换;其二是指同一土地,使用性质的多种选择与置换的可能性。表现为土地使用性质的'弹性'、'灵活性'与'适建性',主要反映该用地周边环境对于该地块使用性质的约束关系。"①,即建设的可能性和选择的多样性。

土地使用性质的兼容主要由用地性质和用地上建筑物的适建表来反映,给规划管理提供一定程度的灵活性。适建范围规定表目前尚无法定的统一格式,各地一般根据具体情况和实际建设需求制定切合实际的土地兼容规定表。需要注意的是土地使用性质的兼容并不是无区别的兼容,同一块土地上有多种使用性质兼容在一起时,应当分清主体性质和附属性质,不能过于强调兼容性质的开发,而忽视了土地本身已经确定的使用性质。

(二)土地使用兼容性的意义

在当前新的市场经济形势下,土地开发模式多样化,开发主体多元化,开发过程中的不确定性因素增多,城市土地均处于一种待开发来利用的状态下,而具体的开发主体是未知的。为了规范土地开发,就需要预先设定土地使用性质,但由于城市发展的变化和市场的不确定性,单一确定的用地性质具有较强的排他性,对外界产生的变化因素不能进行及时的调整。为了既能很好的规范土地开发,又能较好的适应外界变化的需求,可以设置用地性质兼容性,为城市土地开发预留空间和弹性,适应市场经济的需求。

设置土地使用兼容性规定也是对城市用地外部效应的一种反映,以适应城市发展的需要。在控制性详细规划中往往涉及多种用地性质在地块内的混合布置问题,有些使用性质可以混合,有利于土地综合开发,而有些使用性质则不适宜混合布置,在旧城区的改造中尤其突出,如工业用地和居住用地相邻会带来污染和噪声,大型的市政设施和其他用地混合布置时会有辐射或者布线的问题,这就要求对土地使用性质的兼容作出规定。

由于土地使用兼容性的存在,这就给予了城市规划行政主管部门较大的自由裁量权。规划行政管理人员,应当合理判断、综合衡量,确定土地的使用性质,区分主体性质和附属性质,在不破坏城市整体空间品质和土地价值的情

① 郑正,扈媛.试论我国城市土地使用兼容性规划与管理的完善.城市规划汇刊.2001,(3).

况下，提高地块本身的开发效益和环境品质。

（三）其他国家和地区土地使用兼容的规定

纽约市将土地分为居住用途区、商业用途区和工业用途区 3 大类，根据共同的功能及对外界的影响程度，建立了 18 个使用组（Use Group）：其中居住 2 组，社区设施 2 组，零售与商业 7 组，娱乐 4 组，基本服务 1 组及工业 2 组，并分别规定了在居住用途区、商业用途区和工业用途区中允许设立的使用组（表 3–1–3）。

纽约市用地允许设立的使用组（Use Group） **表 3–1–3**

使用规划 / 用地区	居住			社区设施			零售与商业			娱乐			基本服务			工业		
	1	2	3	4	5	6	7	8	9	10	11	12	13	14	15	16	17	18
独立式单户住宅区 R12	●		●	●	■	■	■	■	■	■	■	■	■	■	■	■	■	■
基本住宅区 R310	●	●	●	●	■	■	■	■	■	■	■	■	■	■	■	■	■	■
地区性零售区 C1	●	●	●	●	●	●											■	■
地区性服务区 C2	●	●	●	●	●	●	●	●	●					●			■	■
滨水娱乐区 C3	●	●	●	●										●			■	■
基本商业区 C4	●	●	●	●	●	●		●	●	●		●					■	■
有限中心商业区 C5	●	●	●	●	●	●		●	●	●	●						■	■
基本中心商业区 C6				●	●	●	●	●	●	●	●	●					■	■
商业性娱乐区 C7									●	●	●	●	●	●	●		■	■
基本服务区 C8				●	●	●	●	●	●	●		●	●	●		●	■	■
轻型工业区 M1	■	■		●	●	●	●	●	●	●	●	●	●	●		●	●	
中型工业区 M2	■	■				●	●	●	●	●	●	●	●	●		●	●	
重型工业区 M3	■	■				●	●	●	●	●	●	●	●	●		●	●	●

注：未设置的组别 ■；允许设置的组别 ●。

香港对土地使用兼容性的规定非常细致。香港的用地兼容性规定，对每一种土地用途可以兼容的建筑类型（全部的建筑类型接近 100 个）都做了详细的规定。因此，对于每种土地用途，相应地都有一个表。表中规定两栏：第一栏是通常准许的用途（Uses A1ways Permitted）；第二栏是须先向城市规划委员会申请、可能在有附带条件或无附带条件下获准的用途。

（四）国内土地使用兼容的规定

1. 土地使用兼容表控制

用地性质的确定要有一定的弹性余地，要制定土地兼容规划。所谓"兼容"，是指某一类性质的用地内允许建、不许建或经过某规划部门批准后许可建的建筑项目。为了适应市场变化和城市建设发展的需要，各地拟定了控制性详细规划土地使用性质兼容表。表中分别列出了控制性详细规划指标中确定的用地性质和可以被兼容的用地性质。表中的"十"表示可以兼容，"—"表示不可以兼容。在城市建设管理工作中，管理人员可以依据控制性详细规划指标进行管理，也可以按照兼容表的内容，对指标中的用地性质加以改变，这样做可以有效地解决用地性质兼容性的问题，使控制性详细规划具有一定的“弹性”。在按照兼容表改变用地性质时，其他的控制指标不应改变。

用地兼容关系是对各类用地的使用进行定性控制的基本依据，也具有通则意义，将各种机构、建筑、社会服务和市政设施分为一定数量的种类，确定这些建筑、设施在各类用地上允许建设、不允许建设或有条件允许建设的关系。

2. 土地使用兼容的原则：

（1）与总体规划用地布局一致，维护城市用地结构的完整和稳定；

（2）与用地的开发强度相符合，与公共设施和市政设施的负荷能力相适应；

（3）满足城市空间形态和景观的要求；

（4）促进相关功能建筑的集中布置；

（5）消除或减低外部不经济性，提高土地经济效益；

（6）减少环境干扰；

（7）确保非营利性设施、市政设施用地不被占用；

（8）保持土地使用的有限灵活性，允许部分建筑、设施混合布置；

（9）设置土地使用兼容时应注意，其宽容度和灵活性应该以提高应变能力、同时又不和总体规划相违背为准则。就具体兼容规定而言，各地应从实际情况出发，具体对待，不强求一致。

3. 建筑性质兼容

土地使用兼容包括用地上的兼容和建筑的兼容，相比之下，建筑性质的兼容更加详细，更能达到控制的目的，表 3–1–4 是上海市的土地使用兼容表，偏重于用地性质的兼容。表 3–1–5 是上海市各类建设用地的适建范围表，分类详细明确，属于偏重于建设项目的兼容。

上海市用地兼容表（偏重于用地性质的兼容） **表 3–1–4**

兼容性质		R				C							M			W			S		U						
		R1	R2	R3	R5	C1	C2	C3	C4	C5	C6	C9	M1	M2	M3	W1	W2	W3	S2	S3	U1	U2	U3	U4	U5	U6	U7
R	R1		−	−	+	−	−	−	−	−	−	−	−	−	−	−	−	−	+	+	−	+	+	−	−	−	−
	R2	+		+	+	+	+	+	−	−	−	−	−	−	−	−	−	−	+	+	−	+	+	−	−	−	−
	R3	+	+		+	+	+	+	−	−	+	+	+	−	−	−	−	−	+	+	−	+	+	−	−	−	−
	R5	−	−	−		−	−	−	−	−	−	−	−	−	−	−	−	−	−	−	−	−	−	−	−	−	−
C	C1	−	−	−	−		−	+	−	−	+	−	−	−	−	−	−	−	+	+	−	+	+	−	−	−	−
	C2	−	+	+	−	+		+	+	−	−	−	−	−	−	−	−	−	+	+	−	+	+	−	−	−	−
	C3	−	−	−	−	+	+		+	−	+	−	−	−	−	−	−	−	−	−	−	−	+	−	−	−	−
	C4	−	−	−	−	−	−	−		−	−	−	−	−	−	−	−	−	−	−	−	−	−	−	−	−	−
	C5	−	−	−	−	−	−	−	−		+	−	−	−	−	−	−	−	−	−	−	−	−	−	−	−	−
	C6	−	−	−	+	+	−	−	−	−		−	−	−	−	−	−	−	−	−	−	−	−	−	−	−	−
	C9	−	−	−	−	−	−	−	−	−	−		−	−	−	−	−	−	−	−	−	−	−	−	−	−	−
M	M1	−	−	+	−	+	+	+	−	−	−	−		−	−	+	−	+	−	−	+	+	+	+	+	−	+

续表

兼容性质		R				C							M			W			S		U						
		R1	R2	R3	R5	C1	C2	C3	C4	C5	C6	C9	M1	M2	M3	W1	W2	W3	S2	S3	U1	U2	U3	U4	U5	U6	U7
M	M2	−	−	−	−	+	+	−	−	−	−	−	+		−	+	−	+	−	−	+	+	+	+	+	−	+
	M3	−	−	−	−	−	−	−	−	−	−	−	+	+		+	−	+	−	−	+	+	+	+	+	−	+
W	W1	−	−	−	−	−	−	−	−	−	−	−	+	+	−		−	−	−	−	−	−	−	−	−	−	−
	W2	−	−	−	−	−	−	−	−	−	−	−	−	−	−	−		+	−	−	−	−	−	−	−	−	−
	W3	−	−	−	−	−	−	−	−	−	−	−	+	+	−	+	−		−	−	−	−	−	−	−	−	−
备注	T, S, U, G, D, E 类用地不具有兼容性。T, D, E 类用地不被任何用地兼容。G 类用地可被任意兼容。R5 特指中学、小学、幼托。其余代号均同国际。																										
	+ 表示兼容；− 表示不兼容																										

上海市各类建设用地适建范围表（偏重于建设项目的兼容） 表 3−1−5

序号	用地类别 / 建设项目	居住用地			公共设施用地		工业用地			仓储用地		市政公用设施用地 U	绿地	
		第一类 R_1	第二类 R_2	第三类 R_3	商贸办公 C_1C_2	教科文卫 $C_3 \sim C_6$	第一类 M_1	第二类 M_2	第三类 M_3	普通 W_1	危险品 W_2		G_1	G_2
1	低层独立式住宅	✓	✓	○	×	○	×	×	×	×	×	×	×	×
2	其他低层居住建筑	✓	✓	○	×	○	×	×	×	×	×	×	×	×
3	多层居住建筑	×	✓	✓	×	○	○	×	×	×	×	×	×	×
4	高层居住建筑	×	○	✓	×	○	○	×	×	×	×	×	×	×
5	单身宿舍	×	✓	✓	×	✓	✓	○	×	○	×	○	×	×
6	居住小区教育设施（中小学、幼托机构）	✓	✓	✓	×	✓	○	×	×	×	×	×	×	×
7	居住小区商业服务设施	○	✓	✓	✓	✓	✓	○	×	○	×	×	×	×
8	居住小区文化设施（青少年和老年活动室、文化馆等）	○	✓	✓	✓	✓	○	×	×	×	×	×	×	×
9	居住小区体育设施	✓	✓	✓	×	✓	○	×	×	×	×	×	×	○
10	居住小区医疗卫生设施（卫生站、街道医院、养老院等）	✓	✓	✓	×	✓	○	×	×	×	×	×	×	×
11	居住小区市政公用设施（含出租汽车站）	✓	✓	✓	✓	✓	✓	✓	○	✓	○	✓	×	○
12	居住小区行政管理设施（派出所、居委会等）	✓	✓	✓	○	✓	✓	○	×	○	×	○	×	×
13	居住小区日用品修理、加工场	×	✓	○	○	○	✓	○	×	○	×	×	×	×
14	小型农贸市场	×	✓	○	×	×	✓	○	×	○	×	×	×	○
15	小商品市场	×	✓	○	○	○	✓	○	×	○	×	×	×	○
16	居住区级以上（含居住区级、下同）行政办公建筑	×	✓	✓	✓	✓	✓	○	×	×	×	×	×	×

续表

序号	用地类别 建设项目	居住用地			公共设施用地		工业用地			仓储用地		市政公用设施用地U	绿地	
		第一类 R_1	第二类 R_2	第三类 R_3	商贸办公 C_1C_2	教科文卫 $C_3\sim C_6$	第一类 M_1	第二类 M_2	第三类 M_3	普通 W_1	危险品 W_2		G_1	G_2
17	居住区级以上商业服务设施	×	✓	✓	✓	×	○	○	×	○	×	×	×	×
18	居住区级以上文化设施（图书馆、博物馆、美术馆、音乐厅、纪念性建筑等）	×	○	○	○	✓	×	×	×	×	×	×	×	×
19	居住区级以上娱乐设施（影剧院、游乐场、俱乐部、舞厅、夜总会）	×	×	×	✓	×	○	×	×	○	×	×	×	×
20	居住区级以上体育设施	×	○	×	×	✓	✓	×	×	×	×	×	×	○
21	居住区级以上医疗卫生设施	×	○	○	×	✓	○	×	×	×	×	×	×	×
22	特殊病院（精神病院、传染病院）——需单独选址	×	×	×	×	○	×	×	×	×	×	×	×	○
23	办公建筑、商办综合楼	×	○	○	✓	○	○	×	×	○	×	×	×	×
24	一般旅馆	×	○	○	✓	○	✓	×	×	○	×	×	×	×
25	旅游宾馆	×	○	○	✓	○	○	×	×	×	×	×	×	×
26	商住综合楼	×	✓	✓	✓	○	○	×	×	×	×	×	×	×
27	高等院校、中等专业学校	×	×	×	×	✓	✓	×	×	×	×	×	×	×
28	职业学校、技工学校、成人学校和业余学校	×	○	○	○	✓	✓	○	×	○	×	×	×	×
29	科研设计机构	×	○	○	○	✓	✓	×	×	×	×	×	×	×
30	对环境基本无干扰、污染的工厂	×	○	×	×	○	✓	○	×	✓	×	○	×	×
31	对环境有轻度干扰、污染的工厂	×	×	×	×	×	○	✓	×	○	×	○	×	×
32	对环境有严重干扰、污染的工厂	×	×	×	×	×	×	×	✓	×	×	×	×	×
33	普通储运仓库	×	×	×	×	×	✓	○	×	✓	×	○	×	×
34	危险品仓库	×	×	×	×	×	×	×	×	×	✓	×	×	×
35	农、副、水产品批发市场	×	×	×	×	×	✓	○	×	✓	×	×	×	×
36	社会停车场、库	×	○	○	✓	○	✓	✓	○	✓	×	✓	×	○
37	加油站	×	○	○	○	○	✓	✓	×	✓	×	✓	×	○
38	汽车修理、专业保养场和机动车训练场	×	×	×	×	×	✓	✓	×	✓	×	✓	×	×
39	客、货运公司站场	×	×	×	×	×	✓	✓	×	✓	×	✓	×	×
40	施工维修设施及废品场	×	×	×	×	×	✓	✓	×	✓	×	○	×	×
41	污水处理厂、殡仪馆、火葬场	×	×	×	×	×	×	×	✓	○	○	✓	×	○
42	其他市政公用设施	×	×	×	×	×	✓	○	○	✓	○	✓	×	○

注：✓允许设置；× 不允许设置；○允许或不允许设置，由城市规划管理部门根据具体条件和规划要求确定。

（五）相关法规及标准规范

（1）《城市用地分类与规划建设用地标准》GBJ137—90。

（2）《上海市城市规划管理技术规定（土地使用 建筑管理）》2003 年版。

第二节 环境容量控制

一、环境容量控制的内容及作用

（一）控制内容

城市环境容量主要分为城市自然环境容量和城市人工环境容量两方面。

城市自然环境容量主要表现在日照、通风、绿化等方面。建筑密度与容积率过高、绿化率过低，建筑物过密过挤，容易造成日照不足、通风不畅、绿地过少、视线干扰等问题，超出城市自然环境容量，使城市的自然环境质量下降。适当调整规划的控制指标，控制开发建设强度，对于解决上述问题，改善城市自然环境较为有利。

人工环境容量主要表现在市政基础设施和公共服务设施的负荷状态上。伴随着城市的高密度聚集而来的往往是人口密度和城市活动强度的提高，给市政基础设施和公共服务设施带来沉重的负担，各种设施超负荷运转，服务质量下降，城市人工环境受到不利的影响。这些问题在一些大城市的中心地区显得尤为突出。

环境容量控制即是为了保证良好的城市环境质量，对建设用地能够容纳的建设量和人口聚集量作出合理规定。其控制内容为容积率、建筑密度、人口密度、绿地率等。容积率是反映建设强度的综合性指标，反映一定用地范围内的建筑物的总量；建筑密度为平面控制指标，反映一定用地范围内的建筑物的覆盖程度；人口密度规定建设用地上的人口聚集的密集程度；绿地率表示在建设用地里绿地所占的比例，反映用地内的环境质量。这几项控制指标分别从建筑、环境、人口等方面综合、全面地控制了环境容量。

（二）控制作用

在控规中规定环境容量的各种规定性指标，对城市的开发建设具有重要的作用：

（1）城市的环境容量是有限度的，这就要求城市的建设容量和人口容量不能超出既有城市环境所能承受的最大容纳量，分解到城市各个地块具体表现在建设强度（容积率、建筑密度）、建筑限高、绿化率和人口密度等指标上。在控规中对环境容量的各种指标控制只是约束最差水平，而不是提供最优方案。只有符合相关环境容量的各种指标控制，城市才能保证基本的环境品质。

（2）城市的土地开发既不能无限制的开发，忽视环境质量，也不能单一的保存环境，忽视土地自身的经济价值，因此需要设置环境容量指标，使土地使用效率和环境品质达到一定的平衡。

（3）不同区位和不同使用性质的用地需要不同水平的市政基础设施的支

撑。高水平的市政建设需要通过一定强度的土地开发建设收回成本，高强度的土地开发需要一定条件的道路建设和市政建设的支持，因此土地开发和市政建设存在相互依存、互相制约的关系。土地的容积率和人口密度等环境容量指标应当与市政基础设施的建设情况相匹配，以免造成基础设施的超负荷运转，加大城市经营运行的成本。

二、容积率（Floor Area Ratio）

（一）容积率的概念

容积率又称楼板面积率，或建筑面积密度，是衡量土地使用强度的一项指标，英文缩写为 FAR，是地块内所有建筑物的总建筑面积之和 Ar 与地块面积 Al 的比值（万 m^2 / 万 m^2）。

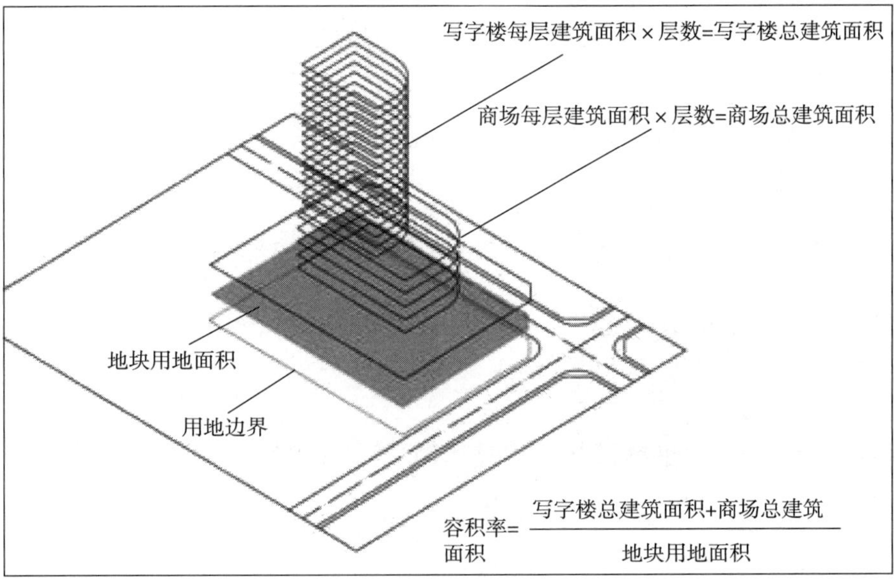

图 3–2–1　容积率概念示意图 1

$$FAR=Ar/A1$$

容积率可根据需要制定上限和下限。容积率的下限保证开发商的利益，可综合考虑征地价格和建筑租金的关系；容积率上限防止过度开发带来的城市基础设施超负荷运行及环境质量下降。

作为一项典型的区划控制技术，容积率首先于 1957 年由芝加哥提出和采用，后来于 1961 年也为纽约的区划条例采用。容积率是控制土地开发强度的一项重要指标。一方面由于容积率在规划设计文件中是以指标形式体现的，在城市规划方案和成果中是作为“技术经济评价性指标”来使用的，在城市规划管理中则是一项重要的“控制性指标”，因此容积率是“定量”的；另一方面，由于容积率在规划编制和管理实施中的重要性，如何确定容积率既涉及与高度控制、建筑间距等其他指标的关系，也涉及规划结构、布局、形态等实体规划，容积率的确定又是一项"定性设计"内容。

在一定的建筑密度条件下，容积率与地块的平均层数成正比；同理，在一定的层数条件下，容积率与地块建筑密度成正比。当容积率作为控制土地利用的机制来运转时，就存在楼层与空地的替换关系，即高层建筑用地较低层建筑少。广州市在旧城区改造中采用以商住和第三产业为主，控制建筑密度和人口密度，力求"高容积、低密度"的土地开发政策，这就意味着增加建筑物层数，在一些城市为了鼓励公共开放空间的建设，在增加开放空间后还可适当提高容积率（即容积率奖励补偿）。

在一些地方规定中，容积率计算中的总建筑面积不是全部建筑面积的总和，而是总建筑面积减去停车库、设备层以及完全向公众开放的部分（如半室外空间）之后的建筑面积。这种规定的用意是鼓励开发商注重停车库（场）的建设，注重在建筑设计中增加开放空间。

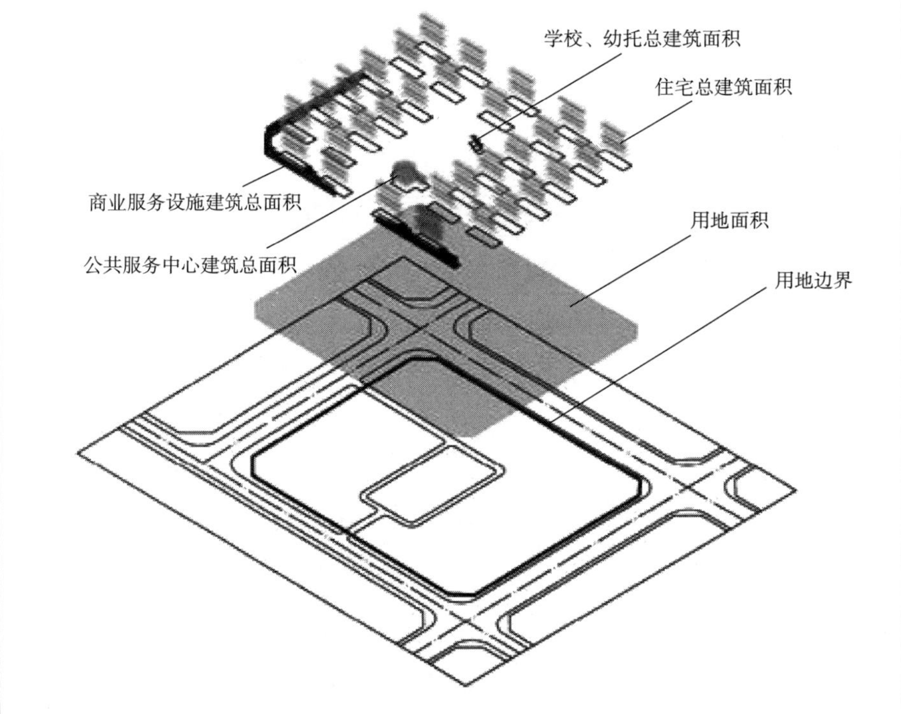

$$容积率=\frac{商业服务设施总建筑面积+公共服务中心总建筑面积+住宅总建筑面积+学校、幼托总建筑面积}{用地面积}$$

图 3-2-2 容积率概念示意图 2

在地块面积保持不变的情况下，容积率指标越高，建筑面积的总量越多，则该地块容纳城市活动的能力也就越大；容积率指标低，则情况完全相反。由此可见，容积率指标的意义在于它能够比较综合地反映对城市土地进行开发建设的使用强度。

通常容积率所表述的是"净地块"上的建设容量。"净地块"是指为建筑所使用的场地，其面积不包括城市公用的道路、公共绿地、大型市政及公用设施用地、历史保护地段等。人们在使用“容积率”时，常常不注意“净地块”的概念，提出“大块”或“成片”城市土地，如若干平方公里土地开发区的“容积率”等。这种“扩大的”容积率，由于包含着大量的公共用地，过分笼统，失去了相互之间的可比性，而且容易在具体的规划管理工作中造成概念上的混乱。

（二）相关概念

1. 建筑面积毛密度

建筑面积毛密度也称容积率，是指每公顷居住区用地上拥有的各类建筑的建筑面积（万 m^2/hm^2）或以居住区总建筑面积（万 m^2）与居住区用地（万 m^2）的比值表示。

2. 住宅建筑面积毛密度

住宅建筑面积毛密度即住宅建筑毛容积率，指每公顷居住区用地上拥有的住宅建筑面积（万 m^2/hm^2）。

3. 住宅建筑面积净密度

住宅建筑面积净密度即住宅建筑净容积率，指每公顷住宅用地上拥有的住宅建筑面积（表 3–2–1）（万 m^2/hm^2）。

住宅面积净密度最大值控制指标（万 m^2/hm^2）　　　表 3–2–1

住宅层数	建筑气候区划		
	Ⅰ、Ⅱ、Ⅵ、Ⅶ	Ⅲ、Ⅴ	Ⅳ
低层	1.10	1.20	1.30
多层	1.70	1.80	1.90
中高层	2.00	2.20	2.40
高层	3.50	3.50	3.50

注：1. 混合层取两者的指标值作为控制指标的上、下限值；
　　2. 本表不计入地下层面积。
引自《城市居住区规划设计规范》GB50180—93（2002 年版）。

（三）容积率指标的计算

规划用地的容积率计算一般主要分为两种类型：单一性质用地的容积率计算和混合性质用地容积率计算。

1. 单一用地性质的容积率计算方法

单一性质用地的容积率计算方法比较简单清晰：

$$容积率=\frac{总建筑面积（地上）}{建设用地面积}$$

2. 混合用地的容积率计算方法

混合用地因涉及多种用地性质，因此在其容积率指标的确定中需要考虑各种用地性质的具体需要和比例问题。当计算一个比较复杂的地块容积率时，应参考各个地方规范的规定。以商住综合用地的容积率指标计算方法为例，《佛山市城市规划管理技术规定》中采取如下计算方法：

商住综合楼（或商办综合楼）的容积率控制指标，按不同性质的建筑面积比例换算合成，其建筑密度按照相关规定执行。高层商住综合楼商业用房的建筑面积应至少占总建筑面积的10%，不足10%的，其容积率和建筑密度的控制指标按高层居住建筑的规定执行；多层商住综合楼商业用房应至少占两层以上（含两层），仅设底层商店的，其容积率和建筑密度控制指标按多层居住建筑的规定执行。

其中，综合楼容积率指标的换算按下式计算：

$$A=(A^1\ M^1+A^2\ M^2)/M$$

式中 A——折算的容积率；

A^1——商业建筑容积率指标；

M^1——商业建筑面积；

A^2——居住（或办公）建筑容积率指标；

M^2——居住（或办公）建筑面积；

M——商住综合楼（或商办综合楼）的总建筑面积。

3. 建筑面积的计算规定对容积率计算的影响

国家建设主管部门发布的《建筑工程建筑面积计算规范》GB/T 50353—2005是建筑面积计算的基本标准，各个城市对建筑面积的计算方法也有补充规定，主要是为了对建筑面积及相关计算制定标准，并鼓励公共开放空间和城市市政设施的建设，同时也能有效地排除建筑面积和容积率计算中的模糊环节，抑制开发建设中的投机行为。

通常在容积率的计算中，一个地块的建设用地面积是确定的，建筑面积的计算方法和相关规定在各个地方的规划管理规定中有一些差异，会导致在容积率计算上产生一定的差异。如一些地方为了鼓励市政基础设施的建设，会明文规定为城市服务的市政公共设施的建筑面积不计入容积率的计算。

（四）容积率的确定因素

从总体上来说容积率的确定与城市的许多因素有关，例如规划区总人口、每个人的空间需求、土地的供应能力、基础设施承受能力、交通设施的运输能力和城市景观要求等。

每一层面的容积率制定应该符合上一个层面规划的要求，每一地块容积率算术平方和应该等于城市的平均容积率 FAR，即：

$$FAR=\Sigma FARi\times Ai/A=\Sigma Ar/A$$

在控制性详细规划中，合理容积率的确定除了考虑总体规划的要求外，还要考虑以下因素：

1. 地块的使用性质

不同性质的用地，有不同的使用要求和特点，从建筑单体到群体组合、从空间环境到整体风貌，均呈现出差异，因而开发强度亦不相同，如商业、旅店、办公楼等的容积率一般应高于住宅、学校、医院、剧院等。

2. 地块的区位

土地区位效益（土地级差地租）理论在很大程度上支配着城市各项用地的空间安排及土地利用效率与开发强度，由于各建设用地所处区位不同，其交通条件、基础设施条件、环境条件出现差距，从而产生土地级差。如中心区、旧城区、商业区、沿街地块的地价与居住区、工业区的地价相差很大，对建设用地的使用性质、地块划分大小、容积率高低、投入产出的实际效益等产生直接影响。这就决定地块的土地使用强度，应根据其区位和级差地租区别确定。地块的土地使用强度制定是否合理，在经济上是否可行，需要进行房地产开发的经济分析，例如，中心商务区（CBD）的容积率比远离中心商务区（CBD）的地区要高得多。

3. 地块的基础设施条件

一般来说，较高的容积率需要较好的基础设施条件和自然条件作为支撑，地块的基础设施现状和地基承载力对容积率提出了约束性条件。城市基础设施的建设具有整体性、系统性的特点，局部地块的建设强度应当与地块的基础设施的条件相匹配。

4. 人口容量

人口容量和容积率是紧密相关的，人口容量高会造成环境拥挤、交通混乱、容量失控等问题，需要以城市交道与基础设施容量指标来控制地块的开发建设强度，既要避免过度开发，也要防止利用不充分。一般来说，较高的容积率能容纳更多的人口，则需要较好的基础设施条件和自然条件，如香港的高密度开发就配以高强度的基础设施容量（太古广场）。其他的例子有东京的涩谷、上海的国际金融中心地区、英国的道克兰地区。

5. 地块的空间环境条件

地块周边的空间环境特征对地块自身的开发建设会存在制约关系。地块周边用地的使用性质、空间形态、未来规划设想均会对地块的规划设计和工程建设构成约束。如当周边有微波发射设施时，地块在规划设计中就要留出微波通道，对地块的容积率构成影响；当地块周边为河流、绿地时，地块边缘建筑可以较少的考虑日照间距的影响，规划中能提高用地的容积率，提高土地的使用效率。

6. 地块的土地出让价格条件

地块的土地出让价格条件即政府希望的土地出让价格。一般情况下，地块可建设的总建筑面积越多，土地出让金越高，而容积率能够反映土地的建设强度，因此容积率与出让价格成正比关系，提高地块容积率，可以获得更高的土地出让金，但确定合理的容积率不是单纯地取决于土地出让金，还要考虑多种相关因素，关键在于制定使社会——经济——生态环境协调持续发展的最佳容积率。

7. 城市设计要求

将规划对城市整体面貌、重点地段、文物古迹、视线走廊、城市天际线等多项宏观城市设计构想，通过其具体的控制原则、控制指标与控制要求等来具体体现，应该落实到控制性详细规划中的多种控制性要求和土地使用强度指标上。

8. 建造方式和形体规划设计

不同建造方式和形体规划设计能得出多种开发强度的方案，如低层低密度、低层高密度、多层行列式、多层围合式、自由式、高层低密度、高层高密度，这些均对容积率的确定产生重大影响。如美国的居住区按照建筑形式划分容积率，按高层公寓、多层公寓、别墅等类型划分。一般情况下，同种建筑类型的地块容积率应该相同，这是为了保证规划的公平。

（五）容积率的相关问题

1. 容积率与城市开发的关系

容积率指标对城市开发建设活动经济效益的影响，主要表现在前期投资费用、开发利润总额以及开发资金的循环速度三个方面。容积率指标对前期投资费用单方均摊额的影响表现在城市开发建设过程中，开发者先通过有偿征地或其他方式有偿获得城市土地的开发建设权，接着进行场地平整和基础设施建设（有时此项工作已先行完成，但其费用计入土地使用费中），然后进行地面建筑，将建造的各类商品房投入市场销售。在商品房的单方售价中，除了包含建筑工程成本、各类设计和管理费用成本、一定的开发利润和税收外，还包含土地使用费、场地平整和基础设施建设费用（统称为前期投资费用）。在商品房单方售价和其他成本保持不变的情况下，提高容积率指标，在同样的开发用地上得到更多的建筑面积，就可以降低单方建筑面积上所分摊到的前期投资费用额，进而降低总成本，提高开发利润。反之，容积率指标降低，前期投资费用上升，开发利润自然会有所下降。为提高利润，开发者可以在保持一定的利润率的前提下，增加开发总量以获取更多的利润。此外，有关调查资料表明，我国城市开发建设周期中征地、规划设计、审批等几项前期准备工作往往要占去一半左右的时间，这在很大程度上延缓了资金周转速度。如果增加容积率，减少开发项目，将开发资金相对集中，提高开发建设强度，就可以减少前期准备工作对开发周期的影响，加速资金周转，提高经济效益。

2. 容积率与可持续发展的关系

容积率的高低直接关系到可持续发展的问题。容积率过高，造成过分拥挤和环境恶化，将引起人们心理上的紧张和不安定感，并进而诱发一系列的社会问题，如人际关系紧张，社会犯罪率上升等。另一方面，环境因素对开发建设活动的经济效益也至关重要，环境质量的下降无疑会引起地租及房价下跌，使开发利润减少。

容积率的制定，既要考虑到地块的使用性质、土地的利用效率，又要考虑到环境效益和建筑空间艺术质量，同时要兼顾当地的社会经济发展水平和环境承载力。这就要求在其指标的制定中，不能从孤立的角度看问题，要综合各种相关因素，与建筑密度、建筑高度、建筑后退红线、绿地率等指标综合考虑。

同时也可给出一定的幅度控制来增强指标的应变能力，采用容积率奖励法来增强其灵活性。这样制定出来的指标，既有切合实际的可操作性，又有应变未来的可调控性和灵活性，使城市规划设计和规划管理具备一定的弹性空间，使城市开发建设得以持续健康发展，充分体现可持续发展的理念。

3. 容积率的奖励

由于城市市区内、尤其是建筑密集地段大多为功能综合的组合建筑群，各种交通市政公共设施规模也较大，为促进节约用地，完善配套设施，加速城市建设的社会化进程，应提倡在建筑综合体内统一规划公共停车场站、地下或半地下区域变电站等设施，并对所在用地的建筑容积率予以酌量递补。这在美国、日本、中国香港等地城市中已有先例。

在我国现行的《民用建筑设计通则》GB 50352—2005 中已规定："当建设单位在建筑设计中为城市提供永久性的建筑开放空间，无条件地为公众使用时，该用地的既定建筑密度和容积率可给予适当提高，且应符合当地城市规划行政主管部门有关规定。"

《上海市城市规划管理技术规定（土地使用　建筑管理）》中规定："市政设施用地选址确有困难的，可在浦西内环线以内的建筑基地内，设置为地区服务的市政公用设施（如变电站、电话局等）。设置在拟建建筑物内的，在计算容积率时，可不计该设施的建筑面积；单独设置的，在计算容积率时，可不计该设施的建筑面积和占地面积，但在计算建筑密度时，必须计入该设施占地面积。"

佛山市为鼓励公共开放空间的开发，在《佛山市城市规划管理技术规定》中做了表 3–2–2 的建筑面积奖励规定：

开放空间增加建筑面积指标　　　　**表 3–2–2**

允许建筑容积率	每提供 $1m^2$ 有效面积的开放空间，允许增加的建筑面积（m^2）
＜2	1.5
≥2～＜4	2.0
≥4～＜6	2.5
≥6	3.0

4. 容积率与建筑密度、建筑平均层数的关系

容积率与建筑密度、建筑平均层数三者之间存在一定的数学关系。

容积率＝用地内所有建筑的总建筑面积／用地面积

建筑密度＝用地内所有建筑的基底面积总和／用地面积

建筑平均层数＝用地内所有建筑的总建筑面积／用地内所有建筑的基底面积总和

因此，容积率＝建筑密度 × 建筑平均层数。

即，在建筑密度确定的条件下，容积率与建筑平均层数成正比；同理，

在建筑平均层数确定的条件下，容积率与建筑密度成正比。

5. 建筑面积的计算方法对容积率的影响

容积率是用地内所有建筑的总建筑面积与用地面积的比值。对于一个地块的开发，用地面积是一个定值，建筑面积的计算方法直接影响了容积率的高低。《建筑工程建筑面积计算规范》GB/T50353—2005 中对建筑面积的计算规则做了明确的规定，提供了计算的依据。但在实际开发建设中仍存在不少规范未涉及或定义不清的地方，例如规范中明确规定“建筑物的阳台，不论是凹阳台、挑阳台、封闭阳台、不封闭阳台均按其水平投影面积的一半计算。”不少开发商以此为据，建设封闭式大阳台，成为“偷面积”的一种方法。一些城市的地方规定中对此进行了修订，深圳市规定“全封闭阳台建筑面积按其外围水平投影面积计算；未封闭阳台建筑面积按其围护结构外围水平投影面积的一半计算。”另外对于层高不足 2.2m 的建筑，建筑面积的计算方法也存在不同，上海市规定“对于在室外地坪标高以上，且层高小于 2.2m（含 2.2m）的建筑（除设备层、半地下室外），在容积率计算中应计入建筑面积。对于层高小于 2.2m 的半地下室，在室外地坪标高以上部分的高度不超过 1m 时，在容积率计算中不计建筑面积；在室外地坪标高以上部分的高度超过 1m 时，在容积率计算中应计折算的建筑面积（半地下室室外地坪标高以上的高度与其层高之比乘以半地下室建筑面积）。”

LOFT 风格居住住宅的建筑面积计算方法对容积率也有影响。LOFT 风格居住住宅因其层高较普通住宅高，可以分隔成两层使用，相对于普通住宅，在同等建筑面积的情况下可以获得较大的使用空间，因而受到部分购买者的青睐，但也为规划容积率的确定带来一定困扰。同等高度的居住建筑，如果按层数计算建筑面积，LOFT 建筑的建筑面积小于普通居住建筑的建筑面积，因而容积率也低于普通居住建筑的容积率，但两者对于外界空间质量的影响是一样的，这种容积率的高低对比无法反映两种不同建筑形式的居住区的差别。近几年不少开发商利用这种差异开发了许多 LOFT 类型的居住区。

针对这种情况，一些城市的规划行政部门出台了针对建筑层高和建筑面积计算方法的相关规定。杭州市规划局《关于建筑层高控制及容积率指标计算规则》中规定“住宅建筑当层高大于等于 4.5m，不论层内是否有隔层，计算容积率指标时，建筑面积均按该层面积乘 1.5 倍计算。跃层式住宅、别墅等当起居室（厅）层高在户内通高时可按其实际面积计入容积率。办公建筑当层高大于等于 4.8m，不论层内是否有隔层，计算容积率指标时，建筑面积均按该层面积乘 1.5 倍计算。门厅、大堂、中庭、内廊、采光厅等可按其实际建筑面积计算容积率。”

6. 容积率与地下空间开发的关系

需要特别指出的是，容积率计算范围是指建筑物地上建筑面积与用地面积之比。

《深圳市房屋建筑面积测绘技术规程》中明确规定：

建筑容积率：在建设用地范围内，所有建筑物地面以上各层建筑面积之和与建设用地面积的比值。

（1）当无半地下室，或半地下室地面高度不超过1.5m时：

建筑容积率＝地面以上建筑面积／建设用地面积

（2）当半地下室地面高度超过1.5m时：

建筑容积率＝（地面以上建筑面积＋半地下室建筑面积）／建设用地面积

《北京建设工程规划设计通则（试用稿）》（北京市规划委员会2003年3月）中也明确规定：

容积率＝总建筑面积（地上）／建设用地面积

最新公布的《建筑工程建筑面积计算规范》中明确规定：地下室、半地下室、底层车库，杂物间，坡地的建筑吊脚架空层，建筑物顶部有围护结构的楼梯间、水箱间、电梯机房，雨棚结构等建筑都要把建筑面积计入总建筑面积（以上高度大于2.20m的计算全面积，高度不足者应计算1/2面积），但在一些地区和城市的规定中，这部分建筑面积不计入容积率的计算，主要理由如下：

（1）地下空间的开发不影响地上空间的环境品质；

（2）可以鼓励开发商充分利用地下空间，提高土地的使用效率；

（3）为市政设施的设置、解决停车问题提供空间，方便居民生活。

但容积率指标并不简单的反映土地开发强度对空间环境质量的影响，容积率是一个综合性的指标，涉及经济收益、开发强度、环境质量、基础设施等多种因素。当前的容积率指标不能反映地下空间的开发建设强度，这样会造成一些不良的现象：

（1）地下空间开发缺少统一规划，统一协调，各个地块地下空间开发各自为政，为以后的整体衔接造成困难。

（2）当地上开发强度一定的时候，开发商会从地下空间开发中获取额外经济利益。《城市地下空间开发利用管理规定》（1997年10月27日建设部令第58号发布）中明确规定：地下工程应本着“谁投资、谁所有、谁受益、谁维护”的原则，允许建设单位对其投资开发建设的地下工程自营或依法进行转让、租赁。这样会造成一个问题：不同地块的地下空间的开发主要取决于开发商的经济实力，有些地块的地下空间开发会过度，有些地块地下空间开发不足。地下空间的开发也应当体现开发权益的公平性和开发强度的合理性。

（3）地下空间开发虽然不对地上空间环境质量造成影响，但会增加市政基础设施的负荷，并对地下市政管线敷设和地下轨道交通的设置造成一定影响，因此地下空间开发强度也应当与市政基础设施相协调。

当前城市中心区区位价值显著，但地上开发空间有限，因此地下空间的开发成为焦点。地下空间不再简单的是地上建筑物的附属，而是一个相对独立的体系，开发强度日益增大。在容积率不能反映地下开发强度的情况下，控规中需要设置合理的指标和规定对地下空间的开发强度进行约束，也可以制定地下空间专项规划，对地下空间的开发性质、规模布局、开发强度、实施步骤进行统一规划，并与地面建筑、地下其他市政工程的建设相协调。

控规中有关地下空间开发控制的思考：地下空间开发在控制性详细规划编制过程中，同样也应兼顾规划控制和设计引导两方面的需求。在关于地下空间开发的控规中，应体现规划的弹性，综合考虑规划的强制性、多元性、实施性和可操作性，因此可以参照土地控制性详细规划的经验，将地下空间开发的控制要素作规定性要素和指导性要素的区分。建议地下空间开发控规编制中的规定性要素应包括开发性质、边界、开发深度、和周边地块衔接的接口、地下公共通道、市政控制线（包括轨道交通系统等的大市政）、出入口位置（相对位置）等。另外，对于地下空间控规中某些地块的地下空间建设有特殊要求的，可作为指导性要素在控规成果中体现。①

如《杭州市钱江新城核心区块地下空间控制性详细规划》就借鉴了地上土地控制性详细规划的相关控制和引导要素，进行创新和变革，提出了针对地下空间的控制要素和引导要素体系。控制要素主要包括用地界限、地下建筑控制线、用地性质、用地面积、地下建筑性质、建设容量、开发深度、机动车位等控制性指标，引导要素主要包括地块的整体布局、地下建筑层高、地下通道与出入口的引导控制要求等。

（六）相关法规及标准规范

1.《城市居住区规划设计规范》GB 50180—93（2002 年版）

2.《建筑工程建筑面积计算规范》GB/T50353—2005

3.《上海市城市规划管理技术规定（土地使用　建筑管理）》（2003 年 10 月 18 日上海市人民政府令第 12 号发布）

三、建筑密度（Building Density）

（一）建筑密度的概念

建筑密度是指规划地块内各类建筑基底面积占该块用地面积的比例，它可以反映出一定用地范围内的空地率和建筑密集程度。

建筑密度 =（规划地块内各类建筑基底面积之和 ÷ 用地面积）×100%

与容积率概念相区别的是它注重的是建筑基底面积，反过来理解就是表示了一个地块除了建筑以外的用地所占的比例多少，规划控制其上限。建筑密度着重于平面二维的环境需求，保证一定的空地率、绿地率。

在居住区规划中，与建筑密度相关的概念有住宅建筑净密度。

住宅建筑净密度：住宅建筑基底总面积与住宅用地面积的比率（%）。

① 详见《控制性详细规划中有关地下空间部分的控制内容和表达方法》. 徐国强，郑盛 . 上海市地下空间综合管理学术论文集。

住宅建筑净密度最大值控制指标（%）　　表 3–2–3

住宅层数	建筑气候区划		
	Ⅰ、Ⅱ、Ⅵ、Ⅶ	Ⅲ、Ⅴ	Ⅳ
低层	35	40	43
多层	28	30	32
中高层	25	28	30
高层	20	20	22

注：混合层取两者的指标值作为控制指标的上、下限值。
引自《城市居住区规划设计规范》GB50180—93（2002 年版）。

（二）建筑密度的影响因素

城市的建筑应保持适当的密度，它能确保城市的每一个部分都能在一定条件下得到最多的日照、空气和防火安全，以及最佳的土地利用强度。在居住区规划中，建筑密度决定因素主要是住宅层数和决定日照间距的地理纬度与建筑气候区，通常在多层住宅为主的居住区里，住宅层数低，则建筑密度相应增大。北方居住区的建筑密度要小于南方居住区的建筑密度。

居住区的环境要求和建造形式对于建筑密度的影响也非常大，别墅区的建筑密度要小于普通居住区的建筑密度，以高层住宅为主的居住建筑密度则低于多层居住区的建筑密度。

此外，由于地块面积大小、地块的使用性质不同以及地块周边的用地情况各异，建筑密度也会有所不同。例如，城市中心以商业开发为主的独立小地块的建筑密度往往要高于郊区同样性质用地的建筑密度。又如，当用地周边为河流和较宽的道路环绕，建筑不需要退让过多的日照间距，也可以提高用地的建筑密度。

（三）建筑密度的计算

建筑密度的计算可参考图 3–2–3，图中是一个小区，该小区的建筑密度就是住宅总基底面积加上商业服务设施基底面积、公共服务中心基底面积、小学校、幼托基底面积，即所有建筑的基底面积（图中黑色填充部分）除以用地面积（整块深灰色填充部分）得出的百分比。

（四）相关问题

1. 建筑密度与空地率、绿地率的关系

空地率 =1 －建筑密度，反映了用地内除建筑以外开敞空间的大小。用地内除建筑占地以外，并不完全是绿地，还包括道路、水体等用地，即空地率＞绿地率。用地的环境质量主要反映在空地率和绿地率等指标上，通过空地率可以看出用地开敞空间的多少，能为环境质量的提高提供多少用地，反映出环境提高的潜力。而绿地率反映了用地内可绿化的土地比例，它为搞好环境设计、提高环境质量创造了物质条件。当建筑密度提高，空地率降低，绿化环境质量也相应降低。

2. 密度分区的概念

城市用地的建筑密度是城市土地开发控制中的重要规定性指标，但目前

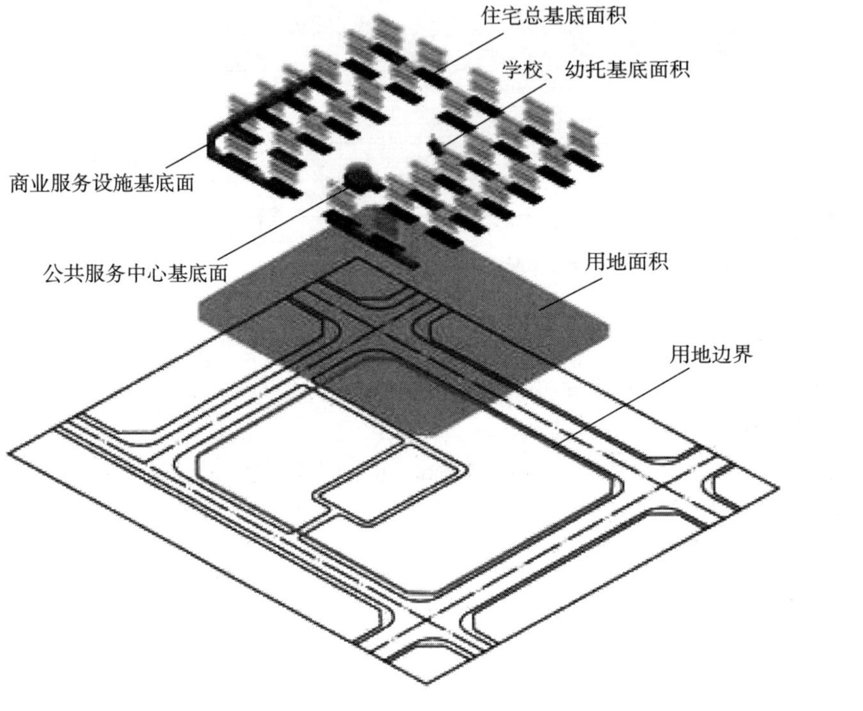

$$\text{建筑密度}=\frac{\text{商业服务设施基底面积}+\text{公共服务中心基底面积}+\text{住宅总基底面积}+\text{学校、幼托基底面积}}{\text{用地面积}}$$

图 3–2–3　建筑密度概念示意图

控制性详细规划在确定密度指标时存在技术性依据不足的问题，造成规划编制和审批随意性较大，既有可能导致城市开发密度失控和建设质量下降，也会损害规划的权威性和公平性。因此有必要根据城市的具体环境特征、开发容量、整体发展思路等条件，对城市的建设密度进行合理分区，便于规划控制和引导，并有利于塑造美好的城市形态和整体景观风貌。

密度分区的方法是基于对城市空间格局及用地本身内外条件的综合考虑，通过对开发强度的合理规定，使每一个独立的城市区域的建筑密度受到合理幅度的控制，从而对整个城市空间的疏密进行预先的控制。密度分区是城市规划控制城市二维形态的一个重要手段，并为城市设计阶段塑造城市三维形象提出约束性条件。

以香港密度分区制度为例，《香港规划标准与准则》作为各个层面发展规划的政策性指导文件，在综合考虑主要影响因素的基础上，制定了全港密度分区制度作为一般性规划原则，以此指导不同地区的发展密度（香港密度分区制度只是针对居住建筑的密度控制要求，《建筑物（规划）规例》是香港发展密度控制的法规，包括居住和非居住建筑的密度控制。它与密度分区制度共同作用，形成香港发展密度控制的完整体系）。香港密度分区制度包括如下基本原则：第一，建立住宅发展密度的分级架构，使有限的土地供应能够满足各类物业的市场需求；第二，保证住宅发展密度与现有的和规划的基础设施供给保持平衡，并在环境容量范围之内；第三，注重公共交通设施对于发展密度的影响，高密度的住宅发展应当尽可能位于地铁车站及主要公共交通交汇点的周边，以减低对于地面交通的压力和依赖程度；第四，为了塑造丰富的城市空间形态，需要规划不同密度的住宅发展；第五，为了避免对于湿地和郊野公园等自然保育区造成破坏，应当以低密度的住宅发展为主；第六，在不良地质状况以及周边有危害性设施的地区，应当控制发展密度。

应当注意的是，对城市进行密度分区并不是简单针对建筑密度指标进行控制，而是以建筑密度指标为基础，通过容积率、建筑高度、绿地率等指标的共同约束，对城市不同区域的开发强度进行预设和控制，并为具体地块控制性指标的制定和修建性详细规划提供依据。

（五）相关法规及标准规范

《城市居住区规划设计规范》GB 50180—93（2002 年版）。

四、绿地率（Green Rate）

（一）绿地率的概念

绿地率指规划地块内各类绿化用地面积总和占该用地面积的比例，是衡量地块环境质量的重要指标。

绿地率 ＝（地块内绿化用地总面积 ÷ 地块面积）× 100 %

绿地率指标是以控制其下限为准。这里的绿地包括公共绿地、中心绿地、组团绿地、公共服务设施所属绿地和道路绿地（道路红线内的绿地），不包括屋顶、晒台的人工绿地，公共绿地内占地面积不大于百分之一的雕塑、亭榭、水池等绿化小品建筑可视为绿地。

通过绿地率的控制可以保证城市的绿化和开放空间，为人们提供休憩和交流的场所。

"绿地率" 这一衡量居住环境的重要指标成为管理者、设计师、开发商、购房者关注的重点。但 "绿地率" 及相关绿地概念的具体内涵外延、计算方法很容易混淆。我们有必要将它们严格的区分开来，防止造成不必要的误解。

图 3-2-4 中，绿地率为绿地面积（包括公共绿地，不包括住宅用地中的绿化用地和树冠覆盖其他用地的面积）占总用地面积（S）的百分比，即 $(A1+A3)/S\times100\%$。

绿化率为绿化面积（包括公共绿地和住宅用地中的绿化面积，不包括树冠覆盖其他用地的面积）占总用地面积的百分比，即 $(A1+A2+A3)/S\times100\%$。

公共绿地率为公共绿地面积（仅包括公共绿地，不包括其他绿地、住宅中的绿化用地和树冠覆盖其他用地的面积）占总用地面积的百分比，即 $A3/S\times100\%$。

公共绿地的设置在《城市居住区规划设计规范》GB 50180—93 中有详细规定：组团绿地应满足宽度不小于 8m，面积不小于 400m²，与相应道路相邻，

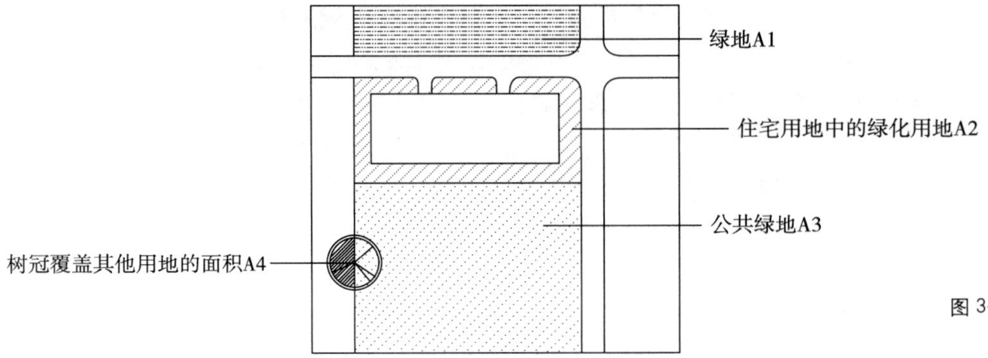

图 3-2-4 绿地率概念示意图

绿化面积不低于 70%，有不少于 1/3 的绿地面积在标准的建筑日照阴影线范围之外的要求，并便于儿童游戏和成人游憩。其中，院落式组团绿地的设置还有详细的日照规定。

绿化覆盖率为所有绿化植物覆盖的投影面积（包括公共绿地、其他绿地、住宅中的绿化用地和树冠覆盖其他用地的面积）占总用地面积的百分比，即

$$(A1+A2+A3+A4)/S\times 100\%$$

（二）绿地面积的计算方法

准确计算绿地面积，需要对绿地的边界进行界定，《佛山市城市规划管理技术规定》中有如下规定：

（1）宅旁（宅间）绿地面积计算的起止界应符合本规定图 3-2-5 的规定，绿地边界对宅间路、组团路和小区路算到路边，当道路设有人行道时算到人行道边，沿小区主道、城市道路则算到红线；距房屋墙脚 1.5m；对其他围墙、院墙算到墙脚。

（2）道路绿地面积计算，以道路红线内规划的绿地面积为准进行计算。对仅种植乔木的行道树绿带，宽度按 1.5m 计；对乔木下成带状、配置地被植物，且宽度大于 1.5m 的行道树绿带，按实际宽度计算。

（3）院落式组团绿地面积计算起止界应符合本规定图 3-2-5 的规定，绿

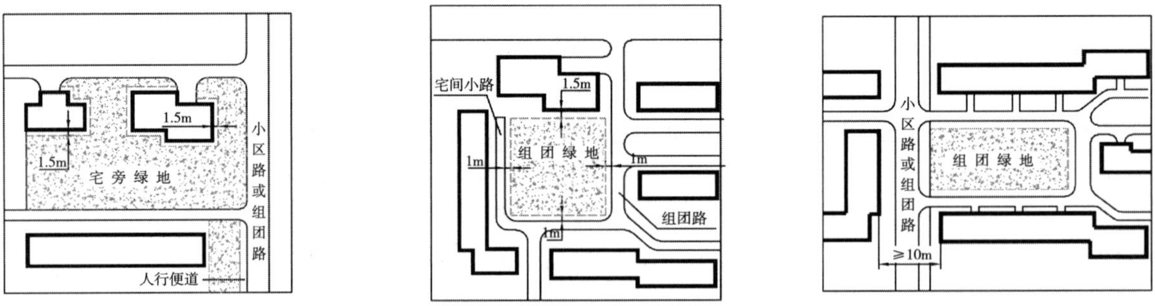

宅旁（宅间）绿地面积计算起止界示意图

院落式组团绿地面积计算起止界示意图

开敞型院落式组团绿地示意图

图 3-2-5

地边界距宅间路、组团路和小区路路边 1m；当小区路有人行道时，算到人行道边；临城市道路、小区主道时算到道路红线；距房屋墙脚 1.5m。

(4) 开敞型院落组团绿地，至少有一个面面向小区路或向建筑控制线宽度不小于 10m 的组团级主路开敞，并向其开设绿地的主要出入口和满足本规定图 3–2–5 的规定。

(5) 其他块状、带状公共绿地面积计算的起止界同院落式组团绿地。沿小区主道、城市道路的公共绿地算到红线。

（三）绿地率的相关问题

1. 绿地率的广义理解

宏观"绿地率"：指城市总体规划和分区规划里公共绿地、生产绿地、防护绿地之和占城市建设用地的百分比，用以衡量一个城市的绿化水平。

微观"绿地率"：指特定地块用地范围内各种绿地的总和占总用地的百分比。各类绿地包括公共绿地、宅旁绿地、公共服务设施所属绿地和道路绿地（即道路红线内的绿地），不应包括屋顶、晒台的人工绿地。

2. 绿地率和公共绿地率、绿化率、绿化覆盖率概念的区分

(1) 绿地率与"公共绿地率"的关系

因为绿地包括公共绿地，还包括其他类型用地内的绿地，例如路旁绿地，因此，"绿地率"是大于"公共绿地率"的。《城市居住区规划设计规范》GB 50180—93 中规定，公共绿地是满足规定的日照要求、适合于安排游憩活动设施的、供居民共享的游憩绿地，应包括居住区公园、小游园及其他块状带状绿地等。

公共绿地率 = 地块内的公共绿地面积 / 地块面积 × 100%

"绿地率"是衡量居住区总体环境的重要指标，它与建筑密度共同作用时，可直接反映出地块用地范围内的空地率、建筑密集程度和空间环境总体效果。建筑密度反映的是建筑物密集程度和未被建筑占用的空地比率，而在建筑未占用的空地中，除绿地外，还有道路、广场、停车场、建筑基础设施等用地，绿地的比率可能较大、也可能很小；有的建成住宅片区中、虽建筑密度不高，也设置了一块公众绿地，但因房前屋后的空地都铺成了硬地，或建了停车场和杂物院，让人感到生硬、冷漠、单调，其原因在于它取消了宅间绿地或配套公建所属绿地，从指标上看，公共绿地率也许不低，但绿地率明显偏低。可见绿地率指标在反映总体绿化环境质量方面是有重要意义的。

(2) 绿地率和"绿化率"

对于绿化率没有统一的国家标准，各地对于绿化率的规定也各不相同，因此会出现绿化率大大高于绿地率的情况。一般把有绿化的地面都记入绿化率，包括道路绿化、住宅用地内的绿化等。

(3) 绿地率和"绿化覆盖率"

绿化覆盖率是指建设用地范围内全部绿化种植物水平投影面积之和与建设用地面积的比率。

绿化覆盖率 =（用地范围内全部绿化种植物水平投影面积的和 ÷ 地块面积）×100%

另外，现行国家规范《城市居住区规划设计规范条文说明》中明确表示："绿化覆盖率"仅强调规划树木成材后树冠覆盖下的用地面积，而不管其占地面积的实际用途，而所占用土地和使用性质也往往不一致。因此，绿化覆盖率一般大于绿地率，我们必须认真加以区分这两种绿化比例表示方法。

（四）相关法规及标准规范

绿地率关系到人民的生活舒适度和城市的环境质量，因此国家法规和地方法规对绿地率有明确的规定，如原城乡建设环境保护部 1982 年颁发的《城市园林绿化管理暂行条件》规定："城市新建区的绿化用地，应不低于总用地面积的 30%；旧城改建区的绿化用地，应不低于总用地面积的 25%"；《上海市新建住宅环境绿化建设导则》中规定："居住绿地占住宅建设项目绿地总面积的比例（绿地率）为一般住宅≥ 35%，花园别墅≥ 50%"。

《城市道路绿化规划与设计规范》中指出城市道路绿地率应符合下列规定：

（1）园林景观路绿地率不得小于 40%；

（2）红线宽度大于 50m 的道路绿地率不得小于 30%；

（3）红线宽度在 40 ～ 50m 的道路绿地率不得小于 25%；

（4）红线宽度小于 40m 的道路绿地率不得小于 20%。

《城市居住区规划设计规范》中对居住区中心绿地有如下规定：

（1）组团级指标人均不小于 0.5m^2，可满足 300 ～ 700 户设置一个面积 500 ～ 1000m^2 以上的组团绿地的要求；

（2）小区级指标人均不小于 0.5m^2（即 0.5 ～ 1m^2），可满足每小区设置一个面积 4000 ～ 6000m^2 以上的小区级中心绿地（小游园）的要求；

（3）同理，居住区级公园指标人均不小于 0.5m^2（即 1.0 ～ 1.5m^2），可达到每居住区设置一个面积 15000m^2 以上的居住区级公园的要求；

（4）旧区改建由于用地紧张等因素，可酌情降低，但不得低于相应指标的 70%，以保证基本的环境要求。

一些城市为对城市整体绿地率进行控制，根据不同的用地性质设置绿地率的控制要求。如《佛山市城市规划管理技术规定》对城市不同性质的建设用地绿地率进行了具体的要求（表 3–2–4）。

《佛山市城市规划管理技术规定》　　表 3–2–4

项目类别	代号	绿地率	
		新区	旧区
一类居住用地	R1	≥ 40%	—
二类居住用地	R2	≥ 35%	≥ 25%
行政办公用地	C1	≥ 35%	≥ 30%
商业金融业用地	C2	≥ 35%	≥ 30%
文化娱乐用地	C3	≥ 35%	≥ 30%

续表

项目类别	代号	绿地率	
		新区	旧区
体育用地	C4	≥ 30%	根据实际情况确定
医疗卫生用地	C5	≥ 40%	≥ 40%
高等院校用地	C6	≥ 40%	≥ 40%
科研设计用地	C6	≥ 40%	≥ 40%
其他学校用地（含中小学用地）	C6	≥ 35%	根据实际情况确定
有毒有害的重污染单位用地	W/M	≥ 40%	—
危险品仓储用地	W	≥ 40%	—
一般仓储用地	W	≥ 20%	≥ 20%
一般工业用地	M	≥ 20%	≥ 20%

国家具体法规及规范如下：

- 《城市绿地分类标准》CJJ/T 85—2002
- 《城市道路绿化规划与设计规范》CJJ 75—1997
- 《城市绿化规划建设指标的规定》（1993 年 11 月 4 日建城字第 784 号文发布）
- 《城市园林绿化管理暂行条例》（1982 年 12 月 3 日城乡建设环境保护部颁布）
- 《城市居住区规划设计规范》GB 50180—93（2002 年版）
- 《佛山市规划管理技术规定》2005 年版

第三节　建筑建造控制

一、建筑建造控制的内容及作用

（一）控制内容

建筑建造控制是为了满足生产、生活的所需的良好环境条件，对建设用地上的建筑物布置和建筑物之间的群体关系作出必要的技术规定。其主要控制内容有建筑高度、建筑间距、建筑后退、沿街建筑高度、相邻地段的建筑规定等。

在控制性详细规划中，仅仅单纯地规定土地使用性质、容积率、建筑密度等指标，规划管理部门对具体地块的开发建设还不具有足够的约束力，特别是地块较大时，地块内的建设处理不当，仍会导致建设混乱，破坏城市整体空间环境，因此有必要设置建筑建造的相关指标。

（二）控制作用

相比土地使用性质、容积率、建筑密度等等较为抽象的指标，建筑建造的控制，体现在更为直接的对地块建筑的高度、间距、后退等具体指标的控制上，这些指标的设置对于城市建设和社会环境具有重要作用，主要体现在以下几点：

（1）通过将建筑建造的一些关键数据抽象提炼出来作为控制指标，便于城市规划行政主管部门在具体的开发建设中能切实可行的对建筑建造进行控制和引导。

（2）设置建筑建造指标，可以抽象地勾勒出地块开发建设的粗略形态，指导下一阶段的修建性详细规划和具体的城市设计，使其有据可依。

（3）设置建筑建造的指标是为了满足城市市政建设、防灾建设、信息通信、环境卫生等方面的专业要求。如设置建筑间距和建筑后退就是为了满足日照通风、交通通道、市政管道等方面的要求；一些电视台和信号发射台对周边建筑的具体高度也有具体要求。

（4）为了提高城市环境品质和保护特殊地块，需要对建筑建造指标进行定量化控制。如通过控制不同地块的高度，可以形成优美的城市天际线；为了保护历史文物或历史街区的传统风貌，周边地块的具体建筑建造需要退后一定的距离，并在高度上有一定的控制要求。

（5）建筑建造指标的量化控制也是对土地使用性质、容积率、建筑密度指标的一种具体反映。通常容积率高的地块，建筑高度较高；用地性质对周边影响较大的地块，如加油站、油库等设施用地，具体的建筑建造与周边地块的建筑退后距离也较大。

（6）建筑建造的指标设置也是为了保障周边地块现实或未来的开发权益。如建筑高度过高或者建筑后退地块边界距离太小，都会影响到周边地块的开发利益。

但同时也应该注意，控制性详细规划对于建筑建造的控制，并非是针对个别建筑的具体控制，而是对地块内建筑建造活动的一般性规定，比如在这个地块内允许建造的建筑最高或者最低是多少米，所有建筑物应该后退道路红线多少米，建筑与建筑之间的间距（包括山墙间距）最低应该满足什么要求等。

二、建筑限高（Building Height Limit）

（一）建筑限高的概念

建筑高度一般指建筑物室外地面到其檐口（平屋顶）或屋面面层（坡屋顶）的高度。

为了克服经济利益的驱动而盲目追求建筑高度，造成千篇一律的城市景观，并根据建筑物所处不同区位及其对城市整体空间环境的影响程度，规划部门需要对建筑建造提出一个许可的最大限制高度（上限），这就是建筑限高这一指标的由来。

（二）影响建筑高度的因素

建筑的高度不可能是无限的，限制建筑高度的因素除了地基承载力、建筑技术水平等客观因素外，还包括建筑建造的经济因素、城市整体或局部地区的环境风貌要求等，而这其中，经济因素和社会环境因素是建筑高度的最主要影响因素。

1．经济因素

考察一个具体地块上的某栋建筑物的造价。假设开发商拟开发的这栋建筑在最开始时并没有确定建造的层数，开发商建造这栋建筑的成本是由土地价格和建筑物本身的造价两部分组成，而在一定的层数之内，建筑建造的单位成本几乎不变，如开发5层建筑的造价为5n，开发6层建筑的成本为6n，7层为7n等，开发商开发的建筑层数越高面积越大，摊到单位建筑面积上的土地成本就越少。在相邻地段区位差别不大的情况下，楼市价格基本是确定的，开发商在单位土地上开发的建筑面积越多就越有利可图。由此不难猜测，最终开发商肯定希望这栋建筑盖得越高越好，这也是为什么在市场利益的驱动下开发商往往不惜一切代价，运用各种手段竞相盖高楼的原因。建筑的单位成本不变的前提是在一定的层数之内，超过了这个范围，不仅建筑物的基础、建筑的结构需要发生大的改变，并且因解决建筑物内部垂直交通等问题而使建成后的运营管理费用大幅上升，致使建筑单位面积成本大大增加。如建造100层的建筑造价肯定要远远大于100n了，此时建筑自身的造价变成开发成本的决定因素。因此不能简单地说建筑盖得越高单位面积成本越低。

2. 社会环境因素

对感受一个城市的风貌起决定作用的就是这个城市里的建筑物。古老的建筑、现代的建筑和谐地融汇在一起，高低错落，形成每个城市特有的剪影。若是千篇一律的高楼或平屋，也就看不到晨钟暮鼓、雷峰夕照这样流传千古的美景。所以对于建筑的高度，需要从城市整体风貌的和谐统一入手，考虑不同地段的不同要求，考虑和周边建筑特别是历史文化建筑的协调关系，只有这样，城市天际线才不会完全迷失在经济利益驱动下的市场大潮里。

对于建筑高度，一个典型的例子是杭州西湖周边建筑高度的控制。上世纪九十年代，西湖周边矗立起了一些高层建筑，破坏了西湖原本优美的天际轮廓线，许多专家学者、包括普通市民对此提出了尖锐的批评。后来杭州市政府专门组织专家编制了西湖周边地区建筑高度控制规划，统一协调建筑高度与环境的关系，取得了较好的效果。

一般来说建筑物的高度 H 与旷地 W（道路、广场、绿地、水面等等）的比例关系给人的视觉心理感受如下：

$H < 0.3W$	宽阔，空旷
$0.3W < H < 0.6W$	亲切，宜人
$0.6W < H$	高耸，压迫

3. 基础设施条件限制

例如机场周边建筑，由于飞机起飞降落安全需要，有专门净空限制要求，其高度限制范围半径可达20km以上。再如微波通道限制，在两个微波通信点之间，建筑物不能有遮挡。

（三）建筑物高度的确定原则

综合建筑高度确定的各种因素，可以总结出如下原则：

（1）符合建筑日照、卫生、消防和防震抗灾等要求；

（2）符合用地的使用性质和建（构）筑物的用途要求；

(3) 考虑用地的地质基础限制和当地的建筑技术水平；

(4) 符合城市整体景观和街道景观的要求；

(5) 符合文物保护建筑、文物保护单位和历史文化保护区周围建筑高度的控制要求；

(6) 符合机场净空、高压线及无线通信通道（含微波通道）等建筑高度控制要求；

(7) 考虑在坡度较大地区，不同坡向对建筑高度的影响。

（四）建筑高度的确定

(1) 平屋面建筑：挑檐屋面的建筑，其建筑高度为自室外自然地坪计算至檐口顶加上檐口挑出宽度；带女儿墙屋面的建筑，其建筑高度为自室外自然地坪计算至女儿墙顶，如图 3–3–1 所示。

(2) 坡屋面建筑：屋面坡度小于或等于 45° 的建筑，其建筑高度为自室外自然地坪计算至檐口顶加上檐口挑出宽度；屋面坡度大于 45° 的建筑，其建筑高度为自室外自然地坪计算至坡顶高度一半处高，如图 3–3–1 所示。

(3) 在以下两种情形下，水箱、楼梯间、电梯间、机械房等突出屋面的附属建筑的高度应记入建筑高度。

①附属建筑的单边边长大于对应主体建筑边长的 1/2；

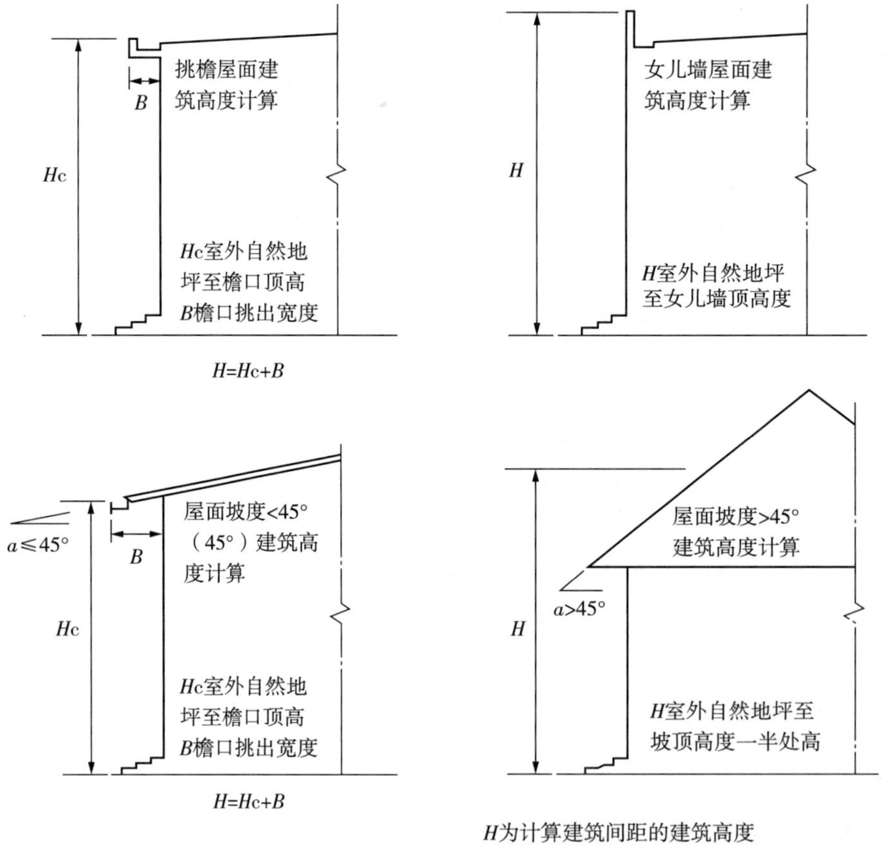

图 3–3–1 建筑高度计算

②两个以上附属建筑同一单边累加边长大于对应主体建筑边长 1/2，且水平投影面积之和超过屋面水平投影面积 1/4。

（4）相临两幢建筑室外自然地坪存在高差的，应按图 3–3–2 所示，确定建筑高度。

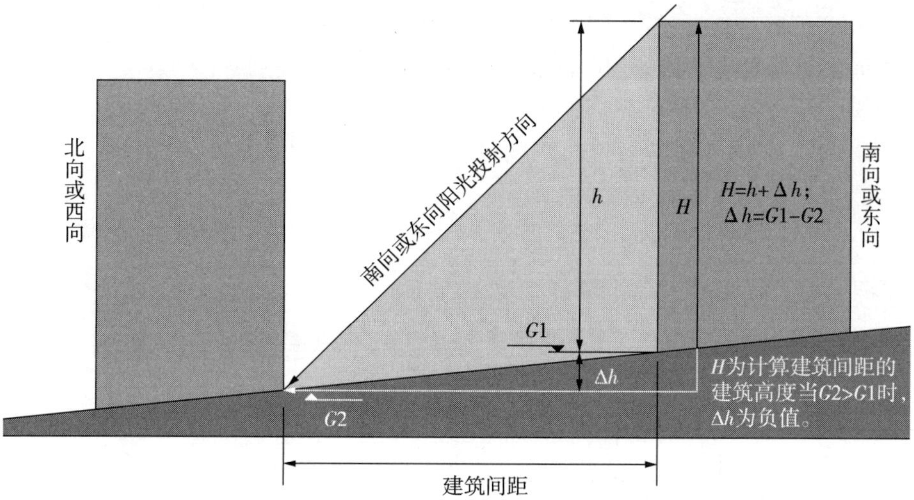

图 3–3–2　建筑间距计算（a）

（5）在同一用地单位的建设用地内，如两幢建筑物首层均为架空层，南向（或东向）建筑物的建筑高度可自北面（或西面）建筑物架空层的楼面标高起计（参见图 3–3–3）。

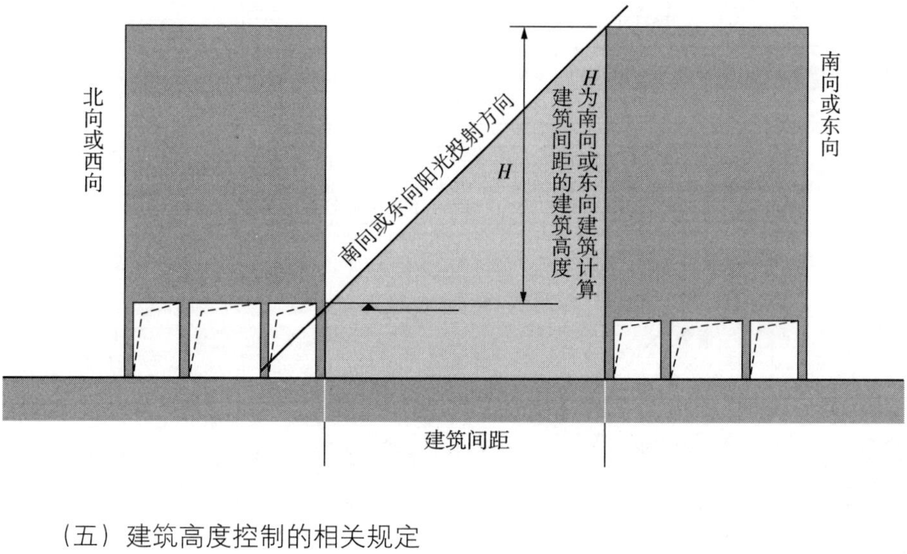

图 3–3–3　建筑间距计算（b）

（五）建筑高度控制的相关规定

在考虑建筑高度控制时，除应满足建筑日照、消防等方面的要求外，还应符合如下规定，以《上海市城市规划管理技术规定（土地使用　建筑管理）》第四十七条至五十条为例：

1. 在有净空高度限制的飞机场、气象台、电台和其他无线电通讯（含微波通信）设施周围的新建、改建建筑物，其控制高度应符合有关净空高度限制的规定。

2. 在文物保护单位和建筑保护单位周围的建设控制地带内新建、改建建筑物，其控制高度应符合建筑和文物保护的有关规定，并按经批准的详细规划执行。尚无经批准的详细规划的，应先编制城市设计或建筑设计方案，进行视线分析，提出控制高度和保护措施，经建筑和文物保护专家小组评议后核定。

3. 沿城市道路两侧新建、改建建筑物的控制高度，除经批准的详细规划另有规定外，应符合下列规定：

（1）沿路一般建筑的控制高度（H）不得超过道路规划红线宽度（W）加建筑后退距离（S）之和的 1.5 倍（图 3-3-4），即：

$$H \leqslant 1.5\ (W+S)$$

（2）沿路高层组合建筑的高度，按下式控制（图 3-3-5、图 3-3-6）：

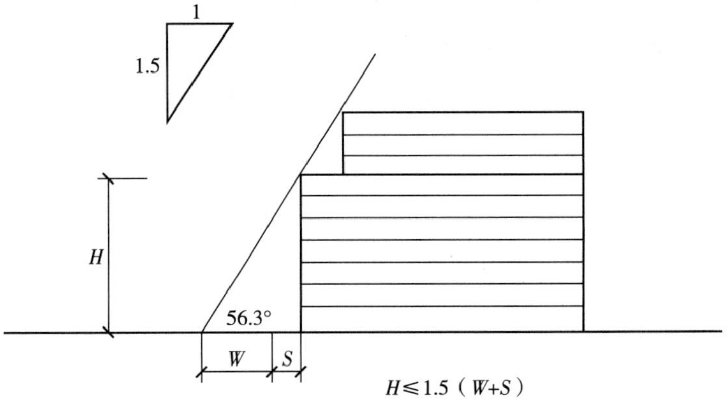

图 3-3-4 沿路一般建筑高度控制

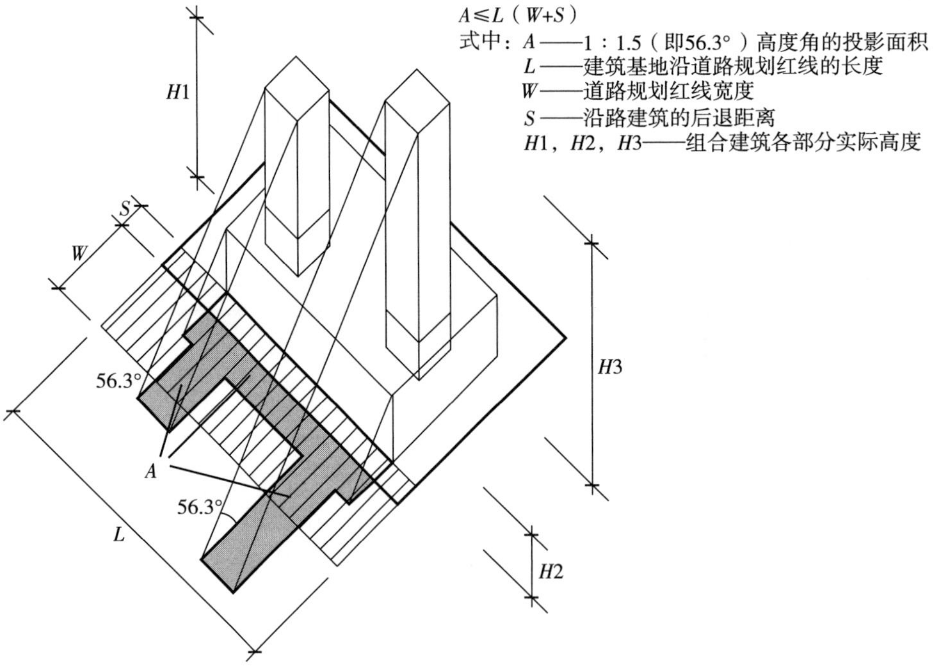

图 3-3-5 沿路高层组合建筑高度控制（轴测图）

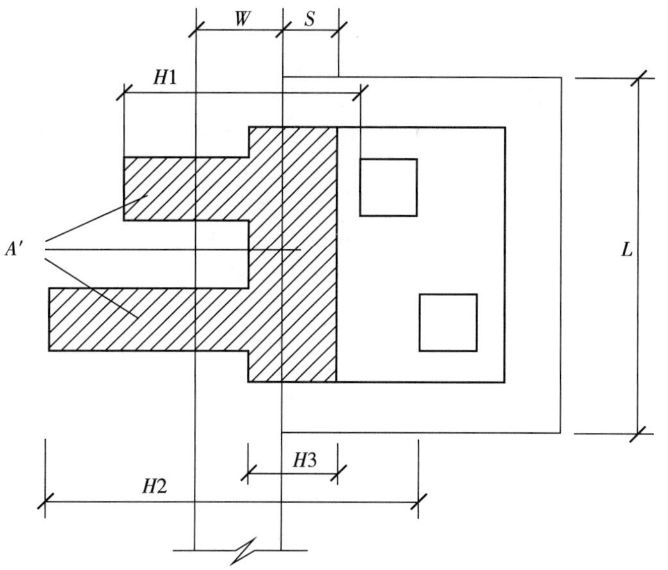

在实际应用中，为了简化作图和计算方法，也可采用下列演化而来的算式和图5-8的作图方法控制建筑高度

$A' \leqslant 1.5L\ (W-S)$

式中：A'——1∶1（45°）高度角的投影面积

L——建筑基地沿道路规划红线的长度

W——道路规划红线宽度

S——沿路建筑的后退距离

$H1, H2, H3$——组合建筑各部分实际高度

图 3–3–6 沿路高层组合建筑高度的控制（平面图）

$$A \leqslant L\ (W+S)$$

式中 A——沿路高层组合建筑以1∶1.5（即56.3°）的高度角在地面上投影的总面积；

L——建筑基地沿道路规划红线的长度；

W——道路规划红线宽度；

S——沿路建筑后退距离。

4. 建筑限高控制过严或者过宽均不利于规划的管理，只有综合考虑这些因素，才能有的放矢的确定好适当的建筑限高值。

5. 建筑高度控制视线分析方法

根据优秀历史建筑和文物保护单位的周围环境，选择适当视点确定视线走廊，进行视线分析。视点的距离应大于或等于3H，且其视角不小于60°。因现状条件限制难以按3H视点距离控制高度的，视点距离可适当缩小，但不得小于2H（图3–3–7）。

（六）相关问题

1. 屋顶建构筑物对建筑高度的影响

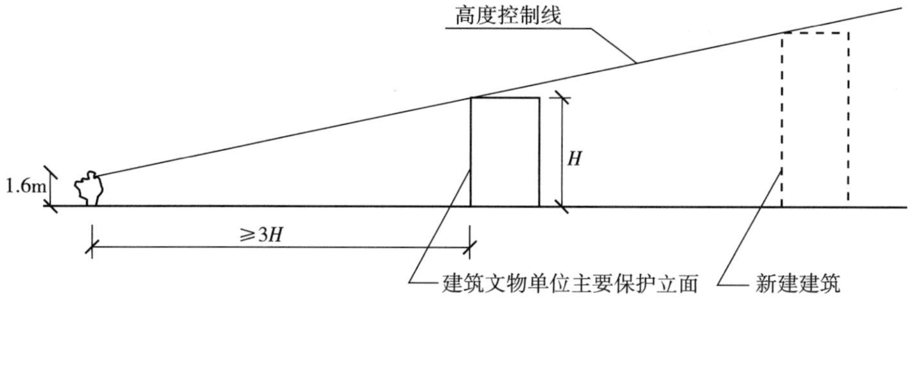

图 3–3–7 建筑高度控制视线分析

建筑顶层上加建构筑物会对城市天际线和周边建筑的日照造成一定影响，为了控制和约束屋顶建筑构筑物的高度，一些地方政府发布了相关规定，通过建筑高度计算方法的控制，来控制屋顶建构筑物的建设。

如：上海发布《关于加强对建筑高度控制及屋面建（构）筑物规划管理的暂行规定》（沪规法〔2005〕812 号），规定中对建筑高度的规定做了如下规定：

建筑屋面上有建（构）筑物的，在确定建筑间距时，其建筑高度计算按以下规定执行：

（1）避雷针、天线电杆、旗杆等直径大于 50cm 的突出屋面的杆状物，以及水箱、楼梯间、电梯间、机械房、天线塔、烟囱、装饰构架等突出屋面的建（构）筑物，如其高度大于等于 6m，且该建（构）筑物的高度对间距计算有影响的，应将该建（构）筑物的高度计入建筑高度；

（2）水箱、楼梯间、电梯间、机械房、天线塔、烟囱、装饰构架等突出屋面的建（构）筑物，如其高度小于 6m，但所有建（构）筑物的水平投影面积之和（装饰性构架按构架围合面积计算）超过该屋面水平面积的 1/8，且该建（构）筑物的高度对间距计算有影响的，应将该建（构）筑物的高度计入建筑高度；

（3）在建筑高度 60m 以下的建筑屋面上新设置灯箱、广告牌等户外广告设施，如该设施的高度对间距计算有影响的，应将该设施的高度计入建筑高度。

2. 建筑限高、建筑层高、建筑密度、容积率的关系

建筑高度、建筑层高、建筑密度、容积率四者之间具有相互关联、相互制约的关系。

容积率＝建筑密度 × 平均层数

平均层数＝建筑高度／层高

即：容积率＝（建筑密度 × 建筑高度）／层高

因此在相同的建筑限高和建筑密度的情况下，不同性质的建筑由于层高的不同，会得出不同的建筑面积，容积率也会发生改变。例如，同样地块上建造相同高度、相同密度的建筑，商业／办公建筑由于层高高于居住建筑，则容积率会低于居住建筑的容积率。

3. 建筑面宽和建筑高度的关系

近年来，板式住宅因其注重日照与通风，受到不少居民的欢迎，在城市中有许多经典案例，但不少居住区多幢板式建筑横向排开，面宽过大，不仅严重影响了城市空间布局，还影响了其他建筑的采光和通风。另外不和谐的高宽比，会影响建筑形态的美观，不少大型商业建筑为了获取更多的商业空间，沿道路一字排开，高宽比完全失调，建筑形式不仅难看，而且也对用地内部的建筑构成极大的影响。为了塑造良好的城市整体形态，促进各种建筑之间的和谐共处，需要对建筑的面宽作出规定。

例如：《上海市城市规划管理技术规定（土地使用 建筑管理）》在第五十条中明确规定：

建筑物的面宽，除经批准的详细规划另有规定外，按以下规定执行：

（1）建筑高度小于、等于 24m，其最大连续展开面宽的投影不大于 80m；

（2）建筑高度大于 24m，小于等于 60m，其最大连续展开面宽的投影不大于 70m；

（3）建筑高度大于 60m，其最大连续展开面宽的投影不大于 60m；

（4）不同建筑高度组成的连续建筑，其最大连续展开面宽的投影上限值按较高建筑高度执行。

（七）相关法规及标准规范

（1）《城市居住区规划设计规范》GB 50180—93（2002 年版）。

（2）《工程建设标准强制性条文（城乡规划部分）》（2002 年版）。

（3）《北京地区建设工程规划设计通则（试用稿）》（2003 年 3 月）。

（4）《上海市城市规划管理技术规定（土地使用　建筑管理）》（2003 年 12 月）。

（5）《佛山市城市规划管理技术规定》2005 年版。

三、建筑后退（Set Back）

（一）建筑后退概念

建筑后退是指在城市建设中，建筑物相对于规划地块边界和各种规划控制线的后退距离，通常以后退距离的下限进行控制。建筑后退控制线和用地红线一样，也是一个包括空中和地下空间的竖直的三维界面。

建筑后退主要包括退线距离和退界距离两种。退线距离是指建筑物后退各种规划控制线（包括：规划道路、绿化隔离带、铁路隔离带、河湖隔离带、高压走廊隔离带）的距离；退界距离是指指建筑物后退相邻单位建设用地边界线的距离。

（二）保证必要的建筑后退距离

1. 避免城市建设过程中产生混乱

在用地规划范围内，建筑物的建造必须后退用地红线一定的距离，假设两块相邻地块的建筑均紧邻用地红线建造，如何能保证建筑物之间的日照采光和通风要求？在利益的驱动下，没有哪个开发商愿意主动退让自己的建筑，因为退让意味着用地的损失。互不相让的结果肯定会造成城市建设的混乱。这样的例子，我们可以从 19 世纪末纽约的城市景观中看到，可以从 20 世纪 80 年代深圳的“握手楼”现象中看到（图 3–3–8）。

图 3–3–8　深圳城中村“握手楼”

2. 保证必要的安全距离

沿城市道路、公路、河道、铁路、轨道交通两侧以及电力线路保护区范围内的建筑物，应保证必要的建筑退让，以满足消防、环保、防汛和交通安全等方面的要求。另外，对于道路两侧的建筑物，还应考虑防灾规划等方面的要求，比如地震发生时，考虑到房屋倒塌可能对作为救援疏散通道的道路造成堵塞，如图 3–3–9 所示。

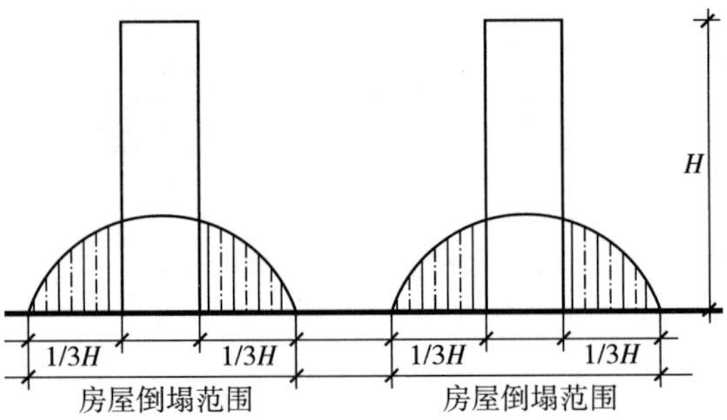

图 3–3–9 道路两侧建筑物的避灾退让

3．保证必要的城市公共空间和良好的城市景观

在城市公共绿地、公共水面等景观价值较高的地区，其周边建筑均希望更多地享用这种公共景观资源，建筑建造会尽量贴近景观区域，尤其在周边地块大多为高层建筑的情况下，更会对公共景观产生较大的负面影响。因此，一些城市对在公共绿地周边的建筑退让，不仅规定其建筑基底轮廓的退让，还规定在不同高度范围内建筑必须后退的距离，从而最大限度地保证城市景观的开敞。典型的例子比如芝加哥滨湖绿地的建筑外轮廓，大多呈阶梯跌落状，其实这就是建筑后退规定对建筑形态所产生的影响，而不是对建筑设计规定出来的某种风格。

（三）建筑后退距离的规定

各个城市对不同情况下建筑后退均有较为详细的规定。一般包括建筑后退用地红线、建筑后退道路红线、建筑后退各类规划控制线等。其退让距离的确定除必须考虑消防、防汛、交通安全等方面外，还应考虑城市景观、城市公共活动空间、周边用地开发权益平衡等要求。

1．建筑离界距离规定

建筑离界距离是指建筑沿用地边界建造时，建筑物后退相邻单位建设用地边界线的距离。主要考虑的因素包括：防火间距、消防通道、开发权益平衡、日照、通风、视觉干扰等。其中，开发权益平衡指当建筑物在自己基地内贴线建造时，周边后开发地块为了保留所必须的间距和通道，就要在各自基地内后退一定距离建设，这种因为后退所带来的经济价值损失全部由周边后开发地块承担。为了保证相邻地块开发权益的公平，不同地块的建筑建造在基地内均应当后退用地边界一定的合理距离。

建筑离界距离涉及用地的性质、建筑的高度、建筑的布局形式、防火要求、道路交通、市政设施敷设要求、用地权属等多种因素，很难以一个统一标准界定建筑的离界距离，在实际的规划编制和管理中，规划编制单位和规划行政管理部门应当根据不同地块的具体情况，确定合理的建筑离界距离。

《上海市城市规划管理技术规定（土地使用建筑管理）》中对建筑离界距离做了如下规定：

第三十三条　沿建筑基地边界的建筑物，其离界距离按以下规定控制，但离界距离小于消防间距时，应按消防间距的规定控制。

(1) 各类建筑的离界距离，按表 3–3–1 规定的建筑物高度的倍数控制，但不得小于最小距离。

建筑离界距离表　　　　表 3–3–1

<table>
<tr><th colspan="2" rowspan="3">建筑类别
离界距离
建筑朝向</th><th colspan="4">居住建筑（含第三十条规定的建筑）</th><th colspan="2">非居住建筑</th></tr>
<tr><th colspan="2">建筑物高度的倍数</th><th colspan="2">最小距离（m）</th><th rowspan="2">建筑物高度的倍数</th><th rowspan="2">最小距离（m）</th></tr>
<tr><th>浦西内环线以内</th><th>其他地区</th><th>浦西内环线以内</th><th>其他地区</th></tr>
<tr><td rowspan="3">主要朝向（见附表三）</td><td>低层</td><td rowspan="2">0.5</td><td rowspan="2">0.6</td><td colspan="2">6</td><td>—</td><td>3</td></tr>
<tr><td>多层</td><td colspan="2">9</td><td>—</td><td>5</td></tr>
<tr><td>高层</td><td colspan="2">0.25</td><td>12</td><td>15</td><td>0.2</td><td>12</td></tr>
<tr><td rowspan="3">次要朝向（见附表三）</td><td>低层</td><td colspan="2" rowspan="2">0.25</td><td colspan="2">2</td><td>—</td><td>按消防间距控制</td></tr>
<tr><td>多层</td><td colspan="2">4</td><td>—</td><td>按消防间距控制</td></tr>
<tr><td>高层</td><td colspan="2">0.2</td><td colspan="2">12</td><td>—</td><td>6.5</td></tr>
</table>

注：1. 建筑山墙宽度大于 16m 的，其离界距离按主要朝向离界距离控制。
2. 低层独立式住宅主要朝向离界距离按照 0.7 倍控制。

(2) 界外是居住建筑的，除须符合第 1 项离界距离的规定外，须同时符合建筑间距的有关规定。

(3) 界外是公共绿地的，各类建筑的最小离界距离按照第 2 项居住建筑的离界距离控制，且建筑高度应同时符合相关规定。

(4) 地下建筑物的离界间距，不小于地下建筑物深度（自室外地面至地下建筑物底板的底部的距离）的 0.7 倍；按上述离界间距退让边界，或后退道路规划红线距离要求确有困难的，应采取技术安全措施和有效的施工方法，经相应的施工技术论证部门评审，并由原设计单位签字认定后，其距离可适当缩小，但其最小值应不小于 3m，且围护桩和自用管线不得超过基地界限。

相邻新建高层商业办公建筑地下室按规划应设置连接通道的，通道宽度不小于 4m，净高度不小于 2.8m，并由相关建设单位负责实施各自基地的通道部分。

2. 建筑后退道路红线距离的规定

建筑后退道路红线距离是指建筑物临城市道路一侧最突出部分与道路红线之间的水平方向的垂直距离。建筑沿道路建设时，不应沿道路红线贴线建设，应当后退一定距离，除了满足日照、通风等要求外，主要有以下几方面因素的考虑：

(1) 建筑红线是一个立体三维界面，建筑贴线建设，会造成建筑地下基础部分、地块的市政管线敷设以及建筑主体上伸出的附属构件等越过道路红线的现象。为了给建设预留空间，需要退后道路红线一定距离。

(2) 建筑后退道路红线一定距离，可以在基地建筑和道路之间预留一定缓冲地带，使基地内的各种活动（施工建设、交通、日常活动、商业活动等）不至于干扰道路上的正常交通行为。

(3) 在一些沿街的开发建设活动中，建筑后退道路红线一定距离，并将后退空间与城市公共空间融为一体，可以扩大城市公共活动空间。如一些商业街的沿街建设，后退一定距离可以扩大商业活动空间。

(4) 为了防止地震或战争时期，建筑坍塌阻碍道路交通，沿街建筑应当后退道路红线一定距离，有利于防震防灾疏散通道的建设。

(5) 一些道路由于宽度较窄，不能满足市政管线敷设的空间要求，建筑后退道路红线一定距离能提供市政设施敷设的空间，并为未来道路拓宽预留一定空间。

(6) 沿城市主要交通干道、高速干道、轨道交通线进行建设时，建筑后退道路红线一定距离还能减少噪声污染、粉尘污染等危害，为防护绿化的建设提供一定空间。

(7) 交通法规和道路设计标准规范也会对建筑后退道路红线的距离有具体要求，如道路交叉口视距三角形的控制要求等。

从景观、社会功能等方面考虑，建筑退后红线，可以使城市公共活动场地增加，并丰富街道空间。但这使房地产使用者承担两方面的损失：①可建设用地的减少；②建筑物视觉地位的下降。因此，为达到鼓励后退的目的，应该采取相应的补偿措施，在原有基础上适当增加容积率或建筑高度，可以补偿因后退造成的损失。

各地对建筑后退道路红线一般具有具体规定，根据建筑使用性质、建筑高度、道路宽度、道路的等级和功能性质等进行后退距离的控制。如《北京地区建设工程规划设计通则（试用稿）》中对建筑后退道路红线距离进行了详细的列表规定：

建设工程与一般城市道路红线之间的最小距离（m） **表 3-3-2**

建筑类别	建筑高度 / 交通开口 / 道路宽度	$0<D\leqslant 20$		$20<D\leqslant 30$		$30<D\leqslant 60$		$60>D$	
		无口	有口	无口	有口	无口	有口	无口	有口
居住建筑	$0<H\leqslant 18$	>1(>0)	>1(>0)	>1(>0)	>1(>0)	>1(>0)	>1(>0)	>1(>0)	>1(>0)
	$18<H\leqslant 30$	>1(>0)	>1(>0)	>1(>0)	>3(>0)	>3(>0)	>3(>0)	>3(>0)	>3(>0)
	$30<H\leqslant 45$	>1(>0)	>3(>0)	>3(>0)	>3(>0)	>3(>0)	>5(>3)	>5(>3)	>5(>3)
	$45<H\leqslant 60$	>3(>0)	>3(>0)	>3(>0)	>5(>3)	>5(>3)	>5(>3)	>5(>3)	>7(>5)
	$H>60$	>3(>0)	>5(>3)	>5(>3)	>5(>3)	>5(>3)	>7(>5)	>7(>5)	>7(>5)
行政、科研办公	$0<H\leqslant 18$	>1(>0)	>1(>0)	>1(>0)	>1(>0)	>1(>0)	>1(>0)	>1(>0)	>3(>0)
	$18<H\leqslant 30$	>1(>0)	>3(>0)	>3(>0)	>3(>0)	>3(>0)	>3(>0)	>3(>0)	>5(>3)
	$30<H\leqslant 45$	>3(>0)	>3(>0)	>3(>0)	>5(>3)	>5(>3)	>5(>3)	>5(>3)	>7(>5)
	$45<H\leqslant 60$	>3(>0)	>5(>3)	>5(>3)	>5(>3)	>5(>3)	>7(>5)	>7(>5)	>7(>5)
	$H>60$	>5(>3)	>5(>3)	>5(>3)	>7(>5)	>7(>5)	>7(>5)	>7(>5)	>10(>7)
商务办公	$0<H\leqslant 18$	>1(>0)	>1(>0)	>1(>0)	>1(>0)	>1(>0)	>3(>0)	>3(>0)	>3(>0)
	$18<H\leqslant 30$	>3(>0)	>3(>0)	>3(>0)	>3(>0)	>3(>0)	>5(>3)	>5(>3)	>7(>5)
	$30<H\leqslant 45$	>3(>0)	>5(>3)	>5(>3)	>5(>3)	>5(>3)	>7(>5)	>7(>5)	>7(>5)
	$45<H\leqslant 60$	>5(>3)	>5(>3)	>5(>3)	>7(>5)	>7(>5)	>7(>5)	>7(>5)	>10(>7)
	$H>60$	>5(>3)	>7(>5)	>7(>5)	>7(>5)	>7(>5)	>10(>7)	>10(>7)	>10(>7)

续表

建筑类别 \ 建筑高度 \ 交通开口 \ 道路宽度		0<D≤20		20<D≤30		30<D≤60		60>D	
		无口	有口	无口	有口	无口	有口	无口	有口
金融商贸服务设施（商业、宾馆等）	0<H≤18	>1(>0)	>1(>0)	>1(>0)	>3(>0)	>3(>0)	>5(>3)	>5(>3)	>5(>3)
	18<H≤30	>3(>0)	>3(>0)	>3(>0)	>5(>3)	>5(>3)	>7(>5)	>7(>5)	>7(>5)
	30<H≤45	>5(>3)	>5(>3)	>5(>3)	>7(>5)	>7(>5)	>7(>5)	>7(>5)	>10(>7)
	45<H≤60	>5(>3)	>7(>5)	>7(>5)	>7(>5)	>7(>5)	>10(>7)	>10(>7)	>10(>7)
	H>60	>7(>5)	>7(>5)	>7(>5)	>10(>7)	>10(>7)	>10(>7)	>10(>7)	>10(>7)
大型集散建筑（剧场、展览、交通场站、体育场馆等）	0<H≤18	>3(>0)	>3(>0)	>3(>0)	>5(>3)	>5(>3)	>5(>3)	>5(>3)	>7(>5)
	18<H≤30	>5(>3)	>5(>3)	>5(>3)	>7(>5)	>7(>5)	>7(>5)	>7(>5)	>10(>7)
	30<H≤45	>5(>3)	>7(>5)	>7(>5)	>7(>5)	>7(>5)	>10(>7)	>10(>7)	>10(>7)
	45<H≤60	>7(>5)	>7(>5)	>7(>5)	>10(>7)	>10(>7)	>10(>7)	>10(>7)	>10(>10)
	H>60	>7(>5)	>10(>7)	>10(>7)	>10(>7)	>10(>7)	>10(>10)	>10(>10)	>10(>10)
大型医疗卫生	0<H≤18	>1(>0)	>1(>0)	>1(>0)	>3(>0)	>3(>0)	>5(>3)	>5(>3)	>5(>3)
	18<H≤30	>3(>0)	>3(>0)	>3(>0)	>5(>3)	>5(>3)	>7(>5)	>7(>5)	>7(>5)
	30<H≤45	>5(>3)	>5(>3)	>5(>3)	>7(>5)	>7(>5)	>7(>5)	>7(>5)	>10(>7)
	45<H≤60	>5(>3)	>7(>5)	>7(>5)	>7(>5)	>7(>5)	>10(>7)	>10(>7)	>10(>7)
	H>60	>7(>5)	>7(>5)	>7(>5)	>10(>7)	>10(>7)	>10(>7)	>10(>7)	>10(>7)

注：1. 表中数据的度量单位为 m；
2. 括号内数字适用于二环路以内地区；
3. 退规划道路红线的距离系指建设工程首层外墙最凸出处与规划道路红线的距离（二层以上部分的距离可以适当减少，但最小距离不得小于相应数值的下一档数值）；
4. 交通开口系指建设工程邻规划道路一侧设置机动车进入建设用地的出入口；
5. 当建设工程临城市道路的面宽大于道路红线宽度时，应按照表中数据乘以 1.1 的系数；
6. 规划建筑与规划道路红线距离不一致时，各点距离的平均值不小于上表数值，且最小距离不得小于相应数值的下一档数值；
7. 有关其他建筑在底层设置不大于 1000m^2 建设规模的商业用房时，应按照表中数据乘以 1.1 的系数；
8. 城市道路两侧现有建筑物翻建或建设临时性建设工程，按规定保留距离的宽度确有困难的，可适当照顾。但建设工程与现有城市道路路面边线的距离，不得小于 6 ~ 10m；
9. 学校主要教学用房的外墙面与次干道（含次干道）道路同侧路边的距离不应小于 80m，当小于 80m 时，必须采取有效的隔声措施；
10. 中小型电影院、剧场建筑从红线退后距离应符合城市规划按 0.2m^2/ 座留出集散空地的要求；大型、特大型电影院除应满足此要求外，且深度不应小于 10m。当剧场前面集散空地不能满足这一规定，或剧场前面疏散口的总宽不能满足计算要求时，应在剧场后面或侧面另辟疏散口，并应设有与其疏散容量相适应的疏散通道通向空地。剧场建筑后面及侧面临接道路可视为疏散通路，宽度不得小于 3.50m；
11. 建设工程与特殊城市道路（如长安街、商业街、风貌街、城市快速路等）之间的距离，另行研究确定。

靠近道路交叉口的建构筑物的退后红线距离应当满足道路交叉口视距三角形的要求，靠近道路平曲线段的建筑应当满足平曲线路段会车视距的要求。道路红线外有绿化隔离带，按绿化隔离带外侧控制。具体指标见表《视角三角形用地控制表》、《城市道路会车视距用地控制表》。在视距三角形用地内不得有高于 0.8m 的视线障碍物。

视角三角形用地控制表 **表 3-3-3**

道路 A 红线宽度	道路 B 红线宽度	视角三角形 A 边	视角三角形 B 边
$L \leqslant 60m$	$L \leqslant 60m$	100m	100m
	$40m \leqslant L<60m$	100m	75m
	$20m \leqslant L<40m$	100m	50m
	$12m \leqslant L<20m$	75m	25m
$40m \leqslant L<60m$	$40m \leqslant L<60m$	75m	75m
	$40m \leqslant L<60m$	75m	50m
	$40m \leqslant L<60m$	50m	25m
$20m \leqslant L<40m$	$20m \leqslant L<40m$	50m	50m
	$12m \leqslant L<20m$	50m	25m
	$12m \leqslant L<20m$	25m	25m

城市道路会车视距用地控制表 **表 3-3-4**

道路红线视距	$L \geqslant 60m$	$40m \leqslant L<60m$	$20m \leqslant L<40m$
停车视距	75 ~ 100	50 ~ 75	25 ~ 50
会车视距	150 ~ 200	100 ~ 150	50 ~ 75

居住区与居住小区内部道路两侧的建、构筑物，距离道路边缘的最小距离应符合《居住区内道路边缘至建、构筑物最小距离控制表》的规定。

居住区内道路边缘至建、构筑物最小距离控制表 **表 3-3-5**

建筑布置形式 \ 道路类别		居住区道路（m）		小区路（m）	组团路、宅间路（m）
建筑物面向道路	无出入口	高层	5	4	2
		多层	3	3	2
	有出入口				2.5
建筑物山墙面向道路		高层	4	4	2
		多层	2	2	1.5
围墙面向道路			1.5	1.5	1.5

地界的围墙，后退道路红线应不小于 0.5m，大门后退道路红线不得小于 3m。通透式护栏、台阶、平台、窗井、地下建筑及建筑基础等均不得逾越道路红线和道路两侧的公共绿带（含绿化隔离带）。

3. 建筑后退规划控制线距离规定

（1）建筑退让城市高架路、立交和交叉口

沿城市高架道路两侧新建、改建、扩建的居住建筑，其沿高架道路主线边缘线后退距离不得小于 30m；其沿高架道路匝道边缘线后退距离，不得小于 15m。

建筑物相邻城市立交，建筑退让立交匝道边缘线的距离应不少于 15m；道路交叉口四周的建筑退让道路红线距离，在满足道路交叉口停车视距的情况下，多、低层建筑不得小于 5m，中高、高层建筑不得小于 8m（均自道路红线直线段与曲线段切点的连线算起）。

交叉口设有立交控制线的，建筑退让立交控制线：多层、低层建筑不少于 4m，中高层建筑不少于 6m，高层建筑主体不少于 8m，并应符合消防、抗震、安全等相关要求。

（引自《佛山市规划管理控制技术规定》）

（2）建筑退让绿线

新建、改建建筑物退让道路路侧绿带绿线、各类绿地绿线的距离不得小于 4m（不包括居住小区级以下的绿地）。其中退让边缘种植乔木的绿地绿线的距离不得小于 5m。

（引自《佛山市规划管理控制技术规定》）

（3）建筑退让轨道交通控制线

沿地面轨道两侧新建、改建建筑工程，应符合以下规定：

1）除地面轨道管理维护必需的少量建（构）筑物外，在地面轨道干线两侧的建（构）筑物，其外边线与最外侧钢轨的距离不小于 20m（高速铁路、高架轨道交通两侧不小于 30m），与地面轨道支线、专用线两侧不小于 15m；地面轨道两侧修建围墙，其高度不得大于 3m。

2）地面轨道两侧的高层建筑、高大构筑物（如水塔、烟囱等）、可能危及铁路运输安全的建（构）筑物、危险品仓库和厂房须符合铁路管理的有关规定。

3）在铁路道口、桥梁附近进行建设的，须符合铁路管理的有关规定。

（引自《佛山市规划管理控制技术规定》）

（4）建筑退让河道

当建筑临河布置时，建设用地界线退让河道的距离应满足水利部门的规定；建筑红线由规划部门划定，且最小退让距离不小于 5m。

（引自《佛山市规划管理控制技术规定》）

（5）建筑退让高压走廊

一般地区沿架空电力线路两侧新建、改建、扩建建筑物，其后退线路中心线距离除有关规划另有规定外，不得小于以下距离：

建筑物后退高压走廊距离表　　　　表 3-3-6

电压等级	后退线路中心线距离
500kV	30m
220kV	20m
110kV	12.5m
35kV	10m

4. 特殊设施防护带的规定

城市中的一些特殊功能的建筑或用地由于卫生防护、安全保密、降低干扰或预留用地等原因，需要在用地周边留出一定距离，设置隔离带或绿化防护带，其中禁止永久性建筑的建造，周边地块的建设应在防护带外侧进行建设。

如《天津城市规划管理技术规定》中有如下防护距离及绿化防护带的设置要求：

第一百零一条　普通仓储用地与居住用地间的防护距离应当符合下表3–3–7的规定：

普通仓储用地与居住用地间的防护距离的规定　　表3–3–7

仓库类型	防护距离（m）
全市性水泥供应仓库	300
非金属建筑材料供应仓库、煤炭仓库、未加工的二级原料临时储藏仓库、500m^3以上的藏冰库	100
蔬菜、水果储藏库，600吨以上批发冷藏库，建筑与设备供应仓库（无起灰料的），木材贸易和箱桶装仓库	50

普通仓储用地与疗养院、医院、学校和高新技术园区等环境质量要求较高的单位的卫生防护距离，为前款规定的2倍。

第一百零四条　石油库选址应当远离机场、重要交通枢纽、重要桥梁、大型水库以及水利工程、电站、变电所、军事设施和其他重要设施。

石油库与城市居住区、大中型工矿企业和交通线路以及其他设施、场地的安全距离应当符合下表3–3–8规定：

石油库与城市居住区、大中型工矿企业和交通线路以及其他设施、场地的安全距离　　表3–3–8

序号	名称	与不同等级石油库的距离		
		一级	二级	三、四级
1	居住区及公共建筑物	100	90	80
2	工矿企业	80	70	60
3	国家铁路线	80	70	60
4	工矿企业铁路线	35	30	25
5	公　路	25	20	15
6	国家一、二级架空通信线路	40	40	40
7	架空电力线路和不属于国家一、二级的架空通信线路	1.5倍杆高	1.5倍杆高	1.5倍杆高
8	爆破作业场地	300	300	300

注：除表中另有规定的，单位为m。

第一百零五条　堆场用地应当与港口、铁路等货运场站结合设置。

堆场用地与居住用地、疗养院、医院、幼儿园、学校的防护距离不得小于300m，与其他设施的防护距离不得小于100m。

第一百二十一条　防护绿地的宽度应当符合下列规定：

（一）产生有害气体以及污染物工厂的绿地宽度，不小于50m；污染严重的，根据实际需要增加。

（二）海岸防风林带为80～100m。

第一百二十二条　一级、二级河道两侧防护绿地的宽度按照下列规定划定：

（一）沿河道有现状或者规划道路的，从河堤外坡脚或者护岸或者天然河岸起到道路红线之间作为绿线。

（二）沿河道没有现状或者规划道路的，以河道控制线为基线参照滨河道路绿化控制线要求预留绿化宽度。一级河道绿线不小于25m，二级河道绿线不小于15m。

第一百二十三条　轨道交通两侧防护绿地的宽度按照下列规定划定：

（一）高速铁路，黑线范围内可以设置附属防护绿地。

（二）已明确地界线为铁路站场控制线的，在其基础上向外规划18m为铁路站场绿线。

（三）高架轻轨，沿路设有高架轻轨的，绿线宽度应在道路绿线的基础上增加10m。对于位于商业中心的轻轨车站段，绿线宽度可以适当减小。

（四）地铁，地铁线路段规划地铁中心线两侧各20m；地铁车站段规划地铁中心线两侧各25m为地铁控制线，可以作为绿线控制。

第一百二十四条　公路两侧防护绿地的宽度按照下列规定划定：

（一）高速公路红线外不小于100m，其中穿越城区、镇区的不小于50m。

（二）一级公路红线外不小于50m，其中穿越城区、镇区的不小于20m。

（三）二级公路红线外不小于40m，其中穿越城区、镇区的不小于20m。

（四）三级、四级公路红线外不小于20m，其中穿越城区、镇区的不小于10m。

第一百二十五条　立交桥周围防护绿地的宽度按照下列规定划定：

（一）现状互通立交桥，以匝道外边线水平投影线为基线，引桥段从立交起坡点计算，后退50m。

（二）规划互通立交桥，以立交用地控制线为基线后退50m。

（三）分离式立交桥，按照道路等级确定。

第一百二十六条　城市道路两侧防护绿地的宽度从道路红线起算，按照下列规定划定：

（一）内环线两侧不小于5m；中环线两侧不小于20m；外环线内侧包括辅道用地不小于100m，外环线外侧包括辅道用地为500～1000m；环外快速环路红线两侧不小于100m。

（二）环外快速环路以内其他道路防护绿地的宽度不小于下表3-3-9规定：

环外快速环路以内其他道路防护绿地的宽度要求　　表 3-3-9

	内环线之内	内环线与中环线之间	中环线与外环线之间	外环线与环外快速环路之间	
				城区镇区段	其他地区
快速路	10m	20m	30m	30m	50m
主干路	5m	10m	20m	20m	40m
次干路	3m	5m	10m	10m	30m

（三）环外快速环路以外地区的道路防护绿地的宽度不小于下表 3-3-10 规定：

环外快速环路以外地区的道路防护绿地的宽度要求　　表 3-3-10

	城区镇区段	其他地区
快速路	30m	50m
主干路	20m	40m
次干路	10m	30m

第一百二十七条　饮用水源保护区应当分级设置防护林带。一级保护区防护林带宽度为 200m，二级保护区防护林带宽度为 2000m。

第一百三十三条　垃圾转运站用地面积依据日转运量确定，建设用地指标应当符合下表 3-3-11 规定：

垃圾转运站用地面积依据日转运量确定，建设用地指标表　　表 3-3-11

转运量（T/d）	类型	用地面积（m^2）	附属建筑面积（m^2）	与相邻建筑间距（m）	绿化间隔带宽度（m）
≤ 150	小型	1000 ~ 1500	100	≥ 10	≥ 5
150 ~ 450	中型	1500 ~ 4500	100 ~ 300	≥ 15	≥ 8
> 450	大型	> 4500	> 300	≥ 30	≥ 15

注：垃圾转运站和再生资源回收站合并设置的，用地面积可以增加 1000 ~ 1500m^2。

第一百三十四条　生活垃圾卫生填埋场应当符合下列规定：

（一）距离中心城区、滨海新区核心区大于 5km，距离新城、建制镇建成区大于 2km，距离居民点大于 0.5km。

（二）用地面积指标根据设计处理量，依照规范计算执行。

（三）四周应当设置不小于 100m 的防护绿带。

第一百三十五条　生活垃圾填埋场选址有困难，生活垃圾热值大于每千克 5000kJ 的，可以设置生活垃圾焚烧厂。生活垃圾焚烧厂应当符合下列规定：

（一）选址在城镇以外地区。

（二）用地面积应当符合下表 3-3-12 规定：

生活垃圾焚烧厂相关规定表　　**表 3–3–12**

类　型	日处理规模（T）	总用地面积（万 m^2）
Ⅰ类	>1200	4～6
Ⅱ类	600～1200	3～4
Ⅲ类	150～600	2～3
Ⅳ类	50～150	1～2

注：总用地面积指标含上限值，不含下限值。

（三）设置宽度不小于 10m 的绿化隔离带。

第一百三十六条　生活垃圾中可生物降解的有机物含量大于 40% 的，可以设置生活垃圾堆肥厂。生活垃圾堆肥厂应当符合下列规定：

（一）选址在城镇以外地区。

（二）用地面积应当符合下表 3–3–13 规定。

生活垃圾堆肥厂相关规定表　　**表 3–3–13**

类　型	日处理规模（T）	总用地面积（万 m^2）
Ⅰ类	300～600	3.5～5.0
Ⅱ类	150～300	2.5～3.5
Ⅲ类	50～150	1.5～2.5
Ⅳ类	≤50	≤1.5

注：1. 表中总用地面积指标不包含堆肥产品深加工处理、堆肥残余物处理用地。
2. 动态堆肥取下限，静态堆肥取上限。
3. Ⅰ类堆肥厂用地面积可以根据实际规模适当增加。

（三）设置宽度不小于 10m 的绿化隔离带。

第一百三十九条　独立式公共厕所外墙与相邻建筑物距离一般不小于 5m，周围应当设置不小于 3m 的绿化带。

（四）相关问题

建筑突出物的相关规定

建筑物上的附属构件（突出物）在设计中或者使用中有可能突破道路红线的控制，为了约束和控制这种现象，《民用建筑设计通则》GB 50352—2005 对此做了明确的规定：

4.2.1　建筑物及附属设施不得突出道路红线和用地红线建造，不得突出的建筑突出物为：

（1）地下建筑物及附属设施，包括结构挡土桩、挡土墙、地下室、地下室底板及其基础、化粪池等；

（2）地上建筑物及附属设施，包括门廊、连廊、阳台、室外楼梯、台阶、坡道、花池、围墙、平台、散水明沟、地下室进排风口、地下室出入口、集水井、采光井等；

（3）除基地内连接城市的管线、隧道、天桥等市政公共设施外的其他设施。

4.2.2 经当地城市规划行政主管部门批准，允许突出道路红线的建筑突出物应符合下列规定：

1 在有人行道的路面上空：

(1) 2.50m 以上允许突出建筑构件：凸窗、窗扇、窗罩、空调机位，突出的深度不应大于 0.50m；

(2) 2.50m 以上允许突出活动遮阳，突出宽度不应大于人行道宽度减 1m，并不应大于 3m；

(3) 3m 以上允许突出雨篷、挑檐，突出的深度不应大于 2m；

(4) 5m 以上允许突出雨篷、挑檐，突出的深度不宜大于 3m。

2 在无人行道的路面上空：4m 以上允许突出建筑构件：窗罩，空调机位，突出深度不应大于 0.50m。

3 建筑突出物与建筑本身应有牢固地结合。

4 建筑物和建筑突出物均不得向道路上空直接排泄雨水、空调冷凝水及从其他设施排出的废水。

4.2.3 当地城市规划行政主管部门在用地红线范围内另行划定建筑控制线时，建筑物的基底不应超出建筑控制线，突出建筑控制线的建筑突出物和附属设施应符合当地城市规划的要求。

4.2.4 属于公益上有需要而不影响交通及消防安全的建筑物、构筑物，包括公共电话亭、公共交通候车亭、治安岗等公共设施及临时性建筑物和构筑物，经当地城市规划行政主管部门的批准，可突入道路红线建造。

4.2.5 骑楼、过街楼和沿道路红线的悬挑建筑建造不应影响交通及消防的安全；在有顶盖的公共空间下不应设置直接排气的空调机、排气扇等设施或排出有害气体的通风系统。

（五）相关法规及标准规范

1. 学校用地应设在阳光充足、环境安静的地段，距离铁路干线应大于 300m，主要入口不应开向公路。

详见《工程建设标准强制性条文》（城乡规划部分）

2. 有关建筑退让电力线路部分详见《城市电力规划规范》GB 50293—1999。

3. 有关建筑退让工程管线部分详见《城市工程管线综合规划规范》GB 50289—98。

4. 有关建筑与地铁之间的退让关系详见《地铁限界标准》GJJ 96—2003。

5.《民用建筑设计通则》GB 50352—2005。

四、建筑间距（Building Interval）

（一）建筑间距的概念

建筑间距是指两栋建筑物或构筑物外墙之间的水平距离。建筑间距的控制是使建筑物之间保持必要的距离，以满足防火、防震、日照、通风、采光、视线干扰、防噪、绿化、卫生、管线敷设、建筑间距布局形式以及节约用地等方面的基本要求。

建筑间距是一个综合概念，通过对建筑间距进行控制，可以影响建筑密度的控制。如北方城市因日照间距大，通常同样类型的居住用地的建筑密度比南方城市要小。建筑间距根据建筑前后左右之间的布局关系，可以分成日照间距和侧向间距。

日照间距：指前后两排房屋之间，为保证后排房屋在规定的时日获得所需日照量而保持的一定间隔距离。

侧向间距：即山墙间距，是指建筑山墙之间为满足道路、消防通道、市政管线敷设、采光、通风等要求而留出的建筑间距。建筑间距具有多种综合功能，根据间距的主体功能可以分为消防间距、通风间距、生活私密性间距、城市防灾疏散间距等。

消防间距：即防火间距，是指相邻两栋建筑物之间，保持适应火灾扑救、人员安全疏散和降低火灾时热辐射的必要间距。

通风间距：通风间距是为了获得较好的自然通风，两幢建筑间为避免受由于风压而形成的负风压影响所需保持的最小距离。

生活私密性间距：为避免出现对居室的视线干扰情况所需保持的最小距离。一般最小为 18m。

城市防灾疏散间距：城市主要防灾疏散通道两侧建筑间距应大于 40m，且应大于建筑高度的 1.5 倍。

（二）建筑间距的计算规则

在确定建筑间距时，必须订立建筑间距的计算准则。各地对建筑间距的计算规定总体一致，一些城市由于城市的具体建设情况或城市设计需要，会有一些不同的规定。

《上海城市规划管理技术规定》对建筑间距的计算规则设定如下：

1. 除另有规定外，建筑间距是指两幢建筑的外墙面之间的最小的垂直距离。

2. 建筑物有每处不超过 3m 长（含 3m）的凸出部分（如楼梯间），凸出距离不超过 1m，且其累计总长度不超过同一面建筑外墙总长度的 1/4 者，其最小间距可忽略不计凸出部分。居住建筑阳台累计总长度（突出于山墙面之外或转弯到山墙面上的阳台长度可不计）不超过同一建筑外墙总长度 1/2 的（含 1/2），其最小间距仍以建筑外墙计算；超过 1/2 的，应以阳台外缘计算建筑间距。

3. 坡度大于 45° 的坡屋面建筑，其建筑间距是指自屋脊线在地面上的垂直投影线至被遮挡建筑的外墙面之间最小的垂直距离。

4. 建筑后退基地边界的距离和建筑间距应同时符合规定。因基地条件限制不能同时符合规定的，经与相邻地块产权人协议并经规划管理部门核准，在确保满足建筑间距的条件下，可适当缩减基地边界后退距离，但必须符合消防规定。

（三）建筑日照间距的确定

控制建筑间距可以满足市政工程建设要求、留出防灾通道、满足卫生防疫要求、提供绿化空间和交通通道，除此之外，从人们居住的生理和心理健康需求考虑，建筑物之间必须保持一定的间距以满足日照、通风的要求。根据各地区的气候条件和居住卫生要求确定的，居住建筑正面向阳房间在规定的日照标准日获得的日照量，是编制居住区规划确定居住建筑间距的主要依据。一般居住建筑之间的间隔距离采用日照间距来控制。

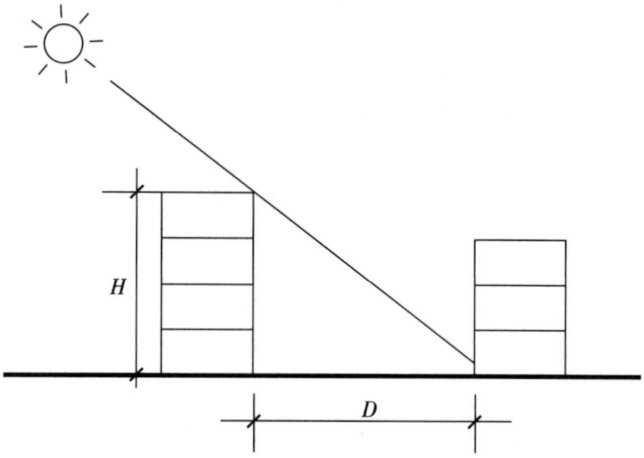

图 3–3–10　日照间距简图

日照量的标准包括日照时间和日照质量。日照时间是以该建筑物在规定的某一日内能收到的日照时数为计算标准的。通常以太阳高度角最低的冬至日作规定，也有些地区，由于气候特点，采用其他日子作规定。日照质量是指每小时室内地面和墙面阳光投射面积累计的大小及太阳中紫外线的效用。日照标准的拟定涉及的因素较多，目前尚无统一的规定。一般要求在冬至日中午前后至少要有 2 小时的连续日照时间。[①]

在实际应用中常常将 D 换算成 H 的比值，即日照间距系数，以便于根据不同建筑高度算出间距。

《上海市城市规划管理技术规定（土地使用　建筑管理）》中规定，日照的有效时间根据建筑物朝向确定（见表 3–3–14 ～表 3–3–16）。建筑物朝向的角度超过日照有效时间表规定角度范围的，不作日照分析。

日照有效时间表　　表 3–3–14

建筑物朝向	日照有效时间	建筑物朝向	日照有效时间
正　南　向	9 ：00 ～ 15 ：00		
南偏东 1° ～ 15°	9 ：00 ～ 15 ：00	南偏西 1° ～ 15°	9 ：00 ～ 15 ：00
南偏东 16° ～ 30°	9 ：00 ～ 14 ：30	南偏西 16° ～ 30°	9 ：30 ～ 15 ：00
南偏东 31° ～ 45°	9 ：00 ～ 13 ：30	南偏西 31° ～ 45°	10 ：30 ～ 15 ：00
南偏东 46° ～ 60°	9 ：00 ～ 12 ：30	南偏西 46° ～ 60°	11 ：30 ～ 15 ：00
南偏东 61° ～ 75°	9 ：00 ～ 11 ：30	南偏西 61° ～ 75°	12 ：30 ～ 15 ：00
南偏东 76° ～ 90°	9 ：00 ～ 10 ：30	南偏西 76° ～ 90°	13 ：30 ～ 15 ：00

注：朝向角度取整数，小数点四舍五入。

住宅建筑日照标准　　表 3–3–15

建筑气候区划	Ⅰ、Ⅱ、Ⅲ、Ⅶ气候区		Ⅳ气候区		Ⅴ、Ⅵ气候区
	大城市	中小城市	大城市	中小城市	
日照标准日	大寒日			冬至日	

① 李德华主编 . 城市规划原理（第三版）. 中国建筑工业出版社 . 602-603.

续表

建筑气候区划	Ⅰ、Ⅱ、Ⅲ、Ⅶ气候区		Ⅳ气候区		Ⅴ、Ⅵ气候区
	大城市	中小城市	大城市	中小城市	
日照时数（h）	⩾2	⩾3		⩾1	
有效日照时间带（h）	8～16			9～15	
日照时间计算起点	底层窗台面				

不同方位间距折减换算表　　　　表 3–3–16

方位	0°～15°（含）	15°～30°（含）	30°～45°（含）	45°～60°（含）	＞60°
折减值	1.0L	0.9L	0.8L	0.9L	0.95L

注：1. 表中方位为正南向（0°）偏东、偏西的方位角。
2. L 为当地正南向住宅的标准日照间距（m）。
3. 本表指标仅适用于无其他日照遮挡的平行布置条式住宅之间。

（四）建筑侧向间距的确定

建筑侧向间距是指建筑山墙之间的距离，控制建筑侧向间距主要是为了满足道路和消防通道建设、市政管线敷设、建筑保护、消除视线干扰等方面的要求。建筑侧向间距最低要满足消防通道的设置宽度要求，建筑高度、使用性质、布局形式对确定建筑侧向间距有重要影响。

《上海市城市规划管理技术规定（土地使用　建筑管理）》对建筑各种布置形式的间距控制做了清晰的界定和控制。

（五）建筑防火间距的确定

防火防灾是控制建筑间距的一个重要功能，设置建筑防火间距比较复杂，与建筑的性质、高度、材质、建筑形式等因素密切相关。为了便于规划管理和控制，需要抽取影响建筑防火间距的主要因素，进行合理的间距控制。以北京市为例，《北京地区建设工程规划设计通则》中对各类建筑的防火间距有详细规定。

1. 多层建筑消防间距的规定

（1）多层民用建筑之间的防火间距，不应小于下表的规定。

（2）多层非民用建筑之间的防火间距，详见《建筑设计防火规范》GBJ 16—87。

民用建筑的防火间距　　　　表 3–3–17

耐火等级	耐火等级		
	一、二级	三级	四级
	防火间距（m）		
一、二级	6	7	9
三　级	7	8	10

续表

耐火等级	耐火等级		
	一、二级	三级	四级
	防火间距（m）		
四　级	9	10	12

注：1. 两座建筑相邻较高的一面的外墙为防火墙时，其防火间距不限。
2. 相邻的两座建筑物，较低一座的耐火等级不低于二级、屋顶不设天窗、屋顶承重构件的耐火极限不低于 1h，且相邻的较低一面外墙为防火墙时，其防火间距可适当减少，但不应小于 3.5m。
3. 相邻的两座建筑物，较低一座的耐火等级不低于二级，当相邻较高一面外墙的开口部位设有防火门窗或防火卷帘和水幕时，其防火间距可适当减少，但不应小于 3.5m。
4. 两座建筑相邻两面的外墙为非燃烧体，如无外露的燃烧体屋檐，当每面外墙上的门窗洞口面积之和不超过该外墙面积的 5%，且门窗口不正对开设时，其防火间距可按本表减少 25%。
5. 耐火等级低于四级的原有建筑物，其防火间距可按四级确定。

2. 高层建筑消防间距的规定

（1）高层建筑之间及高层建筑与其他民用建筑之间的防火间距不应小于表 3–3–18 的规定。

（2）高层建筑与厂（库）房、煤气调压站、液化石油气气化站、混气站和城市液化石油气供应站瓶库的防火间距，详见《高层民用建筑设计防火规范》GB 50045—95。

（3）高层建筑与小型甲、乙、丙类液体储罐、可燃气体储罐和化学易燃物品库房的防火间距，详见《高层民用建筑设计防火规范》GB 50045—95（2001版）。

高层建筑之间及高层建筑与其他民用建筑之间的防火间距（m）　表 3–3–18

建筑类别	高层建筑	裙　房	其他民用建筑		
			耐火等级		
			一、二级	三级	四级
高层建筑	13	9	9	11	14
裙　房	9	6	6	7	9

注：1. 防火间距应按相邻建筑外墙的最近距离计算；当外墙有突出可燃构件时，从其突出的部分外缘算起。
2. 相邻的两座高层建筑，较低一座的屋顶不设天窗屋顶承重构件的耐火极限不低于 1h，且相邻较低一面外墙为防火墙时，其防火间距可适当减小，但不应小于 4.0m。
3. 相邻的两座高层建筑，当相邻较高一面外墙耐火极限不低于 2h，墙上开口部位设有甲级防火门、窗或防火卷帘时，其防火间距可适当减小，但不宜小于 4.0m。
4. 两座高层建筑相邻较高一面外墙为防火墙或比相邻较低一座建筑屋面高 15m 及以下范围内的墙为不开设门、窗洞口的防火墙时，其防火间距可不限。

3. 特殊建筑消防间距的规定

（1）　汽车库

a. 汽车库之间以及汽车库与其他建筑物（甲类物品库房除外）之间的防火间距均不应小于下表。

b. 汽车库与易燃、可燃液化、气体储罐的防火间距，详见《汽车库设计防火规范》GBJ 67—84。

汽车库与可燃材料露天、半露天防火间距详见《汽车库设计防火规范》GBJ 67—84。

汽车库的防火间距 **表 3-3-19**

汽车库名称和耐火等级 \ 防火间距 (m) \ 建筑物的名称和耐火等级		停车库、修车库、厂房、库房、民用建筑		
		一、二级	三级	四级
停车库 修车库	一、二级	10	12	14
	三　级	12	14	16
停　车　场		6	8	10

注：1. 防火间距应从相邻建筑物外墙的最近距离算起，如外墙有凸出的可燃物构件时，则应从其凸出部分外缘算起，停车场从靠近建筑物的最近停车位置边缘算起。

2. 停车库、修车库与建筑相邻较高一面的外墙如为防火墙时，其防火间距不限。

3. 两座一、二级耐火等级的建筑（甲类厂房除外），如相邻较低一面外墙为防火墙，且这座建筑的屋盖的耐火极限不低于 1h，或相邻较高一面外墙门窗洞口部位设有自动关闭的防火门、窗或卷帘和水幕等防火设施时，其防火间距可适当减少，但不应小于 4.0m。

4. 如相邻两面的外墙为非燃烧体且无门窗洞口、无外露燃体屋檐，其防火间距可按上表减少 25%。

5. 甲、乙类物品运输车的停车库、修车库与民用建筑的防火间距不应小于 25m，与重要公共建筑防火间距不应小于 50m。甲类物品运输车的停车库、修车库与明火或散发火花池点的防火间距不应小于 30m；与厂房、库房的防火间距应按上表增加 2m。

6. 停车库、修车库与高层民用建筑之间的防火间距，应按现行《高层民用建筑设计防火规范》对丙、丁、戊类厂房、库房规定的防火间距执行。

7. 汽车库与煤气调压站的防火间距，应按现行《城市煤气设计规范》有关规定执行。

(2) 人防工程

a. 人防工程的出入口地面建筑与周围建筑物之间的防火间距应按《建筑设计防火规范》GBJ 16—87 的有关规定执行。

b. 有采光窗井、排烟竖井的人防工程与相邻地面建筑之间的防火间距应按《建筑设计防火规范》GBJ 16—87 的有关规定执行。

(3) 小型石油库内建筑物、构筑物之间的防火间距详见《小型石油库及汽车加油站设计规范》GB 50156—92。

(4) 调压站

调压站与其他建筑物、构筑物的水平净距应符合表 3-3-20 的规定。

调压站与其他建筑物、构筑物水平净距（m） **表 3–3–20**

建筑形式	调压装置入口燃气压力级制	距建筑物或构筑物	距重要公共建筑物	距铁路或电车轨道
地上单独建筑	高压（A）	10.0	30.0	15.0
	高压（B）	8.0	25.0	12.5
	中压（A）	6.0	25.0	10.0
	中压（B）	6.0	25.0	10.0
地下单独建筑	中压（A）	5.0	25.0	10.0
	中压（B）	5.0	25.0	10.0

注：1. 当调压装置露天设置时，则指距离装置的边缘。
2. 当达不到上表净距要求时，采取有效措施，可适当缩小净距。

（5） 锅炉房

独立建筑的锅炉房与其他建筑之间的间距不得小于表 3–3–21 的规定。

锅炉房和其他建筑物、构筑物的最小防火间距（m） **表 3–3–21**

其他建筑	高层建筑（十层以上住宅，24m 以上其他建筑）				一般民用建筑			工厂建筑或乙、丙丁戊类库房			可燃液体储罐					
类别	一类		二类		耐火等级			耐火等级			甲、乙类			丙类		
间距（m）锅炉房耐火等级	主体建筑	裙房	主体建筑	裙房	1～2级	3级	4级	1～2级	3级	4级	容积（m³）5～50	51～200	201～1000	5～250	251～1000	1001～5000
1～2级	20	15	15	13	10（6）	12（7）	14（9）	10	12	14	12	15	20	12	15	20
3级	25	20	20	15	12（7）	14（8）	16（10）	12	14	16	15	20	25	15	20	25

（6） 厂房之间的防火间距详见《建筑设计防火规范》GBJ 16—87。

（六）建筑最小间距的确定

通常情况下，建筑的布局形式多种多样，例如平行布置、垂直布置、点式和板式混合布置等，建筑之间的间距也需要满足多种间距的控制要求，不同性质的建筑之间间距要求也各不相同。为了便于管理和控制，一些城市的规划管理部门对最小建筑间距做了明确规定。

例如：《江苏省城市规划管理技术规定》中规定如下：

1. 住宅建筑之间的最小间距应符合表 3–3–22 的规定。

住宅建筑之间的最小间距（m）　　表 3–3–22

建筑类别	高层（遮挡）				多层、中高层（遮挡）				低层（遮挡）			
	平行布置	垂直布置	山墙		平行布置	垂直布置	山墙		平行布置	垂直布置	山墙	
			两侧	单侧或无			两侧	单侧或无			两侧	单侧或无
高层（被遮挡）	30	25	13	—	18	15	13	—	18	15	13	—
多层、中高层（被遮挡）	30	20	13	—	12	10	8	—	12	—	6	—
低层（被遮挡）	30	20	13	—	12	10	8	—	6	—	—	—

注：1.“遮挡”是指平行或垂直布置时，该住宅建筑为遮挡建筑，“被遮挡”是指平行或垂直布置时，该住宅建筑为被遮挡建筑。

2.“平行布置”包括南北向和东西向平行布置；“垂直布置”包括南北向和东西向垂直布置。

3.“两侧”是指相对两侧山墙均有窗户、阳台或开门；“单侧或无”是指相对山墙一侧无或两侧都无窗户、阳台或开门。

4.“—”表示按消防和施工安全等控制。如山墙之间有公共道路的、在符合消防和施工安全等要求的同时，山墙间距不得小于 6m。

2. 非住宅建筑与住宅建筑的间距：

（1）非住宅建筑位于住宅建筑南侧或东西侧的，其建筑间距按住宅建筑间距规定控制。

（2）非住宅建筑位于住宅建筑北侧的，其最小间距应符合表 3–3–23 的规定。

（3）低层非住宅建筑与相邻住宅建筑山墙垂直时，在符合日照、环保、施工、安全、消防和交通等要求的前提下，如山墙无门、窗、阳台，其间距可酌情缩小。在统一规划的前提下，沿街非住宅建筑可与相邻住宅建筑山墙毗邻建造。

住宅建筑（南侧）与非住宅建筑（北侧）之间的最小间距（m）　　表 3–3–23

控制间距 建筑类别	高层住宅建筑				多层、中高层住宅建筑				低层住宅建筑			
	平行布置	垂直布置	山墙		平行布置	垂直布置	山墙		平行布置	垂直布置	山墙	
			两侧	单侧或无			两侧	单侧或无			两侧	单侧或无
高层非住宅建筑	24	20	13	—	15	13	9	—	12	13	13	—
多层、中高层非住宅建筑	18	13	9	—	12	9	6	—	10	—	6	—
低层非住宅建筑	9	9	9	—	9	6	6	—	9	—	—	—

注：独立布置的单层传达室、配电房等附属建（构）筑物在符合消防和施工安全等要求的前提下，其与南侧住宅建筑的最小间距可酌情减少。

3. 非住宅建筑的间距：

非住宅建筑之间的最小间距应符合表 3–3–24 的规定。

非住宅建筑之间的最小距（m）　　表 3–3–24

<table>
<tr><td rowspan="3">控制间距
建筑类别</td><td colspan="4">高层</td><td colspan="4">多层</td><td colspan="4">低层</td></tr>
<tr><td rowspan="2">平行布置</td><td rowspan="2">垂直布置</td><td colspan="2">山墙</td><td rowspan="2">平行布置</td><td rowspan="2">垂直布置</td><td colspan="2">山墙</td><td rowspan="2">平行布置</td><td rowspan="2">垂直布置</td><td colspan="2">山墙</td></tr>
<tr><td>两侧</td><td>单侧或无</td><td>两侧</td><td>单侧或无</td><td>两侧</td><td>单侧或无</td></tr>
<tr><td>高层</td><td>18</td><td>15</td><td>13</td><td>—</td><td>13</td><td>13</td><td>9</td><td>—</td><td>9</td><td>9</td><td>9</td><td>—</td></tr>
<tr><td>多层</td><td>13</td><td>13</td><td>9</td><td>—</td><td>12</td><td>9</td><td>6</td><td>—</td><td>6</td><td>6</td><td>6</td><td>—</td></tr>
<tr><td>低层</td><td>9</td><td>9</td><td>9</td><td>—</td><td>6</td><td>6</td><td>6</td><td>—</td><td>6</td><td>6</td><td>6</td><td>—</td></tr>
</table>

注：1. 裙房高度小于 10m（含 10m）时，按低层间距控制；高度超过 10m、小于 24m（含 24m）时，按多层间距控制；高度超过 24m 时，按高层间距控制。

2. 独立布置的单层传达室、配电房等附属建（构）筑物在符合消防和施工安全等要求的前提下，其与非住宅建筑的最小间距可酌情减少。

（七）其他特殊间距规定

托儿所、幼儿园的生活用房和医院、疗养院半数以上的病房和疗养室，应满足冬至日底层满窗日照不少于 3h（小时）的要求，老年人、残疾人专用住宅和南向的普通教室应满足冬至日底层满窗日照不应小于 2h（小时）的要求，且应符合表 3–3–25 的规定。

医院、托幼和学校与相邻建筑的间距表　　表 3–3–25

建筑性质	建筑间距	备　注
托儿所、幼儿园	南向遮挡建筑高度 1.25 倍	
学　　校	南向遮挡建筑高度 1.2 倍	两教室长向相对间距不少于 25m
医院病房楼、休（疗）养院住宿楼	南向遮挡建筑高度 1.2 倍	

引自：《佛山市城市规划管理技术规定》2005 年版。

（八）相关问题

1. 建筑日照标准

《民用建筑设计通则》GB 50352—2005 中规定建筑日照标准应符合下列要求：

（1）每套住宅至少应有一个居住空间获得日照，该日照标准应符合现行国家标准《城市居住区规划设计规范》GB 50180—93 有关规定；

（2）宿舍半数以上的居室，应能获得同住宅居住空间相等的日照标准；

（3）托儿所、幼儿园的主要生活用房，应能获得冬至日不小 3h 的日照标准；

（4）老年人住宅、残疾人住宅的卧室、起居室，医院、疗养院半数以上的病房和疗养室，中小学半数以上的教室应能获得冬至日不小于 2h 的日照标准。

2. 建筑间距指标的表现形式

建筑间距的确定涉及多种因素，与具体工程建设密切相关，其综合性、复杂性、具体性决定了建筑间距很难提炼出一个抽象统一的指标，体现在规划控制图则中，更多的是以条文的形式出现在控规文本和说明中，并辅以各种技术规定和标准规范，指导和约束修建性详细规划的建设。

3. 超高层建筑的间距问题

随着经济的发展，我国许多城市中出现了高度超过 100m 的超高层建筑，尤其是在一些大城市的中心商务区，如上海陆家嘴地区，超高层建筑成片出现，形成了壮观的现代城市景观，但也为规划管理提出了新的问题。显然许多针对一般多层、高层建筑的管理规范在超高层建筑上不能适用，需要通过全面审慎的城市设计，来处理超高层建筑与周边一般建筑以及超高层建筑与超高层建筑之间的关系。就建筑间距而言，通常超高层建筑都能满足防火、通风等方面的要求，更多需要考虑的是安全、防灾疏散、整体空间环境等问题，具体情况如下：

(1) 超高层建筑的高空坠物在一定风力的作用下，不会影响周边建筑及行人的安全。

(2) 间距可以保证高层建筑顺利施工，不影响周边建筑。主要分为地下作业和地上作业两种情况，地下基础部分施工不会影响其他建筑的建筑基础和建筑质量，地上部分施工时，高空施工设备（吊车等）不会影响周边建筑。

(3) 战争时期或突发意外，建筑坍塌，不会影响周边建筑或阻塞道路交通。

(4) 超高层建筑与周边高层建筑形成整体空间环境，不应造成压抑的空间感觉，需要保持合理的间距，形成良好的城市空间形象。

(5) 超高层建筑会出现巨大的投影面，应考虑周边建筑的日照采光问题。

一般的规划管理规范对超高层建筑往往不能适用，应根据具体地块的周边情况，进行合理的城市设计和建筑设计，并做环境评估分析，确定合理的建筑间距和整体建筑形态。

(九) 相关法规及标准规范

(1)《城市居住区规划设计规范》GB 50180—93（2002 年版）

(2)《民用建筑设计通则》GB 50352—2005

(3)《建筑设计防火规范》GBJ16—87（1997 年版）

(4)《高层民用建筑设计防火规范》GB 50045—95（2001 年修订版）

(5)《小型石油库及汽车加油站设计规范》GB 50156—92

(6)《石油化工企业设计防火规范》GB 50160—92（1999 年版）

(7)《汽车库、修车库、停车场设计防火规范》GB 50067—97

(8)《工程建设标准强制性条文（房屋建筑部分）》(2002 年版)

(9)《工程建设标准强制性条文（城乡规划部分）》(2002 年版)

(10)《北京地区建设工程规划设计通则（试用稿）》(2003 年 3 月)

(11)《上海市城市规划管理技术规定（土地使用　建筑管理）》(2003 年 12 月)

第四节　行为活动控制

一、行为活动控制的内容及作用

（一）控制内容

行为活动控制是从外部环境要求出发，对建设项目就交通活动和环境保护两方面提出控制规定，其控制内容为：交通出入口方位、数量，禁止机动车出入口路段；交通运行组织规定；地块内允许通过的车辆类型；地块内停车泊位数量和交通组织；装卸场地规定、装卸场地位置和面积等。环境保护的控制通过制定污染物排放标准，防止在生产建设或其他活动中产生的废气、废水、废渣、粉尘、有毒有害气体、放射性物质以及噪声、振动、电磁波辐射等对环境的污染和危害，达到环境保护的目的。

控制内容的选取受多种因素的影响，对每一个规划地块不一定都需要从两个方面来控制，而应视用地的具体情况，有针对性的选取其中的部分控制内容。另外，由于我国不同地区不同城市经济基础、环境基础各不相同，应当采取具体不同的控制标准，具体到一个城市或地区内部，不同区位的地块的周边交通系统和外部环境也不相同，应采取适宜的交通活动规定和环境保护标准。正因为区域环境的多样化、用地的差异性、城市建设发展的长期性等多种因素的影响，行为活动控制的各类指标更多的是针对当前现实情况的一种规定，主要起着引导性的作用。

（二）控制作用

城市建设发展的目的是为人们提供宜居的生活空间，在满足物质、精神全面发展的同时，实现与自然环境的和谐共存。仅仅建设一个合理的物质环境是不够的，还需要对城市的运行模式和人们的生活方式提出一定的要求。在控规中设置有关行为活动的控制指标，可以在提升城市环境质量和提高城市运行效率等方面起到重要作用。

(1) 在具体地块内进行交通活动控制，可以形成合理的交通组织方式，并减少对外界的干扰。扩大到整个城市，通过对各个地块的交通活动控制，可以正确引导城市的交通需求和影响城市的整体出行结构，如：通过对配建停车位指标的控制，可以形成不同的小汽车发展政策。

(2) 通过对城市环境保护相关指标的控制，可以维护城市生态系统，提升城市整体环境容量，为人们的优质生活提供良好的外部自然环境。

(3) 在控规中通过对行为活动的控制，可以促使人们形成良好的生活习惯，降低城市整体运营成本，实现城市的可持续发展。

二、交通活动控制

控制性详细规划阶段的道路及其设施控制，主要指对路网结构的深化，完善和落实总体规划、分区规划对道路交通设施和停车场（库）的控制。在主次干道确定的条件下，根据规划用地规模及地块的使用性质，增设各级支路路网，确定规划范围内道路的红线、道路横断面、道路主要控制点坐标、标高、交叉口形式；对交通方式、出入口设置进行规定；对社会停车场（库）进行定位、定量（泊位数）、定界控制；对配建停车场（库），包括大型公建项目和住宅的配套停车场（库），进行定量（泊位数）、定点（或定范围）控制。

（一）交通运行组织

根据用地的性质、布局结构、地形条件等因素，确定允许通行的车辆类型，做出合理的交通运行组织，并确定经济、便捷的道路系统和断面形式；符合人车交通分行、机动车与非机动车交通分道的要求。

（二）交通出入口方位、数量

规划地块内允许设置出入口的方向、位置和数量。具体分为：机动车出入口方位、禁止机动车开口路段和主要人流出入口方位。

地块出入口方位的确定要考虑周围道路等级及该地块的用地性质。一般规定城市快速路不宜设置出入口，城市主干道出入口数量要求尽量少，相邻地块可合用一个出入口。城市次干道及支路出入口根据需求设定，数量一般不限制。机动车出入口距离交叉口道路路缘石的切点长度应符合行车视距的要求，并应右转出入车道；通常机动车出入口应距离交叉口、桥隧坡道起止线 50m 以远。

步行出入口主要根据用地的具体人流流向确定，避免将大量行人引入城市快速干道交通上，与交通产生冲突。通常步行出入口的设置需要考虑与公交站点、轨道站点、公共服务设施等相互衔接。

《民用建筑设计通则》GB 50352—2005 中规定：

基地机动车出入口位置应符合下列规定：

（1）与大城市主干道交叉口的距离，自道路红线交叉口点量起不应小于 70m；

（2）与人行横道线、人行过街天桥、人行地道（包括引道、引桥）的最边缘线不应小于 5m；

（3）距地铁出入口、公共交通站台边缘不应小于 15m；

（4）距公园、学校、儿童及残疾人使用建筑的出入口不应小于 20m；

（5）当基地道路坡度大于 8%时，应设缓冲段与城市道路连续；

（6）与立体交叉口的距离或其他特殊情况，应符合当地城市规划行政主管部门的规定。

一些地方根据城市发展情况，对规定做了不同的修订，如山西省太原市在《太原市城市规划管理技术规定》中对建筑用地机动车出入口做了如下规定：

（1）应在用地周边较低级别的道路上安排，如需在不同等级的道路上开设两个或两个以上的机动车出入口时，应当按照道路等级由低到高的顺序安排；

（2）距城市道路交叉口的距离，自道路红线直线段起点不应小于 70m；

（3）距公园、学校、儿童及残疾人建筑的出入口不应小于 20m；

（4）距公共交通站台边缘不应小于 10m；

(5) 距人行过街天桥、人行过街地道、人行横道线不应小于 20m；

(6) 距铁路道口、桥梁、隧道、引道端点等不应小于 50m；

(7) 应有良好的通行条件，当用地出入道路坡度较大时，应设缓冲段与用地外道路连接；

(8) 与立交道口关系处理及在其他特殊情况下出入口的开设应按当地规划主管部门的规定办理（第 8 条为作者补充内容）。

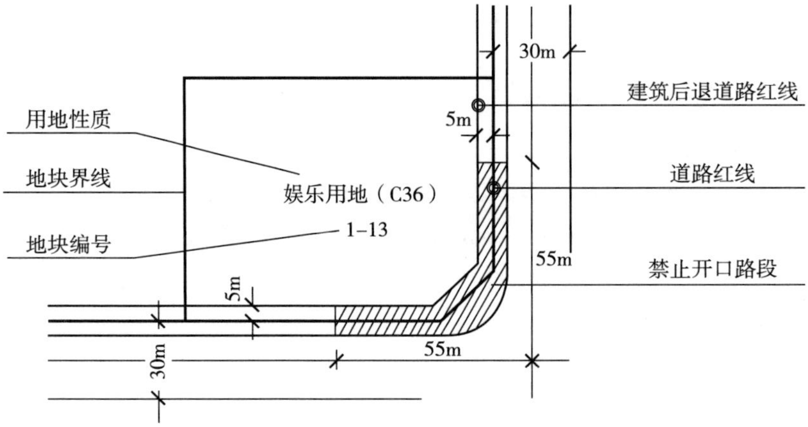

图 3–4–1 禁止开口路段示意

停车视距表 **表 3–4–1**

计算行车速度（km/h）	80	60	50	45	40	35	30	25	20	15	10
停车视距（m）	110	70	60	45	40	35	30	25	20	15	10

注：1. 道路平面、纵断面上的停车视距应大于或等于表 3-4-1 规定值。寒冷积雪地区应另行计算。

2. 车行道上对向行驶的车辆有会车可能时，应采用会车视距。其值为表 3-4-1 中停车视距的两倍。

引自《城市道路设计规范》CJJ 37—90。

建设用地机动车出入口与道路交叉口的距离 （单位：m） 表 3–4–2

相交道路性质 建筑基地出口位置的距离 建筑基地所在道路性质	主干道	次干道	支路	小区道路
主干道	135	100	70	70
次干道	100	70	70	45
支路	70	45	45	45
小区道路	45	45		

注：均以自相交道路中心线直线段延长线的交点算起。

引自：《漯河市城市规划管理技术规定》漯建 [2007]69 号。

（三）公共交通组织

(1) 城市公共交通线路网应与总体规划紧密衔接，市区线、近郊线和远郊线紧密衔接，各线的客运能力应与客流量相协调。线路的走向应与客流的主流向一致；主要客流的集散点应设置不同交通方式的换乘枢纽，方便乘客停车与换乘。

（2）在市中心区规划的公共交通线路网的密度，应达到 3 ～ 4km/km^2；在城市边缘地区应达到 2 ～ 2.5km/km^2。

（3）大城市乘客平均换乘系数不应大于 1.5；中、小城市不应大于 1.3。

（4）公共交通线路非直线系数不应大于 1.4。

（5）市区公共汽车与电车主要线路的长度宜为 8 ～ 12km；快速轨道交通的线路长度不宜大于 40km。

不同规模城市的最大出行时耗和主要公共交通方式　　表 3-4-3

城市规模		最大出行时耗（min）	主要公共交通方式
大	>200 万人	60	大、中运量快速轨道交通公共汽车、电车
	100 ～ 200 万人	50	中运量快速轨道交通公共汽车、电车
	<100 万人	40	公共汽车、电车
中		35	公共汽车
小		25	公共汽车

公交线路组织、大中城市交叉口形式、公共交通的站距详见《城市道路交通规划设计规范》GB 50220—95。

公交站点设置形式详见《城市公共交通站、场、厂设计规范》CJJ 15—87 和《城市道路设计规范》CJJ 37—90。

地铁站点设计详见《地铁设计规范》GB 50157—2003。

（四）配建停车位

停车场库是城市交通基础设施的重要组成部分，根据服务对象不同，又可分为社会公共停车场和建筑物配建停车场。随着近几年我国私家小汽车拥有率的迅速提高，停车难成为一个显著问题，各种违章停车和占道停车现象也给城市正常交通带来很大干扰。因此，根据社会经济发展状况和不同性质用地的需要配置合理数量的停车位，是规划中应当解决的问题。在控制性详细规划的编制中需要落实总体规划中布局的社会公共停车场，并针对不同性质的用地设置最低停车位限额指标，来指导下一阶段的修建性详细规划中的停车场地建设。

规划地块内规定的停车车位数量，包括机动车车位数和非机动车车位数。对社会停车场（库）进行定位、定量（泊位数）、定界控制；对配建停车场（库），包括大型公建项目和住宅的配套停车场（库），进行定量（泊位数）、定点（或定范围）控制。规划各地块内按建筑面积或使用人数必须配套建设的机动车停车泊位数。

不同区位不同性质的用地配建的停车位数量应当依据当地的经济发展状况和城市不同区位的具体情况来确定。不同地区的城市结合城市的自身情况制定适宜的停车位配建标准。

停车场车位数的确定：机动车停车位控制指标，是以小型汽车为标准当量表示，其他各型车辆的停车位，应按表 3–4–4 中相应的换算系数折算。

表 3–4–5 为佛山市亭车泊位配建指标表。

当量小汽车换算系数　　表 3–4–4

车种	换算系数	车种	换算系数
自行车	0.2	旅行车	1.2
二轮摩托	0.4	大客车或小于 9t 的货车	2.0
三轮摩托或微型汽车	0.6	9 ～ 15t 货车	3.0
小客车或小于 3t 的货车	1.0	铰接客车或大平板拖挂货车	4.0

佛山市停车泊位配建指标表　　表 3–4–5

建筑类型		计算单位	标准车位数（小型汽车）		标准车位数（自行车）
			新区	旧区	
住宅	每户建筑面积<90m^2	车位/100m^2住宅建筑面积	0.5 ～ 0.8	0.3 ～ 0.5	≥ 2
	每户建筑面积 90 ～ 144m^2	车位/100m^2住宅建筑面积	0.8 ～ 1.0	0.5 ～ 0.8	≥ 2
	每户建筑面积>144m^2	车位/100m^2住宅建筑面积	1 ～ 1.5		≥ 1
	经济适用房	车位/100m^2住宅建筑面积	≥ 0.3		≥ 2
旅馆	星级宾馆	车位/100m^2建筑面积	≥ 0.5		≥ 2
	一般旅馆	车位/100m^2建筑面积	≥ 0.4		≥ 3
饭店		车位/100m^2建筑面积	≥ 2		≥ 2
办公楼	行政办公	车位/100m^2建筑面积	0.8 ～ 2.0		≥ 4
	其他办公	车位/100m^2建筑面积	0.5 ～ 1.5		≥ 2
商店	大型商业	车位/100m^2建筑面积	≥ 0.5		≥ 7
	超市	车位/100m^2建筑面积	≥ 0.6		≥ 10
	农贸市场	车位/100m^2建筑面积	≥ 0.5		≥ 10
	专业市场	车位/100m^2建筑面积	≥ 0.6		≥ 7
体育馆	≥ 3000 座	车位/百座	≥ 3		≥ 30
	<3000 座	车位/百座	≥ 2.5		≥ 20
体育场	≥ 20000 座	车位/百座	≥ 3		≥ 25
	<20000 座	车位/百座	≥ 2.5		≥ 20
公园、休闲广场		车位/1000m^2占地面积	0.5 ～ 1.5		≥ 5
图书馆、文化馆、科技馆、文化宫等文化设施		车位/100m^2建筑面积	0.5 ～ 1.0		≥ 5
影剧院	市级	车位/百座	≥ 8		≥ 20
	一般	车位/百座	≥ 4		≥ 30
展览馆		车位/100m^2建筑面积	≥ 0.7		≥ 5
医院	综合性医院	车位/100m^2建筑面积	≥ 0.5		≥ 4
	独立门诊	车位/100m^2建筑面积	≥ 1.0		≥ 4
教育	大专院校	车位/百师生	≥ 3.0		≥ 60
	中学	车位/百师生	≥ 0.6		≥ 80

续表

建筑类型		计算单位	标准车位数（小型汽车）		标准车位数（自行车）
			新区	旧区	
教育	小学	车位／百师生	≥ 0.5		≥ 20
	幼儿园	车位／百师生	≥ 0.5		≥ 5

注：1. 大型项目、交通建筑、城市交通枢纽等还应根据建设项目的交通影响分析确定配建的车位数。
2. 表中建筑面积是指总建筑面积，不包括车库面积。
3. 表中所列配建指标均为建筑物应配建停车位的最低指标，“2 + 5”组团按此规定执行，“2 + 5”以外参照执行。
4. 其他未列建筑类型可参照本表执行。
5. 摩托车位可按自行车位进行相应折算。

公共停车场设计要点详见《停车场规划设计规则（试行）》和《城市道路设计规范》CJJ 37—90。

地下车库建设要点详见《汽车库建筑设计规范》JGJ 100—98。

（五）其他交通设施

主要包括大型社会停车场、公交站点停保场、轻轨站场、加油站。

公共停车场用地面积按规划城市人口每人 0.8 ～ 1.0m^2 计算，其中：机动车停车场每车位用地占 80%～ 90%，自行车停车场用地占 10%～ 20%。公共停车场采用当量小汽车停车位数计算。一般地面停车场每车位按 25 ～ 30m^2 计，地下停车场每车位按 30 ～ 35m^2 计。公共停车场服务半径，市中心地区不应大于 200m，一般地区不应大于 300m；自行车公共停车场服务半径以 50 ～ 100m 为宜。

城市公共加油站服务半径 0.9 ～ 1.2km，且以小型为主。

加油站的设置要点详见《汽车加油加气站设计与施工规范》GB 50156—2002。

公交停车场、保养场、修理厂、出租车营业站、渡轮站的设置要点详见《城市公共交通站、场、厂设计规范》CJJ 15—87 和《城市道路设计规范》CJJ 37—90。

（六）相关法规和标准规范

(1)《停车场规划设计规则（试行）》(公安部 建设部 [88] 公（交管）字 90 号 1998 年 10 月 3 日)

(2)《停车场建设和管理暂行规定 》(1988 年 10 月 3 日，公安部、建设部)

(3)《汽车库、修车库、停车场设计防火规范》GB 50067—97

(4)《汽车库建筑设计规范》JGJ 100—98

(5)《城市道路设计规范》CJJ 37—90

(6)《城市道路交通规划设计规范》GB 50220—95

(7)《铁路车站及枢纽设计规范》GB 50091—99

(8)《汽车客运站建筑设计规范》JGJ 60—99

(9)《港口客运站建筑设计规范》JGJ 86—92

(10)《铁路旅客车站建筑设计规范》GB 50226—95

(11)《民用建筑设计通则》GB 50352—2005

思考题

1．确定容积率的因素有哪些?

2．容积率、建筑密度的关系如何?

3．不同类型的建筑物高度计算如何确定?

4．绿地率和绿化率、公共绿地率、绿化覆盖率如何区分?

第四章　引导性控制要素

20 世纪 80 年代初，控制性详细规划伴随着我国城市土地批租政策的施行而引入和逐步发展起来。在控制性详细规划发展初期，只引入了区划中一些地块控制的核心指标，如容积率、建筑密度、绿地率等等，编制目的只是便于城市土地的批租，协调批租地块之间的关系，但缺乏城市设计的思想。为适应城市建设新的更高要求，后期的控制性详细规划注入了新的观念，将城市设计的思想纳入其中。如 1987 年《桂林市中心区详细规划》（清华大学编制）在引入区划思想的同时，结合局部地段的城市设计进行了有益的尝试。

1995 年，建设部《城市规划编制办法实施细则》中明确规定了控制性详细规划的控制指标中包含规定性和指导性两类指标，其中指导性指标包括对建筑形式、体量、风格、色彩的要求及其他环境要求，实际上明确了城市设计在控制性详细规划中的运用。现在，城市设计引导已经成为编制控制性详细规划的一项重要内容。

控制性详细规划从两个方面决定和影响着城市形态：其一是地

块的总体格局和整体形象，这方面影响是决定性的；其二是控制性详细规划中的各种细则直接或间接地影响城市设计的品质。

在控制性详细规划阶段，城市设计对城市空间形成的指导作用，主要在于要比较准确地把握规划地区与城市整体空间的关系和特色。控制性详细规划中的城市设计应承上启下，不宜超越阶段要求，城市设计的内容不是越多越好，规定也不是越细越好，要给后期的修建性详细规划和建筑设计留有充分创造和发挥的余地，要有弹性和灵活性。

控制性详细规划中的城市设计引导内容为：先确定规划区域的空间结构骨架、各地块的用地功能风貌、道路绿化系统，再从城市设计的角度来考虑不同空间序列的关系，形成城市设计总体概念与结构，以"城市设计概念图"加以表达，同时，将空间形态、建筑风貌的要求以指标的形式确定下来，来指导修建性详细规划及建筑单体设计。

控制性详细规划中的城市设计引导多用于城市中的重要景观地带和历史文化保护地带，是为了创造美好的城市环境，依照空间艺术处理和美学原则，从城市空间环境对建筑单体和建筑群体之间的空间关系提出指导性综合设计要求和建议，必要时，可用具体的城市设计方案进行示意与引导。

对建筑单体环境的控制引导，包括建筑体量、风格形式、建筑色彩等内容，此外还包括绿化布置要求及对广告标牌、夜景照明及建筑小品的规定和建议。

第一节　城市设计引导与控制

控规在实践中强于"量"上的控制，是属于预防性和弥补性的，具有消极的特征。城市设计则恰恰相反，它在实践中强于对空间"品质"的引导，它是属于期望型和推进性的。这两种思想方法具有互补性。近几年来，各级城市规划管理部门逐步认识到了城市设计研究对控规编制的重要指导意义及两者的相互促进关系。在城市建设重点控制地段的控规编制工作中加大了城市设计研究工作的力度，在实践中取得了较好的效果。这种新的工作方式有助于加强控规编制的科学性和可操作性，并大大加强了控规对城市建成环境质量的有效控制，丰富了控规中的城市设计内容。2006 年 4 月 1 日起施行的《城市规划编制办法》明确提出控规中"各地块的建筑体量、体型、色彩等城市设计指导原则"。控规中的城市设计研究在实践中逐步兴起（图 4–1–1）。

《城市规划基本术语标准》GB/T 50280—98 中城市设计的定义为："对城市体型和空间环境所做的整体构思与安排，贯穿于城市规划的全过程"。

控制性详细规划阶段的城市设计主要是对城市局部地区的空间环境作进一步控制与整合，同时还可以针对控制性详细规划用地地块划分较为机械，小地块之间互联不够的状况，运用整体城市设计的手法，解决控制性详细规划系统内部无法克服与协调的弊端。

控制性详细规划阶段的城市设计的主要任务是弥补控制性详细规划在城

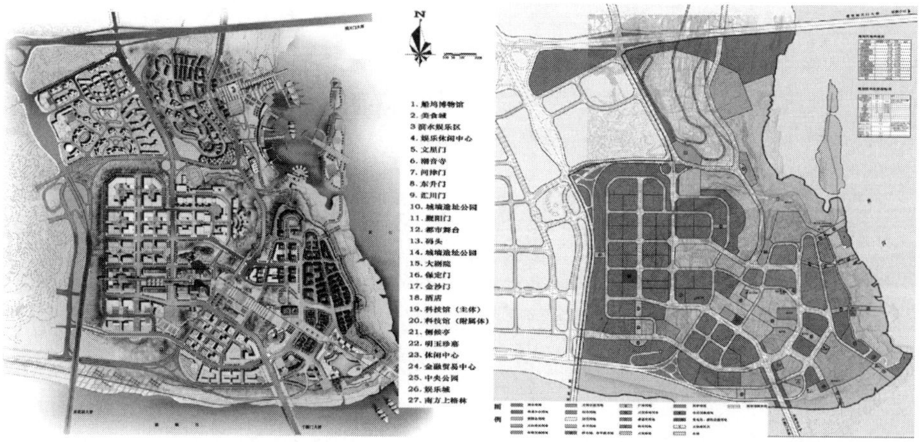

图 4-1-1 城市设计引导下的控规（城市设计与控规编制同步展开）

市区段空间环境设计方面的缺陷，并在操作层面实现城市设计的可操作性。其内容包括：空间布局、道路与交通系统、景观设计、绿化设计、建筑形态、环境设施与小品，其中成果一部分转化为各项控制指标，纳入到控规成果中，另一部分表现为设计导引，以图则的形式补充到控规成果中。

一、宏观和微观层面的城市设计

控制性详细规划中城市设计应以内涵研究（宏观层面城市设计）为重点，引导研究（微观层面城市设计）为配合，以指标控制（管控的城市设计）为手段。

在进行控制性详细规划时，可首先进行宏观层面的城市设计，强调整体结构的“控制”，如构建适宜的布局结构、整体景观设计等，宏观层面研究工作内容是城市设计运作的核心工作。控制性主要涉及以下内容：城市历史环境特色的研究、自然环境的保护与利用、结构骨架构思、绿化及步行系统设计、景观视廊组织、街道空间的连续性、城市节点系统的构思等。

微观层面城市设计内容是相对于宏观层面而言的，它是对城市待定元素的设计，是城市公共空间的具体化，应归入“引导”控制的范畴之中，涉及内容列举如下：空间组织、景观组织、建筑群体形态、环境设计、轮廓线组织、重要节点等。对建筑单体环境的控制引导，包括建筑体量、风格形式、建筑色彩等内容，此外还包括绿化布置要求及对广告标牌、夜景照明及建筑小品的规定和建议。微观层面城市设计中尤其要注意设计的弹性，以便于和修建性详细规划衔接；同时，控制性详细规划阶段的城市设计应注重整体的有序性，避免在细枝末节上进行过多的雕琢。

二、加强控制性详细规划适应性的城市设计

城市设计在控规表达中应结合不同城市功能区特点，加强控制性详细规划适应性。

如城市中心区，土地地租等级高，交通量大，商业价值高，建筑密集度大是其特征，控制的重点应放在与城市空间公共性塑造相关的控规要素上，以增强城市中心区的公共性和联系性，提高中心区环境的场所感与舒适性。同时，为强化城市中心区的强大活力和生命力，对与土地利用强度相关指标适当放松。

历史风貌区应着力历史环境特色的发掘和社区邻里感的创造，保持原有城市文脉的延续等。根据传统风貌保护区的发展历史、保存现状及周边环境状况划定保护区域，明确保护范围和周围环境的影响范围是控规的基本控制内容。控规中传统风貌保护区保护控制内容编制的重点应该放在对其整体风貌的把握上，其核心区和重要历史建筑的保护由于可在下层次的规划和建筑设计中进一步得到控制，在控规层面其控制内容的编制不宜过细，以防止控规"越权"。对其建设控制区和环境协调区需加强有针对性的、可操作的城市设计导则设置。

可见，城市设计对空间品质的引导可以作为控制性详细规划工作的一个重要组成部分，也可以作为同步进行、相互补充的工作内容。

第二节 建筑高度、建筑体量、建筑形式与建筑色彩控制

控规中的常用指标从本质上说都与城市设计内容密切相关。在控规指标中，涉及城市设计的内容有两个方面：一方面是规定性指标如建筑高度、绿地率、建筑后退红线等都与城市空间环境密切联系；另一方面控规中形成建筑外观特征的引导性指标如建筑形式、建筑色彩、建筑体量等都与建筑体型环境紧密联系。

当从城市设计的角度审视城市空间时，城市设计的引导控制在控规指标中应包括"建筑高度"、"建筑体量"和"建筑形式与色彩"控制指标，通常需要制定明确可行的控制条文和图则来保证其实施。

一、建筑高度控制

(一) 建筑高度控制问题分析

建筑高度在城市设计空间构图中的作用十分重要，因为它所能达到的视觉高度极易被人感知，是城市建筑形态的主要构成因素之一。"争创最高"和"高度失控"是目前全国许多城市建设中最突出、最急迫的问题之一。以重庆市渝中区为例，可以说其建设开发的历程就是建筑高度逐渐失控的过程。以重庆市渝中半岛为例，解放碑一带是渝中半岛的核心，是重庆市的传统商业中心。解放碑高度为 27.5m，从国民政府陪都时期到改革开放以前，受当时历史、经济条件限制，解放碑一带周边建筑都没有超过这一高度，对于 20 世纪 70 年代末以渝中半岛为代表的重庆市而言还不存在建筑高度控制的问题。重庆市渝中半岛是在上世纪 80 年代开始城市更新的，这一时期的高层建筑全部为钢筋混

凝土结构，高度多在100m以内。上世纪90年代起，渝中半岛相继出现了一些超高层建筑，建筑高度停留在150m以内。2000年以后，随着直辖效益的日渐显著，以解放碑为核心的渝中半岛不断涌现出一座座超高层摩天楼，它们的高度一般都接近甚至超过了200m。据不完全统计，截止2004年年底，面积仅$9km^2$左右的渝中半岛上高层建筑就有300多幢，其中100m以上的超高层建筑超过200幢（图4–2–1）。

图4–2–1 重庆市渝中半岛沿江立面图

上海的浦东新区是我国重要的经济开发区，高层建筑鳞次栉比，中国大陆最高建筑数次出现在陆家嘴这块仅有$1.7km^2$的土地上（图4–2–2）。据统计，截止2008年9月，上海超过100m的超高层建筑有400多栋。

图4–2–2 上海市浦东新区鸟瞰图

不可否认，建筑高度与开发商、政府对各自利益的追求而造成的建筑开发强度失控有直接的联系，但控规编制对建筑高度的界定过于依赖于容积率的大小，缺乏从城市设计角度出发的独立控制观念，也是重要原因之一。

控规中从城市设计的角度实施建筑高度控制，应从两方面入手：一方面，从街道空间角度控制建筑高度，重点控制临街建筑高度；另一方面，运用街道空间宽高比与建筑最佳高度协同控制的方法，对规划区建筑高度进行全面控制。

（二）从街道空间角度控制建筑高度

从城市设计的角度来看，建筑高度的界定应该与以下几个方面的因素相关：街道尺度、视觉空间走向、街道空间轮廓线组织以及历史文物建筑街区保护的要求。其中，在控规阶段从街道尺度角度控制建筑高度是最为直接的方法（图 4–2–3）。不同的街道空间尺度，会产生不同的建筑高度。建筑高度对城市空间环境产生的影响，是通过城市街道空间的舒适度而被人们所感知的。也就是说建筑本身的绝对高度数值并不是那么重要，关键在于对建筑高度的控制要有利于创造舒适的城市空间。所以从街道空间角度控制建筑高度包括以下内容：

图 4–2–3 现代街道空间和传统街区空间比较图

1. 街道空间 D/H 值控制

事实上早在 20 世纪 60 年代，日本著名建筑师芦原义信就在他的《外部空间设计》中对街道尺度与建筑高度的关系进行了研究和探讨（图 4–2–4）。①如果以 D 代表建筑之间的距离，而 H 代表建筑高度的话，在关于空间的尺度上，他认为 $1 \leqslant D/H \leqslant 2$ 是空间的最佳比例。借鉴这个经验数值，街道空间宽高比（D/H）=（道路用地红线宽度＋建筑后退红线距离）／沿街建筑高度，当街道空间宽高比、道路用地红线宽度和建筑后退红线距离确定以后，就可得出适宜的建筑最大高度。

但应注意到，当一个地块的建筑限高和建筑后退红线距离都同时需要控规进行确定时，运用街道空间宽高比控制建筑高度就会遇到问题。如图 4–2–5 所示，以一块进深为 120m 的地块为例，假设所临道路的红线宽度为 30m，其

① 芦原义信认为 $D/H=1$ 的状态是空间质的转折点。随着 D/H 的值比 1 增大时，建筑产生远离之感；随着 D/H 的值比 1 减小时，则产生压迫感；当 $D/H=1$ 时，空间的间距与高度之间有一种匀称存在。在实际的建筑总平面规划中，$D/H=1$，2，3，……数值广泛存在，当 $D/H>4$ 时，相互之间的影响已经薄弱；而当 $D/H<1$ 时，两幢建筑开始相互干扰，再近就会产生一种封闭现象。

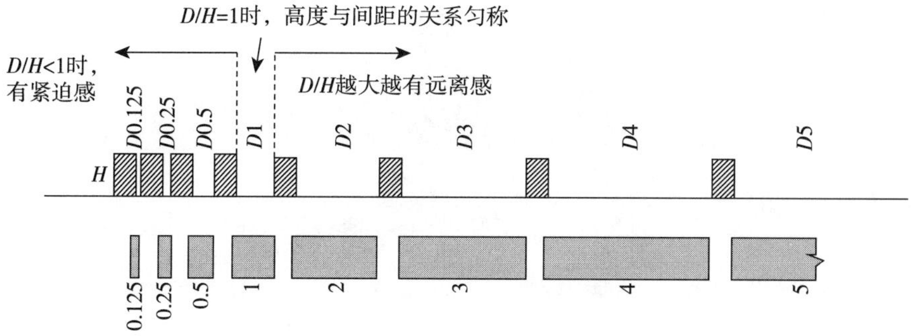

图 4-2-4 D/H 变化形成空间不同的尺度感
来源：芦原义信，外部空间设计，1985。

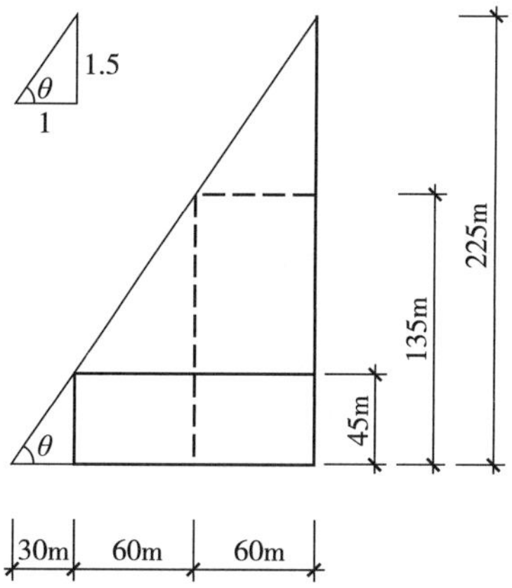

图 4-2-5 高度比控制下，建筑高度变化值域示意图

街道空间宽高比定为 1/1.5，当建筑后退距离由零逐渐增大时，建筑高度可以从 45m 趋近 225m，数值跨度之大显然是规划无法控制的。因此，街道空间宽高比应该在控规中作为控制沿街建筑高度的重要方法，但街道空间宽高比是不能被单独执行的，街道空间宽高比的控制必须结合建筑最佳高度控制共同进行。

同时，芦原义信关于 *D* 与 *H* 的比例关系的研究来源于传统的中、低层建筑形式，而现代高层建筑的高度已远远超出它的衡量范围。对于高层建筑，控规中可以通过控制符合 *D/H* 最佳比值的高层裙房高度与街道空间的关系，在一定程度上缓解高层建筑对人的视觉压迫感，但仍然对高层建筑主体缺乏控制手段。也就是说通过界定街道空间 *D/H* 值控制建筑高度在应用范围上有其局限性。从街道空间角度控制建筑高度还需引入对高层建筑高度的控制方法。

2．高层建筑投影面积控制

建筑高度控制的核心是降低建筑高度对城市公共空间的不良影响，所以通过对建筑阴影在城市公共空间投影面积上的限定，对建筑高度控制手段加以补充，是一个较好的控制方法。

上海市在这方面控制上有比较成熟的经验可供借鉴。《上海市城市规划管理技术规定》中对一般的沿街高层建筑，按下式控制：

$$A \leqslant L \times (W+S)$$

其中，*A*——建筑以 1：1.5（即 56.3°）的高度角在地面上投影的总面积；

L——建筑基地沿道路规划红线的长度；

W——道路规划红线宽度；

S——建筑后退距离。

以上控制手段不必对各个地块的建筑限高逐个标注，操作简便。

但是应该注意到，当太阳高度角不变的情况下，由于太阳光与同一建筑体量所成的角度不同，所得阴影面积 A 值也是不同的（图 4–2–6）。所以假设 L、W、S 等值不变，通过调节建筑布置的角度，即可突破建筑阴影面积控制方法对建筑高度的限制，所以它不适合反推建筑最大高度，但尽管如此，其仍不失为一个较好的判断高层建筑高度是否适宜的验证性指标。

图 4–2–6　同一建筑不同阴影面积比较图

3. 街道空间宽高比与建筑最佳高度协同控制

所谓最佳高度并不是传统的建筑高度的极限值，它是运用城市设计思想，从街道范围以外的更大区域，以对视觉空间走向、街道空间轮廓线组织以及历史文化保护要求的分析为基础，对规划区各地块建筑高度提出建议值。它既是对沿街建筑高度控制的修正，又对地块内其他非沿街建筑提出高度控制要求。

它允许实施的建筑高度在这个最佳高度上下做一定范围的浮动，可以看作弹性控制的一项内容。同时也可根据控规奖励机制对建筑高度进行调整。

街道空间宽高比与建筑最佳高度协同控制的方法是：先通过城市设计整体研究，对规划区进行分地块建筑高度控制，提出各个地块建议的建筑最佳高度。然后，将地块建筑最佳高度值与沿街建筑高度控制值进行比较，修正沿街建筑高度控制数值。

总之，从城市设计的角度对建筑高度的控制，其方法应该包括从街道空间角度控制建筑高度和街道空间宽高比与建筑最佳高度协同控制两项内容，它们互为补充，应综合运用。

二、建筑体量控制

（一）建筑体量控制问题分析

目前，控规对建筑体量的控制和引导可用的控制手段还很少，主要通过文本中城市设计导则内容进行描述性界定，如“体量不宜过大，要突出时代感”等内容。从实际控制效果来说，几乎没有任何作用。即使在控规中通过对建筑高度和建筑宽度指标进行体量控制，但在开发商经济利益最大化的驱使下，最终也收效甚微。北京金融街上的建筑就是最典型的例证。

在北京金融街的控规中，因其所处的特殊地段，每个地块内建筑的最大高度都进行了“规定性”的控制，得到了有关领导和专家的认同。但实施的结果却遭到了行业内外众多的批评，“整条街笨壮敦实的‘体态’，就像是将海外不同地方的金融办公建筑搬来后，将‘腰身’以下砍掉，把‘脑袋’直接搁在马路边”（图 4–2–7）。

事实证明，即使建筑立面的二维空间尺度都在控规的严格控制之下，建筑体量也不可能达到良好的预期效果。开发商希望建筑红线内的每一平方米用地和每一层楼面都最大化，追求最大可能的建筑面积，以保证其超额经济收益，而留给城市的只剩下了这些体态臃肿的建筑形象。这种状况的产生，一方面是由于建筑体量控制一直是作为控规中的引导性指标而被规划人员、管理人员和开发商看待的，并没有得到应有的重视；另一方面也应该看到，建筑体量控制存在控制手段不到位的问题。

图 4–2–7 北京金融街街景照片（一）

建筑体量控制是对建筑竖向尺度和横向尺度的综合限定，但这种限定并不仅仅局限于对建筑高度和建筑面宽的二维控制，应该从二维平面扩展到立体空间，将建筑体量控制要求分解为对建筑主要要素的控制，为建筑设计提供明确而条理化的限制条件。建筑体量控制必须保证街道、广场等人流聚集和停留场所有合理的日照时间，保证沿街建筑外轮廓线的视觉效果，并以行人感受的角度作为分析建筑体量的依据。

城市中的低层、多层和高层建筑在体量控制方法上存在较大的差异，在控规中从城市设计角度实施建筑体量控制，具体控制方法包括：低层、多层、高层建筑体量控制。

（二）低层、多层建筑体量控制

对于低层、多层建筑的体量进行控制，首先需要明确与建筑体量相关的控制要素。从城市设计的角度来看，建筑体量主要包括建筑的体积大小、凹凸、外墙面宽、高度等内容，它是对建筑形态最基础的描述。通常情况下，低层、多层建筑的绝对体积比较小，高度也不会太高，对建筑体积、高度和凹凸要素的控制，不是低层、多层建筑体量控制的重点。而低层、多层建筑体量控制中建筑外墙面宽这一控制要素却相对更为重要，因为它直接关系到人对建筑形成的城市空间界面的感受。所以，控规可通过建筑最大外墙面宽分类控制的方法实施小尺度空间格局地块的建筑体量控制。

温州信河街地段控规中，建筑体量控制就采用了这样的方法，见表 4–2–1。

温州信河街地段建筑体量分类及控制要求　　表 4–2–1

类型代号	体量控制要求	适用条件	说　明
A	位于一条建筑轴线上的临街建筑外墙面宽≤ 3 开间	需表现温州地方传统小巧风格的地段，如商业步行街及松台山前区	相邻平行轴线间距＜ 2m 按一条轴线计。 下列情况外墙面宽可按≤ 5 开间控制： 对于 5 层的建筑；采用竖向虚实对比立面成多变体形变化时；商店外装修可形成≤ 3 开间效果时
B	位于一条建筑轴线上的临街建筑外墙面宽≤ 4 开间	一般临街巷地块	

续表

类型代号	体量控制要求	适用条件	说　明
C	需经规划部门研究后确定特殊控制要求	位于功能中心的重要建筑及对景观有影响的建筑	
D	保留现状或不控制临街外墙面宽	保留现状的规划地块及对城市面貌和景观无影响的规划地块	

（三）高层建筑体量控制

建筑外墙面宽的控制在小尺度空间格局地块的建筑体量控制上，能起到有效控制的作用，但对于城市高层建筑的体量控制作用有限，而高层建筑体量对城市空间环境的影响显然比低层、多层建筑体量的影响大得多。城市建筑体量控制的难点在于高层建筑体量控制。

控规中城市设计对高层建筑的体量控制，可通过对高层建筑的体量进行分段控制来实现，并在控规分图图则中进行表达（图 4–2–8）。

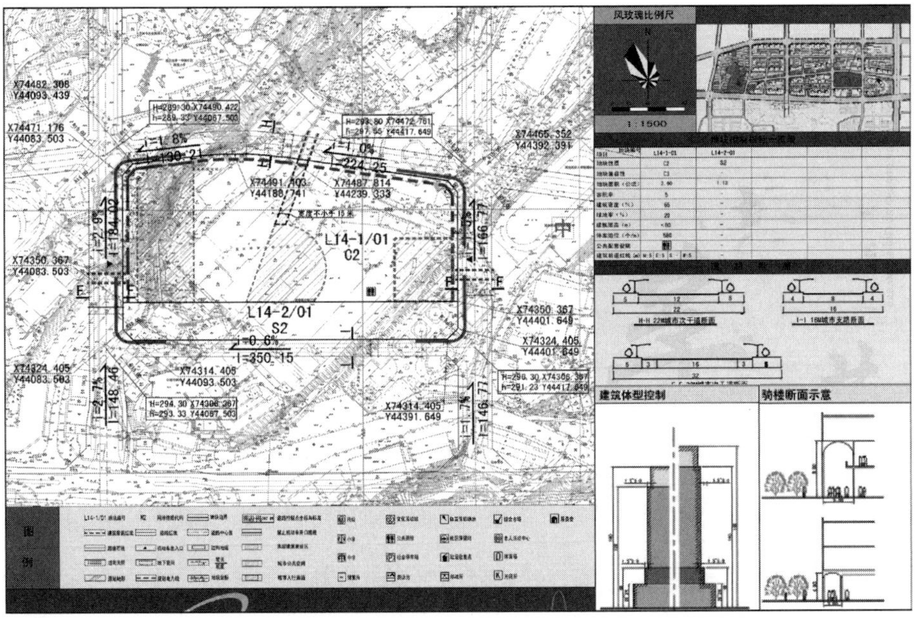

图 4–2–8　控规地块控制分图图则
来源：哈尔滨工业大学城市规划与设计研究院深圳分院、重庆大学城市规划与设计研究院。

例如，美国旧金山市通过分别对高层建筑体量的底部（建筑裙房）、中部（建筑主体）、顶部以及屋顶形式进行控制，控制要素包括最大平面宽度、最大平面对角线长度和最大平面面积、建筑基座的最小高度和最大高度等内容，有效地保护了城市的整体景观（图 4–2–9）。本教材将美国对建筑体块的控制要素列表统计见表 4–2–2。

美国旧金山市建筑体块控制要素统计表　　　　表 4–2–2

高层建筑塔楼部分	塔楼最大对角线长度
	塔楼最大平面宽度
	塔楼最大平均面积
	塔楼高度限制
高层建筑裙房部分	裙房最小高度
	裙房最大高度（与街道宽度相关）
高层建筑顶部	最大平面面积或做成倾角为 50° 的斜面

控规中高层建筑体量控制内容包括：

1. 高层建筑塔楼外墙控制线

对于在高层建筑区内行走的人来说，空间感受主要是对高层建筑裙房界面的视觉感受，塔楼部分对行人视觉影响力较小。在保证街道空间适宜的尺度比例情况下，高层建筑塔楼的放置位置并不是控制行人视觉感受的主要因素，而只有从天空俯视的角度才能感受到其空间变化。对于高层建筑塔楼与周围建筑塔楼之间的位置关系控制，只要满足建筑防火间距、日照间距等修建性详细规划的设计规范即可，在控规中并不需要进行严格的限定。从表 4–2–2 中可以看出，旧金山的建筑体量控制要素中也并没有对高层建筑塔楼的位置进行控制。

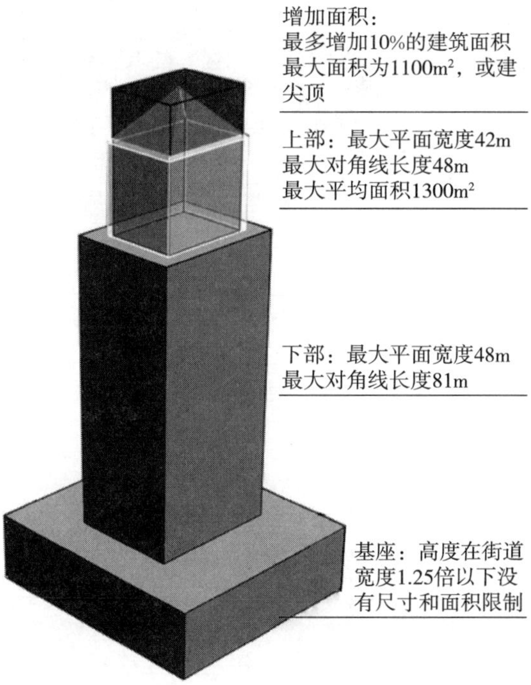

图 4–2–9　美国旧金山市建筑体量控制

只有当控制地块有特殊的景观视线要求时，高层建筑塔楼外墙控制线才需要在控规分图图则上进行标注说明。

2. 高层建筑塔楼平均楼板面积和建筑高宽比

控制高层建筑塔楼的平均楼板面积的最大作用在于控制塔楼对城市空间的占用程度，即控制高层建筑主体的空间密度，这是一个相当有效的控制办法。塔楼平均楼板面积的控制一般是以具体的面积数值来表示的，即可以规定塔楼一定建筑标高以上部分水平投影面积的总和占总用地面积比例的上限。例如，日本《建筑基准法》中对商务办公区内建筑物体量的控制手段：建筑物 50m 以上部分水平投影面积的总和不得超过其用地面积的 15%。

对高层建筑塔楼沿街面的最大面宽的控制在于避免过分庞大的建筑体型

出现，它有利于建筑之间的采光通风和空气流通以及自然景观的引入，并能减弱建筑体量对行人视觉的压迫感。考虑为下层次设计留出足够的创作自由度，可以用塔楼平均面宽与建筑高度的比值来代替对最大面宽的控制。也就是说，当建设项目满足街道空间宽高比并符合建筑最佳高度值变动范围之内的条件下，塔楼平均面宽与建筑高度之比，称之为建筑宽高比。

通过粗略统计，陆家嘴鱼形区高层建筑宽高比在1/3～1/6之间，建筑梃拔秀丽。而北京金融街C片区建筑宽高比在5/7～7/8之间，接近于1，建筑过于敦实厚重（图4-2-10）。可见，在控规地块控制中，结合高层建筑塔楼的平均楼板面积的限定，建筑宽高比的控制可以极大地影响城市空间形象的塑造，且极具操作性。

图4-2-10 北京金融街街景照片（二）

3. 高层建筑裙房的位置及高度

在高层聚集的城市区域，行人对高层建筑的视觉感受往往由对其裙房所形成界面的感受而决定，对裙房位置和高度的控制是有效的控制手段。它不仅可以对街道形成有效界定，取得较好的整体效果，同时还能减少高大体量的裙房对街道形成的压抑感。

在现实中我们看到虽然新建或改建的建筑物都遵循着控规建筑红线的控制要求，建筑设计质量也无可挑剔，但建筑物之间缺乏基本的环境关系，或随意退后、或体量突变，削弱了街道墙的连续性和韵律感，加上不断增多的商业广告的影响，街道空间给人的感受仍是杂乱和无秩序。街道墙需要在控规的控制下保持一定的长度，长度适中的街道墙才能保证空间秩序性与多样性的统一。

所以，高层建筑裙房应该以分段独立控制为原则，在控规控制中对相邻几个地块裙房沿街界面的位置、高度进行控制，而在各段之间考虑较强的对比和变化，并允许建筑师采用对裙房局部处理的方式达到裙房高度彼此联系、相互对话的效果。只有在特定的景观需要下，才统一建筑裙房的高度甚至层高和层数。①

4. 高层建筑顶部

对于高层建筑顶部，通过以上的分析可认为：在控规中，高层建筑只要满足了以上三点的要求，建筑顶部的形式并不会影响街道空间的开敞率，除了从建筑形式角度对建筑顶部的要求以及对建筑外轮廓线的特殊要求外，一般情况下可以不设定其他的附加控制条件。

---

① 例如塑造美国纽约第五大街特色和意象的城市设计中，规定在沿街85英尺（约25.9m）以下的建筑垂直面必须压在建筑红线建造，85英尺以上的垂直面则要退后红线50英尺（约15.2m）建造，从而保证了与街道尺度相配合的连续界面这一特征。

三、建筑形式和色彩控制

（一）建筑形式和色彩控制问题分析

建筑形式和建筑色彩指标属于控规引导性指标内容，虽然它们与建筑密度、建筑限高等控规规定性指标相比控制力度相对较小，但仍是控规内容中十分重要的组成部分。建筑形式和建筑色彩两个指标是控规中与城市设计美学观念最为吻合的指标，但即使是这样的引导性指标，在当前控规中也由于它们与土地开发强度完全不相关，而无法得到规划编制人员以及规划管理人员的重视。

在指标的界定中，建筑形式的多样化已经超过了文字可以准确描述的范畴，同一基调的色彩也可以通过色相、明度和彩度的变化组合产生千变万化的效果，因此在控规中试图通过文字对建筑的形式、色彩进行控制引导有一定的难度。即使建筑形式和色彩采用描述性的语言，也很难找到明确、规范的语言进行划分，因此我们往往会看到“应与某某相协调”、“应与某某保持统一”之类的控制条例。但“协调性”、“统一性”说得太多也太笼统，反而等于一纸空文。建筑依然随意进退，建筑造型千奇百怪，没有任何联系，这样的实例在我国城市大街上不胜枚举（图 4—2—11，图 4—2—12）。所以，长久以来，建筑形式和色彩的控制流于形式，变成了可有可无的、没有实质性控制手段的内容，无法起到其应有的辅助创造良好城市空间的作用。

图 4—2—11　温州市中心街景

图 4—2—12　重庆市解放碑街景

在控规中对建筑形式和建筑色彩这类指标的控制，既要有明确可行的控制技术方法，又要保持一定的灵活性。

（二）选定参照建筑

没有制约个体建筑的参照物，建筑形式、色彩的控制就没有依据，没有章法。所以，为保证城市的整体性和景观的协调性，首要的工作是要确定参照物。[①]参照物的选择，有以下几个原则：艺术性原则，它应是一件艺术品，能丰富城市空间环境；代表性原则，它应是某一时期特定风格的代表作；历史性原则，它应在城市建设发展史上具有一定的历史地位或与重大人物、事件相联系；延续性原则，它的存在应使周围环境具有一种历史沿革上的延续感。

具有以上特征的物体是城市特色的载体，可对其周围一定范围内建筑的形态设计产生影响。控规选择这样的物体作为控制参照，可减少建筑形式和色彩控制的盲目性，明确其控制方向。

（三）分级确定控制区域

控规对建筑形式和色彩的控制要求，不能一概而论，应在规划范围内根据不同的用地性质和所处的不同位置有区别地对待。根据控制对象的重要性差异，可进行如下分区：

重点控制区，它要求控规对建筑形式和色彩做出较详细要求，并严格执行。有时还需要将指标控制类型由引导性指标提升为规定性指标；

一般控制区，控规对建筑形式和色彩的控制可只针对建筑的某个重点部位或某个特定构成元素，对建筑的其他部分可适当放宽控制，在整体统一协调的前提下，由下一层次规划或建筑设计自由决定；

自由选择区，控规对这类区域在建筑形式和色彩方面无具体控制要求，设计可自由发挥，以此达到创造丰富多彩的城市空间环境的目的。

控规中对建筑形式和色彩的控制，应注意将分级控制和参照物控制的要求条理化表达。针对不同对象，确定不同的控制内容和要求，进行科学分类，这对保证控规最终控制效果至关重要。

第三节　建筑空间组合控制

建筑群体环境的控制引导，即是对由建筑实体围合成的城市空间环境及其周边其他环境要求提出控制引导原则，一般通过规定建筑组群空间组合形式、开敞空间的长宽比、街道空间的高宽比和建筑轮廓线示意等达到控制城市空间环境的空间特征的目的。[②]

城市建筑群体整体空间形态可以分为封闭空间形态、半开放空间形态和全开放空间形态。不同的建筑空间组合给人不同的空间感受。根据不同的情况和要求，建筑空间组合采用不同的形式，形成公共或私密的空间形态。

对建筑空间组合的引导控制，一般可以运用具体图示的方式推荐建筑组群空间组合的形式，规定或推荐开敞空间的长宽比值、街道空间的高宽比值和控制建筑轮廓线起伏示意，从而对城市空间环境进行引导和控制。

---

① 田银生，刘韶军编著．建筑设计与城市环境．天津：天津大学出版社，2001.

② 控制性详细规划．城市规划资料集（第四分册）．北京：中国建筑工业出版社，18.

以上海宝山区罗店中心镇控制性详细规划为例（图4—3—1）。罗店中心镇是上海十五计划重点建设的十个特色卫星城镇之一，总体定位于北欧风格，以居住用地为主，按密度将其分为几种不同类型的居住形态，并分别给出建筑空间组合方式示意。图4—3—1为花园城住宅类型的空间组合模式，以周边式和围合式为主，进行不同的建筑空间组合，形成统一又富于变化的院落空间形式。

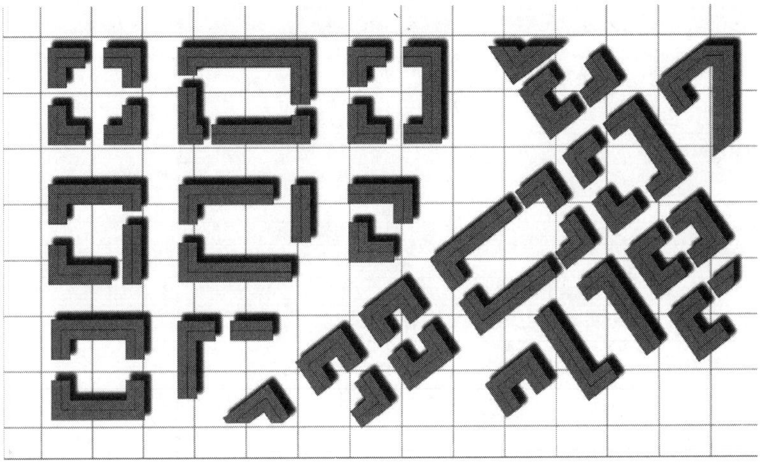

图4—3—1　罗店花园城住宅类型空间组合模式

第四节　建筑小品

控制性详细规划中对绿化小品、商业广告、指示标牌等街道家具和建筑小品的引导控制一般是规定其布置的内容、位置、形式和净空限界。在我国城市规划体系中，由于对城市设计的法律地位还未有明确的定位，城市设计成果往往只作为某种参考，难以成为规划管理的依据，因而近年来城市重要地区的控制性详细规划往往与城市设计一同编制，二者互为补充，将城市设计导则视为控制性详细规划成果的一部分。

例如，大同市中心区城市设计对户外设施进行了分类引导与规定，对户外广告标识的位置、色彩、净空高度、大小等进行了较为详细的规定。

又如，杭州湖滨旅游商贸区城市设计中，针对不同路段、地块，对其公共空间、滨江天际轮廓线、建筑高度、建筑形式、建筑后退以及建筑色彩等等进行了较为详细的城市设计引导。

第五节　居住人口密度

一、居住人口密度的相关概念

1. 居住人口密度

居住人口密度（Residential Density）指单位建设用地上容纳的居住人口数，单位为人／hm^2，它是表示不同地块人口密集程度的指标，具体表现在一块用地上时，就是用该块用地的总人口除以用地面积得出的数值。

居住人口密度 ＝（地块内的总人口数 ÷ 地块的面积）×100%

2. 人口净密度

指每公顷住宅用地上容纳的规划人口数量（人 /hm^2）。

人口净密度＝规划总人口 / 住宅用地总面积

3. 人口毛密度

指每公顷居住区用地上容纳的规划人口数量（人 /hm^2）

人口毛密度＝规划总人口 / 居住区用地面积

二、居住人口密度的相关问题

1. 人口密度的测算方法

规划地块人口密度应该根据总体规划（或分区规划）的居住人口预测、人均居住建筑面积标准等数据进行合理的测算，具体方法有如下三种：

（1）根据总体规划或分区规划对规划范围居住人口的预测进行具体地块的居住人口测算，然后获得地块人口密度；

（2）根据当地城市规划的人均居住建筑面积以及户均人口等指标规定进行居住人口测算，然后计算地块人口密度；

（3）根据地块使用性质，进行合理的形态规划模拟，得出具体的居住建筑面积或住房套数，反推地块人口规模，并通过类似地块的对比分析，得出合理的地块人口密度。

2. 人口密度与居住用地人口容量的关系

人口密度指标是居住用地的重要指标，因为人是生活的主体，不同年龄、家庭、生活方式的人有不同的环境和设施的需要，因此，居住用地应在既定的环境和设施承受力下，满足不同类型和阶层的居民的需求。居住人口密度是居住人口和用地面积的比值，其内涵也可理解为：在特定的生活需要下，配合上相应的环境和设施承受力，这一块土地可以容纳的最适宜的人口数量。

人口规模也是确定居住用地的公共服务设施、公共绿地的依据。居住区配套公建的配建水平，必须与居住人口规模相对应，通过预测居住用地的人口规模，按照公共服务设施的控制指标（千人总指标和分类指标），可以得出应当配置的公建用地规模和建筑容量，通过人均公共绿地指标，可以获得居住用地的公共绿地面积。

3. 人口密度确定的难度

在控制性详细规划中，人口密度指标属于引导性指标，在规划实践中针对具体地块确定人口密度指标存在一定的困难。首先，城市总体规划中对于城市人口的预测往往是一个宏观的粗略预测，从城市总体规划的实施情况来看，人口预测往往与发展的实际情况差别很大；其次，城市用地的区位和使用性质各不相同，人口密度差别也较大，因此通过上位规划来对控规中不同地块的人口规模和人口密度进行预测缺乏可操作性；第三，不同地区和城市的人均居住面积指标不同，而且同一城市内不同经济地位的人，其居住面积差别也较大，很难确定一个准确的数值。因此控制性详细规划中的居住人口密度指标更多的起着一种指导性作用，为公共设施配套和基础设施建设提供基础数据。

与居住人口密度指标相比，住宅建筑套密度更具有说服力和可操作性。通常一个城市中，户均人口大致均衡，通过居住用地上的住宅套密度可以确定用地上的居住人口规模。

住宅建筑套密度（毛）：每公顷居住区用地上拥有的住宅建筑套数（套/hm^2）。

住宅建筑套密度（净）：每公顷住宅用地上拥有的住宅建筑套数（套/hm^2）。

三、相关法规及标准规范

《城市居住区规划设计规范》GB 50180—93（2002年版）

第六节 环境保护规定

根据城市总体规划阶段环境保护的要求及当地环境保护部门制定的环境保护要求，提出该地区环境保护规定，主要包括：噪声、振动等允许标准值、水污染物允许排放量、水污染物允许排放浓度、废气污染物允许排放浓度、固体废弃物控制等。

一、噪声、振动等允许标准值

1. 噪声、振动的危害

噪声是一种环境污染，被认为是仅次于大气污染和水污染的第三大公害。强烈的噪声及其振动会损伤人的听力，干扰人的神经系统的正常工作，严重的还会对心血管系统造成危害。当噪声超过90分贝，人的听力将受到损伤；噪声超过70分贝，人就不能正常工作；噪声超过50分贝，人就难以入睡。城市生活中到处充斥着噪声，规划中需要制定一定的标准，对噪声源进行控制，降低噪声的危害。

2. 相关法规和标准规范

《中华人民共和国噪声污染防治法》（1996年10月29日发布，自1997年3月1日起施行）

《中华人民共和国城市区域环境噪声标准》GB 3096—93

《中华人民共和国工业企业厂界噪声标准》GB 12348—90

二、水污染允许排放量和排放浓度

1. 水污染的类型和危害

水的污染有两类：一类是自然污染；另一类是人为污染。当前对水体危害较大的是人为污染。水污染可根据污染杂质的不同而主要分为化学性污染、物理性污染和生物性污染三大类。水污染主要是由人类活动产生的污染物而造成的，它包括工业污染源、农业污染源和生活污染源三大部分。污染物主要有：①未经处理而排放的工业废水；②未经处理而排放的生活污水；③大量使用化肥、农药、除草剂的农田污水；④堆放在河边的工业废弃物和生活垃圾；⑤水土流失；⑥矿山污水。

水体污染影响工业生产，增大设备腐蚀，影响产品质量，甚至使生产不能进行下去。水的污染，又影响人民生活，破坏生态，直接危害人的健康，损害很大。日趋加剧的水污染，已对人类的生存安全构成重大威胁，成为人类健康、经济和社会可持续发展的重大障碍。面对严峻的缺水、水污染问题，有必要在规划中对城市的水源地和自然水体的保护作出规定性要求。

2. 水体水域功能分类（表 4–6–1）

地表水体水域功能分类 GB 3838—88　　表 4–6–1

水质类别	水域功能
Ⅰ类	主要适用于源头水、国家自然保护区
Ⅱ类	主要适用于集中式生活饮用水水源地一级保护区、珍贵鱼类保护区、鱼虾产卵场等
Ⅲ类	主要适用于集中式生活饮用水水源地二级保护区、一般鱼类保护区及游泳区
Ⅳ类	主要适用于一般工业用水区及人体非直接接触的娱乐用水区
Ⅴ类	主要适用于农业用水区及一般景观要求水域

3. 相关法规和标准规范

《中华人民共和国水污染防治法》（2008 年 2 月 28 日发布，自 2008 年 6 月 1 日起施行）

《污水排入城市下水道水质标准》CJ 3082—99

《污水综合排放标准》GB 8978—1996

《地表水环境质量标准》GB 3838—2002

《地下水质量标准》GB/T 14848—93

《生活饮用水卫生标准》GB 5749—2006

《城市居民生活用水量标准》GB/T 50331—2002

三、废气污染允许排放量

1. 废气的来源和危害

废气的来源就是大气中污染物的来源，主要有以下三个方面：

（1）工业：工业排放到大气中的污染物种类繁多，性质复杂，有烟尘、硫的氧化物、氮的氧化物、有机化合物、卤化物、碳化合物等，其中有的是烟尘，有的是气体。

（2）生活：城市中大量民用生活炉灶和采暖锅炉在燃烧煤炭的过程中要

释放大量的灰尘、二氧化硫、一氧化碳等有害物质污染大气。

(3) 交通运输：汽车、火车、飞机、轮船是当代的主要运输工具，它们烧煤或石油产生的废气如一氧化碳、二氧化硫、氮氧化物和碳氢化合物等，也是重要的污染物。特别是城市中的汽车尾气成为大城市空气的主要污染源之一。

废气对人类社会危害极大，主要体现在以下几个方面：

(1) 对人体健康的危害：大气污染物对人体的危害是多方面的，主要表现是呼吸道疾病与生理机能障碍，以及眼鼻等黏膜组织受到刺激而患病。

(2) 对植物的危害：大气污染物，尤其是二氧化硫、氟化物等对植物的危害是十分严重的，会影响植物的生理机能，造成农产品产量下降，品质变坏。

(3) 对天气和气候的影响：大气污染会减少到达地面的太阳辐射量；空气中大量粉尘具有水汽凝结核的作用，增加大气降水量；下酸雨；增高大气温度，形成热岛效应。

2．相关法规和标准规范

《中华人民共和国大气污染防治法》(2000 年 4 月 29 日发布，自 2000 年 9 月 1 日起施行)

《环境空气质量标准》GB 3095—1996

《大气污染物综合排放标准》GB 16297—1996

四、固体废弃物的控制

1．固体废弃物的种类和危害

固体废弃物通常是指在生产建设、日常生活和其他活动中产生的污染环境的固态、半固态废弃物质，通俗地说，就是“垃圾”。固体废弃物主要包括城市生活固体废弃物、工业固体废弃物和农业废弃物。未经处理的工厂废物和生活垃圾简单露天堆放，占用土地，破坏景观，而且废物中的有害成分通过刮风在空气中传播，污染大气，经过下雨进入土壤、河流或地下水源，污染水体和土壤。

城市规划中需要对固体废弃物的收集和处理作出规定，通过设置垃圾填埋场、转运站、垃圾收集点、垃圾桶等环卫设施进行分类收集，尽可能地收集城市固体废弃物，并进行无害化处理和回收再利用，实现资源的循环利用。

2．城市生活垃圾的计算方法

参见《城市生活垃圾产量计算及预测方法》CJ / T 106—1999。

3．相关法规和标准规范

《中华人民共和国固体废物污染环境防治法》(2004 年 12 月 29 日发布，自 2005 年 4 月 1 日起施行)。

五、其他环境保护规定

放射性污染是指因人类的生产、生活活动排放的放射性物质所产生的电离辐射超过放射环境标准时，产生放射性污染而危害人体健康的一种现象。有关放射性污染的法规是《中华人民共和国放射性污染防治法》（2003 年 6 月 28 日发布，自 2003 年 10 月 1 日起施行）。

思考题

1．控规中包括哪些引导性控制指标？
2．如何在控规中体现对建筑高度和体量的引导和控制？
3．如何在控规中体现对建筑形式与色彩的引导和控制？
4．控制性详细规划和城市设计的关系？

第五章 配套设施控制

配套设施是生产、生活正常进行的保证。配套设施控制即是对居住、商业、工业、仓储等用地上的公共设施和市政设施建设提出定量配置的要求，包括公共设施配套和市政公用设施配套。设施配套控制应依照国家和地方规划（标准）及地块开发具体要求作出规定。

第一节 公共服务设施设置控制

一、公共服务设施的定义

公共服务设施是保障生产、生活的各类公共服务的物质载体，包括城市的公共服务设施和村镇地区的公共建筑。

城市公共服务设施一般分为两类，一是城市总体层面落实的公共服务设施，包括市级或为更大范围内区域服务的行政办公、商贸、经济、教育、卫生、体育、市政以及科研设计等机构和设施。对城市公共设施项目的具体控制，主要应根据城市总体规划、分区规划要求，结合规划用地的具体条件和未来发展需要，对每个项目进行“定性、定量、定位”的具体控制。

二是为满足城市居民基本的物质与文化生活需要，与居住人口规模相对应配套建设的公建项目。对居住区公共服务设施一般是在详细规划阶段按国家标准《城市居住区规划设计规范》GB 50180—93（2002年版）（本节以下简称“国标”）的第六章，针对城市居住区、小区和组团，将公共服务设施分为教育、医疗卫生、文化体育、商业服务、金融邮电、社区服务、市政公用和行政管理八类进行项目控制，并落实到相应的建设地块上，再对其进行“定性、定量、定位”的具体控制。

村镇地区的公共建筑标准主要依据《镇规划标准》GB 50188—2007，按照中心镇、一般镇配置六类公共服务设施：即行政管理、教育机构、文体科技、医疗保健、商业金融和集贸市场。

二、公共服务设施的性质界定

计划经济体制年代，公共服务设施主要由政府自上而下进行定额配套建设，而在市场经济条件下，城市建设的主体出现多元化，不同阶层的居住群体对公共服务设施的要求也出现差异。只有使得各种物品的出资者和受益者在责任和权利方面相互对应，才可能取得最好的资源配置效果。界定公共服务设施性质的意义在于区分公共产品和非公共产品，作为制定指令性标准和指导性标准的依据，并有助于明确建设主体，即公共服务设施建设责任及义务的主要承担者和产品的主要提供者，在政府控制和市场调节中找到合理的平衡点，协调好政府、开发商和广大公众的关系，从而保证公共服务设施的实施效果。

公共服务设施的性质可分为公共产品和非公共产品两种基本类型。公共产品与人民生活密切相关，满足人们的基本需要，不能完全市场化，且不管何种档次的居住区都应该配备。非公共产品则可以完全由市场供给和调节，由利益机制驱动，不同档次的居住区需求不一，其受益者是支付费用的需求主体，政府只需加以必要的引导，以实施总量控制和保证用地性质为主。非公共产品由开发商自行安排建设，实行“谁投资、谁受益”的原则。

公共产品又可分为纯公共产品——即由政府提供建设和运行成本的单一的公益性产品，以及准公共产品——即运营基本能做到自负盈亏的具有一定盈利可能性的产品两类。纯公共产品只能由政府提供，并通过强制性指令保证及时配套到位和长期稳定地运行，其受益者是全体公众或者社会弱势群体，属于指标体系中严格的“应设”项目。准公共产品包括两类：一类市场虽可供应，但成本较高，需要以具有某种程度垄断性的专营行业的形式，在政府宏观调控下运行，典型的如城市公用事业（如电力、燃气设施）；另一类为居住区共有产品，包括社区服务设施和文化体育设施等，其受益者是居住区成员。对于准公共产品的调控可保留一定弹性，根据该设施的区域配套情况以及与居民生活的密切程度和居住区规模决定"应设"或"宜设"。

广州市在《广州市居住区公共服务设施设置标准》（2004 年）中，对居住区公共服务设施性质分类界定见表 5–1–1。

居住区公共服务设施的产品性质分类表　　表 5–1–1

<table>
<tr><th>性质</th><th>设施类别</th><th>受益主体</th><th>运行特征</th><th>配套方式</th></tr>
<tr><td rowspan="7">纯公共产品</td><td>初中、小学、九年一贯制学校</td><td>全体公众</td><td>义务教育</td><td rowspan="7">区域统筹应设或居住区应设</td></tr>
<tr><td>老年人福利院</td><td>老年人</td><td>弱势群体</td></tr>
<tr><td>街道办事处、居委会</td><td>全体公众</td><td>公共行政</td></tr>
<tr><td>市政及其他管理用房（雨污水、环卫、绿化、工商、税务部分）</td><td>全体公众</td><td>公共行政</td></tr>
<tr><td>派出所、社区警务室</td><td>全体公众</td><td>公共安全</td></tr>
<tr><td>垃圾压缩站、公厕</td><td>全体公众</td><td>环卫类市政</td></tr>
<tr><td>出租车停靠站点</td><td>全体公众</td><td>公共交通</td></tr>
<tr><td rowspan="12">准公共产品</td><td>高中</td><td>大部分公众</td><td>非义务教育</td><td rowspan="2">区域统筹应设居住区宜设</td></tr>
<tr><td>综合医院</td><td>全部公众</td><td>专营行业</td></tr>
<tr><td>110kV 变电站、液化气供应站、邮政所、市政及其他管理用房（燃气、电信、电视、供电、供水部分）</td><td>全部公众</td><td>专营行业</td><td rowspan="3">居住区应设</td></tr>
<tr><td>公交首末站、社会停车场／库</td><td>全部公众</td><td>专营行业</td></tr>
<tr><td>托儿所、幼儿园</td><td>居住区成员</td><td>非义务教育</td></tr>
<tr><td>卫生服务中心、残疾人康复服务中心、卫生站</td><td>居住区成员</td><td rowspan="7">居住区共有</td><td rowspan="7">居住区应设</td></tr>
<tr><td>综合文化活动中心、文化活动站</td><td>居住区成员</td></tr>
<tr><td>居民运动场馆、居民健身设施、游泳场</td><td>居住区成员</td></tr>
<tr><td>社区服务中心</td><td>居住区成员</td></tr>
<tr><td>老年人服务中心、老年人服务站点</td><td>居住区成员</td></tr>
<tr><td>肉菜市场</td><td>居住区成员</td></tr>
<tr><td>物业管理</td><td>居住区成员</td></tr>
<tr><td rowspan="2">非公共产品</td><td>各级商业服务设施</td><td>需求主体</td><td>市场行为</td><td rowspan="2">不作为居住区配套公共设施</td></tr>
<tr><td>影剧院</td><td>需求主体</td><td>市场行为</td></tr>
</table>

三、城市公共服务设施规模分级标准

近年来，深圳、上海、北京、广州和天津等大城市结合规划层次以及本地的行政管理体制，编制了地方性的公共服务设施规划标准。大致分为两种形式：

一种是将公共服务设施规划标准作为城市规划管理技术规定的一个组成部分来颁布，如深圳和南京；另一种是将公共服务设施规划标准作为地方性的工程建设标准单独颁布，如上海和广州。

其中，《深圳市城市规划标准与准则》根据规划编制的五个阶段建立市、区、居住地区（15～20万人）、居住区（4～6万人）、居住小区（1～2万人）五级公共设施体系。《广州市居住区公共服务设施设置标准》按行政管理体制，街道管辖的人口规模，分为区域统筹（5～20万人）、居住区（3～5万人）、小区（1～1.5万人）、组团（1000～3000人）四级。

四、城市公共服务设施配置要求

市级和区级公共服务设施通常是由市、区等地方政府投资建设，规模较大、建设投资多，其选址、规模和建设时序等在城市总体规划、分区规划的公共服务设施专项规划中得到反映。一般包括高中及其他教育设施、图书馆、体育中心、影剧院、老年福利院、综合医院等。

1．高中及其他教育设施

高中不属于国家九年制义务教育的范畴，而且高中为保证教学质量必须具备相应规模，其占地面积较大，服务半径和服务人口往往超出居住区范畴。因此建议高中应作为必设的公共设施在分区规划层面合理布点并落实用地，在居住区级则作为宜设项目，当周边条件不具备时由居住区实施配建。高中规模不宜低于36班，居住人口不足时可以为24班或30班。36班高中用地一般为3.0hm^2。

其他教育设施如中专、工业技术学校、高等学校的设置不能以人口或土地的比率形式来确定，而应以教育部门的长远规划来确定。中专及工业技术学校的规模可参照中学的上限执行。

2．图书馆

不同的城市根据人口数量、分区布局有不同的指引标准。以深圳为例，根据《深圳市城市规划标准与准则》，全市设一处大型图书馆，藏书量在百万册以上，按5～10座／万册设阅览席。每区设一处区级图书馆，藏书量宜在50万册以上，按10座／万册设阅览席。图书馆的选址宜在环境安静、场地干燥的位置。

3．影剧院

根据《深圳市城市规划标准与准则》，每区应至少设一座1000座规模的综合性多功能影剧院，建筑面积按2～2.5m^2/座，用地面积按3.5～4.5m^2/座。选址宜位于公共服务设施较集中的地段，且应交通便捷、便于人流疏散；宜与文化中心相邻。影剧院具有非公共产品特征，主要由专业主管部门与规划部门共同实施规划布点，由市场提供。

4. 老年福利院

老年人服务设施是社区服务的重要内容，在我国逐步进入老龄化社会的现实情况下，各大城市对老年人服务均给予了充分重视，体现在设施类别的增加和建设标准的提高。在国标及各城市标准中，出现了养老院、敬老院、老年人福利院、老人公寓、托老所、老年人服务站点等多项设施。根据使用性质，上述设施可分为两大类：一类为孤寡、残障和生活自理能力不足的老人提供全天候的生活及保健护理，包括敬老院、福利院，它们属于政府民政部门无偿提供的福利机构，是社会保障体系的组成部分，应由指令性标准控制，独立征地建设；另一类为老年人提供收费服务，包括老人公寓、托老所、老年人服务站点等（老人公寓为全托，托老所为日托），它们具有一定盈利特征，即通过收费的服务维持日常运营，属于准公共产品，也可以在政府的引导下，由市场建设和运作。

其中老年福利院属于政府民政部门无偿提供的福利机构，宜在居住区级以上的城市分区统筹配置。以广州市为例，在《广州市居住区公共服务设施设置标准》中，按照1床位/千人控制老年人福利院规模，每个福利院容量为100～200床位，每3～4个街道设一处，服务10～20万人口。《老年人居住建筑设计标准》GB/T 50340—2003中规定：福利院建筑面积标准不得低于25m^2/床，因此在《广州市居住区公共服务设施设置标准》中，福利院建筑面积指标为2500～5000m^2。同时按照建筑密度30%，平均层数3.5计算，福利院容积率为1.0左右。按照人均25～30m^2的标准控制，需要2500～6000m^2的独立用地面积，计入城市公共设施用地（C类）。

5. 综合医院

根据《综合医院建设标准》（建标［1996］547号）规定：综合医院的建设规模，按病床数量可分为200、300、400、500、600、700、800床七种，一般情况下，宜建设300、400、500、600床四种建设规模的综合医院。200床以上的综合医院宜作为区域统筹公共设施，在城市分区规划层面合理布局，独立用地，设置于交通方便地段。若周边不具备设置大中型医院的条件，则应在居住区设200床综合医院。

《综合医院建设标准》（建标［1996］547号）对各级综合医院指标规定见表5-1-2、表5-1-3。

综合医院建设用地指标表（单位：m^2/床）　　表 5-1-2

建设规模	200 床	300 床	400 床	500 床	600 床	700 床	800 床
建设用地指标	117		115		113	111	109

综合医院建筑面积指标表（单位：m^2/床）　　表 5-1-3

建设规模	200 床	300 床	400 床	500 床	600 床	700 床	800 床
建筑面积指标	64		63		62	61	60

五、居住区公共服务设施配置要求

居住区公共服务设施一般分为教育、医疗、文化体育、社区服务、行政管理、商业、邮政及市政等类别。居住区公共服务设施的设置，必须与居住人口规模相对应。

（一）教育设施

教育设施包括托儿所、幼儿园、小学和中学四项，在控规中根据服务人口的规模设定教育设施的班数，然后按照班数可以给出用地规模下限。教育设施的设置标准各地根据当地情况在国标的基础上均有所调整，以《广州市居住区公共服务设施设置标准》为例，按 80 学位／千人控制小学服务规模，40 学位／千人控制初中及幼儿园服务规模，各项设施配套要求如下：

1. 托儿所

托儿所一般不独立设置，而是在幼儿园设托儿班。由于托儿所负责保教小于 3 周岁的儿童，以看护照顾为主，属于服务性机构，不承担教育职能，因此有的城市（如广州）将单独设置的托儿所放入“社区服务”类的公共设施。

2. 幼儿园

幼儿园负责保教学龄前儿童。《托儿所、幼儿园建筑设计规范》JGJ 39—87 要求 4 班以上幼儿园应有独立用地。在规划控制中应该尽量保证幼儿园用地，特别是必须满足每班不少于 $60m^2$ 的室外游戏场地，同时应满足生活用房的日照要求。

3. 普通中、小学

初中服务半径在居住区范围之内，为居住区级应设，小区宜设。根据教育设施规模化集约设置的原则，建议初中不低于 24 班，完全中学不低于 36 班，在旧城改造项目用地紧张时，允许设 18 班初中或 30 班完全中学作为居住区级下限。24 班初中用地一般为 1.8ha，36 班完全中学用地一般为 2.8ha。

居住小区应设 18 班以上的小学，旧城区改造项目用地紧张时可设 12 班小学。18 班小学用地一般为 1ha。

4. 九年一贯制学校

九年一贯制学校的规模应在 36 班以上，学校的服务半径控制在 500 ~ 1000m 范围内。新建地区在用地条件允许的前提下，在居住区级或小区级设置。36 班九年一贯制学校用地一般为 2.24ha。

（二）医疗卫生设施

医疗卫生设施包括医院、门诊所、卫生站和护理院四类。居住区级医疗卫生设施以门诊所为主体，服务人口 3 ~ 5 万人，宜独立用地。根据国标，用地面积为 3000 ~ 5000m^2，建筑面积 2000 ~ 3000m^2。部分大城市在居住区级设置社区卫生服务中心，除了强调医疗职能外，还集保健、宣传、预防等职能于一身。当受到用地限制，卫生服务中心无法全部设于首层，可将部分业务用房设在二层，但必须保证首层不少于 400m^2 的使用面积。设综合医院的居住区不再设置单独的卫生服务中心。

卫生站是疾病预防防治工作与病人康复工作的末端机构，在居住小区设置，服务人口 1 ~ 1.5 万人，建筑面积为 300m^2，无须独立用地，但应保证全部或 1/2 以上的面积设在首层，并有方便的对外出入口。

居住区级宜设护理院，可为残疾人和老年人提供治疗、护理和康复的功能，兼有医疗和社区服务的性质。

（三）文化体育设施

文化体育设施包括文化活动中心、文化活动站、居民运动场（馆）和居民健身设施四项。

文化设施是由政府投资，向公众开放的公益性文化机构。在居住区应设置文化活动中心，主要承担小型图书馆、科技宣教培训、青少年与老年人学习活动场所等功能。文化活动中心可靠近或结合同级中心绿地设置，也考虑与楼盘会所结合设置，人均建筑面积不宜低于 0.15m^2。

文化活动站为小区级文化设施，由于服务半径的优势，使用频率较高。根据国标规定，文化站的建筑面积标准为 400 ~ 600m^2。

体育设施包括居民运动场／馆、居民健身设施等。随着全民健身的不断普及，体育设施是否完备越来越成为居民衡量居住水平和环境质量的重要标准之一。根据国标，居住区级的体育场馆用地指标为 10000 ~ 15000m^2。对于炎热多雨的城市，宜增设室内场馆，建筑面积为 1000 ~ 1500m^2。

小区级的居民体育健身设施宜结合小区及组团绿地设置，方便居民使用，用地面积宜为 1000 ~ 1500m^2。

（四）商业服务设施

从服务性质看，商业设施属于典型的盈利性非公共产品，经营者会根据市场需求和实际情况选择经营项目，经营过程也是动态的。商业设施指标允许有一定弹性，政府只需在总量上实施必要的宏观调控。为避免对居住生活的干扰，居住区及小区内不得设置扰民设施。商业设施宜独立用地或集中设置，餐饮项目宜独立设置，将其噪声和气味的影响减至最低程度。

对于居住区内的肉菜市场，就其行业性质而言，属于商业设施的一部分，但其经营上有一定的特殊性，即城市政府为了充分保障居民基本生活的稳定，往往会对其进行调控，而不完全由市场进行配置。因此，肉菜市场属于准公共产品范畴，应作为居住区级必设项目。以《广州市居住区公共服务设施设置标准》为例，居住区肉菜市场建筑面积 2000 ～ 2500m^2。城市边远地段的新区居住人口不足时允许设置小区级肉菜市场，规模可适当缩小至 1000 ～ 1500m^2，服务 1 ～ 1.5 万人。

肉菜市场应设在室内，禁止露天设置。新区肉菜市场宜独立设在运输车辆易于进出的地段，独立设置有困难时允许与非居住建筑合设，同时与住宅要有一定的隔离措施。

（五）社区服务

社区服务设施主要包括两部分，一是便民利民设施，如社区服务中心、托儿所。

社区服务中心包括助残、家政服务、计划生育宣传咨询、婚姻中介等社会救助和便民利民的服务项目，宜设于首层，结合其他建筑设置的，应保证一半以上的面积设于首层。托儿所主要功能是婴幼儿的看护和照管，是社区服务设施的重要一环。托儿所作为小区应设、组团宜设的项目，宜与幼儿园合设。单独用地时，4 班以上的托儿所用地面积应大于 1200m^2。

二是老年人生活服务设施。居住区级宜设老年服务中心，可结合社区服务中心或街道办事处设置，应设于首层，且有对外方便的出入口。老人服务站按每 2000 户设一处的标准在居住小区设置，建筑面积为 100 ～ 120m^2。

（六）行政管理设施及其他

行政管理设施包括街道办事处、居委会、派出所、物业管理、防空地下室等。

街道办事处是区人民政府的派出机构，以城市管理和社区建设为工作重点，由市、区授权在辖区内行使一定的行政权力的管理机构，属于应由政府提供的纯公共产品。街道办事处一般在居住区级设置，宜与派出所、市政及其他管理用房、社区服务中心等合设。当结合其他建筑设置时，应保证首层建筑面积不少于 400m^2。

社区居委会为小区级设施，组团宜设。一般居委会办公用房不应少于 80m^2，可考虑与社区警务室合设，总面积控制为 100m^2。

在市场经济条件下，物业管理逐步承担街道和居委会的服务、管理职能。根据《广州市物业管理办法》，建设单位应当按物业总建筑面积 0.2%比例提供物业管理专用房屋，最低不得少于 $50m^2$。

派出所除按照国标规定的建筑面积外，还要求有一定的场地面积供停放警车，保证 400 ～ $600m^2$ 的独立场地，并尽量规划在主要或次要街道旁，或在可以通汽车的内街，以方便群众办事和适应派出所高速反应的需要。

人防地下室设施标准按国标规定。

六、城市公共服务设施的控制指标

城市公共设施的控制指标主要有：千人指标（又可分为人口千人指标、用地面积千人指标、建筑面积千人指标）、建筑规模、用地规模等。

（一）千人指标

千人指标可较为直观地反映开发项目公共服务设施须配套的总量，同时在居住规模不足小区（居住区），需与其他小区（居住区）协调共享公共资源的时候，千人指标有助于直接量化和平衡各开发商所需承担的建设责任，以保证一定区域内资源的合理配置。对于与人口规模直接相关的公共服务设施，如综合医院、综合文化中心、居民运动场、社区服务中心、托老所等，千人指标是主要的实施依据。

（二）建筑规模总量控制

建立“标准户”的概念，可以将公共设施的建设规模与住宅开发量相关联，以便建构规划管理的基准平台。例如广州市在进行《广州市居住区公共服务设施设置标准》研究时，以 $100m^2$ 的住宅建筑面积作为标准户，取户均人口 3.2 人，即人均住宅建筑面积 $31m^2$，作为基本标准匡算公共服务设施的配套总量。综合各项统计结果，建议按照每 $10000m^2$ 住宅建筑面积（100个标准户）配置 680 ～ $720m^2$ 的公共服务设施总量控制，其中 520 ～ $560m^2$ 的面积由居住区提供，其余部分为区域统筹，在分区规划或控制性详细规划层面落实。

（三）用地控制

在公共服务设施指标体系中，对于用地要求有三种类型：第一类设施由于运行、交通、安全等方面的使用要求必须独立用地，例如学校、医院、居民运动场（馆）、垃圾压缩站等；第二类设施应尽量独立用地，若条件确有困难可以考虑在满足技术要求的前提下与其他用房联合布置，但是应该保证一定的底层面积或场地要求，如卫生服务中心、街道办事处、派出所、社区服务中心等；第三类设施则对用地无专门要求，可以结合其他建筑物设置，如卫生站、居委会、文化活动站等。国标的居住区公建用地比例为 15%～ 25%、居住小区公建用地比例为 12%～ 22%。考虑到鼓励公共服务设施集约综合布置，从而节约用地，公建用地比例可以适当下调 5%。

附表《广州市居住区公共服务设施设置标准》（表 5–1–4）

广州市居住区公共服务设施设置标准　　　　**表 5–1–4**

类别	项目名称		一般规模（m^2/ 处）		服务规模（万人）	设置规定	设置级别				设置要求及服务内容
			建筑面积	用地面积			区域统筹	居住区级	小区级	组团级	
教育设施	高中	24 班	12000	20000（16000）	3 ～ 4	每班 50 生。按生均标准设置，用地面积 16 ～ 17m^2/ 生，建筑面积 8.5 ～ 10m^2/ 生	▲	△			高级中学应在区域统筹安排。独立高中应为 36 班以上规模，居住人口不足时允许设 30 班或 24 班高中。初级中学应为 24 班以上规模，旧城区改造项目用地紧张时允许设 18 班初中作为下限。完全中学应达 36 班以上规模，旧城区改造项目用地紧张时允许设 30 班完全中学作为下限 中学不宜与市场、公共娱乐场所、医院太平间等毗邻。中学运动场地不宜小于 3.3m^2/ 生，一般设田径运动场（环行跑道 250 ～ 400m）及 100m 直跑道二组；每六个班应有一个篮球场或排球场。中学绿化用地不应小于 1m^2/ 生 中学教学楼不应超过五层。两排教室的长边相对时，其间距不应小于 25m，教室的长边与运动场地的间距不应小于 25m。其日照间距系数按照相关规定执行
		30 班	14000	25000（20000）	4 ～ 5						
		36 班	16000	30000（24000）	5 ～ 6						
	初中	18 班	（9500）	（12000）	2.25 ～ 3	每班 50 生。按生均标准设置，用地面积 15m^2/ 生，建筑面积 8.5 ～ 11m^2/ 生		▲			
		24 班	11500	18000（14400）	3 ～ 3.75						
		30 班	13500	22500（18000）	3.75 ～ 4.5						
	完全中学	30 班	（13750）	（20000）	1.5 ～ 2.25	每班 50 生。按生均标准设置，用地面积 15 ～ 16m^2/ 生，建筑面积 8 ～ 9m^2/ 生	△	▲			
		36 班	15750	28500（22800）	2.25 ～ 3						
		48 班	19750	38000（30400）	3 ～ 3.75						
	九年一贯制学校	36 班	13850	22400（17920）	1.3 ～ 1.6	小学每班 45 生，初中每班 50 生。按生均标准设置，用地面积 13 ～ 14m^2/ 生，建筑面积 7.5 ～ 8.5m^2/ 生			▲		新建地区可考虑小学、初中合并，设九年一贯制学校，规模应为 36 班以上。运动场地小学部分不宜小于 2.3m^2/ 生，中学部分不宜小于 3.3m^2/ 生 两排教室的长边相对时，其间距不应小于 25m，教室的长边与运动场地的间距不应小于 25m。其日照间距系数按照相关规定执行
		45 班	16000	28000（22400）	1.6 ～ 1.9			△			
	小学	12 班	（5700）	（6500）	0.7 ～ 1	每班 45 生。按生均标准设置，用地面积 12 ～ 13m^2/ 生，建筑面积 6.5 ～ 10.5m^2/ 生			▲		居住小区应设 18 班以上的小学，旧城区改造项目用地紧张时允许设 12 班小学作为下限。小学不宜与市场、公共娱乐场所、医院太平间等毗邻。小学运动场地不宜小于 2.3m^2/ 生，一般设 200m 环形跑道的田径场，市中心区学校不应少于一组 60m 直跑道。小学绿化用地不应小于 0.5m^2/ 生 小学教学楼不应超过四层，两排教室长边相对时，其间距不应小于 25m，教室的长边与运动场地的间距不应小于 25m。其日照间距系数按照相关规定执行
		18 班	6900	10000（8000）	1 ～ 1.3						
		24 班	8100	13300（10600）	1.3 ～ 1.6						
		30 班	9300	16700（13400）	1.6 ～ 1.9						
		36 班	10500	20000（16000）	1.9 ～ 2.2						

续表

类别	项目名称		一般规模（m^2/处）		服务规模（万人）	设置规定	设置级别				设置要求及服务内容
			建筑面积	用地面积			区域统筹	居住区级	小区级	组团级	
教育设施	幼儿园	6班	1440	1800（1440）	0.45～0.7	每班30生。按生均标准设置，用地面积$10m^2$/生，建筑面积$8m^2$/生			▲		居住小区应设9班以上幼儿园，居住人口不足时允许设6班幼儿园 幼儿园应有独立用地。应保证每班不少于$60m^2$的室外游戏场地，包括设置大型活动器械、戏水池、沙坑以及10m长直跑道。幼儿园宜有集中绿化用地面积，并严禁种植有毒、带刺的植物 幼儿园建筑层数不应超过3层，其日照间距系数按照相关规定执行
		9班	2160	2700（2160）	0.7～0.9						
		12班	2880	3600（2880）	0.9～1.1						
		15班	3600	4500（3600）	1.1～1.35						
		18班	4320	5400（4320）	1.35～1.6						
医疗卫生设施	综合医院	200床	12000～18000	23400～26000	5～10	按照千人1～2床位控制综合医院规模。用地面积110～$130m^2$/床，建筑面积60～$70m^2$/床	▲	△			区域统筹安排，应独立用地，设置于交通方便地段，宜面临两条城市道路，并远离高压线路及其设施、少年儿童活动密集场所
		300～600床	19200～37200	35100～67800	10～20						
	卫生服务中心		2000～3000	2000～3000	5			▲			宜独立用地或结合其他服务设施设置，宜全部设于首层。若无法全部设于首层，可将部分业务用房设在二层，但必须保证首层不少于$400m^2$的使用面积 已设综合医院的居住区可不再设置
	卫生站		300		1.5				▲		可结合居委会或其他建筑设置，全部或1/2以上的面积应设在首层，并有方便的对外出入口
	残疾人康复服务中心		500		5			△			应设在首层并有方便的对外出入口，应满足无障碍设计要求。服务内容包括精神病人的治疗康复，宜结合卫生服务中心或卫生站设置
文化体育设施	综合文化活动中心		4500～7500	5000～6000	3～5	按千人指标控制：千人用地面积$120m^2$，千人建筑面积$150m^2$		▲			应独立用地，宜结合或靠近同级中心绿地安排。噪声较大的排练室、游艺室等应与住宅保持一定距离，并采取必要的防止干扰措施 应专门设置老年人活动中心、青少年活动中心、儿童图书阅览馆（室）等项目，宜配置文化康乐设施、图书阅览、科技普法、教育培训等设施，并宜设置多功能厅、展览厅、电脑室等

续表

类别	项目名称	一般规模（m²/处）		服务规模（万人）	设置规定	设置级别				设置要求及服务内容
		建筑面积	用地面积			区域统筹	居住区级	小区级	组团级	
文化体育设施	文化活动站	400 ~ 600		1 ~ 1.5				▲		宜结合或靠近小区中心安排，也可结合会所设置 内容包括书报阅览、书画、文娱、健身、音乐欣赏、茶座等，主要供青少年和老年人活动
	居民运动场／馆	1000 ~ 1500	10000 ~ 15000	3 ~ 5	按千人指标控制：千人用地面积 300m²		▲			宜结合居住区公园或中心绿地设置。宜包括 200m 跑道、小型足球场、篮球场、排球场和网球场、室外器械场地、慢跑道等。考虑广州气候条件，应设置室内运动场馆
	游泳场	300	2000 ~ 3000	5 ~ 10		▲	△			宜与社区体育活动中心或体育活动场地合设 宜设 50mX25m 标准游泳池
	居民健身设施		1000 ~ 1500	1 ~ 1.5	按千人指标控制：千人用地面积 100m²			▲	△	宜结合小区及组团绿地设置户外健身场地，包括篮、排球及小型球类场地、游泳池、室外器械场地、慢跑道和儿童及老年人活动场地活动场所等设施
社区服务与行政管理设施	老年人福利院	2500 ~ 5000	2500 ~ 6000	10 ~ 20	2 ~ 4 个街道合设一处。按千人 1 床位控制规模。建筑面积 25m²／床，用地面积 25 ~ 30 m²／床	▲				区域统筹安排，应独立用地，每处容纳 100 ~ 200 床 建筑密度市区不宜大于 30%，郊区不宜大于 20%。老年人使用的步行道路应做成无障碍通道系统 服务内容为提供缺少家庭照顾的老年人的居住及文化娱乐
	老年人服务中心	300 ~ 350		5 ~ 10	每街道设一处	▲	△			可结合社区服务中心或街道办事处设置，应设于首层且有对外方便的出入口 服务内容为老年人餐饮、文娱、健身、医疗保健康复等
	托老所	150 ~ 450		0.75 ~ 2	按每千人 1 床位控制，建筑面积 20m²／床			△		可结合老年人服务中心设置，应满足无障碍设计要求 服务内容为老年人日托照管
	老年人服务站点	100 ~ 120		0.6 ~ 0.75	每 2000 户设一处老年人服务站点			▲		即"星光老年之家"。应设于首层且有对外方便的出入口。宜设于小区中心，结合或靠近同级中心绿地安排，宜与社区居委会合设

续表

类别	项目名称	一般规模（m^2/处）		服务规模（万人）	设置规定	设置级别				设置要求及服务内容
		建筑面积	用地面积			区域统筹	居住区级	小区级	组团级	
社区服务与行政管理设施	托儿所	600～800	1200	1～1.5				▲	△	应独立用地或与幼儿园合设 应保证每班不少于 $60m^2$ 的室外游戏场地，严禁种植有毒、带刺的植物 建筑层数不应超过 3 层，其日照间距系数按照相关规定执行
	街道办事处	800～1200		5～10	每街道设一处	▲	△			宜与派出所、市政及其他管理用房及社区服务中心合设形成管理服务中心。宜设于首层，结合其他建筑设置的，应保证首层不少于 $400m^2$ 的使用面积，且有对外方便的出入口
	派出所	1000～1500		5～10	每街道设一处	▲	△			宜与街道办事处、市政及其他管理用房及社区服务中心合设形成管理服务中心。应规划在主要或次要街道旁，或在可以通汽车的内街，并保证 400～$600m^2$ 的独立室外场地面积。宜设于首层，结合其他建筑设置的，应保证首层不少于 $400m^2$ 的使用面积，且有对外方便的出入口
	市政及其他管理用房	600		5～10	每街道设一处	▲	△			宜与街道办事处、派出所及社区服务中心形成管理服务中心。宜设于首层，结合其他建筑设置的，应保证 1/2 以上面积设在首层。包括燃气、电信、电视、供电、供水、雨污水、环卫、绿化以及工商、税务等管理用房
	社区服务中心	750～1500		5～10	每街道设一处 按千人指标控制 千人建筑面积 $150m^2$	▲	△			宜与街道办事处、派出所及市政及其他管理用房形成管理服务中心。宜设于首层，结合其他建筑设置的，应保证 1/2 以上的面积设在首层。设助残、家政服务、计划生育宣传咨询、婚姻中介等社会救助和便民利民服务项目
	社区居委会	100		0.6～0.75	每 2000 户设一处社区居委会			▲		应设于首层。宜设于小区中心，结合或靠近同级中心绿地安排，可结合其他建筑设置。含 $85m^2$ 居委会办公用房及 $15m^2$ 社区警务室

续表

类别	项目名称	一般规模（m^2/处）建筑面积	一般规模（m^2/处）用地面积	服务规模（万人）	设置规定	设置级别：区域统筹	设置级别：居住区级	设置级别：小区级	设置级别：组团级	设置要求及服务内容
	物业管理（含业主委员会）	>50			按照物业总建筑面积的0.2%配置 独立开发的居住用地均须配置					可结合其他建筑设置 服务内容为建筑与设备维修、保安、绿化、环卫管理等
邮政及市政公用设施	燃气供应站	200 ～ 300	400 ～ 500	5			△			应独立用地。服务半径为 1 ～ 3km 瓶装供应站的瓶库与住宅间距不应小于 15m，与重要公共建筑间距不小于 25m
	110 kV 变电站	A 型：1058 B 型：630	2000 ～ 4000 （1000 ～ 1500）	5 ～ 10	A 型建筑长、宽、高为 46m×23m×25m，B 型建筑长、宽、高为 36m×17.5m×25m。	▲	△			应独立用地
	垃圾压缩站 2 厢	280	560	8 ～ 12	建筑面宽、进深及净高为 15m×18.5m×4.5m；用地为 21m×26.5m	▲				新建垃圾压缩站由区域统筹安排，应独立用地。宜设 3 厢及以上垃圾压缩站。用地尽量紧靠主、次干道，方便运输，减少扰民。应保证 20%以上的绿化面积，并预留一定发展用地，绿化隔离带宽度不小于 3m，距离其他建筑距离不宜少于 10m
	垃圾压缩站 3 厢	510	890	13 ～ 17	建筑面宽、进深及净高为 27.5m×18.5m×4.5m；用地为 33.5m×26.5m					
	邮政所	300 ～ 500		1.5 ～ 3			▲	△		应设于建筑首层。首层安排确有困难时，可在二层配置不超过 120 ～ 140m^2 的建筑面积。首层净空高度应在 3.5m 以上，二层净空高度应在 2.7m 以上 业务包括电报、信函、包裹兑汇和报刊零售等
	公共厕所	50 ～ 70		0.25 ～ 0.5				▲		公共厕所宜临宽度大于 15m 的道路设置，设于公共建筑首层，并应易于识别，至少应设一个残疾人专用厕位 公共厕所面积不应小于 50m^2，有条件时附设 20m^2 环卫工具房 1 间

续表

类别	项目名称	一般规模（m^2/处）		服务规模（万人）	设置规定	设置级别				设置要求及服务内容
		建筑面积	用地面积			区域统筹	居住区级	小区级	组团级	
邮政及市政公用设施	社会停车场／库		>3500	5～10		▲				区域统筹安排，可独立用地，也可设于大型建筑地下
	公交首末站		1000～1400	3～5			△			区域统筹安排，应独立用地，并宜与居住区或小区开发同步建设
	出租车停靠站点		300～500	1～1.5				△		宜结合小区出入口设置
商业服务设施	肉菜市场（生鲜超市）	2000～2500		3～5			▲			肉菜市场应达到居住区级规模，城市边远地段的新区居住人口不足时允许设置小区级肉菜市场（生鲜超市） 新区肉菜市场宜独立用地，老城区允许结合非居住建筑设置。肉菜市场宜设在运输车辆易于进出的相对独立地段，与住宅要有一定的隔离措施；应保证全部或1/2以上的面积设在首层，且有方便的对外出入口，禁止露天设置。市场室内净空高度不应低于4m
		1000～1500		1～1.5				△		

注：1. 本表适用于广州市行政区域内居住区公共服务设施的规划、设计、建设和管理。有条件的区和县级市可以此表为下限制定适宜的居住区公共服务设施设置标准。

2. 本表中“区域统筹”公共服务设施是指服务规模超过居住区，需要进行区域统筹的面向居住生活服务的公共设施。

3. ▲为应设置的项目，△为宜设置的项目。

4. 本表采用“标准户”的概念，取户均3.2人，人均住宅建筑面积31m^2，每户100m^2的建筑面积作为1个标准户，建立公共服务设施与居住开发总量的对应关系。

5. 表中括号内数值为旧城改造用地不足时允许采用的指标。

6. 表中居住区指标不含小区和组团指标，小区指标含组团指标。

7. 表中未明确用地面积的，可结合其他建筑设置。要求首层设置的项目，若集中设置在公共服务中心大楼，规划设置要求视具体情况确定。

8. 综合文化活动中心的指标中不包含电影院面积。

9. 除肉菜市场之外的商业服务设施，按照每千人300~1000m^2，即每标准户1~3.3m^2控制建筑面积总量。商业设施宜独立用地或集中设置，居住区及小区内不得设置扰民设施。商业服务内容包括综合百货、超市、餐饮、中西药店、书报、银行、储蓄所、小型影视厅、电信营业所、美容、综合修理、再生资源回收站等。餐饮项目宜独立设置，将其噪声和气味的影响减至最低程度。

第二节　市政设施配套控制

城市是人口和物质财富聚集的区域，其生存和发展需要城市基础设施的支持，这些基础设施通常情况下包括交通、供电、燃气、供热、通信、给水、排水、防灾、环卫等各项市政设施。在城市规划中，市政设施配套规划属于《城市规划编制办法》规定的除道路交通规划以外的专业规划，在总体规划、分区规划、控制性详细规划和修建性详细规划四个规划层次中均包括相关内容要求。在这四个规划层次中，总体规划和分区规划中的市政设施规划一般解决城市宏观层面基础设施系统的基础布局，完成重要基础设施的基本格局与主干网络，为编制专业规划提供参考依据；在控制性详细规划和修建性详细规划中一般根据上一层次专业规划，完成具体区域内的基础设施配置和支线网络。

市政设施规划及控制与其同一层面的城市规划是一种相互影响与制约的关系，一方面，市政设施是保障城市功能正常运行的不可或缺的部分，另一方面，城市重要基础设施对用地布局也存在很大的影响。

除道路相关专项规划，目前市政设施配套包括给水、污水、雨水、电力、电信、燃气、供热、综合防灾等几个方面。

一、市政设施配套控制的工作流程

在城市规划中市政设施配套属于工程技术方面的范畴，其规划、设计及控制具有逻辑及量化的特征。市政设施配置的具体工作流程，是从现状分析开始，根据各类需求进行负荷预测，并据此进行市政资源的源头、场站及管网的控制。

（一）现状资料分析

现状基础资料的收集与分析是市政配套控制工作的基础。根据所收集资料的性质与专业类别，可将其分为自然资料、城市现状与规划资料、专业工程资料等。控制性详细规划中市政配套资料分析的目的，一方面是市政的控制需要与城市建设的现状相适应，另一方面是需要与上一层面，即总体规划和分区规划的市政配套控制进行协调。

（二）源的控制

整个市政设施配套控制的是各种支撑城市正常运转的流的流动，比如能源流（电力、燃气、供热）、水流（自来水、污水、雨水）和信息流（电信）。这些流的源包括各种流入的源头，比如自来水厂、变电站、燃气站等，也包括控制流流出的源头，比如污水处理场（站）、雨污水受纳水体或者用地。与总体规划控制整个城市的市政配套源头不同，控制性详细规划中市政配套源头的控制涉及与规划地块相关的特定源的分布、体量及流向等，比如供给地块水源的给水干管位置与走向、变电站的位置、发电量或变电容量，或者排水干管的位置、管径及走向等。

（三）场站控制

场站控制是指市政设施类别及其用地界限的控制。设施类别的控制包括确定各类市政设施的数量和体量，比如电力设施（变电站、配电所、变配电箱）、环卫设施（垃圾转运站、公共厕所、污水泵站）、电信设施（电话局、邮政局）、燃气设施（煤气调气站）、供热设施（供热调压装置）等。用地界限控制指对市政公用工程在地面上构筑物的位置、用地范围和周边一定范围内的用地和设施控制要求的引导性规定。用地控制应参照国家标准——《城市用地分类与规划建设用地标准》GBJ 137—90，对地块控制到中类和小类。

（四）管线控制

市政控制中管线规划涉及工程管线的走向、管径、管底标高、沟径等管线要素的确定，以明确各条管线所占空间位置及相互的空间关系，减少建设中的矛盾。

二、各专项规划的主要内容

（一）给水工程

控制性详细规划中的给水工程规划应在上一层次的总体规划或分区规划的给水工程规划的基础上进行编制，其编制内容应包括：①分析现状给水系统情况；②计算用水量，提出水压的要求；③落实上一层次规划给水设施数量、位置和用地范围；④布置给水管网并计算管径。根据这些内容，在控制性详细规划当中给水工程规划应包括以下几个方面。

1．计算用水量

根据用水目的不同，以及用水对象对水质、水量和水压的不同要求，城市用水可分为生活用水、生产用水、市政用水、消防用水四类。用水量标准是计算各类城市用水总量的基础，是城市给水排水工程规划的主要依据，并对城市用水管理也有重要作用。在《城市给水工程规划规范》GB 50282—98 中，城市用水量由两部分组成：

第一部分为规划期内城市给水工程统一供给的居民生活用水、工业用水、公共设施用水及其他用水水量的总和。第二部分为城市给水工程统一供给以外的所有用水水量总和。其中应包括：工业和公共设施自备水源供给的用水、河湖环境用水与航道用水、农业灌溉和养殖及畜牧业用水、农村居民和乡镇企业用水等。

城市给水工程统一供给的用水量应根据城市的地理位置、水资源状况、城市性质和规模、产业结构、国民经济和居民生活水平、工业回水率等因素确定。在控制性详细规划的规划编制实践中，统一供给的用水量计算一般使用以下两种方法：

（1）单位用地指标法

单位用地指标法是指根据规划的城市建设用地规模，合理确定单位用地的用水量指标，推算出城市用水总量。用水量指标应根据当地的具体情况，参照《城市给水工程规划规范》GB 50282—98（表 5–2–1 ～表 5–2–8）合理选定。单位用地指标法在城市详细规划中应用较为广泛。

(2) 分类加和法

分类加和法是分别对各类用水进行预测，求出各类用水量后再加和，得到总用水量。这种方法是人均综合用水指标法和单位用地指标法的细化。根据规划的人口规模可进行人均综合生活用水和居民生活用水的预测；根据不同性质的城市建设用地规模可进行工业用水、生活用水、公共设施用水、道路广场等其他用水的预测。分类加和法在城市各级规划的用水量预测计算中应用也较为广泛。

用水分类在不同的城市和不同规划阶段有差别，应视具体情况确定。基本的分类方法有几种，分别是：①分成居民生活用水、公共建筑用水、工业企业用水、市政用水（含道路和绿地等环境用水）、未预见用水五类；②分成综合生活用水和工业用水两类，其中综合生活用水包括居民生活、公建、市政等用水；③分成居民生活用水、公建用水及工业用水三类。

城市给水工程统一供给的用水量预测应用的指标可参照《城市给水工程规划规范》GB 50282—98，包括以下各表。

城市单位建设用地综合用水量指标表（单位：万 m^3/km^2・日）表 5-2-1

区域	城市规划			
	特大城市	大城市	中等城市	小城市
一区	1.0～1.6	0.8～1.4	0.6～1.0	0.4～0.8
二区	0.8～1.2	0.6～1.0	0.4～0.7	0.3～0.6
三区	0.6～1.0	0.5～0.8	0.3～0.6	0.25～0.5

注：1. 特大城市指市区和近郊区非农业人口 100 万及以上的城市；大城市指市区和近郊区非农业人口 50 万及以上不满 100 万的城市；中等城市指市区和近郊区非农业人口 20 万及以上不满 50 万的城市；小城市指市区和近郊区非农业人口不满 20 万的城市。
2. 一区包括：贵州、四川、湖北、湖南、江西、浙江、福建、广东、海南、上海、云南、江苏、安徽、重庆；
二区包括：黑龙江、吉林、辽宁、北京、天津、河北、山西、河南、山东、宁夏、陕西、内蒙古河套以东和甘肃黄河以东的地区；
三区包括：新疆、青海、西藏、内蒙古河套以西和甘肃黄河以西的地区。
3. 用水人口为城市总体规划确定的规划人口数（下同）。
4. 经济特区及其他有特殊情况的城市，应根据用水实际情况，用水指标可酌情增减（下同）。
5. 本表指标为规划最高日用水量指标（下同）。
6. 本表指标已包括管网漏失水量。

城市单位人口综合用水量指标表（单位：万 m^3／万人・日） 表 5-2-2

区域	城市规划			
	特大城市	大城市	中等城市	小城市
一区	0.8～1.2	0.7～1.1	0.6～1.0	0.4～0.8
二区	0.6～1.0	0.5～0.8	0.35～0.7	0.3～0.6
三区	0.5～0.8	0.4～0.7	0.3～0.6	0.25～0.5

注：1. 城市分类和分区与表 5-2-1 相同。
2. 本表指标已包括管网漏失水量。

城市给水工程统一供给的综合生活用水量的预测，应根据城市特点、居民生活水平等因素确定。人均综合生活用水量可采用表 5–2–3 中的指标。

人均综合生活用水量指标表（单位：L/ 人・日）　　表 5–2–3

区域	城市规划			
	特大城市	大城市	中等城市	小城市
一区	300 ~ 540	290 ~ 530	280 ~ 520	240 ~ 450
二区	230 ~ 400	210 ~ 380	190 ~ 360	190 ~ 350
三区	190 ~ 330	180 ~ 320	170 ~ 310	170 ~ 300

注：1. 城市分类和分区与表 5-2-1 相同。
2. 综合生活用水为城市居民日常生活用水和公共建筑用水之和，不包括浇洒花道、绿地、市政用水和管网漏失水量。

城市居住用地用水量应根据城市特点、居民生活水平等因素确定。单位居住用地用水量可采用表 5–2–4 中的指标。

单位居住用地用水量指标表（单位：万 m^3/km^2・日）　　表 5–2–4

用地代号	区域	城市规划			
		特大城市	大城市	中等城市	小城市
R	一区	1.70 ~ 2.50	1.50 ~ 2.30	1.30 ~ 2.10	1.10 ~ 1.90
	二区	1.40 ~ 2.10	1.25 ~ 1.90	1.10 ~ 1.70	0.95 ~ 1.50
	三区	1.25 ~ 1.80	1.10 ~ 1.60	0.95 ~ 1.40	0.80 ~ 1.30

注：1. 城市分类和分区与表 5-2-1 相同。
2. 本表指标已包括管网漏失水量。

城市公共设施用地用水量应根据城市规模、经济发展状况和商贸繁荣程度以及公共设施的类别、规模等因素确定。单位公共设施用地用水量可采用表 5–2–5 中的指标。

单位公共设施用地用水量指标表（单位：万 m^3/km^2・日）　　表 5–2–5

用地代号	用地名称	用水量指标
C	行政办公用地	0.50 ~ 1.00
	商贸金融用地	0.50 ~ 1.00
	体育、文化娱乐用地	0.50 ~ 1.00
	旅馆、服务业用地	1.00 ~ 1.50
	教育用地	1.00 ~ 1.50
	医疗、休疗养用地	1.00 ~ 1.50
	其他公共设施用地	0.80 ~ 1.20

注：本表指标已包括管网漏失水量。

城市工业用地用水量应根据产业结构、主体产业、生产规模及技术先进程度等因素确定。单位工业用地用水量可采用表 5–2–6 中的指标。

单位工业用地用水量指标表（单位：万 m^3/km^2·日）　　表 5–2–6

用地代号	工业用地类型	用水量指标
M1	一类工业用地	1.20 ~ 2.00
M2	二类工业用地	2.00 ~ 3.50
M3	三类工业用地	3.00 ~ 5.00

注：本表指标包括了工业用地中职工生活用水及管网漏失水量。

城市其他用地用水量可采用表 5–2–7 中的指标。

其他用地水量指标表（单位：万 m^3/km^2·日）　　表 5–2–7

用地代号	用地名称	用水量指标
W	仓储用地	0.20 ~ 0.50
T	对外交通用地	0.30 ~ 0.60
S	道路广场用地	0.20 ~ 0.30
U	市政公共设施用地	0.25 ~ 0.50
G	绿地	0.10 ~ 0.30
D	特殊用地	0.50 ~ 0.90

注：本表指标已包括管网漏失水量。根据近年来一些城市的实践，规划编制单位的意见反馈，普遍认为《城市给水工程规划规范》GB 50282—98 的用水量指标偏大，建议使用时可适当降低用水量指标。

2. 提出对水质的要求

城市统一供给的或自备水源供给的生活饮用水水质应符合现行国家标准《生活饮用水卫生标准》GB 5749 的规定。

城市统一供给的其他用水水质应符合相应的水质标准。

3. 布置给水设施和给水管网

当配水系统中需设置加压泵站时，其位置宜靠近用水集中地区。泵站用地应按规划期给水规模确定，其用地控制指标应按表 5–2–8 采用。泵站周围应设置宽度不小于 10m 的绿化地带，并宜与城市绿化用地相结合。

泵站用地控制指标　　表 5–2–8

建设规模（万 m^3/d）	用地指标（$m^2 \cdot d/m^3$）
5 ~ 10	0.25 ~ 0.20
10 ~ 30	0.20 ~ 0.10
30 ~ 50	0.10 ~ 0.03

注：1. 建设规模大的取下限，建设规模小的取上限。
2. 加压泵站设有大容量的朗节水池时，可报据需要增加用地。
3. 本指标包括站区周围绿化地带用地。

城市配水干管的设置及管径应根据城市规划布局、规划期给水规模并结合近期建设确定。其走向应沿现有或规划道路布置，并宜避开城市交通主干道。

管网布置必须保证供水安全可靠，宜布置成环状。即按主要流向布置几条平行干管，其间用连通管连接。干管尽可能布置在两侧有用水量较大的道路上，以减少配水管数量。平行的干管间距为 500 ~ 800m，连通管间距 800 ~ 1000m。干管尽可能布置在高地，若城市地形高差较大时，可考虑分压供水或局部加压。管线应遍布在整个给水区内。管线在城市道路中的埋设位置应符合现行国家标准《城市工程管线综合规划规范》的规定。

4. 计算输配水管渠管径，校核配水管网水量及水压

管网中用水量最高日最高时各管段的计算流量分配确定后，一般就作为确定管径 d 的依据。

$$d=4Q/V$$

式中 Q——最高日最高时各管段的计算流量；

V——管内流速。

5. 选择管材

给水管材主要有灰铸铁管、球墨铸铁管、钢管、钢筋混凝土管，应根据实际要求来选择。具体规定，详见《城市给水工程规划规范》GB 50282—98。

6. 消防栓

消防栓设置间距不大于 120m。消防站及车辆等配置遵照国家现行标准《城镇消防站布局与技术装备配备标准》。

（二）排水工程

城市排水按照来源和性质分为三类：生活污水、工业废水和降水。通常城市污水是指排入城市排水管道的生活污水和工业废水的总和，城市雨水则指在地面上径流的雨水和冰雪融化水而形成的降水。在城市规划的市政工程系统规划中，涉及前者的为城市污水工程规划，涉及后者的为城市雨水工程规划。

在市政工程系统规划中污水工程规划和雨水工程规划是相互关联又相互区别的两类市政规划。城市污水与雨水的排放方式决定了城市排水工程的排水体制，但在预测值的计算以及排放方式等几个方面两者具有显著的区别。

控制性详细规划中的污水工程规划应在污水分区规划或污水总体规划的基础上编制，其编制内容总体上应包括：①分析现状污水系统情况；②计算规划区污水量；③落实上一层次规划污水设施或确定规划区内污水设施种类、数量、位置和用地范围；④布置污水管道并计算管径。

控制性详细规划中的雨水工程规划应在雨水分区规划或雨水总体规划的基础上编制，其编制内容应包括：①分析现状雨水系统情况；②提出规划区雨水流量计算式；③落实上一层次规划雨水设施或确定规划区内雨水设施种类、数量、位置和用地范围；④布置雨水管道并计算管径。

有关城市污水工程和雨水工程的具体编制内容，包括以下几个方面。

1. 城市污水排放量和雨水量的计算

（1）污水量计算

城市污水量宜根据城市综合用水量（平均日）乘以城市污水排放系数确定。

其中城市综合生活污水量宜根据城市综合生活用水量（平均日）乘以城市综合生活污水排放系数确定。城市工业废水量宜根据城市工业用水量乘以城市工业废水排放系数，或由城市污水量减去城市综合生活污水量确定。

污水排放系数应是在一定的计算时间（年）内的污水排放量和用水量的比值。城市分类污水排放系数可依据《城市排水工程规划规范》GB 50318—2000 中的相关参数，按表 5–2–9 确定。

城市分类污水排放系数　　表 5–2–9

城市污水分类	污水排放系数
城市污水	0.70 ~ 0.80
城市综合生活污水	0.80 ~ 0.90
城市工业废水	0.70 ~ 0.90

注：工业废水排放系数不含石油、天然气开采业和煤炭及其他矿采业以及电力蒸汽热水产工业废水排放系数，其数值应按厂、矿区的气候、水文地质条件和废水利用、排放方式确定。

在实际的规划编制中，污水量的计算可能结合污水处理率来计算，具体计算是在上述计算结果的基础上乘以污水处理率作为最终污水量的计算结果。

（2）雨水量计算

城市雨水量计算应与城市防洪、排涝系统规划相协调。雨水量应按下式计算确定：

$$Q=q\Phi F$$

式中　Q——雨水量（L/s）；

q——暴雨强度（L/s · ha）；

Φ——径流系数；

F——汇水面积（ha）。

城市暴雨强度计算应采用当地的城市暴雨强度公式。当规划城市无上述资料时，可采用地理环境及气候相似的邻近城市暴雨强度公式。

径流系数可按表 5–2–10 确定。

径流系数表　　表 5–2–10

区域情况	径流系数（Φ）
城市建筑密集区（城市中心区）	0.60 ~ 0.85
城市建筑较密集区（一般规划区）	0.45 ~ 0.60
城市建筑稀疏区（公园、绿地等）	0.20 ~ 0.45

2. 排水体制、废水受纳体及排水分区的确定

城市排水体制分为分流制与合流制两种基本类型。城市排水体制应根据城市总体规划、环境保护要求，当地自然条件（地理位置、地形及气候）和废水受纳体条件，结合城市污水的水质、水量及城市原有排水设施情况，经综合分析比较确定。同一个城市的不同地区可采用不同的排水体制。新建城市、扩

建新区、新开发区或旧城改造地区的排水系统应采用分流制，在有条件的城市可采用截流初期雨水的分流制排水系统。

城市废水受纳体是接纳城市雨水和达标排放污水的地域，包括水体和土地。受纳水体应是天然江、河、湖、海和人工水库、运河等地面水体。受纳土地是荒地、废地、劣质地、湿地以及坑、塘、淀、洼等。城市废水受纳体应符合下列条件：①污水受纳水体应符合经批准的水域功能类别的环境保护要求，现有水体或采取引水增容后水体应具有足够的环境容量，雨水受纳水体应有足够的排泄能力或容量；②受纳土地应具有足够的容量，同时不应污染环境、影响城市发展及农业生产。

排水系统应根据城市规划布局，结合竖向规划和道路布局、坡向以及城市废水受纳体和污水处理厂位置进行流域划分和系统布局。对污水工程的排水分区，需要以污水流向污水处理厂的总体流向，根据在不同地形条件下流向局部主干管的污水汇流区域作为污水排水分区的划分。对雨水工程的排水分区，则以雨水受纳水体的分布，以就近排入水体的雨水汇流区域作为雨水工程排水分区划分的依据。

3. 排水设施的布置

规划中的排水系统主要包括两部分，排水设施设置和主要排水管道的走向。排水设施包括污水处理厂、污水泵站、雨水泵站等。

城市污水处理厂的规划布局应根据城市规模、布局及城市污水系统分布，结合城市污水受纳体位置、环境容量和处理后污水、污泥出路，经综合评价后确定。城市污水处理厂位置的选择宜符合下列要求：①在城市水系的下游并应符合供水水源防护要求；②在城市夏季最小频率风向的上风侧；③与城市规划居住、公共设施保持一定的卫生防护距离；④靠近污水、污泥的排放和利用地段；⑤应有方便的交通、运输和水电条件。城市污水处理厂规划用地指标宜根据规划期建设规模和处理级别按照表 5-2-11 的规定确定。

城市污水处理厂规划用地指标表（单位：$m^2 \cdot d/m^3$）　　表 5-2-11

建设规模	污水流量（L/s）				
	20 万以上	10 ~ 20 万	5 ~ 10 万	2 ~ 5 万	1 ~ 2 万
用地指标	一级污水处理指标				
	0.3 ~ 0.5	0.4 ~ 0.6	0.5 ~ 0.8	0.6 ~ 1.0	0.6 ~ 1.4
	二级污水处理指标（一）				
	0.5 ~ 0.8	0.6 ~ 0.9	0.8 ~ 1.2	1.0 ~ 1.5	1.0 ~ 2.0
	二级污水处理指标（二）				
	0.6 ~ 1.0	0.8 ~ 1.2	1.0 ~ 2.5	2.5 ~ 4.0	4.0 ~ 6.0

在污水处理厂建设的污水处理工艺初步方案方面，依据污水的水质、水量确定污水处理工艺。一级处理工艺流程大体为泵房、沉砂、沉淀及污泥浓缩

和干化处理。二级处理（一）其工艺流程大体为泵房、沉砂、初次沉淀、曝气、二次沉淀及污泥浓缩、干化处理。二级处理（二）其工艺流程大体为泵房、沉砂、初次沉淀、曝气、二次沉淀、消毒及污泥提升、浓缩、消化、脱水及沼气利用等。

排水泵站的设定按表 5–2–12 和表 5–2–13 的要求。

污水泵站规划用地指标表（单位：$m^2 \cdot s/L$）　　表 5–2–12

建设规模	污水流量（L/s）				
	2000 以上	1000 ~ 2000	600 ~ 1000	300 ~ 600	100 ~ 300
用地指标	1.5 ~ 3.0	2.0 ~ 4.0	2.5 ~ 3.5	3.0 ~ 6.0	4.0 ~ 7.0

注：1. 用地指标是按生产必需的土地面积；
2. 雨污水泵站规模按最大秒流量计；
3. 本指标未包括站区周围绿化带用地。

雨水泵站规划用地指标表（单位：$m^2 \cdot s/L$）　　表 5–2–13

建设规模	雨水流量（L/s）			
	20000 以上	10000 ~ 20000	5000 ~ 10000	1000 ~ 5000
用地指标	0.4 ~ 0.6	0.5 ~ 0.7	0.6 ~ 0.8	0.8 ~ 1.1

注：1. 用地指标是按生产必需的土地面积；
2. 雨水泵站规模按最大秒流量计；
3. 本指标未包括站区周围绿化带用地；
4. 合流泵站可参考雨水泵站指标。

4. 排水管网的布置

排水管沟系统应根据城市和建设情况统一布置，结合街区及道路规划布置，分期建设。排水管沟断面尺寸应按规划最大流量设定。管沟平面位置和高程，应根据地形、图纸、地下水位、道路情况、原有的和规划的地下设施以及施工条件等因素综合考虑确定。排水管宜沿城市道路敷设，并与道路中心线平行，宜设在快车道以外。截留干管沿受纳水体岸边布置。

在污水规划整个布局内，对管道系统的埋设深度起控制作用的点称为控制点。这些控制点中离出水口或污水处理厂最远或最低的一点，就是整个污水排水系统的控制点。控制点处管道的埋深，往往影响整个污水管道系统的埋深。在规划设计时，尽量采取一些措施来减少控制点管道的埋深，如增加管道强度、减少埋深；填土提高地面高程以保证最小覆土厚度；必要时设置泵站，提高管位等。

污水管沟的设计，应以重力流为主，不设或少设泵站。当无法采用重力流或重力流不经济时，可采用压力流。污水泵站的设计流量，应按泵站进水总管的最高时流量计算确定。雨水管沟的设计，应充分利用城市中的洼地、池塘和湖泊调节雨水径流，必要时可建人工调节池。城市排水自流排放困难地区的雨水，可采用雨水泵站或与城市排涝系统相结合的方式排放，以重力流为主，就近接入水体；尽量不设或少设雨水泵站。雨水泵站的设计流量，应按泵站吸水池调蓄能力计算确定。

（三）供电工程

供电工程规划应在电力分区规划或电力总体规划的基础上，编制城市详细规划阶段中的电力规划，其编制内容包括：①分析规划区电力系统现状，确定供电条件；②计算规划区用电负荷，确定供配电设施容量；③落实上一层次规划安排在本规划区的供配电设施；④确定规划区供电设施的数量、容量、位置及用地面积；⑤确定中压配电线路回数、走向、导线截面及敷设方式。

有关城市供电工程的具体编制内容，包括以下几个方面。

1. 资料收集

城市控制性详细规划中供电工程系统规划需要收集的资料包括：现状变电站容量、电压等级、位置、现状负荷；附近地区电源与本地区联系关系；规划区域电力网的地理接线图；规划区域的各类规划人口预测值；规划区域内各类规划用地的用地平衡表；详细规划区道路网、各类设施分布现状及规划资料；上一层次规划以及电力专项规划等。

2. 负荷预测

城市电力负荷预测可采用两种方法：一种方法是从用电量预测入手，然后由用电量转化为规划区的负荷预测；另一种方法是从计算规划区现有的负荷密度入手进行预测。两种方法可以相互校核。在控制性详细规划中，电力负荷预测较为常见的方法为建设用地负荷指标法，这一方法首先确定规划区中各类用地的规划电力负荷密度指标，然后根据各类用地地块面积乘积后加和。

负荷预测中各类用地或人口的规划用电指标，可根据《城市电力规划规范》GB 50293—1999 中的值进行确定。见表 5-2-14 和表 5-2-15。

规划单位建筑面积负荷指标表　　表 5-2-14

建筑用电类别	单位建筑面积负荷指标（W/m^2）	建筑用电类别	单位建筑面积负荷指标（W/m^2）
居住建筑用电	20 ~ 60（1.4 ~ 4kW/户）	工业建筑用电	20 ~ 80
公共建筑用电	30 ~ 120		

注：超出表中三大类建筑以外的其他各类建筑的规划单位建筑面积负荷指标的选取，可结合当地实际情况和规划要求，因地制宜确定。

规划单位建设用地负荷指标表　　表 5-2-15

城市建设用地用电类别	单位建设用地负荷指标（kW/ha）	城市建设用地用电类别	单位建设用地负荷指标（kW/ha）
居住用地用电	100 ~ 400	工业用地用电	200 ~ 800
公共设施用地用电	300 ~ 1200		

注：1. 城市建设用地包括：居住用地、公共设施用地、工业用地、仓储用地、对外交通用地、道路广场用地、市政公用设施用地、绿化用地和特殊用地八大类，不包括水域和其他用地；
2. 超出表中三大类建设用地以外的其他各类建设用地的规划单位建设用地负荷指标的选取，可根据所在城市的具体情况确定。

3．供电设施的设置

依据城市电力总体规划和分区规划中所确定的电源容量、位置及其用地，以及规划区域内的电力负荷预测，确定规划区供电电源的容量、数量、位置及用地，同时布置规划区内中压配电网或中、高压配电网，确定其变电所、开关站的容量、数量、结构形式、位置及用地。

城市变电站的用地面积，应按变电所最终规模规划预留。变电所用地的预留面积可根据表5–2–16和表5–2–17中的规定。

35～110kV变电所规划用地面积控制指标表　　表5–2–16

序号	变压等级（kV）一级变压／二级变压	主变电器容量（MVA/台（组））	变电所结构形式及用地面积（m^2）		
			全户外式用地面积	半户外式用地面积	户内式用地面积
1	110（66）/10	20～63/2～3	3500～5500	1500～3000	800～1500
2	35/10	5.6～31.5/2～3	2000～3500	1000～2000	500～1000

变电所选址应满足的条件包括：①符合城市总体规划用地布局要求；②要接近负荷中心；③便于进出线；④交通运输要方便；⑤应考虑对周围环境和邻近工程设施的影响和协调，如军事设施、通讯电台、电信局、飞机场、领（导）航台、国家重点风景旅游区等；⑥宜避开易燃、易爆区和大气严重污染区及严重烟雾区；⑦要满足防洪要求：220～500kV变电所所址标高宜高于洪水频率为1%的高水位，35～110kV变电所的所址标高宜高于洪水频率为2%的高水位；⑧应有良好的地质条件，避开断层、滑坡、塌陷区、溶洞地带、山区风口和易发生滚石场所等不良地质构造。

220～550kV变电所规划用地面积控制指标　　表5–2–17

序号	变压等级（kV）一级变压／二级变压	主变电器容量（MVA/台（组））	变电所结构形式	用地面积（m^2）
1	500/220	750/2	户外式	98000～110000
2	330/220及330/110	90～240/2	户外式	45000～55000
3	330/110及330/10	90～240/2	户外式	40000～47000
4	220/110(65，35)及220/10	90～180/2～3	户外式	12000～30000
5	220/110(65，35)	90～180/2～3	户外式	8000～20000
6	220/110(65，35)	90～180/2～3	半户外式	5000～8000
7	220/110(65，35)	90～180/2～3	户内式	2000～4500

当66～220kV变电所的二次侧35kV或10kV出线走廊受到限制，或者35kV或10kV配电装置间隔不足，且无扩建余地时，宜规划建设开关站。根据负荷分布，开关站宜均匀布置，10kV开关站宜与10kV配电所联体建设。

4．电力线路敷设

确定详细规划区中的中高压电力线路的路径、敷设方式及高压线走廊（或地下电缆通道）宽度。35kV 及以上高压架空电力线路应规划专用通道，并应加以保护；规划新建 66kV 及以上高压架空线路，不应穿越市中心区及重要风景旅游区；宜避开空气严重污染区或有爆炸危险品的建筑物、堆场、仓库，否则应采取防护措施。应满足防洪、抗震要求。

城市高压架空电力线路走廊宽度的确定应综合考虑所在城市的气象条件、导线最大风向偏、边导线与建筑物之间安全距离、导线最大弧垂、导线排列方式以及杆塔形式、杆塔挡距等因素，通过技术经济比较后确定。市区内单杆单回水平排列或单杆多回垂直排列的 35 ～ 500kV 高压架空线路的规划走廊宽度，应根据所在城市的地理位置、地形、地貌、水文、地质、气象等条件及当地用地条件，结合表 5-2-18 的规定，合理选定。

市区 35 ～ 500kV 高压架空电力线路规划走廊宽度　　表 5-2-18

线路电压等级（kV）	高压线走廊宽度（m）	线路电压等级（kV）	高压线走廊宽度（m）
500	60 ～ 75	66、110	15 ～ 25
330	35 ～ 45	35	12 ～ 20
220	30 ～ 40		

市区内规划新建的 35kV 以上电力线路在市中心、高层建筑群区、市区主干道、繁华街道等或在重要风景旅游区和对架空裸线有严重腐蚀性的地区要采取地下电缆方式敷设。

（四）通信工程

控制性详细规划中的通信工程规划应在通信分区规划或通信总体规划的基础上编制，其编制内容包括：①预测规划区内的通信需求；②落实上一层次规划的电信设施；③确定本规划区内的电信局数量、规模、位置及用地面积；④提出规划区内各种通信管线的路由、敷设方式、管孔数及其他相关要求；⑤落实规划区内其他广播通信设施数量、位置及用地面积；⑥落实规划区内邮政设施数量、等级及用地面积。

有关城市供电工程的具体编制内容，包括以下几个方面。

1．通信负荷的预测

城市通信工程规划涉及城市固定电话网、邮政、广播电视、城市无线通信、城市有线通信线路等。在编制实践中，通信工程规划一般情况下的重点在城市固定电话网、邮政、有线电视网络等几个方面。

在城市固定电话容量的预测方面，在控制性详细规划这一层面的深度一般基于以下几个指标：居民用户电信容量以居民户数及每户拥有的电话数进行计算；公建用地电信容量以公建用地面积或公建建筑面积计算；工业用地电信容量以一定面积的工业用地面积或工业建筑面积计算。规划区域的固定电话容量为以上几方面的预测之和。表 5-2-19 为若干城市综合的小区预测指标，可在规划编制时参考使用。

按建筑面积测算的若干城市综合的小区预测指标　　表 5-2-19

建筑、用户性质分类			需要率指标	
			①经济发达城市	②一般城市
住宅电话	别墅	① 400 ~ 500m²/户	2.5 ~ 3 线 /400 ~ 500m²	1.8 ~ 2 线 /300 ~ 400m²
		② 300 ~ 400m²/户		
		① 200 ~ 300m²/户	1.8 ~ 2.4 线 /200 ~ 300m²	1.3 ~ 1.5 线 /200 ~ 250m²
		② 200 ~ 250m²/户		
	公寓	120 ~ 140m²/套	2 ~ 2.5 线 /120 ~ 140m²	1.8 ~ 2 线 /120 ~ 140m²
		80 ~ 120m²/套	1.7 ~ 2.0 线 /80 ~ 120m²	1.3 ~ 1.5 线 /80 ~ 120m²
	楼房	140m²/户	1.6 ~ 1.8 线 /140m²	1.3 ~ 1.5 线 /140m²
		110 ~ 120m²/户	1.2 线 /110 ~ 120m²	0.9 ~ 1 线 /110 ~ 120m²
		60 ~ 90m²/户	0.9 ~ 1 线 /60 ~ 90m²	0.8 ~ 0.9 线 /60 ~ 90m²
业务电话	写字楼	高级	1 部 /25 m²	1 部 /30 m²
		普通	1 部 /35 m²	1 部 /40 m²
	行政办公楼	高级	1 部 /30 m²	1 部 /35 m²
		普通单位	1 部 /40 m²	1 部 /45 m²
	商业楼	大商场	1 线 /60 ~ 100m²	1 线 /80 ~ 130m²
		贸易市场	1 线 /30 ~ 35m²	1 线 /40 ~ 45m²
		商店	1 线 /25 ~ 50m²	1 线 /25 ~ 55m²
		金融大厦	1 部 /25m²	1 部 /30m²
		宾馆	1 部 /20 ~ 25m²	1 部 /25 ~ 30m²
		旅馆	1 部 /40 ~ 45m²	1 部 /45 ~ 50m²
	大厂房	轻工业类	1 部 /100 ~ 150m²	1 部 /120 ~ 160m²
		重工业类	1 部 /150 ~ 180m²	1 部 /150 ~ 200m²

2. 电信局所及邮政局所布置

(1) 电信局所布置

电信局所的选址原则为：接近计算的线路网中心；避开靠近 110kV 及以上变电站和线路的地点，避免强电对弱电的干扰；便于近局电缆两路进线和电缆管道的敷设。同时兼营业服务点的局所和单局制局所一般宜在城市中心选址。

电信局所一般分枢纽局、汇接局、端局，局所规划趋向少局所，大容量，多模块。局所预留用地面积，可参考如下在参照有关规定和统计基础上制定的表格（表 5-2-20）。

电信局所规划参考技术指标　　表 5-2-20

局所容量	2 万门	3 万门	4 万门	5 万门	6 万门	8 万门	10 万门
占地面积（m²）	2000	2500	3000	3500	4000	4500	5000
机房建筑面积（m²）	4000	5000	6000	7000	8000	9000	10000
附属建筑面积（m²）	400	500	600	700	800	1000	1200

续表

服务半径(km)	0.5～1.0	1.0～1.5	1.5～2.0	2.0～2.5	2.0～2.5	2.5～3.0	3.0～3.5
服务人口规模（万人）	2.8～3.1	4.3～4.6	5.7～6.2	7.1～7.7	8.6～9.2	11.4～12.3	14.3～15.4
出局管道孔数	36孔	40孔	48孔	30孔×2	36孔×2	48孔×2	48孔×2

（2）邮政局所布置

邮政通信网是邮政支局所及其他设施和各级邮件处理中心，邮政支局所属基本服务网点，通过邮路相互了解所组成的传递邮件的网络系统。在城市详细规划阶段，应考虑详细规划范围邮政支局所的分布位置、规模等，并落实涉及总体规划中上述设置的位置与规模。我国邮政主管部门制定的城市邮政服务网点设置参考指标见表5—2—21。

邮政服务网点设置参考值　　表5—2—21

城市人口密度（万人/km^2）	服务半径（km）	城市人口密度（万人/km^2）	服务半径（km）
>2.5	0.5	0.5～1.0	0.81～1
2.0～2.5	0.51～0.6	0.1～0.5	1.0～12
1.5～2.0	0.61～0.7	0.05～0.1	2.01～3
1.0～1.5	0.71～0.8		

邮政局应设在闹市区、居民集聚区、文化旅游区、公共活动场所、大型工矿企业、大专院校所在地。局址要交通便利。

3．通信管线敷设

通信线路敷设方式有管道、直埋、架空、水底敷设等方式。

管道宜敷设在人行道下，若在人行道下无法敷设，可敷设在非机动车道下，不宜敷设在机动车道下。管道中心线应与道路中心线或建筑红线平行，管道位置宜与电杆位于道路同侧，便于电缆引上，管道不宜敷设在埋深较大的其他管线附近。

管道埋深不宜小于0.8m，不超过1.2m。管道敷设应有一定的倾斜度，管道坡度可为0.3%～0.4%，不得小于0.25%，以利于渗入管内的地下水流向入孔，便于排水。

4．电台、微波站、卫星通信设施控制保护线

电台选址应有安全、卫生、安静的环境，应考虑临近的高压电站、电气化铁道、广播电视、雷达、无线电发射台等干扰源的影响。无线电台址中心距军事设施、机场、大型桥梁等的距离不得小于5km。天线场地边缘距主干铁路不得小于1km。

微波站应设置在电视发射台（转播台）内，或人口密集的待建台地区，以保障主要发射台；地质条件要好；站址通信方向近处应较开阔、无阻挡或反射电波的显著物体。微波天线位置和高度必须满足线路设计参数对天线位置和高度的要求。在传输方向的近场区内，天线口面边的锥体张角约20°，前方净空距离为天线口面直径 D 的 10 倍范围内应无树木、房舍和其他障碍物。

（五）燃气工程

控制性详细规划中的燃气工程规划应在燃气分区规划或燃气总体规划的基础上编制，其编制内容包括：①现状燃气系统和用气情况分析，上一层次规划要求及外围供气设施；②计算燃气负荷；③落实上一层次燃气设施；④确定输配气设施数量、规模、位置及用地面积；⑤布置燃气配气管网；⑥计算燃气配气管径。

有关城市燃气工程的具体编制内容，包括以下几个方面。

1. 燃气用量的预测

详细规划阶段燃气负荷的计算多采用不均匀系数法，一般以小时计算流量为依据确定燃气管网及设备的通过能力。其计算公式为：

$$Q_j=\frac{Q_y}{365\times 24}\times K_m K_d K_h$$

式中 Q_j——燃气的计算流量（m^3/h）；

Q_y——燃气的年用气量（m^3/年）；

K_m——月高峰系数；K_m=1.1～1.3；

K_d——日高峰系数；K_d=1.05～1.2；

K_h——小时高峰系数；K_h=2.2～3.2。

根据燃气的年用气量指标可以估算城市年燃气用量。根据《城镇燃气设计规范》GB 50028—93（2002 年版），城镇居民生活用气量标准和几种公共建筑用气量标准见表 5–2–22 和表 5–2–23。

城镇居民生活用气量指标

[MJ/（人·年）1.0×10^{4}kcal/（人·年）]　　表 5–2–22

城镇地区	有集中采暖的用户	无集中采暖的用户
东北地区	2303～2721（55～65）	1884～2303（45～55）
华东、中南地区		2093～2305（50～55）
北京	2721～3140（65～75）	2512～2931（60～70）
成都		2512～2931（60～70）

注：1. 本表系一户装有一个煤气表的居民用户在住宅内做饭和热水的用气量，不适用于瓶装液化石油气居民用户。

2. “采暖”系指非暖气采暖。

3. 燃气热值按低热值计算。

几种公共建筑用气量指标 表 5-2-23

类别		单位	用气量指标
职工食堂		MJ/人·年（1.0×10^4kcal/人·年）	1884 ~ 2303（45 ~ 55）
饮食业		MJ/座·年（1.0×10^4kcal/座·年）	7955 ~ 9211（190 ~ 220）
托儿所幼儿园	全托	MJ/人·年（1.0×10^4kcal/人·年）	1884 ~ 2512（45 ~ 60）
	半托	MJ/人·年（1.0×10^4kcal/人·年）	1256 ~ 1675（30 ~ 40）
医院		MJ/床位·年（1.0×10^4kcal/床位·年）	2913 ~ 4187（70 ~ 100）
旅馆、招待所	有餐厅	MJ/床位·年（1.0×10^4kcal/床位·年）	3350 ~ 5024（80 ~ 120）
	无餐厅	MJ/床位·年（1.0×10^4kcal/床位·年）	670 ~ 1047（16 ~ 25）
高级宾馆		MJ/人·年（1.0×10^4kcal/人·年）	8374 ~ 10467（200 ~ 250）
理发		MJ/人·次（1.0×10^4kcal/人·次）	3.35 ~ 4.19（0.08 ~ 0.1）

2. 燃气气源与燃气输配管网形制的选择

城市燃气气源主要分为三大类（人工煤气、天然气、液化石油气）十余种。选择哪一类、哪一种气源是城市规划编制一个很重要的工作。一般情况下，燃气气源在详细规划的上一层次的规划编制或者燃气专项规划中确定。

城市燃气管道的压力分级是燃气规划中另外一个重要的方面，直接决定了燃气设施及燃气管网的布置。按照规范，我国城市燃气管道的压力分为 5 级，分别为高压燃气管道 A、高压燃气管道 B、中压燃气管道 A、中压燃气管道 B 和低压燃气管道。城市燃气输配管网可以根据整个系统中管网的不同压力级制的数量分为一级管网系统、二级管网系统、三级管网系统和混合管网系统。不同的管网系统具有不同的优缺点，规划编制中的具体选择根据实际情况以及相关规划确定。

3. 燃气输配设施布局与规划

城市燃气输配设施主要包括天然气门站、燃气储配站、燃气调压站、液化石油气混气站、液化石油气气化站与液化石油气瓶装供应站。

天然气门站站址的选择原则包括：门站与民用建筑之间的防火间距不应小于 25.0m，距主要的公共建筑不小于 50m；应具有适宜的地形、工程地质、供电、给排水和通讯等条件；宜靠近城镇用气负荷中心地区；应结合长输管线位置确定；门站的控制用地一般为 1000 ~ 5000m^2。

燃气储配站与周围建、构筑物的防火间距必须符合现行的国家标准《建筑设计防火规范》GBJ 16—86（1977 年修订版）的规定，并应远离居民稠密区、大型公共建筑、主要物资仓库以及通讯和交通枢纽等主要设施；应具有适宜的地形、工程地质、供电、给排水条件；储配站用地一般与罐容和储罐的类型有关，占地为 0.6 ~ 4.8hm^2。

燃气调压站供气半径以 0.5km 为宜，当用户分布较散或供气区域狭长时，可考虑适当加大供气半径；应尽量布置在负荷中心，避开人流量大的地区，并尽量减少对景观环境的影响；调压站设置时应保证必要的防护距离。

液化石油混气站的用地根据混气规模不同一般为 3500 ~ 7000m² （表 5–2–24），气化站的用地根据气化规模不同一般为 1000 ~ 3000m²（表 5–2–25）。布置气化站、混气站时，除满足自身用地外，主要还考虑与站外建筑的防火间距。

液化石油气瓶装供应站主要为居民用户和小型公共建筑服务，供气规模以 5000 ~ 7000 户为宜，一般不超过 10000 户。当供应站较多时，几个供应站可设一管理所。瓶装供应站站址应选择在供应区域的中心，以便于居民换气。供应半径一般不超过 0.5 ~ 1.0km。瓶装供应站用地面积一般在 500 ~ 600 m²，管理所面积较大 600 ~ 700m²。

规划液化石油气供应站的用地见表 5–2–26。

混气站规模及占地指标表　　　　表 5–2–24

混气能力（万 m³/ 日）	占地面积（m²）
4.1	3500
6	5400
7.4	7000

液化石油气气化站规模及占地指标表　　　　表 5–2–25

规模（户数）	占地面积（m²）
450	400
1400	1500
6000	2500

液化石油气供应站主要技术指标及用地指标表　　　　表 5–2–26

供应规模（t/ 年）	供应户数（户）	日供应量（t/ 日）	占地面积（hm³）	储罐总容积（m³）
1000	5000 ~ 5500	3	1.0	200
5000	25000 ~ 27000	13	1.4	800
10000	50000 ~ 27000	28	1.5	1600 ~ 2000

4. 规划布局燃气输配管网、计算管径

主要干管依据总体规划和分区规划所确定，布置支管，并且要沿路布置。燃气管网要避免与高压电缆平行敷设。

（六）供热工程

控制性详细规划中的供热工程规划应在供热分区规划或供热总体规划的基础上编制，其编制内容包括：①分析供热现状，了解规划区内可利用的热源；②预测规划区供热负荷；③落实上一层次规划确定的供热设施用地；④确定本规划区的锅炉房、热力站等供热设施数量、供热能力、位置及用地面积；⑤布置供热管道并计算管道规格，确定管道位置。

有关城市供热工程的具体编制内容，包括以下几个方面。

1. 热负荷预测

根据热能的最终用途，城市供热工程热负荷可以分为室温调节、生活热水与生产用热三大类。用于室温调节的采暖、供冷和通风热负荷，是城市热负荷最主要的组成部分。人们在生活中进行沐浴和清洁器具的生活热水热负荷，有部分为集中供热方式供给。生产用热水主要指用于企业生产的热负荷。

城市规划设计阶段民用热负荷主要为采暖热负荷，特别是冬季的采暖热负荷。采暖热负荷一般采用面积热指标法估算：

$$Q_h=q_h \cdot A \times 10^{-3} \quad (kW)$$

式中 Q_h——采暖设计热负荷（kW）；

q_h——采暖面积热指标（W/m^2）；

A——建筑物的建筑面积（m^2）。

其中采暖热指标可参照《城市热力网设计规范》CJJ 34—2002，见表5—2—27。

建筑采暖热指标表（单位：W/m^2）　　表5—2—27

建筑类型	住宅	居住区综合	学校办公	医院幼托	旅馆	商店	食堂餐厅	影剧院展览馆	大礼堂体育馆
未采取节能标准	58～64	60～67	60～80	65～80	60～70	65～80	115～140	95～115	115～165
采取节能标准	40～45	45～55	50～70	55～70	50～60	55～70	100～130	80～105	100～150

注：1. 表中数值适用于我国东北、华北、西北地区；
2. 热指标中包括约5%的热网热损失。

2. 规划布局供热设施和供热管网

供热设施包括各类锅炉房、热力站、中继泵站。热力站是供热网路与热用户的连接点，中继泵站是在网路供水或回水干管管段上设置的补水加压泵站。供热规划中布置各类供热设施的用地可参考《城市基础设施工程规划手册》，见表5—2—28至表5—2—31。

不同规模热水锅炉房的用地面积参考表　　表5—2—28

锅炉房总容量（MW）	用地面积（hm^2）
5.8～11.6	0.3～0.5
11.6～35	0.6～1.0
35～58	1.1～1.5
58～116	1.6～2.5
116～232	2.46～3.5
232～350	4～5

不同规模蒸汽锅炉房的用地面积参考表　　表5—2—29

锅炉房额定蒸汽出力（t/h）	锅炉房内是否有汽水换热站	用地面积（hm^2）
10～20	无	0.25～0.45
	有	0.3～0.5

续表

锅炉房额定蒸汽出力（t/h）	锅炉房内是否有汽水换热站	用地面积（hm^2）
20～60	无	0.5～0.8
	有	0.6～1.0
60～100	无	0.8～1.2
	有	0.9～1.4

热力站建筑面积参考表 **表 5–2–30**

用户采暖面积（m^2）	热力站建筑面积（hm^2）
2.0～5.0	160
5.1～10.0	200
10.1～15.0	240
15.1～20.0	280
20.1～35.0	320

中继泵站面积估算表 **表 5–2–31**

中继泵站后的供热建筑面积（m^2）	10	20	50	100
用地面积（m^2）	200～250	300～350	400～500	500～600

3. 计算供热管道管径

见热水管网、管径估算表 5–2–32。

热水管网、管径估算表 **表 5–2–32**

热负荷		供回水温度（℃）									
		20		30		40（110～70）		60（130～70）		80（150～70）	
万 m^2	（MW）	流量（t/h）	管径（mm）	流量（t/h）	管径（mm）	流量（t/h）	管径（mm）	流量（t/h）	管径（mm）	流量（t/h）	管径（mm）
10	6.98	300	300	200	250	150	250	100	200	75	200
20	13.96	600	400	400	350	300	300	200	250	150	250
30	20.93	900	450	600	400	450	350	300	300	225	300
40	27.91	1200	600	800	450	600	400	400	350	300	300
50	34.89	1500	600	1000	500	750	450	500	400	375	350
60	41.87	1800	600	1200	600	900	450	600	400	450	350
70	48.85	2100	700	1400	600	1050	500	700	450	525	400
80	55.82	2400	700	1600	600	1200	600	800	450	600	400
90	62.80	2700	700	1800	600	1350	600	900	450	675	450
100	69.78	3000	800	2000	700	1500	600	1000	500	750	450
150	104.67	4500	900	3000	800	2250	700	1500	600	1125	500
200	139.56	6000	1000	4000	900	3000	800	2000	700	1500	600
250	174.45	7500	2×800	5000	900	3750	800	2500	700	1875	600
300	209.34	9000	2×900	6000	1000	4500	900	3000	800	2250	700
350	244.23	10560	2×900	7000	1000	5250	900	3500	800	2625	700
400	279.12			8000	2×900	6000	1000	4000	900	3000	800
450	314.01			9000	2×900	6750	1000	4500	900	3375	800

续表

热负荷		供回水温度（℃）									
		20		30		40（110～70）		60（130～70）		80（150～70）	
万 m^2	(MW)	流量 (t/h)	管径 (mm)	流量 (t/h)	管径 (mm)	流量 (t/h)	管径 (mm)	流量 (t/h)	管径 (mm)	流量 (t/h)	管径 (mm)
500	348.90			10000	2×900	7500	2×800	5000	900	3750	800
600	418.68					9000	2×900	6000	1000	4500	900
700	488.46					10500	2×900	7000	1000	5250	900
800	558.24							8000	2×900	6000	1000
900	628.02							9000	2×900	6750	1000
1000	697.80							10000	2×900	7500	2×800

注：当热指标 $70W/m^2$ 时，单位压降不超过 49Pa/m。

4．规划布局供热管网

供热管网布置要尽量避开主要交通干道和繁华的街道，以免给施工和运行管理带来困难。供热管道通常敷设在道路的一边，或是敷设在人行道下面。供热管道穿越河流或大型渠道时，可随桥架设或单独设置管桥，也可采用虹吸管由河底通过。

（七）管线综合

工程管线综合规划的任务是分析各类现状及规划工程管线，解决各种工程管线平面、竖向布置时管线之间以及与道路、铁路、构筑物存在的矛盾，做出综合规划设计，用以指导各类工程管线的工程设计。城市工程管线综合规划的主要内容包括：

(1) 确定城市工程管线在地下敷设时的排列顺序和工程管线间的最小水平净距、最小垂直净距；

(2) 确定城市工程管线在地下敷设时的最小覆土深度；

(3) 确定城市工程管线在架空敷设时管线及与杆线的平面位置及与周围建（构）筑物、道路、相邻工程管线间的最小水平净距和最小垂直净距。

编制工程管线综合规划设计时，应减少管线在道路叉口处交叉。当工程管线竖向位置发生矛盾时，宜按下列规定处理：

(1) 压力管线让重力自流管线；

(2) 可弯曲管线让不易弯曲管线；

(3) 分支管线让主干管线；

(4) 小管径管线让大管径管线。

工程管线在道路下面的规划位置宜相对固定。从道路红线向道路中心线方向平行布置的次序，应根据工程管线的性质、埋设深度等确定。分支线少、埋设深、检修周期短和可燃、易燃、损坏时对建筑物基础安全有影响的工程管线应远离建筑物。布置次序宜为：电力电缆、电信电缆、燃气配气、给水配水、热力干线、燃气输气、给水输水、雨水排水、污水排水。

城市工程管线综合规划应与城市道路、城市居住区、城市环境、给水工程、排水工程、热力工程、电力工程、燃气工程、电信工程、防洪工程、人防工程等专业规划协调，应符合现行有关标准、规范的规定。管线共沟敷设应符合以下规定：

（1）热力管不应与电力、通信电缆和压力管道共沟；

（2）排水管道应布置在沟底。当沟内有腐蚀性介质管道时，排水管道应位于其上面；

（3）腐蚀性介质管道的标高应低于沟内其他管线；

（4）火灾危险性属于甲、乙、丙类的液体、液化石油气、可燃气体、毒性气体和液体以及腐蚀性介质管道，不应共沟敷设，并严禁与消防水管共沟敷设；

（5）凡是互有影响的管线，不应共沟敷设。

（八）环卫工程

应在环卫总体规划或环卫分区规划的基础上，编制城市详细规划阶段中的环卫规划，其编制内容符合以下要求：

1. 估算规划范围内固体废弃物产量

（1）城市生活垃圾产量

主要有两种方法：一是人均指标法。据统计，目前我国城市人均生活垃圾产量为0.6～1.2kg左右。这个数值的变化幅度较大，主要受城市具体条件的影响，比如基础设施齐备的大城市的产量低，而中、小城市的产量高，南方城市的产量比北方城市的产量低。比较世界发达国家城市生活垃圾的产量情况，我国城市生活垃圾的规划人均指标以0.9～1.4kg为宜，由人均指标乘以规划的人口数则可得到城市生活垃圾的总量。二是增长率法。由递增系数，利用基准年数据算得规划年的城市生活垃圾总量，见以下公式：

$$W_t=W_0(1+i)^t$$

式中 W_t——规划年城市生活垃圾总量；

W_0——现状年城市生活垃圾总量；

i——年增长率；

t——预测年限。

（2）工业固体废物产量

主要有三种方法：一是单位产品法。即根据各行业的数据统计，得出每单位原料或产品的产废量。二是万元产值法。根据规划的工业产值乘以每万元的工业固体废物产生系数，则得出产量。参照我国部分城市的规划指标，可选用0.04～0.1t/万元。最好根据历年数据进行推算。三是增长率法，由上述公式计算。根据历史数据和城市产业发展规划，确定了增长率后计算。

2. 环卫设施布置

环卫设施布置包括废物箱、垃圾收集点、垃圾转运站、公厕、环卫管理机构等，需要确定其位置、服务半径、用地、防护隔离措施。

（1）废物箱

在道路两侧以及各类交通客运设施、公共设施、广场、社会停车场等的出入口附近应设置废物箱。设置在道路两侧的废物箱，其间距按道路功能划分：商业、金融业街道 50 ~ 100m，主干道、次干路、有辅道的快速路 100 ~ 200m；支路、有人行道的快速路 200 ~ 400m。

（2）垃圾收集点

生活垃圾收集点位置应固定，既要方便居民使用、不影响城市卫生和景观环境，又要便于分类投放和分类清运。生活垃圾收集点的服务半径不宜超过 70m，生活垃圾收集点可放置垃圾容器或建造垃圾容器间：市交通客运枢纽及其他产生生活垃圾量较大的设施附近应单独设置生活垃圾收集点。

（3）垃圾转运站

生活垃圾转运站宜靠近服务区域中心或生活垃圾产量较多且交通运输方便的地方，不宜设在公共设施集中区域和靠近人流、车流集中地区。生活垃圾转运站设置标准应符合表 5-2-33 的规定。

采用非机动车收运方式时，生活垃圾转运站服务半径宜为 0.4 ~ 1km；采用小型机动车收运方式时，其服务半径宜为 2 ~ 4km；采用大、中型机动车收运时，可根据实际情况确定其服务范围。

生活垃圾转运站设置标准　　表 5-2-33

转运量（t/d）	用地面积（m^2）	与相邻建筑间距（m）
>450	>800	>30
150 ~ 450	200 ~ 1000	≥ 15
50 ~ 150	800 ~ 300	≥ 10
<50	200 ~ 100	≥ 8

注：1. 用地面积内不包括垃圾分类和堆放作业用地。
2. 地面积中包括沿周边设置的绿化隔离带川地。
3. 次转运站宜偏上限选取用地指标。

（4）公厕

根据城市性质和人口密度，城市公共厕所平均设置密度应按每平方公里规划建设用地 3 ~ 5 座选取；人均规划建设用地指标低、居住用地及公共设施用地指标偏高的城市、旅游城市及小城市宜偏上限选取。

商业区、市场、客运交通枢纽、体育文化场馆、游乐场所、广场、大型社会停车场、公园及风景名胜区等人流集散场所附近应设置公共厕所。公共厕所位置应符合下列要求：①设置在人流较多的道路线路、大型公共建筑及公共活动场所附近；②独立式公共厕所与相邻建筑物间设置不小于 3m 宽绿化隔离带。

公共厕所宜与其他环境卫生设施合建。各类城市用地公共厕所的设置标准应采用表 5-2-34 的指标。

城市公共厕所用地标准　　表 5-2-34

城市用地类别	设置密度（座/km²）	设置间距	建筑面积	独立式公共厕所用地面积（m²/座）	备注
居住用地	3～5	500～800	30～60	60～100	旧城区宜取密度的高限，新区宜取密度的中、低限
公共设施用地	4～11	300～500	50～120	80～170	人流密度区域取高限密度、下限间距，人流稀疏区域取低限密度、上限间距。商业金融业用地宜取高限密度、下限间距。其他公共设施用地宜取中、低限密度，中、上限间距
工业用地 仓储用地	1～2	800～1000	30	60	

注：1. 其他各类城市用地的公共厕所设置可按以下原则：

a. 结合周边用地类别和道路类型综合考虑，若沿路设置，可按以下间距：主干道、次干道、有辅道的快速路：500~800m。

b. 支路、有人行道的快速路：800~1000m。

c. 公共厕所建筑面积根据服务人数确定。

d. 独立式公共厕所用地面积根据公共厕所建筑面积按相应比例确定。

2. 用地面积中不包含与相邻建筑物间的绿化隔离带用地。

（九）防灾规划

防灾规划主要包括消防规划、防洪规划、人防规划及抗震规划。

1. 消防规划

主要内容包括：提出消防对策，规划消防标准，布置消防站。

（1）消防对策

在我国，城市消防工作的方针是“预防为主，防消结合”。首先，在城市布局、建筑设计中，采取一系列防火措施，减少和防止火灾灾害；其次，消防队伍、消防设施建设、消防制度和指挥组织机制应健全，保证火灾的及时发现，报警和有效组织扑救。

（2）消防标准

城市的消防标准，主要体现在建（构）筑物的防火设计上。在城市消防工作中，国家制定的法律、规范、标准是重要的依据。与城市规划密切相关的有关规范有《建筑设计规范》、《高层民用建筑设计防护规范》、《消防站建筑设计规范》、《城镇消防站布局与技术装备标准》等。以下主要介绍有关道路消防要求、建筑消防间距方面的内容。

1）道路的消防要求

A. 当建筑沿街部分长度超过 150m 或总长度超过 220m 时，应设穿过建筑的消防车道。

B. 沿街建筑应设连接街道和内院的通道，其间距不大于 80m（可结合楼梯间设计）。

C．建筑物内开设消防车道，净高与净宽均应大于或等于 4m。

D．消防道路宽度应大于 3.5m，净空高度不应小于 4m。

E．尽端式消防道的回车场面积应大于等于 15m × 15m。

F．高层建筑宜设环行消防车道，或沿两长边设消防通道。

G．超过 3000 座的体育馆、超过 2000 座的会堂、占地面积超过 $3000m^2$ 的展览馆、博物馆、商场，宜设环行消防车道。

2）建筑物消防间距

建筑的间距保持也是消防要求的一个重要方面，我国有关规范要求多层建筑与多层建筑的防火间距应不小于 6m，高层建筑与多层建筑的防火间距不小于 9m，而高层建筑与高层建筑的防火间距不小于 13m。

3）消防设施

①消防站分级

A．一级消防站：拥有 6 ～ 7 辆车辆，占地 $3000m^2$。

B． 二级消防站：拥有 4 ～ 5 辆车辆，占地 $2500m^2$。

C． 三级消防站：拥有 3 辆车辆，占地 $2000m^2$。

②消防站设置要求

A．在接警 5 分钟后，消防队可达到责任区的边缘，消防站责任区的面积宜为 $4km^2$。

B．1.5 ～ 5 万人的小城镇可设 1 处消防站，5 万人以上的小城镇可设 1 ～ 2 处。

C．沿海、内河港口城市，应考虑设置水上消防站。

D．一些地处城市边缘或外围的大中型企业，消防队接警后难以在 5 分钟内赶到，应设专用消防站。

E．易燃、易爆危险品生产运输量大的地区，应设特种消防站。

③消防站布局要求

A．消防站应位于责任区的中心。

B．消防站应设于交通便利的地点，如城市干道一侧或十字路口附近。

C．消防站应与医院、小学、幼托以及人流集中的建筑保持 50m 以上的距离，防止相互干扰。

D．消防站应确保自身的安全，与危险品或易燃易爆品的生产储运设施或单位保持 200m 以上的间距，且位于这些设施的上风向或侧风向。

④消防栓设置要求

A．消防栓的间距应小于或等于 120m。

B．消防栓沿道路设置，靠近路口。当路宽大于等于 60m 时，宜双侧设置消防栓，消防栓距建筑墙体应大于 50cm。

2．防洪规划

主要包括：提出防洪标准及防洪排涝工程措施。

（1）防洪标准

城市根据其社会经济地位的重要程度和城（镇）区内城市人口数量分为四等，各等别的防洪标准，应按表 5–2–35 的规定确定。

城市等别和防洪标准　　表 5–2–35

等别	重要程度	城市人口（万人）	防洪标准（重现期：年）		
			河（江）洪、海啸	山洪	泥石流
Ⅰ	特别重要城市	≥ 150	≥ 200	100 ~ 50	>100
Ⅱ	重要城市	150 ~ 50	200 ~ 100	50 ~ 20	100 ~ 50
Ⅲ	中等城市	50 ~ 20	100 ~ 50	20 ~ 10	50 ~ 20
Ⅳ	一般城镇	≤ 20	50 ~ 20	10 ~ 5	20

市区和近郊区分别单独进行防护的城镇，其近郊区的防洪标准可适当降低。

位于山丘区的城市，当市区分布高程相差较大时，应分析不同量级的洪水可能淹没的范围，根据淹没区的重要程度和非农业人口数量以及主要市区和高程等因素，分析确定其防洪标准。

位于平原、湖洼地区，防御持续时间长的江河洪水或湖泊高位水的城市，一般可在表 5–2–35 规定的范围内，取较高的防洪标准。

其他设施，如河港、海港、机场、火电厂等可能的城市飞地，防洪标准见表 5–2–36、表 5–2–37、表 5–2–38 和表 5–2–39 所列。

江河港口的等别及防洪标准　　表 5–2–36

等别	重要性和受淹损失程度	防洪标准（重现年：年）	
		河网、平原河流	山区河流
Ⅰ	特别重要和重要城市的主要港口、受淹后损失巨大	100 ~ 50	50 ~ 20
Ⅱ	中等城市的主要港区、受淹后损失较大	50 ~ 20	20 ~ 10
Ⅲ	一般城镇的主要港区、受淹后损失较小	20 ~ 10	10 ~ 5

海港的等别和防涝标准　　表 5–2–37

等别	年吞吐量（万吨）	防洪标准（重现年：年）
Ⅰ	>1000	200 ~ 100
Ⅱ	1000 ~ 100	100 ~ 50
Ⅲ	<100	50 ~ 20

民用机场的等别和防洪标准　　表 5–2–38

等别	重要程度	防洪标准（重现年：年）
Ⅰ	特别重要航线机场	200 ~ 100
Ⅱ	重要航线机场	100 ~ 50
Ⅲ	一般航线机场	50 ~ 20

火电厂的等级和防洪标准　　表 5-2-39

等级	电厂规模	装机容量（万 kW）	防洪标准（重现年：年）
Ⅰ	特大型	≥ 100	≥ 200
Ⅱ	大型	100 ~ 25	200 ~ 100
Ⅲ	中型	25 ~ 2.5	100 ~ 50
Ⅳ	小型	≤ 2.5	≤ 50

城市防涝标准可用可防御暴雨的重现期或重现频率表示。对于城市的一般居住区和道路来说，防涝标准可取 1 年，对于城市中心区、工厂区、仓库区和主要街道与广场，防涝标准可取 2 年左右，特别重要的地区可取 3 ~ 5 年。

（2）防洪、防涝工程设施

①防洪堤墙

在城市中心区的堤防工程，宜采用防洪墙，防洪墙可采用钢筋混凝土结构，也可采用混凝土和浆砌石结构。

堤顶和防洪墙顶标高一般为设计洪（潮）水位加上超高，当堤顶设防浪墙时，堤顶标高应高于洪（潮）水位 0.5m 以上。

②排洪沟与截洪沟

排洪沟是为了使山洪能顺利排入较大河流或河沟而设置的防洪设施，主要是对原有冲沟的整合，加大其排水断面，理顺沟道线型，使山洪排泄顺畅。

截洪沟是排洪沟的一种特殊形式。位居山麓坡底的城镇、厂矿区，可在山坡上选择地形干缓，地质条件好的地带修建截洪沟；也可在坡脚下修建截洪沟，拦截地面水，在沟内积蓄或送入附近排洪沟中，以防危及城镇安全。

③防洪闸

防洪闸指城市防洪工程中的挡洪闸、分洪闸、排洪闸和挡潮闸等。

闸址选择应根据其功能和运用要求，综合考虑地形、地质、水流、泥沙、潮汐、航运、交通、施工和管理等因素比较确定。闸址应选在水流流态平顺，河床、岸坡稳定的河段：泄洪闸宜选在河段顺直或截弯取直的地点；分洪闸应选在被保护城市上游，河岸基本稳定的弯道凹岸顶点稍偏下游处或直段；挡潮闸宜选在海岸稳定地区，以接近海口为宜。

④排涝设施

当城市或工矿区所处地势较低，在汛期排水发生困难，以致引起洪灾，可以采取修建排水泵站排水，或者将低洼地填高地面，使水能自由流出。

3. 人防规划

（1）城市人防工程建设标准

①城市人防工程总面积的确定

城市人防规划需要确定人防工程的大致总量规模，才能确定人防设施的布局，预测城市人防工程总量首先需要确定城市战时留城人口数。一般说来，战时留城人口数约占城市总人口数的 30%～40%左右。按人均 1 ～ 1.5m^2 的人防工程面积标准，则可推测出城市所需的人防工程面积。

在居住区规划中，按照有关标准，在成片居住区内应按总建筑面积的 2% 设置人防工程，或按地面建筑总投资的 6%左右进行安排。居住区防空地下室战时用途应以居民掩蔽为主，规模较大的居住区的防空地下室项目应尽量配套齐全。

②专业人防工程的规范

关于专业人防工程的规模要求见表 5–2–40。

专业人防工程规模要求参考表　　　　表 5–2–40

项目名称		使用面积（m^2）	参考标准
医疗救护工程	中心医院	3000 ~ 3500	200 ~ 300 病床
	急救医院	2000 ~ 2500	100 ~ 150 病床
	救护站	1000 ~ 1300	10 ~ 30 病床
连级专业队工程	救护	600 ~ 700	救护车 8 ~ 10 台
	消防	1000 ~ 1200	消防车 8 ~ 10 台，小车 1 ~ 2 台
	防化	1500 ~ 1600	大车 15 ~ 18 台，小车 8 ~ 10 台
	运输	1800 ~ 2000	大车 25 ~ 30 台，小车 2 ~ 3 台
	通信	800 ~ 1000	大车 6 ~ 7 台，小车 2 ~ 3 台
	治安	700 ~ 800	摩托车 20 ~ 30 台，小车 6 ~ 7 台
	抢险抢修	1300 ~ 1500	大车 5 ~ 6 台，施工机械 8 ~ 10 台

（2）人防工程设施的布局

A. 避开宜遭到袭击的重要军事目标，如军事基地、机场、码头等。

B. 避开易燃易爆品生产储运单位和设施，控制距离应大于 50m。

C. 避开有害液体和有毒气体贮罐，距离应大于 100m。

D. 人员掩蔽所距人员工作地点不宜大于 200m。

4. 抗震

（1）城市抗震标准

城市的抗震标准即为抗震设防烈度。抗震设防烈度应按国家规定的权限审批、颁发的文件（图件）确定，一般情况下可采用基本烈度。地震基本烈度指一个地区今后一段时期内，在一般场地条件下可能遭遇的最大地震烈度，即现行《中国地震烈度区划图》规定的烈度。我国工程建设从地震基本烈度 6 度开始设防。抗震设防烈度有 6、7、8、9、10 几个等级。6 度及 6 度以下的城市一般为非重点抗震防灾城市。6 度地震区内的重要城市与国家重点抗震城市和位于 7 度以上（含 7 度）地区的城市，都必须考虑城市的抗震问题，编制城市抗震防灾规划。

（2）城市抗震设施

城市抗震设施主要指避震和震时疏散通道及避震疏散场地。

城市避震和震时疏散可分为就地疏散、中程疏散和远程疏散。就地疏散指城市居民临时疏散至居所或工作地点附近的公园、操场或其他旷地；中程疏散指居民疏散至约 1 ~ 2km 半径内的空旷地带；远程疏散指城市居民使用各种交通工具疏散至外地的过程。

1）疏散通道

城市内的疏散通道的宽度不应小于 15m，一般为城市主干道，通向市内疏散场地和郊外旷地，或通向长途交通设施。对于 100 万人口以上的大城市，至少应有两条以上不经过市区的过境公路，其间距应大于 20km。为保证震时房屋倒塌不致影响其他房屋和人员疏散，规定震区城市居民区与公建区的建筑间距见表 5–2–41。

房屋抗震间距要求参考表 **表 5–2–41**

较高房屋高度 h（m）	≤ 10	10 ~ 20	>20
最小房屋间距 d（m）	12	$6+0.8h$	$14+h$

2）疏散场地

不同烈度设防区域对于疏散场地的要求也不同，人均避震疏散面积见表 5–2–42。

人均避震疏散面积参考表 **表 5–2–42**

城市设防烈度	6	7	8	9
面积（m^2）	1.0	1.5	2	2.5

对于避震疏散场地的布局有以下要求：

A．远离火灾、爆炸和热辐射源。

B．地势较高，不易积水。

C．内有供水设施或易于设置临时供水设施。

D．无崩塌、地裂与滑坡危险。

E．易于铺设临时供电和通讯设施。

思考题

1. 市场经济环境下公共设施配置的特点是什么？
2. 城市公共服务设施的指标控制有哪几种方法？
3. 不同类型城市工程系统规划的共同特征？
4. 从用地规划的角度，阐述城市工程系统规划与城市规划的关系。
5. 从负荷预测的角度，说明不同规划阶段城市工程系统的规划深度。

第六章 控制性详细规划的实施与管理

第一节 控制性详细规划的实施

从内容上看，前述第一章至第五章均主要是关于如何编制控制性详细规划的，本章主要研究控制性详细规划的实施与管理问题。控制性详细规划的实施与管理是城市规划工作极其重要的组成部分和关键环节，是一项政策性、综合性很强的依法行政工作。控制性详细规划经规划管理部门或地方政府批准后产生法律效应。根据自 2006 年 4 月 1 日起施行的《城市规划编制办法》第二十四条规定，城市控制性详细规划是建设主管部门（城乡规划主管部门）做出建设项目规划许可的依据。同时，它也是规划管理部门进行土地审批的主要依据。

在自 2008 年 1 月 1 日起施行的《中华人民共和国城乡规划法》（以下简称《城乡规划法》）中，赋予了控制性详细规划在城市开发、土地出让等方面的法律地位，从而使得控制性详细规划进一步成为我国城市开发控制体系的核心和主要管理工具。

比如，在土地出让方面，《城乡规划法》第三十七条规定，"在城市、镇规划区内以划拨方式提供国有土地使用权的建设项目，经有关部门批准、核准、备案后，建设单位应当向城市、县人民政府城乡规划主管部门提出建设用地规划许可申请，由城市、县人民政府城乡规划主管部门依据控制性详细规划核定建设用地的位置、面积、允许建设的范围，核发建设用地规划许可证。建设单位在取得建设用地规划许可证后，方可向县级以上地方人民政府土地主管部门申请用地，经县级以上人民政府审批后，由土地主管部门划拨土地。"在第三十八条规定，"在城市、镇规划区内以出让方式提供国有土地使用权的，在国有土地使用权出让前，城市、县人民政府城乡规划主管部门应当依据控制性详细规划，提出出让地块的位置、使用性质、开发强度等规划条件，作为国有土地使用权出让合同的组成部分。未确定规划条件的地块，不得出让国有土地使用权。"由这两条可见，控制性详细规划已经成为城市开发中获取土地的一个必备的先决条件，从而使得控制性详细规划在调控城市开发中具有重要的作用。

在建设工程的管理方面，《城乡规划法》第四十条规定，"申请办理建设工程规划许可证，……对符合控制性详细规划和规划条件的，由城市、县人民政府城乡规划主管部门或者省、自治区、直辖市人民政府确定的镇人民政府核发建设工程规划许可证。"可见，控制性详细规划也是建设工程获得批准和开工建设所必备的先决条件。

一、控制性详细规划实施的目的与作用

（一）控制性详细规划实施的目的

控制性详细规划实施的根本目的是对城市土地资源和空间资源加以合理配置，使城市经济、社会活动及建设活动能够高效、有序、持续地按照既定规划进行，控制引导城市建设健康有序地发展。

（二）实施控制性详细规划的作用

（1）适应城市快速发展，控制性详细规划可以实现规划管理的最简化操作，大大缩短决策、规划、土地批租和项目建设的周期，提高城市建设和房地产开发的效率。

（2）面对城市规划力量的不足以及城市规划管理水平不高的现状，控制性详细规划将抽象的规划原则和复杂的规划要素进行简化和图解化，再从中提炼出城市土地功能的最基本要素，较好地实现了规划的可操作性。

（3）控制性详细规划提高了规划的弹性，初步满足了投资主体的多元化带来的利益主体多元化和城市建设思路的多元化对城市规划的编制管理提出的新要求。

（4）面对市场性行为的不确定性，控制性详细规划可以使政府尽快批租土地以换取资金，尽快完成"七通一平"，变生地为熟地，尽快满足开发商在土地开发的定性和规模上的各种要求。

（5）控制性详细规划已成为城市国有土地使用权出让转让的基本依据和地价测算的重要依据，基本满足了城市政府调控房地产市场和筹集城市建设资金的需要。

二、控制性详细规划实施中的角色职能

控制性详细规划的实施，即通过法律和行政管理手段把制定的规划变为现实。目前我国控制性详细规划属于规划部门编制的技术文件，其审批也是由各城市人民政府进行，尚达不到法律条文的地位。因此，控制性详细规划的实施主要体现为政府等国家公共部门的职能，同时也离不开公民、法人和社会团体等非公共部门的通力合作。

（一）政府在控制性详细规划实施过程中的职能

城市人民政府授权城市规划管理部门负责组织编制和实施控制性详细规划。政府在实施控制性详细规划方面居主导地位，体现为政府的直接行为和控制、引导行为。

1. 直接行为

（1）政府根据经济社会发展计划和总体规划、分区规划，组织编制城市控制性详细规划，使城市规划进一步深化和具体化，从而可以付诸实施操作；

（2）政府通过财政拨款及信贷等筹资手段，直接投资于某些城市规划所确定的建设项目，如道路交通设施和给排水设施等市政公用工程设施，以便实现规划目标；

（3）政府根据城市规划的目标，制定有关政策来引导城市的发展，例如：通过制定产业政策，促使城市产业结构的调整，以体现城市规划所确定的城市性质和职能。

2. 控制、引导行为

除了直接的主动行为外，城市人民政府及其城市行政主管部门还负有管理城市各项建设活动的责任。对于非政府直接安排的建设投资项目，政府规划主管部门的工作主要是对建设项目的申请实施控制和引导，如建设项目选址管理、建设用地规划管理、建设工程规划管理以及对建设活动及土地和房屋设施的使用方式实施监督检查。

（二）公民、企事业单位和社会团体在控详规实施过程中的作用

控制性详细规划的实施关系到城市的长远发展和整体利益，也关系到公民、企事业单位和社会团体方方面面的根本利益。所以，在控详规实施过程中，社会非公共部门起到不可或缺的作用。

具体体现为以下两个方面：首先，公民、企事业单位和社会团体根据城市规划的目标，可以主动参与，如对控制性详细规划中确定的公益性和公共性项目进行投资，关心并监督控制性详细规划的实施等；其次，公民、企事业单位和社会团体即便是完全出于自身利益的投资和置业等活动，只要遵守控制性详细规划的规定和服从城市规划的管理，客观上就有助于控制性详细规划目标

的实现，也就可视为控制性详细规划实施的组成部分。

城市的建设和发展要靠政府的公共投资，更要靠商业性的投资，所以，控制性详细规划的实施离不开非公共部门的支持。

三、控制性详细规划在实施中存在的问题

（一）控制性详细规划在实施中存在问题的表现

在国家现行的规划体系框架中，各层次城市规划的主要作用都是为了控制和引导城市有序地发展。在城市规划领域可以分配的最重要的社会资源是城市土地的开发权以及在城市土地使用关系上建立起来的各种城市空间关系。控制性详细规划直接面对的是具体的每一项城市建设活动，并不是笼统的城市建设整体，这使得经过城市政府批准的控制性详细规划成为实施规划管理的核心层次和最主要依据，其控制与引导的作用主要是通过对社会资源的分配而将城市建设活动限定在规划所确定的方向和范围之内。但是，现实中控制性详细规划在对城市建设的控制和引导方面常常失效。

控制性详细规划是我国规划体系中的重要组成部分，是规划行政主管部门审批建设项目最直接的依据，也是土地出让的前提条件。由于现行控制性详细规划编制办法形成于向市场经济转型的初期，从实践及操作角度看已呈现出一系列的不适应性，控制性详细规划在具体实践中面临诸多问题。

对控制性详细规划的讨论，集中在控制性详细规划是否应法定化，控制性详细规划的编制和审批是否科学，控制性详细规划编制和审批过程中的公众参与是否能真正落实，控制性详细规划修编的权力是否应受到监督等。具体包括以下几点：

(1) 控制性详细规划的编制和执行应该是政府行为，代表全民的共同利益，但现在有些地方的实践中，控制性详细规划的编制常常是由开发商委托、控制和决定，使控制性详细规划成了为特定人群的利益服务的工具。

(2) 在编制程序上，控制性详细规划延续了规划体系内部化操作方式，并且由于编制周期缩短而更加强化，加深了规划与公众之间本已存在的隔阂。

(3) 控制性详细规划的制订、执行和修改缺乏法制化程序，没有法律强制力的保障，也缺乏公开和公众参与的程序，因而在实施中易受各种非正常力量的干扰，实施效果又缺少有效的评判标准和监督机制，对市场的公平性产生了负面影响。

(4) 管理实施程序不完善，法制不健全。现行控制性详细规划在规划编制方式上偏重于“技术”上的合理，不够重视法律程序，缺乏必要的法律保障，使规划制定后如何管理、依法实施等环节无章可循。特别是控制性详细规划成果的实施性、操作性不够强，面对现实不得不进行经常性的调整。其主要原因除了自身依据不足外，更重要的是没有真正把控制性详细规划提升到法律文件的高度来看待。

(5) 在规划实施上，控制性详细规划弃整体控制而取地块控制，无暇顾

及建设策略而追求“全覆盖”，妥协于市场选择的无序性和随意性。当不规范的规划管理造成功能混乱后，通过修改规划又可自圆其说，实施效果不尽理想。由于频繁地修改、调整和更新原规划，有的片区的规划在实施中经过多次变更，导致多种规划版本并存，片区整体规划难以把握。

(6) 在编制内容上，控制性详细规划过分追求“可操作性”，只能满足开发建设的基本功能，而对城市美学和人的行为环境较少涉及。由于没有与城市设计很好的结合，易造成城市景观混乱，城市特色消失。

(7) 目前，我国的控制性详细规划仅仅依靠用地的可兼容性以及控制指标的区间值，来形成规划的一定弹性，这远远达不到发展所需要的弹性，因而规划不能得到很好的落实。

由以上可知，影响控制性详细规划实施的因素涉及方方面面，有来自城市规划哲学上的因素，也有来自控制性详细规划自身的因素，更有其实施环境的因素。首先，城市规划的未来导向性、过程性、人文性等哲学本性决定了规划没有终极目标，不可能一丝不变地被实施。其次，控制性详细规划编制的时机不当或规划实施的时间过长、控制指标与控制方式不够科学与适应性不强、公众参与程度不够等均影响了控制性详细规划的科学性与适应性，影响了规划体系的完整统一性，进而影响其实施的程度。

(二) 建立和控制性详细规划编制配套的制度政策体系——强调规划实施

控制性详细规划编制工作的水平高低将直接影响规划管理工作的好坏以及城市建设的发展。应将控制性详细规划由“终极蓝图”式的规划调整为“过程规划”，这就要求对目前的控制性详细规划编制内容和审批过程进行精简，并迅速地对市场的变化做出反映。在投资主体不明朗的情况下，应改变那种动辄上百页图纸、内容大而全的规划编制方法，可以制定大地块的控制指标，而非细化到每个地块。投资主体明朗之后，在大指标的指导之下，再进行各个地块详细指标体系的编制。这样，将原来一次性完成的控制性详细规划分解为若干次“过程规划”，可以使控制性详细规划更好地适应经济发展的要求，对土地开发真正起到调控作用。

虽然英国至今未建立起法定化的开发控制体系，但这并不意味着其规划管理的手段落后。相反，其具有灵活性的管理体系，保证了诸如历史风貌保护、绿带政策等的成功。与我国相比，其规划的透明性和高效、廉洁的政府，一定程度上保证了规划的公平性。

四、控制性详细规划的法制化探索

从理论上来讲，控制性详细规划一经审批通过，即具有法律效力，应经过相应的程序才能进行修改。然而，由于我国转型期城市高速发展带来的不确定性，控制性详细规划在我国的城市建设中并没有起到预期的作用。

从法律地位来看，目前我国控制性详细规划属于规划部门编制的技术文件，尚达不到法律条文的地位。这样在管理中就不可避免地迫于各种压力而不断调整，影响了控制性详细规划实施效果。现在，许多城市开始在控制性详细规划的基础上制定土地使用与建筑管理技术规定，并在《城市规划条例》中确定其在城市规划编制体系中的地位。

（一）我国控制性详细规划的立法要求

1. 加强控制性详细规划的法律支撑

国家的《城市规划法》应当规定控制性详细规划的编制、审批、变更的程序与权限，规划编制、管理与监督的体制，明确解决争议的仲裁机构，公众参与的方式，赋予控制性详细规划以明确的法律地位。

2. 加强控制性详细规划的体系支撑

规划工作的体制，必须处理好规划管理、规划制定和规划监督三者的关系。规划管理部门是规划的执行机构，一般是规划局，它的职权是法定的，其职责是依法行政。规划制定的过程，首先由政府组织规划的编制，这是政府行为，一般是由规划设计院承担，然后经过法定程序审批后才有一定的法律效力，其间要加强规划制定过程中来自各个方面的监督，包括管理部门和公众的监督等。

3. 增强控制性详细规划的技术支撑

规划是对城市未来较长时间发展的控制与预测，城市发展有较多的不可预测的因素，规划应有一定的弹性，而法律具有严肃性和确定性。控制性详细规划的控制指标既有控制性指标，又有指导性指标，指导性指标由于有一定的不确定性，不宜立法。而控制性指标用地性质，停车泊位及其他需要配置的公共设施也有一定的兼容性和弹性也不宜严格立法。因此，提高技术人员的专业水平，针对不同地段，不同情况，制定切实可行的规划，立法后才有严肃性。

由于控制性详细规划在内容、方法和控制指标的确定方面还有待深入研究，这就带来另一个问题，即规划法规化的程度和实践问题。首先，规划工作本身的特点要求规划设计具有弹性，适应滚动发展，注重理想目标与实际的发展变化相结合，这和法律的严格性、确定性相矛盾。因此，规划在法规化方面应达到什么程度，如何协调两者之间的矛盾，采取何种控制技术，需要进一步研究；其次，法规化需要一定的条件且是一个逐步完善的过程，在我们的规划理论研究和工作程序还不够科学完善，大多数城市规划设计水平、管理人员的业务素质还有待提高的情况下，把规划的内容、控制指标完全法规化，就如同把拍脑袋确定的指标用法律形式确定下来，难免会弄巧成拙，反而给规划建设带来十分被动的局面。因此，哪些内容和控制指标需要立法，按何种程序立法，需要进一步研究。

（二）国外控制性详细规划的立法现状

在西方现行规划体系中，与我国控制性详细规划比较相近的控制方法有区划法、土地使用管理法等，它最早起源于19世纪末期的德国，目前已成为欧美、日本等国家在城市发展管理中的一种常用方法。

1. 美国区划法

在美国，区划是一种政府法令，它依据宪法条款规定的“管辖权”（Police Power）对城市土地的使用实施分区管理。区划与城市总体规划（Master Plan 或 Comprehensive Plan）、土地细分管理（Subdivision Control）、官方地图（Official Mapping）和合同制（Covenant）等 5 个层面共同构成美国的城市规划体系。区划法的编制形式因城市而异，但基本内容则大同小异。一般包括三方面内容：①确定土地利用的性质；②确定土地容量；③确定环境容量。区划法一般通过文字和图表来表达。文字部分包括名词定义和条款规定。土地分区管理法案一旦按立法程序通过并成为法律规定，政府和业主双方都要遵守。如果条例过严或过宽，与实际情况不符时，也只能通过法定的程序进行修改。较大规模的修改（如立法构架、咨询范围、公众参与、审核注册等）要依据立法“程序法”的规定进行。如果政府不愿修改或发展商、参与咨询的机关和受影响者不同意或不满意修改的新条例，或者有任何人认为修改的程序不合法，都可以向法庭提出诉讼。当前美国的 Zoning 是由四个部门共同执行的，即规划委员会、区划委员会、申讨委员会、规划局，以上四个部门组成一个完整的系统。

2. 日本土地使用区划

日本城市土地使用规划体系的核心部分是土地使用区划。在不同的土地使用分区，依据城市法和建筑标准法，对于建筑物的用途、容量、高度和形态等方面进行相应的管制。土地使用分区是为了避免用地混杂所造成的相互干扰、维护地区形态特征和确保城市环境质量。除了土地使用分区作为基本区划以外，还有各种特别区划。这些补充性的特别区划是以有关的专项法而不是城市规划法为依据的。特别区划并不覆盖整个城市化促进地域，只是根据特定目的而选择其中的部分地区，包括高度控制区、火灾设防区和历史保护区等。

城市规划纳入法律的框架，并与社会、经济、政治、技术和生态环境相结合，是理解现代西方规划控制的关键，有以下几点经验值得借鉴：①立法是城市规划和土地使用控制的关键。只有在法制前提下，城市规划和土地的使用控制才能够真正发挥作用。②对城市土地的使用实现控制和调节需要一个完善的操作系统，它包括一整套实施的程序、步骤和方法，以及强有力的执法机制，例如美国的仲裁委员会。③ 规划控制本身除了具有绝对的严肃性外，也应当保持灵活性与应变能力。④世界各地城市规划和城市土地使用控制技术在进一步自身完善的基础上，逐步走向交融和综合。

（三）我国控制性详细规划阶段的立法构建

1. 采取“法规 + 控制性详细规划”的综合控制方式

根据规划控制的体例，西方区划控制方式可分为通则式开发控制和判例式开发控制。

通则式：德国通过城市规划以及“联邦建筑法”，“建筑使用限制条例”等一系列规划法规对城市土地使用进行控制，管理严格，弹性较小。德国区划法规出自于一种理论的认识，即理想的建筑环境不可能在整个城市一次实现，在现实条件下有可能做到的，是一步步改善现存建筑，逐步进行建筑的分区规范。

判例式：在英国，规划只是表明对某一地区和某个地方的发展方向和原则等，包括了多种的发展可能性，所以得视具体的申请而定，即基本上通过一个个案例来进行管理，其方法也较严格、复杂。

通则式的开发控制具有透明和确定的优点，但在灵活性和适应性方面较为欠缺。判例式的开发控制具有灵活性和针对性，但也难免会存在不透明和不确定的问题。由于通则式和判例式的开发控制各有利弊，我国大多城市在规划管理工作中采用“法规＋控制性详细规划”的综合控制方式。

2. 明确控制性详细规划的法律地位及编制审批和公众参与的方式

根据《城市规划法》和《城市规划编制办法》，由各地方立法机关制定《城市规划条例》，在《城市规划条例》中赋予控制性详细规划以确定的法律地位，并通过人大审批立法，用法律形式肯定后，转化为地方法规。如《深圳市城市规划条例》第十一条规定：“城市规划编制分为全市总体规划、次区域规划、分区规划、法定图则、详细蓝图五个阶段”确定了以法定图则为核心的深圳城市规划新体系。在《城市规划条例》中明确控制性详细规划的审批、变更的权限，明确争议的仲裁机构，成立规划委员会负责城市综合规划以及各专项规划的审定；成立上诉委员会听取各方面的意见，协调不同利益主体的关系，接受不同利益主体的上诉；由规划局负责方案的实施与城市规划的日常管理；确定公众参与的方式，包括规划制定前的公开告示征求意见，规划执行过程中的听证和不同意见的仲裁等等。

3. 制定城市规划建设管理技术规定作为地方法规指导控制性详细规划的编制

编制《城市规划建设管理技术规定》，通过法律程序确认其技术条款的法律效力。技术条款中必须严格立法的内容主要有：土地使用性质及其相容性；土地开发强度，主要为容积率与绿地率指标；道路交通组织；城市公益性基础设施与生活配套设施的安排。借鉴美国区划的技术，给予规划一定的弹性，制定“发展权转让”条例和“奖励”条例。借鉴英国的《特别开发规划》，界定特别开发地区（市中心区、生态敏感地区）由特定机构来管理，给予特定的开发控制条款。

4. 将控制性详细规划的法定图则与法规相结合

法定图则在控制性详细规划基础上根据地方法规的规定编制，具有相当于地方法规的法律效力，是控制性详细规划的法律表现形式，是对控制性详细规划的演绎和转化。法定图则一方面强化了规划的公共标准，将规划师个人的社会理想投向现实社会；一方面提高了管理的技术性，将规划管理从管理者自由裁量权的任意发挥推向依法行政的轨道。这样，规划设计与管理“两张皮”便结合在一起，有效推进了城市规划工作的公开、公正、公平和科学化。

五、增强控制性详细规划弹性的探索

控制性详细规划的核心意图，是达到刚性控制与弹性引导的统一。通过刚性指标尤其是容积率、建筑高度、配套公共设施等的规定，保护土地使用者的发展权和公众利益。理论上来讲，这些与地块使用者经济利益密切相关的指标一经确定，不得随意修改。然而，在我国城市高速发展的转型期，市场经济瞬息万变，即使再高明的规划师也无法预测未来的投资商是谁，对地块的使用有什么要求（尤其是新区开发的地块）。因此，仅凭规划师的主观臆想将地块的使用条件以法律形式确定下来，无异于作茧自缚。市场经济条件下城市发展的复杂性和多变性则要求控制性详细规划的控制内容更具弹性，要求研究控制指标的弹性和应变范围。

但目前我国控制性详细规划的编制在弹性方面明显不足，除了所谓的〝用地兼容性〞外，再无其他考虑。弹性的缺失使得规划管理部门在实际操作中，或忽视控制性详细规划所制定的指标而根据个案情况重新确定指标体系，或收到大量涉及关键性指标的调整申请，不仅使得控制性详细规划的权威性受到挑战，而且滋生管理过程中的寻租现象，使得指标的调整成为某些管理者谋取自身私利的工具。

现行控制性详细规划编制技术是计划经济下的产物，控制内容强求统一，面面俱到，缺乏弹性。控制性详细规划制定了一整套的控制指标及措施，但缺少动态的分级调整机制，造成规划的弹性和刚性在面对变化时，弹性不弹，刚性不刚，出现了〝没有控制性详细规划管理不好，有了控制性详细规划不好管理〞的情况。

对此，应建立刚性与弹性相结合的控制性详细规划分类分级调整制度。控制性详细规划由市政府审批，其中，总则对社会公布，不得随意调整。确需调整的，需在可行性研究论证的基础上，报原审批部门批准后方可实施。执行细则作为规划行政主管部门的内部管理图则，同样严格执行，确需调整的，要在可行性研究论证后，由局技术委员会集体审议批准，较大的调整还要经由专家论证程序。在内容刚性与弹性合理界定基础上的分级调整制度，既保证了对城市关键内容的强制性控制，也可以适应快速变化阶段对规划一定应变性的需要。

第二节 控制性详细规划的管理

〝三分规划，七分管理〞，控规无论编制得多么完善，仅仅是城市建设的基本依据，只有通过强化管理，才能变成现实。因此，要强化控规管理，增强控规的权威性。

城市规划管理是实施城市规划所确定的发展方针和政策的重要和有效的机制，它的重要目的是通过规划的实施，引导和促进城市的发展；城市规划管理的另外一个基本目的是在促进发展的同时，更好地保护公众的利益，保

护良好的生态和物质环境，实现可持续的发展，提高人民的生活水平。城市规划管理是一项有组织、有目的的社会活动，它是管理人员通过一定的管理中介手段，规范管理对象，作用于被管理者，以实现管理的目标。规划管理又称规划控制。规划控制是针对具体的开发项目提供的规划条件，并具体实施建设管理。

一、建设项目审批管理

由于国情和体制的历史与现实差异，各国所采用的管理制度都不尽相同。美国经过近百年的实践，逐步确立了以法令形式运作的区划制度，其他发达国家和地区也形成了类似的做法。例如，日本的土地分区管理体系、新加坡的总体规划和香港的分区计划大纲等，其共同特点是具有法令地位。

（一）我国规划管理的一般程序

控制性详细规划在审批前，其规划图纸和文本不直接决定开发的许可性，建设方必须申请用地许可和建设许可。《中华人民共和国城市规划法》规定了城市总体规划和详细规划的编制程序、内容和法定地位，同时也规定了："在城市规划区内进行建设需要申请用地的，必须持国家批准建设项目的有关文件，向城市规划行政主管部门申请定点，由城市规划行政主管部门核定其用地位置和界限，提供规划设计条件"（第三十一条）；"在城市规划区内新建、扩建和改建建筑物、构筑物、道路、管线和其他工程设施，必须持有关批准文件向城市规划行政主管部门提出申请，由城市规划行政主管部门根据城市规划提出的规划设计要求，核发建设工程规划许可证"（第三十二条）。

通常的，开发商获取土地使用许可证后向规划管理部门申请规划许可证，进行项目立项后，将规划图纸报规划处审批。由规划处工作人员依据总体规划、控制性详细规划所规定的土地使用性质、土地开发强度及建筑（退线）情况，审查规划图纸内容是否违反上述规定。如规划图纸内容与规定相符，则项目审批通过，交由其他部门如市政、基建、防灾等部门审批。全部通过后颁发规划许可证。如规划土地使用性质或强度与规定不符，可向规划管理部门申请修改原规划，由规划管理部门召开技术委员会议决议是否批准。（新法第四十八条）

（二）实例：北京市区中心地区控制性详细规划的审批程序

综合处在受理申报单位申报后，在 1 个工作日内，将论证报告转到重点处，进入预审、公示程序。

进入预审、公示程序后，由重点处进行论证报告图纸文件初步校核工作及公示材料准备工作，期限为 5 个工作日。之后组织论证报告预审工作及公示工作，公示与预审工作同时进行，期限为 15 个工作日。

预审与公示完成后 3 个工作日内，重点处将预审意见及公示汇总意见整理后，请示主管副主任及相关领导安排控制性详细规划调整审查组审查会议，将预审意见及公示意见与论证报告一并报控制性详细规划调整审查组审查会议。

经预审，对没有依据《北京市区中心地区控制性详细规划指标调整的技术管理要求》（试行）编制的、明显不合理的论证报告，经规划处或重点处在预审后的2个工作日内（包括主管副主任签发1个工作日）请示主管副主任同意予以退件，并负责通知申报单位。综合处在1个工作日内发放《控规调整退件通知书》。

审查会议每月召开一次，时间为每月第四周的周三（0.5～1天），遇国家法定节假日顺延。会议时间、地点，由重点处负责通知。重点处负责向会议介绍报审的规划调整可行性论证报告的基本情况、预审意见及公示汇总意见。

会后由重点处在3个工作日内，草拟会议纪要及上报市政府的请示，经市委办公室转报市规划委主任在3个工作日内签发。

控制性详细规划调整审查会议未予通过的论证报告，由重点处在2个工作日内（包括主管副主任签发1个工作日）请示主管副主任同意予以退件，并负责通知申报单位。综合处在1个工作日内发放《控规调整退件通知书》。市委办公室接到市政府审批后的1个工作日内转交重点处，重点处负责控制性详细规划调整审批通知书（稿）起草、请示工作，工作期限为4个工作日，市规划委主任在3个工作日内签发，经签发后由重点处转综合处，综合处在1个工作日内发出《控规调整审批通知书》，申报单位依照其在《控规调整立案表》中的填报说明，通过市委自动查询电话查询后，或到市委申报大厅发件窗口凭《控规调整立案表》领取。

（三）现存主要问题

我国目前规划控制的审批享有较大的自由量裁权限。这是由我国城市建设的速度较快，规划的技术力量和规划工作的深度都还欠缺的现状以及部分体制原因所共同决定的。城市规划可以提供给规划控制和管理的依据主要还是轮廓性的，其确定性、严密性都还很不够，需要由规划行政主管部门根据规划原则和技术性规范，在个案分析的基础上加以定夺。

目前所编制的控制性详细规划为规划控制和管理提供了既定性、又定量的可操作性控制条件。根据目前各地的实践，控制性详细规划对开发活动还不具有直接的和法定的约束作用，规划审批仍是通行的程序。但是审批方式较不透明，对开发者来说具有不确定性，程序也较复杂。

（四）规划审批管理的弹性

在市场经济的作用下，用地建设具有一定的不可预见性。因此，即使制定了用地控制法规，变更土地的使用性质和开发强度仍是无法避免的。日常变更是用地控制规划最为鲜明的特点，任何其他的市政法规都不具备如此强的弹性。因此，用地控制法制在控制内容和管理机制上必须适应和体现这种弹性，它应当既是一部静态的法规，又是一个动态的法制管理过程。那么，用地控制的弹性应当体现在哪里，才不违背法制化的原则呢？以美国的分区规划为例：

区划的要求通过区划图和区划法令的形式予以颁布，通过政府立法机关、规划委员会和区划委员会、申请和调整委员会及有关管理部门的工作加以执行。执行过程中包含的主要工作有：

——区划的修订：政府对区划的工作就是对区划图的修订及区划的修订，修订区划的申请严格按照修改法律的步骤进行，包括提出申请、预审、听审、批准等。

——区划的变更：由于土地本身自然特点原因而无法满足区划法规的要求，开发商可以申请变更。但由于经济上的原因，申请变更的请求通常不予批准。

——申诉：区划委员会的一项职责是听取申诉及复议。一般的申诉是由于对区划法规有异议或对区划分区有争议引起的，由区划委员会负责进行解释或对有争议的分界进行仲裁。

——特例：在区划法规中规定，某些特殊用地需通过特例，叫特例或特殊许可，通常被列入每一地块的“需复审用地性质”中，由区划委员会进行复审。

——区划的执行：所有建设工程都必须要得到由区划部门或规划部门核发的规划许可证，以确认所有指标都符合区划法规的要求。之后，建设监督人员对此进行校验。

美国的分区规划对开发管制的弹性体现在两个方面：①每一种区划的分类以最高限或最低限的形式，统一规定了开发强度的控制指标。只要不超出限制范围，开发者可以自由定量，审批者无权干涉。②如果开发者认为目前的区划分类不适应自己的拟建项目，可以通过法定程序，根据自己的需要选择适用的分类，提出变更分类的申请，如获批准，则按照所批准分类的法定控制标准进行建设。这样的弹性机制既保证了建设开发在指标上的连续性和可变性，又保证了立法执法过程的统一性和严肃性，以及审批管理程序的可操作性。

二、控制性详细规划的调整

在《城乡规划法》中规定，“经依法批准的城乡规划，是城乡建设和规划管理的依据，未经法定程序不得修改。”这一规定自然也包含了控制性详细规划这一重要类型，从而赋予了控制性详细规划的权威性、严肃性和稳定性。

但在我国当前城市高速发展的转型期，市场经济瞬息万变。城市规划管理部门在实际操作中，常常收到大量涉及指标调整的申请，不仅使控制性详细规划的权威性受到挑战，而且滋生管理过程中的寻租现象，指标调整甚至成为某些管理者谋取私利的工具。

对于这种规划内容的调整，一方面要坚持依法批准的规划的权威性和严肃性，同时也应当允许其在必要的情况下进行调整。同时，由于控规涉及大量的经济社会利益，公众以及相关利益人群的参与也是其中所必须考虑的因素。对此，《城乡规划法》第四十三条规定，“规划条件……确需变更的，必须向城市、县人民政府城乡规划主管部门提出申请。变更内容不符合控制性详细规划的，城乡规划主管部门不得批准。”第四十八条规定，“修改控制性详细规划的，组织编制机关应当对修改的必要性进行论证，征求规划地段内利害关系人的意见，并向原审批机关提出专题报告，经原审批机关同意后，方可编制修改方案。”

三、控制性详细规划管理的监督

在当前的控制性详细规划组织体系中，实际上仍是由城市规划部门一家编制、审批、实施与监督运行，缺少其他组织机构的实质性参与，城市规划部门成为众矢之的也就在所难免。随着市场经济的发展，越来越多的非正式组织机构既有需要也十分必要加入到控制性详细规划的编制和实施管理中来，充分发挥其监督作用。这样，包括政府、城市规划管理部分、规划委员会等正式组织机构与各非正式组织机构之间，应建立明确的责、权、利关系，做好分工协作。

对此，《城乡规划法》为以上各类正式的组织结构和非正式机构对城市规划管理部分发展监督职能进行了明确的授权或规定。比如，《城乡规划法》第五十三条规定，“县级以上人民政府城乡规划主管部门对城乡规划的实施情况进行监督检查。”第五十二条规定，“地方各级人民政府应当向本级人民代表大会常务委员会或者乡、镇人民代表大会报告城乡规划的实施情况，并接受监督。”第五十四条规定，“监督检查情况和处理结果应当依法公开，供公众查阅和监督。”这些都为各类组织机构监督职能的发挥提供了法律保障。

此外，为推进控制性详细规划更好的接受社会的监督，还应通过新闻媒体等多种形式做好控规的宣传工作，动员全社会的力量来关心、支持和监督控规的实施工作。要创新规划管理体制，逐步推行规划成果展示制度，规划审批听证制度，规划管理行政追究制度。要严格依据控规内容要求，严把修建性详细规划的审查关。

第三节 控制性详细规划的实施与管理的公众参与

一、公众参与的含义及作用

（一）含义

公众参与实质就是通过一定的方法和程序让众多的城市成员能够参与到那些与他们的生活环境息息相关的政策和规划的制定及决策过程中去。

公众参与的目的并不在于让规划师能够借此说服公众，或是让公众藉此来指挥规划师，其最终目的在于通过此项活动达到规划师与公众间的相互了解、相互信任，收到集思广益的效果。

公众参与包括规划制定前的公开告示征求意见，规划执行过程中的听证和不同意见的仲裁等内容。

（二）我国规划管理中的公众参与现状

在编制程序上，控制性详细规划延续了规划体系内部化操作方式，并且绝大部分城市由于控制性详细规划任务繁重、编制周期短、缺乏公开和公众参与的程序，违背了市场运作的公开、公平原则，规划的制定未能代表全体市民的整体利益，规划的实施缺少必要的社会基础，进而导致了规划成果的科学性、公正性、公平性受到严重质疑。

由于缺乏有效的公众参与途径，使得我国当前的控制性详细规划的编制和实施缺乏“自下而上”的沟通过程，大多数现行控制性详细规划都是由当地政府或城市规划行政主管部门组织编制和审批，因而不能获得社会的最大认可，在实施中将会遇到各种阻力，影响其实施效果。虽然花很大力气制定规划，但在具体的建筑项目上又难以完全执行，与以往的那种“纸上画画、墙上挂挂”的规划没有本质差别。这也导致控制性详细规划实施过程缺乏应有的监督保障，以至于在规划管理中随意变更规划、越权审批，迁就开发商利益等现象时有发生。

近几年来，我国的城市管理已在公众参与方面取得了一定进展。深圳、上海、青岛、厦门等一些城市率先作出了有益的尝试。例如，重庆和青岛两市出台了《公众参与城市规划管理试行办法》，借助公众参与保障城市规划的科学性。《公众参与城市规划管理试行办法》规定，今后编制的各类规划上报审批时，要求附上公众代表反映的意见。大型公共建筑、广场等重要建设项目的方案座谈会、研讨会，将邀请由政府确定的有一定代表性的公众参加，必要时，还将在拟建地挂牌展示建设方案，广泛征求公众的意见，接受市民的评议和监督，没有“公众意见书”的规划和建设将不予审批。

但总的来说，我国城市管理的“公众参与”基本上还是处于决策已经批准后的实施阶段的参与，未能实现对规划全程的参与。此外，我国公众参与还存在诸多不足，如公众参与管理的普遍性不足、制度缺失、效果不佳等。

（三）公众参与控制性详细规划的作用

城市政府在控制性详细规划实施与管理过程中的作用固然重要，但没有广大城市利益相关者的积极参与，城市管理的成本将十分高昂，而城市管理的效率将非常低下。

在市场经济条件下，利益主体呈现多元化特征，要使一项技术工作成为一种公共决策并得到最广泛的支持，就必须要实现公开决策、民主决策。只有公众充分参与，才能体现社会公平。对此，必须加强控制性详细规划的公众参与。公众参与控制性详细规划可以达到以下目的：

（1）促进规划师直接了解民意，为控制性详细规划提供良好的“自下而上”的反馈机制，使城市规划具备“上有指令，下有反馈”的双向信息系统，为开展控制性详细规划打好基础；

（2）对控制性详细规划起到“集思广益”之效，尤其是某些引导性指标的确定；

（3）有利于群策群力实施控制性详细规划。

二、国外公众参与规划的理论

由于国外尤其是欧美国家较早地在城市规划管理中实施了公众参与的机制，故其理论和实践为我国城市规划管理中公众参与提供了经验借鉴。

（一）公众参与规划理论的发展

1. 达维多夫的"辩护性规划理论"（1965）：城市规划如何维护并作为少数低收入居民利益的代言人

达维多夫认为（传统的）规划过程掩盖了个别群体的利益。他认为不同的社会群体有各自的利益要求。如果他们的要求得以实现的话，将产生许多根本不同的规划方案。在众多的利益群体中，商人、富人和掌权势的人可以通过自身的实力和多种渠道影响规划，使得规划更符合他们利益的需要。而穷人和其他没有权势的人群，他们的利益却无法落实。因此他提出，规划师应当借鉴律师的角色，成为社会弱势群体的辩护人、代言人。根据达维多夫的假设，每个规划师去为不同社会群体的利益代言和辩护，如为穷人、小商人、环保主义者等等，并编制相应的规划，然后把各自的规划方案呈递到地方规划委员会，就像在法庭上那样，规划师进行各自方案的辩护，让法庭的法官（即地方规划委员会）来审查事实、评价优缺点，最后来做出裁定。

2. 斯凯夫顿报告（1969）：公众如何参与地方规划

1969年7月，斯凯夫顿委员会提出《人民与规划》的报告，简称《斯凯夫顿报告》，是公众参与城市规划的里程碑。斯凯夫顿报告提出了一些关于鼓励公众参与规划的有趣想法，例如，采用"社区论坛"的形式建立与地方规划机构之间的联系，通过任命"社区发展官员"来联络那些不倾向公众参与的利益群体等，包括以下九点做法：随时把情况尽可能告知规划区的人；公布一个公众参与的时间表，以及要请他们考虑的各种议题；规划过程不断采纳各方意见；地方规划部门应建设规划论坛；拓展规划的公开性；指派社区规划官员来保证任何人都能参与规划；告诉公众哪些意见已被采纳，哪些没有，为什么；鼓励公众以多种形式参与规划；普及规划知识教育。

3. 阿恩斯坦的"市民参与阶梯"（1969）：对"公众参与"概念的系统分析

他运用形象比喻，把公众参与规划的程度比作一把梯子上不同的横档。他认为公众参与并不只是一件事情，可以被诠释为多种方式，因而是多件事情。公众参与可以分为不同的层次，参与的程度也因此有所不同。

从阿恩斯坦的"市民参与阶梯"理论可以看到，只有当所有的社会利益团体之间——包括地方政府、私人公司、邻里和社区非营利组织之间建立一种规划和决策的联合机制，市民的意见才能够真正起到作用。

4. 戴维·哈维的"社会公正"的原则：公正因时间、场所和个人而异

"社会公正和城市"是哈维在20世纪70年代中期完成的关于城市社会冲突并试图寻求一种理性的基础来解决社会矛盾的著作。他根据研究提出"不存

在绝对的公正"，或者说公正因时间、场所和个人而异。

5. 赛杰尔和英斯的"联络性规划"：规划决策体制中的公众参与

公众听证会制度：美国在制度上对公众参与城市规划作了保证。在城市规划体系中，公众参与的主要形式是公众会议，其方式多以公众评议、公众听证会的形式开展。公众参与主要是依靠社区力量和组织。公众参与的成分有三类，包括一般公众、私营企业团体和非营利组织。公众听证会由市议会代表主持。先由规划编制部门陈述规划方案内容，然后进行公众意见听证。各社会组织所派的代表相继发言辩论。主持人做出裁决或责成有关部门补充后，下一次听证会继续讨论。

城市规划决策程序中公众参与的地位：在这种决策程序中，公众参与占了较为重要的地位。从规划方案的开始到提出，顾问咨询组和任何感兴趣的社会团体都可以发表意见。由此，公众参与在规划决策体制中得到保障。

（二）听证制度

任何规划实施管理中出现的问题都可能使控制性详细规划的设计意图不能得到较好的体现，要做好规划的宣传工作，动员全社会的力量来关心、支持和监督规划的实施工作。发达国家在规划审批中很多都实行了听证制度，其中一项重要内容就是要公众来监督，看项目的审批是否符合规划，我们也要逐步推广建设项目规划审批听证制度。要充分发挥城市规划对城市土地利用的管制作用，促进城市建设健康协调地发展。

三、国外公众参与实例

（一）美国区划中的公众参与制度

美国在城市区划执行中，注重公众参与，以及民主化决定的程序要求，每个城市设立规划委员会，通常由城市的行政长官提名并由立法机构批准，一般组成人员有社区内的房地产商、银行家、商会等团体的负责人、律师、建筑师、劳工代表、社会工作者等，设立规划委员会的目的是为了及时提供市民的意见，对规划机构进行监督。立法机构是城市发展和建设的最终决策者，对其而言，规划委员会起顾问性作用，当处理有关规划事务时，立法机构要求规划委员会提出相应的报告和建议。1975年，纽约市宪章规定，授权市政府发布并实施法定的"区划审议程序"（Uniform Land Use Review Procedures），凡有关区划提案都应依照程序逐级办理公众听证会（Public Hearing）及正式表决的裁决程序。

（二）德国城市管理中的公众参与

在德国，城市规划、公众参与和建设规划法是城市建设中相互影响的三个方面。地方政府如想对现有的城市规划方案进行修改，需要由地方政府、地方议会和地方政府所属的专业委员会三方共同提出修改原城市规划的报告。在该报告中，需提出修改原规划的原因及想达到的目的，并在地方报纸、市政府张贴栏和地方政府内部定期刊物上登载修改原规划的消息。市民们，特别是那些将在修改原规划中涉及的，以及所有单位，特别是那些在修改原规划中受到影响的，均可在规定的期限以内（一般是4周）通过电话或书面报告、或亲自到城市规划局，提出自己的意见和想法。在这4周以内，地方城市规划局尽可能多地收集并整理公众的意见，之后，城市规划局将邀请市民代表，有关企事业单位的代表，会同有关公共事业局（如水厂、电厂、电信局、自然环境和文物保护局等）的代表开协调会，共同商讨新规划草案。在综合考虑了各方面的意见之后，城市规划局将提出一个较具体的新规划草案，其设计任务可由城市规划局自己承担，也可委托私人规划设计事务所或大学研究所承担。新规划设计方案通常不止一个，城市规划局将再次邀请公众代表一起审核新规划设计方案。这次审核的重点是权衡私人与公众的利益。如果不符合公众的利益，即便一项规划具有较高的经济价值，也不予通过。经过对不同规划设计方案评估之后，选出一个可实施的方案报上一级管理局，通常是地区或城市建设监理局审批。新规划由监理局批准之后，地方政府必须将新规划在地方报纸和地方政府内部刊物上登载，并张贴于市政府的布告栏里。之后，新规划才能生效实施。

通过这样一个"事先公众参与——规划设计——公众参与审核——法律审查"程序后的城市规划，具有法律效力，任何人都不能改变它，即使是政府领导班子换届也不能改变。如果要改变或补充，必须再一次经过上述程序。这个城市规划程序，在德国城市建设基本法中明确规定，任何一个地方政府制定城市规划，都必须按照上述程序进行。特别是规划设计前后的两次公众参与，必须得到绝对保证。

（三）英国城市规划管理中的公众参与

英国的城市规划（土地利用规划）主要有两种形式：结构规划和地方规划，英国《城乡规划法案》对这两种形式的规划制定了公众参与的法定程序。在编制结构规划的过程中，郡规划局和地方的区规划局或其他政府部门相互商讨，提出规划目标。郡规划局必须将其以附录形式展示给公众讨论，在完成规划草案的6周内进行公众评价，依据公众意见进行修改补充，做出最后的决策，同时将公众参与和修订规划的过程编成附录，上报给中央环境事务大臣审批。中央环境事务大臣如果对郡规划局的公众参与工作满意，则将其纳入日常工作议事日程。反之，则将结构规划退回郡规划局，重新进行公众参与。环境事务大臣在规划审批中，必须进行公众审查，并与地方规划局和相关人员进行协商，才能做出最终决策。地方规划由地方规划当局编制和审批，只需向中央环境事务大臣上报，其审阅备案即可，但地方规划也有严格的公众参与约束。立法规定、地方规划议题确定、规划草案修订和开发目标确定都必须进行公众审核和讨论。

在规划的执行过程中，个人或部门可以对地方规划当局的不合理行为进行规划起诉，由规划监察人员或中央环境事务大臣在调查核实的基础上进行裁决，并引入公众参与机制，召开非正式听审和地方审查会。裁决结果受到最高法院的约束，法院有权对不公平的规划起诉案件进行重新裁决。

（四）加拿大城市规划管理中的公众参与

加拿大城市规划的公众参与方法、途径和程序最具代表意义，其中最有名的是加拿大温哥华市的城市规划过程。从其公众参与过程我们可以看到加拿大公众参与城市规划的全貌。

在温哥华市城市规划中，鼓励少数民族和青年人参与到规划当中，并组织志愿人员参与城市规划过程。

城市规划过程分为四个阶段：第一阶段为收集设想阶段，以活动小组的形式对市民分类，每一个活动小组提出对温哥华市未来的设想。规划人员将这些设想收集起来，将设想用图形和形象模型表现出来。第二阶段为讨论设想阶段，通过设想图形、模型展示会和专题讨论会收集公众意见，并分类确定出规划的主题和可能的选择。第三阶段为做出选择阶段，将专题讨论会中确定的主题编成"做出选择"实用小册子，每个主题给出 4 ~ 5 个选择，并注明选择的后果，通过发放"做出选择"实用小册子，得到市民反馈资料，再将市民们对未来的选择分析整理成四种不同方向，通过展示这四种不同方向未来的发展结果，让市民选择其中一种。第四阶段是送交议会表决阶段。规划小组根据所定未来方向确定一种建议草案，且向市民公布，市民可以对其提出观点，最后修改的建议草案交由市议会审批表决。

四、中国控制性详细规划管理中的公众参与

（一）《城乡规划法》对公众参与的要求

《城乡规划法》对我国城乡规划工作各方面的公众参与提出了很好的要求，这也为控制性详细规划实施和管理中的公众参与提供了法律依据和指导思想。

关于公众参与的总的原则，《城乡规划法》规定，"任何单位和个人都应……服从规划管理，并有权就涉及其利害关系的建设活动是否符合规划的要求向城乡规划主管部门查询。……任何单位和个人都有权向城乡规划主管部门或者其他有关部门举报或者控告违反城乡规划的行为。"

由于控规涉及相关人群的种种利益，因此其变更或调整均可能会给相关人群带来利益或损失，因此其中的公众参与是不可或缺的。关于控规调整中的公众参与，《城乡规划法》第四十三条规定，"规划条件……确需变更的，必须向城市、县人民政府城乡规划主管部门提出申请。变更内容不符合控制性详细规划的，城乡规划主管部门不得批准。城市、县人民政府城乡规划主管部门应当及时将依法变更后的规划条件通报同级土地主管部门并公示。"第四十八条规定，"修改控制性详细规划的，组织编制机关应当对修改的必要性进行论证，征求规划地段内利害关系人的意见"。这些规定充分考虑了相关人群利益的表达与保护，同时也有助于控规更好的实施。

（二）加强公众参与的对策

1. 增强公众参与城市管理的意识

既然城市管理是事关全社会发展前途的公众事业，就必须让全社会认知、

理解进而支持和最大限度地参与城市规划的管理，而广泛宣传，让控制性详细规划的性质、目的和任务家喻户晓，城市管理部门责无旁贷。同时，必须将这项工作始终如一地贯彻到控制性详细规划管理的全过程中，这也是城市管理部门政务公开、增加透明度、公正公平工作必须常抓不懈的重要职责。例如，深圳市运用强大的宣传攻势令规划深入人心，全市有市级城市规划展示厅两处，先后宣传了五阶段城市规划体系、中心区建设、城市环境综合整治、海岸线规划等热点内容；除了规划展示厅外，报纸电视、网络、印刷宣传册等都是对规划进行宣传的重要方式，这些都为市民了解规划提供了多样途径，极大地提高了市民的规划素养。上海也在市中心地段建造了城市规划展示馆，为市民了解规划，参与管理提供了较好的条件。

2. 加强公众参与控制性详细规划的决策，为公众参与城市管理提供制度支持

公众参与不只是市民被动地接受城市管理方案，也不只是让市民提些意见而不问结果，更重要的是公众利益的代言人能够进入城市管理的决策团体，真正实现公众参与的效力。城市管理的决策层具有合理的“公众成分”不会天然形成，必须从制度上予以支持和保证。例如，深圳市城市规划委员会章程明确规定：深圳市法定图则委员会（深圳市的城市规划决策机构）的 19 名委员组成中必须有一定数量是有本市户籍的有关专家和社会人士，这从制度上确保了公众通过公众代表的媒介参与决策，这是我国城市规划的公众参与发展进程中的一个有益尝试。

3. 加强公众参与的程序性权力

我国城市规划方面的法律规范有《城市规划法》（1990 年施行），地方性技术规范也有不少，如上海市《城市规划条例》（1995 年 7 月施行），它们分别规定了“制定城市规划，应当有组织地听取专家、市民和相关方面的意见”，“任何单位和个人都有遵守城市规划的义务，并有权对违反城市规划的行为进行检举和控告”。

公众参与在我国目前法律性文件中仅仅停留在原则性概念阶段，缺乏可供操作的程序性规范，如公众参与的范围、参与方式、参与途径及其保障等。随着法制的不断健全以及全民参与城市规划的意识不断提高，公众参与必将在我国的城市规划建设中发挥越来越重要的作用。

思考题

1．你如何看待控制性详细规划实施中的各种问题？

2．控规调整可能存在哪些方面的原因？是应该按照实际情况不断调整还是保持控规成果的权威性？从技术上和制度上分别提出你所认为的应对控规调整的对策。

3．在我国当前的背景下，控规编制中的公众参与是弊大于利还是利大于弊，给出你的理由。

第七章 控制性详细规划发展的新方向

第一节 相关学术研究新进展

近年来，随着社会经济的不断发展，大批新技术相继涌现，在经济分析的基础上这些新技术使得土地利用管理更为灵活，区划成为一件更为精巧的工具。基本思路是增加规划的灵活性，允许使用土地的各方谈判和讨价还价，实现经济学家称之为“交易获利”（The Gains of Trade）的效果。

一、规划单元开发（PUD，Planned Unit Development）

规划单元开发为开发商和城市设计工作者提供了更多的灵活性。在作为一个开发单元的地块内，土地开发强度和用途都可以有所不同，整个场地规划将作为一个整体进行审批。商业区与居住区的混合避免了商业地带在夜晚的荒凉，市民生活显得更为丰富多彩。对城市设计者来说这种方式可以使他们更好地发挥创造力和想象力。由于可以优势互补，规划单元开发的方式在经济上具有显著优势。例如：办公区的工作人员将成为附近旅店、餐馆、商店、健身房等消费场所的持久客源；反过来，这些商业设施凝聚的人气也有助于提高对办公楼的需求。

二、"红利（Bonus）"或"奖励（Incentive）"分区

这种方法可以在开发商满足其经济利益的同时增加公共福利，保障公共利益以达到一种"双赢"（Win–Win Solution）的效果。例如，既定的分区条例中已规定了该地块的写字楼限高，但如果开发商愿意投资新建一些公共活动空间（如小广场、小公园等），可以允许其增加写字楼的高度。增加了开发强度，开发商获得了经济利益，市民也获得了更多活动空间，城市环境得到了改善。

三、包含性分区（Inclusive Zoning）

这是对应排斥性分区而产生的。由于在一些居住用地的分区中限制高强度的开发，会对低收入家庭进入该社区形成一种排斥，因为他们很可能只能负担这种较高密度公寓的价格。为了解决这个问题政府和开发商进行谈判让其为低收入家庭修建住宅，以低于建造成本的价格销售给低收入家庭，政府在其他方面给予开发商一定的利益补偿。需要指出的是这些住宅并非条件恶劣，很可能是中产阶级家庭才能拥有的住宅。通过经济分析我们可以发现商家最终会把这些建设费用转嫁到其他房屋消费者和土地所有者身上。这是城市规划运用经济手段达到社会公平目的的一种途径。

第二节　国家新出台的相关法规与编制要求

一、新版城市规划编制办法

于 2005 年 10 月 28 日经建设部第 76 次常务会议讨论通过，自 2006 年 4 月 1 日起施行的新版《城市规划编制办法》中明确了控制性详细规划的内容为：

（一）确定规划范围内不同性质用地的界线，确定各类用地内适建、不适建或者有条件地允许建设的建筑类型。

（二）确定各地块建筑高度、建筑密度、容积率、绿地率等控制指标；确定公共设施配套要求、交通出入口方位、停车泊位、建筑后退红线距离等要求。

（三）提出各地块的建筑体量、体型、色彩等城市设计指导原则。

（四）根据交通需求分析，确定地块出入口位置、停车泊位、公共交通场站用地范围和站点位置、步行交通以及其他交通设施。规定各级道路的红线、断面、交叉口形式及渠化措施、控制点坐标和标高。

（五）根据规划建设容量，确定市政工程管线位置、管径和工程设施的用

地界线，进行管线综合。确定地下空间开发利用具体要求。

（六）制定相应的土地使用与建筑管理规定。

控制性详细规划的强制性内容：

确定的各地块的主要用途、建筑密度、建筑高度、容积率、绿地率、基础设施和公共服务设施配套规定等应当作为强制性内容。

二、规划控制线管理办法

为明确强制性内容规划用地范围的明确界限，建设部于 2002 ～ 2005 年相继颁布了城市绿线、城市紫线、城市黄线和城市蓝线管理办法，作为对控制性详细规划控制性内容的补充。

（一）城市绿线管理办法

《城市绿线管理办法》于 2002 年 9 月 13 日建设部令第 112 号发布，2002 年 11 月 1 日起施行。

城市绿线，是指城市各类绿地范围的控制线。在城市绿地系统规划中应当确定城市绿化目标和布局，规定城市各类绿地的控制原则，按照规定标准确定绿化用地面积，分层次合理布局公共绿地，确定防护绿地、大型公共绿地等的绿线。在控制性详细规划中，应当提出不同类型用地的界线、规定绿地率控制指标和绿化用地界线的具体坐标。

（二）城市紫线管理办法

《城市紫线管理办法》于 2003 年 12 月 17 日建设部令第 119 号发布，自 2004 年 2 月 1 起施行。

城市紫线，是指国家历史文化名城内的历史文化街区和省、自治区、直辖市人民政府公布的历史文化街区的保护范围界线，以及历史文化街区外经县级以上人民政府公布保护的历史建筑的保护范围界线。紫线管理是对划定城市紫线和对城市紫线范围内的建设活动实施监督、管理。

划定保护历史文化街区和历史建筑的紫线应当遵循下列原则：

(1) 历史文化街区的保护范围应当包括历史建筑物、构筑物和其风貌环境所组成的核心地段，以及为确保该地段的风貌、特色完整性而必须进行建设控制的地区。

(2) 历史建筑的保护范围应当包括历史建筑本身和必要的风貌协调区。

(3) 控制范围清晰，附有明确的地理坐标及相应的界址地形图。

城市紫线范围内文物保护单位保护范围的划定，应依据国家有关文物保护的法律、法规。在城市紫线范围内禁止进行下列活动：

(1) 违反保护规划的大面积拆除、开发；

(2) 对历史文化街区传统格局和风貌构成影响的大面积改建；

(3) 损坏或者拆毁保护规划确定保护的建筑物、构筑物和其他设施；

(4) 修建破坏历史文化街区传统风貌的建筑物、构筑物和其他设施；

(5) 占用或者破坏保护规划确定保留的园林绿地、河湖水系、道路和古树名木等；

（6）其他对历史文化街区和历史建筑的保护构成破坏性影响的活动。

（三）城市黄线管理办法

《城市黄线管理办法》于2005年12月20日建设部令第144号发布，自2006年3月1起施行。

城市黄线，是指对城市发展全局有影响的、城市规划中确定的、必须控制的城市基础设施用地的控制界线。

城市基础设施包括：

（1）城市公共汽车首末站、出租汽车停车场、大型公共停车场；城市轨道交通线、站、场、车辆段、保养维修基地；城市水运码头；机场；城市交通综合换乘枢纽；城市交通广场等城市公共交通设施。

（2）取水工程设施（取水点、取水构筑物及一级泵站）和水处理工程设施等城市供水设施。

（3）排水设施；污水处理设施；垃圾转运站、垃圾码头、垃圾堆肥厂、垃圾焚烧厂、卫生填埋场（厂）；环境卫生车辆停车场和修造厂；环境质量监测站等城市环境卫生设施。

（4）城市气源和燃气储配站等城市供燃气设施。

（5）城市热源、区域性热力站、热力线走廊等城市供热设施。

（6）城市发电厂、区域变电所（站）、市区变电所（站）、高压线走廊等城市供电设施。

（7）邮政局、邮政通信枢纽、邮政支局；电信局、电信支局；卫星接收站、微波站；广播电台、电视台等城市通信设施。

（8）消防指挥调度中心、消防站等城市消防设施。

（9）防洪堤墙、排洪沟与截洪沟、防洪闸等城市防洪设施。

（10）避震疏散场地、气象预警中心等城市抗震防灾设施。

（11）其他对城市发展全局有影响的城市基础设施。

编制控制性详细规划，应当依据城市总体规划，落实城市总体规划确定的城市基础设施的用地位置和面积，划定城市基础设施用地界线，规定城市黄线范围内的控制指标和要求，并明确城市黄线的地理坐标。

（四）城市蓝线管理办法

《城市蓝线管理办法》于2005年12月20日建设部令第145号发布，自2006年3月1起施行。

城市蓝线，是指城市规划确定的江、河、湖、库、渠和湿地等城市地表水体保护和控制的地域界线。

在控制性详细规划阶段，应当依据城市总体规划划定的城市蓝线，规定城市蓝线范围内的保护要求和控制指标，并附有明确的城市蓝线坐标和相应的界址地形图。

在城市蓝线内禁止进行下列活动：

(1) 违反城市蓝线保护和控制要求的建设活动;

(2) 擅自填埋、占用城市蓝线内水域;

(3) 影响水系安全的爆破、采石、取土;

(4) 擅自建设各类排污设施;

(5) 其他对城市水系保护构成破坏的活动。

第三节 上海控制性编制单元与网格化管理

一、背景

(一) 分区规划的范围过大导致控制性详细规划边界无法衔接

上海市18个行政区中很多区的面积和人口数量都与一个大城市规模相当,特别是上海最近纳入的几个新区,用地面积都在400km^2以上,规模已远远超出了一般的大城市用地规模标准。要在短时间内完成各分区内所有的控规编制,难免成本高、收效差。一方面,这种情况下编制的控规不可能对现状有深入、准确的了解;另一方面,对于目前一些只作为发展备用地或者政府在短时间内不考虑出让的土地来说,虽然需要一定的控制要求,但却没有必要达到控规的深度,当前编制的控规也很可能不适用于将来的发展需要。此外,上海市目前控规编制的范围通常都比较小,只有几到十几平方公里甚至不到一平方公里,编制范围随意性强,基本属哪里需要开发哪里就做控规的情况。这种分区范围过大而控规范围又随意的控制方式直接导致了很多控规编制的重叠或盲区,并增加了编制盲区内不通过控规直接开发的可能性。

(二) 用地开发缺乏分解的依据

作为一项要为下一层次规划提供数据和文字依据的规划策略,分区规划本应为如何在后续规划中进行总量分解提供编制依据,但由于分区规划中往往并不涉及分区内人口与用地总量的具体分解方式,从而直接导致控规可以无视分区规划的存在而仅从控规范围自身出发来设定各类用地的开发控制指标。

(三) 公共服务设施缺乏必要的强制性控制指标和规定

公共服务设施的设置无疑十分重要,但在市场机制下公共服务设施常常得不到合理安排。在现实操作中,城市规划主管部门大多缺少对公共服务设施应有的专项规划以及必要的强制性控制指标和规定,委托单位在给规划设计单位的任务书中对公共服务设施配置的要求也往往较为模糊,特别是养老院、中小学、托儿所等一些基础配套用地,造成规划设计单位因缺少系统的、强制性的规划依据而仅根据自身的理解来确定具体的用地量和布局,并且还常因其他用地的挤占而不断缩小规模,使得思想上的重视并没有在规划编制中得到体现。

(四) 小结

综上所述,分区规划与控规之间需要解决的主要问题是如何将控规的规划边界进行整合和在这一基础上如何完成分区规划各项指标的分解。控制性编制单元规划的出现，较好地解决了这两个问题。

二、主要内容

上海市结合自身城市发展的特点，逐步探索并形成了"横向到边、纵向到底、城乡全覆盖"的规划管理体系。根据《上海市城市规划条例》(2003)，上海中心城的规划管理从上至下分为五个层次：①总体规划；②分区规划；③控制性编制单元规划；④控制性详细规划；⑤按经批准的规划实施项目管理。上述的五层次规划是结合上海特大型城市特点，从城市规划分级管理的实际出发，对城市规划编制和管理体系进行的纵向梳理和重新构架。其中，控制性编制单元规划这一层次为新增环节，目的是上承总体规划、分区规划，下接控制性详细规划，分解各类规划指标，确保规划落地。

控制性编制单元规划的主要任务包括：①确定编制单元的人口、用地、建筑量等方面的规划控制指标，这些指标来自分区、次分区层次对于总量的分解；②将开发强度的控制要求分配到各编制单元；③落实绿地系统规划中所确定的用地，并提出应达到的绿化指标；④划示出风貌保护区范围及其建设控制范围，落实已确定的文物保护单位及市级优秀建筑保护单位及其保护范围、建设控制范围；⑤落实分区确定的市级、地区级公共服务设施，对其他层次配套设施提出控制要求；⑥落实各类交通设施数量；⑦对城市景观控制区、景观控制带及景观控制节点等提出控制要求；⑧落实由专业系统规划经综合平衡后确定的大型市政设施。

上海市的这一新规划体系明确提出编制单元是编制控规的最小单元；即一旦要进行控规编制，必须在一个编制单元范围或者几个编制单元合联合进行，杜绝控规因开发需要随意编制的现象产生。编制单元的规划范围基本以一所中学的服务人口为基本依据，再结合自然边界、人口密度和原有街道行政管辖范围等其他现状条件综合确定。这样既为需要落实的重点指标（如教育用地、社区中心等）创造了良好的编制基础，又综合考虑了控规的工作强度和规划管理的现实可操作性。

上海市的控制性编制单元规划把 660km^2 的中心城划分为 242 个规划编制单元，按照编制单元进一步分解人口和建筑的控制总量，确定土地使用性质、建筑总量、建筑密度和高度、公共绿地、地下空间利用、主要市政基础设施和公共服务设施等内容，明确规划参数，提出编制控制性详细规划的强制性要求和城市设计等指导性原则，指导控制性详细规划的编制。

在《上海市城市规划条例》(2003) 中规定，控制性编制单元确定的土地使用性质、建筑总量、建筑密度和高度、公共绿地、主要市政基础设施和公用设施等内容，作为编制控制性详细规划的强制性要求，未经法定程序不得调整。编制单元规划确定的城市设计内容，作为编制控制性详细规划的指导性要求。

为使控制性编制单元规划工作更好地付诸实施，贯彻上海市既有的分级管理体制，《上海市城市规划条例》（2003）中规定，上海市规划局负责制定控制性编制单元规划，作为各区编制控制性详细规划的直接依据，同时负责审批中心城控制性详细规划，为区县规划局严格按照规划审批建设项目提供规划依据；区县规划局负责控制性详细规划的组织编制工作。

三、作用与意义

控制性编制单元规划是上海市网格化管理理念在城市规划工作中的探索和实践，以网格化管理为重心展开城市规划编制体系的调整，展开区县分权。控制性编制单元规划明确了各个详细规划之间的衔接机制，将规划编制单元与行政单元、社会服务设施单元有机统一，把专业规划、行政资源和基础设施有机联系，通盘考虑人口、产业、社会、资源、环境和交通等城市发展的各个方面，形成网络，使规划充分体现城市发展的整体利益。每个编制单元之间资源整合、互相衔接、优势互补，有助于在城市规划分级管理中加强市、区县部门协同运作，为落实城市总体规划、解决规划衔接问题、实现城市规划管理提供了重要依据。

从规划管理实践看，控制性编制单元规划是规划控制和管理的基础，是上海市完善城市规划体系的核心内容，也是实施城市总体规划的关键环节。其特点在于承上启下：上承全市总体规划、中心城分区规划，下启控制性详细规划，是控制性详细规划编制的最小单位。控制性编制单元规划具有以下功能：

（1）确保网格划分的合理性。合理的单元划分，解决了在多大范围内研究和编制控制性详细规划的问题。单元划分在空间上的满覆盖、不交叉，既保证管理覆盖全面、无盲区，又能保证相邻区域功能互补、优势整合。

（2）确保网格内容的科学性。控制性编制单元规划以编制单元为基本网格，进行人口与建筑总量的分解，制定指导控规的各项控制要求，确定网格内土地使用性质、建筑总量、建筑密度和高度、公共绿地、市政基础设施、公共服务设施的内容和总量等强制性要求，并提出城市设计等指导性要求，解决了哪些内容是强制性的、如何防止规划随意变更等问题。

（3）充分发挥网格化管理的实效性。通过控制性编制单元规划，明确落实各类市级、地区级和社区级的公共服务设施和市政基础设施的内容和用地规模，确保公益型设施落地，实现对各层面、各类型资源的科学配置和有效管理。

四、应用

上海市控制性规划编制单元的范围根据资源优化配置、基础设施和公共设施共享的原则划定。在中心城一般一个街道划分为 2 ～ 3 个规划单元，其边界基本上按行政区划分，便于区一级行政部门对规划目标的落实和具体操作，同时也结合道路、河流等较为明确的自然界线，并考虑设施配置的合理性，适当调整部分界线。用地规模上，在市中心区域一般为 2 ～ 3km^2，人口规模 5 万人左右，在边缘地区规模大一些，一般为 4 ～ 5km^2，共将中心城六个分区的 4079 个街坊划分为 242 个规划编制单元。2006 年已完成中心城全部 242 个单元规划的编制和审批工作。

在控制性编制单元的基础上，上海市积极探索以网格为单元来整合社区公共服务设施，通过编制社区公共服务设施控制性详细规划，对公共设施进行规划预留，推进基础设施和公共设施的优化配置和共享。该体系建成后，居民步行 15 ～ 20 分钟就可到达社区文化活动中心、社区事务受理中心、社区卫生服务中心、青少年服务中心、警务中心、社区学校、敬老院、托老所等公共服务设施。

结合社区网格化建设，上海市加强推进城市网格化管理。网格化管理以信息技术为核心，以约 1 万 m^2 为一个网格，由网格监督员每天巡视，平均每人负责 12 ～ 16 个单元网格。一旦发现城市设施被损坏或乱设摊点、违章搭建等事件，监督员立即使用随身配备的“城管通”将所发现问题的地点、内容等情况传输到市级监管中心，监管中心立案后既可转发信息进行处置，也可将暂时解决不了的问题记录在案。网格化管理的最大价值在于将以前的公众举报问题变为管理人员主动发现问题，并通过信息化手段予以及时、快速地解决，方便管理。2007 年，上海市实现城市管理网格化在中心城区全覆盖，并为向郊区城市化地区推广创造条件。上海市已将 12319 城建服务热线与城市网格化管理系统互联互通，并建立起全市统一的综合管理数据库，将城市管理的主要对象进行详细分类、编码和定位，标注在标准统一的数字地图上，通过市、区两级信息平台进行 365 天全覆盖管理。

五、其他城市同层面规划探索的比较

在上海市展开控制性编制单元规划工作改革的同时，国内其他一些城市也进行着类似的探索。这些探索有着大体一致的特征，同时又有自身的鲜明个性，其所采用的与上海控制性编制单元同属一个层面的规划的名称也有所不同。为表述方便，在此暂统称为规划管理单元。

规划管理单元制度可以保障控制性详细规划的全覆盖，实现规划地块之间的“无缝衔接”，为规划成果对接、拼合奠定制度框架，也为规划成果的智能化、信息化管理和使用奠定系统基础。各地城市通过在统一的管理平台上划分规划管理单元和编制规划，解决控制性详细规划编制中范围重叠、随意、空白、数据难以汇总和成果运用不便等问题。同时，将所有的主要规划意图落实到“一张图”上，使之成为日常规划编制与管理的最主要依据之一，实现规划编制与审批的一张图管理和规范化管理。充分利用信息技术，使这张“图”建立在动态更新的平台上，所有的规划调整和最新信息均在图上即时反映出来，达到对控制性详细规划编制和管理的标准化、规范化、信息化和简单化，切实提高规划管理效率。如，温州市编制了《温州市区规划管理单元规划方案》，并按此方案进行规划单元的划分、编制和管理。广州市实行的“一张图”规划管理系统，通过编制分区规划和控制性规划导则将广州市历年来的城市管理信息及已批准的各层次规划整合到该“图”上，建立规划管理图则新模式。哈尔滨的城市规划管理单元综合了法定规划和非法定规划的内容，将城市管理的各项依据综合形成“一张图”，解决了各层次规划在规划层次、时序、地位、范围、结构、配套、方法、标准等方面存在的矛盾。

在规划管理单元的用地规模上，大部分城市都将其控制在 3 ～ $5km^2$ 左右，并以规划管理单元覆盖整个城市规划区或中心城区。如，上海市控制性编制单元规划在市中心区域一般为 2 ～ $3km^2$，在边缘地区一般为 4 ～ $5km^2$。无锡市的控制性详细规划编制单元覆盖了全市域所有角落，以实现控制性详细规划全覆盖，全市共划分为 124 个规划管理单元，基本和居住社区范围一致，但也可以不一致。广州市把整个中心区分为 792 个管理单元，基本达到控制性详细规划深度。哈尔滨市将城市规划区划分为 106 个城市规划管理单元，其指标部分做到控制性详细规划的深度，特定区域直接做到修建性详细规划的深度。南京市的规划编制单元规模较其他城市大，在新区为 10 ～ $15km^2$ 左右，已建成区则略小，并规定规划编制单元可根据实际情况进一步划分为“规划次单元”。在划定规划管理单元的基础上，部分城市对各规划管理单元进行了统一的编号，以便于规划管理过程中的查询。如无锡在全市范围实行统一的城市规划管理单元编码体系，每一个规划管理单元都有一个全市唯一的编码。

哈尔滨的城市规划管理单元在具备上述共同特征的同时，更加强调对城市特色的控制。通过将城市划分为若干单元进行管理，便于感知和控制城市的血脉，认识城市的特色，也就可以根据各单元的不同特点制定出管理城市的针对性对策①。

针对目前城市规划编制中各编制单位之间的成果表达格式、数据结构、分层、线型、接边等方面互通性差、成果难以拼合对接、无法纳入信息化管理的问题，上海市开展了控制性详细规划成果电子格式标准研究，开发了“控制性详细规划编制与报审系统”，实现了从设计源头上对成果格式的规范。同时，为保证其实施，上海市制定了相应的规范，要求编制单位进行规划项目报审时，要同时上报电子成果，该电子成果应能满足直接入库的要求。南京市也制定了一系列工作规定、技术规定和专项技术标准，对控制性详细规划的内容、深度和成果要求、表现形式等作出了统一的技术规定，并确立了严格的规划验收制度。

各地正在探索形成的各类规划管理单元不仅是一个管理工具，更是为将

① 吴松涛，苏万庆，刘国英．单元·城市——城市特色的感知与控制．全球化进程中的城市本土性，第二届“21 世纪城市发展”国际会议论文集，229~235。

来规划编制与规划调整提供了一个基于控制性详细规划的规划、管理、检索、更新平台。将规划管理单元引入城市规划管理，既是提高政府城市规划管理水平的需要，也是城市发展从"粗放型"向"集约型"转变的需要，同样也是城市规划精细化与深入形成的规划成果，其最终目的是搭建起规划与管理的"桥梁"，使规划能够真正与城市规划管理相挂钩，产生切实有效指导城市规划管理和可操作性强的城市规划成果。①

第四节　控规局部调整的制度化

控规是我国现行城市规划体系中具有法定效力的规划编制层次之一，是对城市土地开发和各项建设活动进行规划调控的关键环节。伴随着控规编制的大规模完成，北京、上海、重庆、深圳等城市已达到或接近"控规全覆盖"的程度，规划部门的工作重点逐渐由控规编制转向控规的实施管理，其难点在于如何处置大量的控规局部调整申请诉求。这里的"控规局部调整"，是与控规修编、控规整合等概念有所不同的一种规划调整现象，主要是指在控规的实施管理过程中，建设单位提出对具体项目用地的规划控制条件进行调整的各种申请诉求，包括调整地块的土地利用性质、提高地块的建设开发强度、改变城市道路的走向等，相对于整个控规编制范围而言是局部地块的规划控制条件变更，因此被称作控规局部调整。由于其往往针对的是地块的规划控制指标，又有控规指标调整的说法。

一、控规局部调整现象的诱因

导致控规局部调整现象出现的原因是多方面的，主要包括：①我国处于城市化的加速发展阶段，城市发展迅速不断突破原有控规的限制；②土地开发和建设单位利润最大化的经济利益追求，需求通过规划指标调整得以实现；③迫于社会因素的压力，如拆迁安置、企业破产补偿等因素的制约；④城市建设的各种不确定因素的影响；⑤原有控规编制经验不足，研究问题深度不够，预测不足，矛盾较多等等。

正是由于这些因素的存在，控规局部调整成为现实生活中一种必然存在的现象。

二、控规局部调整工作的积极成效

不可否认的是，控规局部调整现象具有其积极的一面，主要体现在：

（1）控规局部调整适应了社会经济不断发展变化对于实施城市规划的新要求，完善了城市规划的适应力，调整了城市用地结构，优化了城市土地配置，

---

① 吴松涛，苏万庆，刘国英．单元·城市——城市特色的感知与控制．全球化进程中的城市本土性，第二届"21世纪城市发展"国际会议论文集，229~235。

完善了城市功能；

（2）控规指标是规划设计条件的重要内容，通过控规局部调整，可以增加城市土地有偿使用的收益，有利于实现国有土地资产的保值增值；

（3）控规局部调整树立为国有企业改革和旧城改造等工作的服务思想，促使城市土地资产变现用于国企职工安置或旧城改造拆迁补偿，对国有企业改革和维护社会稳定等作出了一定的贡献；

（4）鉴于我国人多地少的特殊国情，以及不少城市可供城市建设的用地较为稀缺等实际情况，控规指标调整又多为“由低到高”，这在一定意义上推进了城市土地的集约化高效利用等。

三、控规局部调整的负面影响

当前，我国各城市控规实施中的不断调整，所引发的问题是多方面的，表现在：

（1）城市未来发展的失控。由于控规指标调整多为“由低调高”，直接导致地块总建筑量的增加，使得城市人口和环境容量失控，给城市公共设施的服务质量以及城市基础设施的承载力等造成巨大挑战，对社会公益工程和生态环境建设极为不利。根据对国内某城市的其中两个行政辖区的控规局部调整情况的调查统计，自2003年7月至2005年11月期间，共计审批许可60个控规局部调整申请项目。扣除15个资料不全的项目不计，其余45个控规局部调整项目的总体平均容积率约提高了1.93，控规局部调整所增加的总人口约为15万。不难想象这15万新增人口将会给城市未来发展造成各种负面影响。

（2）对社会公共利益的侵犯。部分控规指标的调整虽在国家规定的允许范围之内，但却对业主、周边群众或整个城市形象造成“隐性伤害”，如业主或周边群众的居住舒适度的降低、生活空间压抑感的增强、地区交通压力的膨胀、城市建设的“见缝插针”与城市形象的无序发展，特殊情况下还会造成周边地价的降低等，导致侵犯公共利益行为的出现，影响到社会的公平和公正。

（3）不正当竞争行为的加剧。由于控规局部调整的示范效应，控规调整的“低成本”、“低难度”与“高回报”、“普遍性”等形成鲜明对比，建设单位“相互攀比”，出现所谓“不调整白不调整”、“不调整要吃亏”、“申请调整试试看”等的不平等心理，并造成建设单位过于依赖控规局部调整以实现其经济利益的不正当竞争倾向，扰乱了正常的社会主义市场经济秩序，造成恶劣的社会影响。

（4）对规划科学性与严肃性的质疑。由于控规调整申请数量的逐步增长，大面积的控规调整有取代原有控规之势，甚至于原有控规在某种程度上已形同虚设。控规编制单位调查研究及经济分析不够深入，管理部门审批把关不严，公众参与形式化，造成控规编制的“低质量”和控规调整的“高频率”形成恶性循环。控规调整频繁，有的甚至“一调再调”，引发人们关于控规编制科学性的质疑，影响到城市规划工作的严肃性和稳定性，影响到规划管理部门的执政形象。

总之，控规局部调整虽为“小事”，其敏感性却很“强”，控规不合理调整所导致的最严重的后果是城市规划的严肃性和法定地位受到冲击，由此导致社会公众对于“规划诚信”的抱怨，这种负面影响是致命性的。

四、控规局部调整的制度建设

综上所述，控规局部调整既有其存在的必然性，也有诸多不可忽视的负面影响。城市规划管理（包括控规的实施管理）是一项重要的公共行政管理活动，是政府调控城市公共资源、维护社会公平、促进公共安全和保障公共利益的重要手段。《中华人民共和国行政许可法》（下简称《行政许可法》）已于2004年7月1日起施行，这是一部规范政府机关行政行为的重要法律。《行政许可法》的公布施行，对于保护公民、法人和其他组织的合法权益，推进行政管理体制改革等，都具有重要意义。适时推进控规局部调整工作的改革，是实施《行政许可法》的必然要求。任何一种经济体制都具有特定的游戏规则，现代市场经济的根本游戏规则就是法治规则。作为政府进行宏观调控的重要手段，规划必须首先着眼于制度环境的建设，促使政府对市场进行适度的引导和干预，只有这样才能积极应对可能出现的市场失灵状况。因此，控规局部调整工作改革的关键和重点在于推进制度建设，规范控规局部调整工作的行政行为。

（1）构建市场信息的反馈机制。在控规的实施过程中，任何一个控规局部调整项目，都要受到市场容量的限制。长期以来，由于市场信号反应滞后，规划管理人员对于调整什么、怎样调整、调整多少的问题无所适从。为了避免规划管理人员因长期陷于对于具体项目的个别管理而逐渐失去对城市发展全局的把握能力，必须建立控规局部调整的市场信息反馈机制，对控规局部调整工作进行监测、统计、预警、反思、检讨。通过控规局部调整市场信息反馈机制的构建，规划部门应定期或不定期召集控规局部调整的有关管理人员，结合深入的调查和统计工作，对一定时期内控规局部调整工作情况进行回顾，反思控规局部调整工作中存在的问题，及时研究制定解决或改善方案。这样做，有利于促进规划部门及其工作人员反省自律，改进工作作风，加强内部管理与检查。同时，针对控规实施中所出现的重要性问题、集中性问题或普遍性问题，规划部门应适时采取控规修编的方式（代替控规局部调整工作）去对问题加以解决。[①]

（2）改进管理决策的参与机制。应对控规局部调整的决策机制加以改进，以形成市场利益的制衡和监督机制。控规局部调整的审查及决策人员的构

---

① 控规指标调整所需费用由申请者自行承担，首先体现出的是建设单位的单方意愿；控规修编经费一般由政府财政拨付，重点关注的是公共利益。

成，应当在一定程度上区别于控规编制及审批的管理人员的构成。应当吸收一定数量的专家及公众参与决策，对规划决策权和执行权进行合理调配，改变过去那种既编制规划又组织实施规划和调整规划的管理决策机制。例如，可结合城市规划委员会制度建设，成立专门的决策机构（如类似于深圳市规划委员会下设的法定图则委员会），专门负责控规调整的审查及决策，同时让专家、公众代表广泛参与到规划决策中来，提高控规局部调整管理决策的质量和效率。

（3）实行控规局部调整政务公开。控规局部调整工作的自由裁量权较大，必须实施“阳光工程”，推行政务公开及控规局部调整听证，让权利“在阳光下运行”，从而借助社会的监督力量实现控规局部调整的科学公正。例如，对于控规局部调整所造成的“隐性伤害”，通常情况下往往很难通过提高规划水平等的技术手段予以消除，但是，群众的眼睛是雪亮的，在控规局部调整的管理过程中，让一些最熟悉该地区情况的居民参与进来，无疑会让一些“别有用心”的申请单位“知难而退”，这也会减轻规划部门由于控规局部调整申请数量的日益增多所带来的渐趋沉重的工作负担与压力。另一方面，应当积极完善控规局部调整工作的责任追究制度，即在规划行政管理活动中，强化对控规实施情况及指标调整工作的监督检查，规划部门或其工作人员如果违反行政法律义务构成行政违法或行政不当，必须依法承担相应的法律后果。

（4）健全依法行政的法制环境。从我国的城市规划法律体系来看，《城乡规划法》缺少对控规调整的规定，新的《城市规划编制办法》对控规调整也仅仅是概念性地提及，①而各地关于控规调整的规定仅是政府行政主管部门执行性的管理文件，其法律效力较弱，对于控规局部调整的约束力有限，难以起到维护城市规划的严肃性和法律地位的作用。②鉴于控规局部调整的重要性和特殊性，必须加强其法制建设。有必要制定专门的控规局部调整行政法规，至少应当在控规的法律规范中强化实施及调整环节的各项规定，改变过去“重编制、轻实施”、“重技术标准、轻管理程序”的做法。

（5）完善规划调控的经济政策。长期以来，控规局部调整的管理，大多是采取行政的、非经济的手段，擅长于技术性管理手段而忽视政策性管理手段。除了其正当性要求之外，建设单位进行控规局部调整，比如关于提高容积率的要求，在本质上是为了在面积一定的用地范围内建设出尽可能多的建筑量，从而获得较低的建设投资分摊成本，实现其巨额经济利益追求。在市场经济的逐步完善过程中，应当重视经济手段对市场经济调控的巨大作用。经济手段不仅局限于经济杠杆，它还应该包括各种宏观经济政策和措施，包括收费、补贴、

① 该办法第十七条指出："城市详细规划调整，应当取得规划批准机关的同意。规划调整方案，应当向社会公开，听取有关单位和公众的意见，并将有关意见的采纳结果公示"。

② 如《北京市区中心地区控制性详细规划指标调整的技术管理要求（试行）》、《成都市规划管理局控制性详细规划编制、调整审批程序管理规定（暂行）》等。

可交易许可和强制刺激等主要类型。借鉴国外的经验，可采取"容积率奖励"、[①]"开发权转让"、[②]"额外收费"、[③]"开发协议"[④]等经济手段，对控规局部调整活动进行宏观调控。通过对各申请单位诱之以利，引导其自觉地改变控规局部调整行为。同时，运用经济手段可以对控规局部调整所增加的那部分土地开发收益进行统筹调剂，以避免控规局部调整所得土地增值效益的流失，弥补城市公共环境质量的下降。由于经济手段的调节是以承认建设单位的经济利益为前提，因此在调节过程中不仅不会使整个经济体制失去动力机制，反而会使各经济单位更加注重各种资源的使用效率，主动地去适应社会。

第五节 《广东省城市控制性详细规划管理条例》

一、背景与意义

2004 年 9 月，广东省人大常委会通过了《广东省城市控制性详细规划管理条例》(以下简称《条例》)，并于 2005 年 3 月 1 日起执行。《条例》是我国第一部规范控制性详细规划的地方性法规。这部地方法规从广东省的实际出发，在与现行上位法律法规衔接的基础上，确立了控制性详细规划的法定地位，强化了控制性详细规划的强制性内容，规范了控制性详细规划的编制、审批、实施和调整、公众参与途径等法定程序，并按照决策权与执行权相对分离的现代管理科学基本原则，规定了城市规划委员会制度。《条例》的制定与实施，适应市场经济体制下城市规划制定与实施的改革方向和改革要求，对于保障城市规划决策的科学性、严肃性和民主性，规范城市控制性详细规划的制定和实施具有重要的借鉴意义。

二、主要特点

（一）城市规划委员会制度

实行城市规划委员会审议制度是《条例》的核心内容之一。城市规划委员会由城市人民政府及其相关职能部门代表、专家和公众代表组成，其中专家、公众代表人数应当超过全体成员半数以上。

---

① 若为公共利益作出贡献（如提供公共绿地等公共开放空间）的项目，在专项分析论证如交通影响分析等许可的基础上，予以适度容积率奖励。

② 投入产出资金难以平衡的特殊地段的公益性项目，可将补偿的容积率在空间上进行转移，即开发权转让：主要用于城市中需要保护的重要地段，如标志性建筑、历史建筑、历史街区、独特的自然形态等，这种补偿符合开发商追求最大面积的要求。

③ 综合采取税收或经济制裁等手段，对因例如因条件特殊无法提供公共开放空间的项目，若提高容积率，相应追加上缴财政的税金，或者针对申请提高容积率的增加部分征收高额的"容积率税"。

④ 在满足城市总体规划要求及各项专题研究许可的前提下，准许规划部门（或市政府）与控规调整申请单位（即项目建设开发商）缔结"开发协议"，在协议中明确规定由开发商承担一定的公益性项目建设（如修建道路、公园、中小学校等），作为交换条件，规划部门则准许其进行适度的控规指标调整。双方在自愿的基础上实现双赢。

城市规划委员会的委员组成不仅包括政府和职能部门的代表，还包括专家和市民代表，因此城市规划委员会审议制度客观上提高了规划决策过程的广泛性参与，而非仅仅由城市规划行政主管部门和城市政府独立决定。

城市规划委员会制度在此之前国内一些城市已经进行了探索，但由于其法律地位和职责难以明确，所以往往成为一种形式，难以真正起到对城市规划审议和监督的作用。《条例》的出台明确了城市控制性详细规划的编制、调整、审批必须经城市规划委员会审议。配套文件《广东省城市规划委员会指引》将城市规划委员会的主要职能明确为包括审议控制性详细规划的上层次规划如：城市发展战略规划、城镇体系规划、城市总体规划及城市专项规划等，以及审议城市重大项目的选址等。

（二）公众参与和信息公开制度

《条例》第十三条，明确规定城市规划行政主管部门应当将审查后的控制性详细规划草案公开展示，征询公众意见，并对公众参与的时间和地点作了规定和指引。第十四条规定城市规划行政主管部门应当收集、整理和研究公众意见。

《条例》第十七条，规定控制性详细规划经人民政府批准后，应当在媒体和网站上公示。

在此之前，国内一些城市的规划编制和规划行政主管单位也进行了规划公众参与和信息公开的实践，但主要是提高规划编制的科学性和规划行政决策的公开性，并未真正起到公众意见对规划决策的参与。《条例》配套文件《广东省城市控制性详细规划信息公开指引》对规划信息公开的内容、方式、程序及对反馈意见的处理等作了具体的规定。公众可以查询相关信息并提交意见，重大异议还将通过听证会等方式进行充分论证。

因此，对于城市建设的投资者可以通过规划信息公开直接知道地块开发的控制要求，而对于市民来说不仅可以对规划行政主管部门审查过的详细规划提交意见来参与规划审议，而且可以对关乎自身利益的规划，如住宅周边的道路交通、配套设施、绿地等规划情况，提出自身的意见，特别是对影响住宅环境的现状情况进行控制性详细规划编制，或对已批准的控制性详细规划进行调整，市民可以提出自己的意见，作为城市规划委员会审议规划时考虑的重要因素之一。

（三）变更规划须经法定程序制度

控制性详细规划一经城市人民政府批准，必须严格执行，对控制性详细规划内容的调整必须依据法定的程序，提高了控制性详细规划的法定性和权威性，将严格遏制违规和违法建设现象。《条例》对违反相关规定的，作出了明确的法律责任认定。《条例》不仅是对建设单位和个人提出了严格的规定，更强调对政府和规划行政管理部门行政决策和行为的规范和监督，这是《条例》不同于以往相关规定的地方。

因此，城市建设的投资者应认识到经批准的控制性详细规划控制的地块开发设计条件是基本确定的，特别是经过拍卖获得的开发土地，其规划设计条件是严格控制调整的。对于市民来讲，已经批准通过的控制性详细规划基本代表了未来城市建设的蓝图，特别是可以预见自己居住地附近未来的建设状况。

（四）监督检查制度

《条例》为了严格规划决策、实施和监督权的合法施行，还具体规定了对规划执行实施的监督检查，规定城市行政主管部门应当向同级人民政府和上级城市规划行政主管部门报告控制性详细规划的编制和实施情况；县以上人民政府应当每年向同级人民代表大会或者其常务委员会报告控制性详细规划的编制和实施情况。

（五）明确市民权利

1. 市民参与权

为了保障控制性详细规划的成果具有更广泛的代表性，《条例》明确规定市民可以通过以下方式参与控制性详细规划成果的审议和审批：①作为城市规划委员会公众代表对控制性详细规划成果进行审议；②在控制性详细规划审查后的草案公开展示、征询公众意见阶段提交和发表意见，以利于对规划草案进行修改和完善。

2. 市民知情权

对于广大市民比较关心的规划知情权问题，《条例》赋予了公民、法人和其他组织查阅控制性详细规划档案（法律、法规规定需要保密的除外）的权利。

3. 市民举报权

为了保证对违反控制性详细规划行为举报的及时处理，《条例》规定城市规划行政主管部门应当自接到举报材料之日起十五日内将处理情况回复举报人。

4. 法律保障

为了保障市民充分享受上述权利，《条例》对城市行政主管部门违反上述规定的行为做出了严格规定：除了由同级人民政府或者上一级城市规划行政主管部门责令改正外，还将依法追究该部门的主管领导和直接责任人的责任。

三、条例原文

广东省城市控制性详细规划管理条例

（2004 年 9 月 24 日广东省第十届人民代表大会
常务委员会第十三次会议通过）

第一章　总则

第一条　为了规范城市控制性详细规划的编制和审批程序，保障城市规划的有效实施，根据《中华人民共和国城市规划法》等法律、法规，结合我省实际，制定本条例。

第二条　本省行政区域内设市城市和省人民政府指定编制城市控制性详细规划的镇，其城市控制性详细规划的编制、审批和实施，适用本条例。

本条例所称城市控制性详细规划（以下简称控制性详细规划），是指以经批准的城市总体规划和分区规划为依据，对建设地区的土地使用性质、使用强度、道路、工程管线和配套设施以及空间环境等控制要求做出的规划。

第三条　控制性详细规划实行城市规划委员会审议制度。

城市规划委员会是人民政府进行城市规划决策的议事机构。城市规划委员会委员由人民政府及其相关职能部门代表、专家和公众代表组成。其中专家和公众代表人数应当超过全体成员的半数以上。主任委员和副主任委员由人民政府从委员中指定。

城市规划委员会的产生、任期、议事规则等有关事项由地级以上市人民政府做出规定，并报省人民政府备案。

第四条　设市城市的控制性详细规划由市人民政府城市规划行政主管部门（以下简称城市规划行政主管部门）组织编制，经城市规划委员会审议通过，报市人民政府批准后公布实施。

省人民政府指定的镇为县城镇的，其控制性详细规划由县人民政府城市规划行政主管部门组织编制，经城市规划委员会审议通过，报县人民政府批准后公布实施。省人民政府指定的镇为其他建制镇的，其控制性详细规划由镇人民政府组织编制，经县（市）城市规划行政主管部门审查和城市规划委员会审议通过，报县（市）人民政府批准后公布实施。

第五条　控制性详细规划经批准后非经法定程序不得变更。

各级人民政府及其城市规划行政主管部门应当加强对本条例执行情况和控制性详细规划实施情况的监督检查。

第六条　各级人民政府应当将城市规划工作经费纳入政府公共财政预算，保障控制性详细规划的编制和城市规划管理工作的正常开展。

第七条　公民、法人和其他组织应当支持控制性详细规划的依法实施，对违反控制性详细规划的行为有权检举和控告。

第二章　控制性详细规划的编制

第八条　省人民政府城市规划行政主管部门应当根据国家有关技术规范，制定控制性详细规划的技术规范和指导意见，指导和规范全省控制性详细规划的编制工作。

第九条　城市规划行政主管部门应当根据城市总体规划或者分区规划、国民经济和社会发展计划以及城市建设发展的需要，制订控制性详细规划的编制计划，报同级人民政府审定。

城市中心区、旧城改造区、近期建设区以及储备土地、拟出让的土地等城市建设重要控制区域，应当优先编制控制性详细规划。

第十条　城市规划行政主管部门应当根据控制性详细规划的编制计划，通过公开征集或者邀请征集规划方案等方式，择优选定具备相应资质的城市规划编制单位承担编制工作。

第十一条　控制性详细规划的编制，应当根据城市总体规划和分区规划要求，综合考虑自然环境、人文因素、公众意愿和经济社会发展需要，体现提高城市环境质量、生活质量和景观艺术水平的总体要求，符合国家和省的有关标准和规范。其主要内容：

（一）规划依据和规划范围；

（二）建设用地性质，包括不同地块土地使用性质的具体控制要求，土地使用性质的兼容性；

（三）建设用地使用强度，包括不同地块的开发建设密度、容积率、绿地率等具体控制要求；

（四）道路交通，包括道路系统的功能分级和交叉口形式，以及公共停车场、公交站场等的规划要求；

（五）工程管线，包括各类工程管线的走向、位置等控制要求；

（六）特定地区地段和其他公共配套设施的规划要求。

第三章　控制性详细规划的审批

第十二条　城市规划编制单位完成控制性详细规划草案后，应当报城市规划行政主管部门审查。

第十三条　城市规划行政主管部门应当将审查后的控制性详细规划草案公开展示，征询公众意见。控制性详细规划草案公开展示的时间不少于二十日。展示的时间、地点及公众提交意见的期限、方式应当在当地主要新闻媒体或者政府信息网站上公布，同时在规划地块的主要街道或者其他公共场所设置公示栏公示。

第十四条　城市规划行政主管部门应当收集、整理和研究公众的意见。公众对控制性详细规划草案提出重大异议的，城市规划行政主管部门应当通过召开座谈会、论证会、听证会等方式进行充分论证。城市规划行政主管部门应当根据公众的意见对控制性详细规划草案进行修改和完善。

第十五条　城市规划行政主管部门应当将控制性详细规划草案及审查意见提交城市规划委员会审议，并附公众意见及采纳情况。

城镇体系规划中确定由上一级城市规划行政主管部门实施规划监控的区域，其控制性详细规划草案在提交城市规划委员会审议前，应当先征得上一级城市规划行政主管部门书面同意。

第十六条　控制性详细规划草案经城市规划委员会审议通过后，由城市规划行政主管部门根据审议意见修改完善并报同级人民政府批准。未经城市规划委员会审议通过的，同级人民政府不予批准。

第十七条　控制性详细规划经人民政府批准后，城市规划行政主管部门应当自批准之日起三十日内在当地主要新闻媒体和政府信息网站上公告。公告的内容应当包括该控制性详细规划的具体范围、实施时间和查询方式等。

第十八条　城市规划行政主管部门应当建立控制性详细规划档案。城市现状调研资料、有关部门意见、历次审查会议纪要、公众意见及论证意见、城市规划委员会审议意见和城市人民政府的批准文件、规划成果等，必须存档。

公民、法人和其他组织可以查阅前款档案，但法律、法规规定需要保密的除外。

第四章　控制性详细规划的实施和修改

第十九条　在城市规划区范围内尚未编制控制性详细规划的地块，因国家、省或者地级以上市重点建设需要使用土地的，土地使用权出让、划拨以及建设用地的规划许可必须以经批准的规划设计条件为依据。

批准规划设计条件应当按照下列程序进行：

（一）建设单位应当持经批准的项目建议书和项目可行性研究报告等相关材料，向城市规划行政主管部门提出规划申请；

（二）城市规划行政主管部门根据城市总体规划或者分区规划提出规划设计条件，报城市规划委员会审议；

（三）城市规划委员会审议通过；

（四）同级人民政府批准。

第二十条　城市规划区范围内的土地使用权出让、划拨以及建设用地的规划许可应当以控制性详细规划为依据。没有编制控制性详细规划的地块，除本条例第十九条规定的情形外，城市规划行政主管部门不得办理建设用地的规划许可手续，土地行政主管部门不得办理土地使用权出让、划拨手续。

土地使用性质、使用强度以及其他规划条件，应当以控制性详细规划为依据，并作为土地使用权出让合同的组成部分。任何单位和个人不得擅自改变土地使用权出让合同中的规划设计条件。

第二十一条　有下列情形之一，需要对控制性详细规划做出调整的，由原组织编制控制性详细规划的城市规划行政主管部门或镇人民政府提出建议，并经县（市）城市规划委员会审议通过报原批准的人民政府同意后，按照本条例第二章、第三章规定的编制、审批程序进行：

（一）城市总体规划或者分区规划发生重大变更，对控制性详细规划控制区域的功能与布局产生重大影响的；

（二）设立重大建设项目，对控制性详细规划控制地块的功能与布局产生重大影响的；

（三）在实施城市建设中发现控制性详细规划有明显缺陷的；

（四）对控制性详细规划确定的建设用地性质、建设用地使用强度和公共配套设施的规划要求进行调整的。

第二十二条　城市规划行政主管部门受理建设用地规划许可申请和建设工程规划许可申请后，应当将有关申请事项予以公示。

城市规划行政主管部门审查建设用地规划许可申请和建设工程规划许可申请，公示发现许可事项直接关系他人重大利益的，应当告知该利害关系人。申请人、利害关系人有权进行陈述和申辩。城市规划行政主管部门应当听取申请人、利害关系人的意见。

城市规划行政主管部门在依法核发建设用地规划许可证或者建设工程规

划许可证后，应当自核发之日起十五日内通过信息网络、设置公示栏公示等方式向社会公布核发结果。

公民、法人和其他组织可以向城市规划行政主管部门查询许可证及其依据的控制性详细规划的具体内容。

第二十三条　城市规划行政主管部门受理公民、法人和其他组织对违反控制性详细规划行为的举报后，应当及时处理，并自接到举报材料之日起十五日内将处理情况以书面、信息网络等形式回复举报人。

公民、法人和其他组织认为城市规划行政主管部门违反控制性详细规划，核发建设用地规划许可证或者建设工程规划许可证的，可以向同级人民政府或者上级城市规划行政主管部门举报，同级人民政府或者上级城市规划行政主管部门应当及时处理，并在接到举报材料之日起三十日内将处理情况以书面、信息网络等形式回复举报人。

第二十四条　城市规划行政主管部门应当每年向同级人民政府和上级城市规划行政主管部门报告控制性详细规划的编制和实施情况。

县级以上人民政府应当每年向同级人民代表大会或者其常务委员会报告控制性详细规划的编制和实施情况。

第五章　法律责任

第二十五条　市、县人民政府违反本条例规定批准、调整的控制性详细规划无效，由其上一级人民政府责令纠正，并依法追究主管领导和直接责任人的责任。

第二十六条　城市规划行政主管部门有下列情形之一的，由同级人民政府或者上一级城市规划行政主管部门责令改正，并依法追究主管领导和直接责任人的责任：

（一）违反本条例第十条规定，将控制性详细规划编制工作交由不具备相应资质的编制单位承担的；

（二）未按照本条例第十三条、第十四条规定听取公众意见的；

（三）违反本条例第十五条规定，未将控制性详细规划草案及审查意见提交城市规划委员会审议，或者未征求上一级城市规划行政主管部门意见的；

（四）违反本条例第十八条第二款规定拒绝公民、法人和其他组织查阅控制性详细规划档案的；

（五）违反本条例第二十一条规定，擅自调整控制性详细规划的；

（六）违反本条例第二十三条规定，受理举报后不处理，或者不及时处理的。

第二十七条　土地、城市规划等行政主管部门违反本条例第十九条和第二十条的规定出让、划拨土地使用权或者核发建设用地规划许可证的，其批准文件无效。由其同级人民政府或者上一级行政主管部门责令纠正，并依法追究该部门的主管领导和直接责任人的责任；构成犯罪的，依法追究刑事责任。造成建设单位或者相关单位、个人损失的，应当依法予以赔偿。

第二十八条　严重违反控制性详细规划的建筑物、构筑物，由城市规划行政主管部门责令拆除，对违法建设单位或者个人依法予以处罚。

第二十九条　国家工作人员玩忽职守、滥用职权、徇私舞弊，构成犯罪的，依法追究刑事责任；不构成犯罪的，由其所在单位给予处分。

第六章　附则

第三十条　本条例第二条规定的省人民政府指定编制控制性详细规划的镇，由省人民政府城市规划行政主管部门根据经济社会发展和推进城镇化的需要，分期提出控制性详细规划的编制、审批和实施适用本条例的城镇名单，报省人民政府同意后予以公布。

前款规定以外的镇，其控制性详细规划的编制、审批和实施，可以参照本条例执行。

第三十一条　本条例自 2005 年 3 月 1 日起施行。

注：部分内容摘引自"建设部关于转发《广东省城市控制性详细规划管理条例》的通知（建规 [2005]29 号）"及"《广东省城市控制性详细规划管理条例》解读"

第六节　天津市中心城区控制性详细规划的探索

天津市中心城区控制性详细规划面积为 334km^2。

本次控制将中心城区分区规划确定的 28 个分区划分为 176 个控规编制单元，其中 175 个单元在外环线内、1 个单元（张贵庄）在外环线外。

为落实城市总体规划和分区规划提出的奋斗目标、控制规模与布局结构，使城市发展的总体目标和实际规划管理结合起来；根据目前天津市社会、经济、城市建设发展的需求与可能，对规划范围内各类用地进行合理利用的布局调整，形成具有法规性的图件，以指导近期开发建设控制，体现法制化、民主化、科学化；天津市对占地为 334km^2 的中心城区进行了控制性详细规划全覆盖的编制工作，其中包括市内 6 个行政区的全部、4 个新区的一部分（即外环绿化带以内），涵盖了建城 600 年来各年代的建成区，以完善中心城区各类基础设施（道路交通、市政公用）、公共设施的配置，以保证其载体能力和服务水平；通过土地利用的规划调整，改善规划范围的环境质量、景观面貌，保护历史文化风貌区。

一、规划工作方法

全部成果包括 176 个控规编制单元，每个单元控规成果统一规格为 0 号展示图 4 张：用地现状图、土地利用规划图、道路交通规划图、市政工程规划图，全部共计 704 张展示图纸。

每个单元控规成果文件有：规划文本、规划说明书、单元分图索引、分图图则（一般 3 ~ 5 张分图），及以上内容的数字化文件。

每个单元控规中进行地块划分后，出现平均约计 100 个地块，每个地块提出 9 ～ 12 项（平均约 10 项）控制指标，整个城区总共划分出约计 1.7 万个地块、17 万个指标数据。

规划工作包括方案编制、审查、公示、修改、报批过程，核心内容涉及：

1. 每个控规单元现状概况与分析

（1）上层次规划对本规划单元的规划要求与本规划范围内已批准规划的可依据性；

（2）区位特征分析；

（3）土地利用现状分析，发现用地现状特点与存在问题；

（4）现状用地单位的发展前景分析；

（5）人口分布现状；

（6）建筑物质、量状况及景观面貌；

（7）现有公共配套设施；

（8）用地产权单位及各方面的规划意愿。

2. 规划依据、原则与目标

本次规划要解决的问题（针对性）。

3. 规划单元的功能与规模：

（1）规划单元的定性；

（2）规划用地的构成；

（3）各类建筑面积的容量规模预测；

（4）人口容量与分布（根据各类建筑面积容量规模，推算规划范围内常住人口和相应工作岗位容量与分布）；

（5）绿地率与绿化水平。

4. 城市设计要求：城市设计指导思想、重点城市景观规划要求。

5. 用地布局：用地规划的布局构思与功能结构。

6. 地块控制：地块控制指标的确定依据、地块控制指标的适用性、地块控制指标。

7. 公共设施配置的规划安排：配置公共设施的依据、公共服务设施规划布局安排、配套设施规划一览表。

8. 道路交通规划：

（1）现状概况（道路、铁路、交通的“场、站、点”设施存在问题及分析）；

（2）规划内容（地铁、交叉口及出入口方位、交通组织、交通设施、路网容量核定、配建停车场）。

9. 市政工程专项规划：包括给水工程、排水工程、电力工程、电信工程、燃气工程、供热工程、微波通道的场站设施及管网布局。

10. 规划实施措施建议。

基于上述原则，提出统一格式的具有法规特征的规划文本和规划图件。在规划方案经市政府批准后，制作供成册查阅的分图图则，并印刷成册。

二、创新特色

借鉴立法的思想和方法来编制规划，使之成为具有法律效力的文件；改进了传统的工作方法，先进行编制单元划分，按单元规划，做技术规定，然后再做具体设计，在广泛征求专家和群众意见后再做方案修改，有效地提高了规划的质量；创新地将公共设施用地分为公益性和商业性两类，较好地适应了市场经济和规划管理法制化的要求；系统地编制整个中心城的控规，使容积率的制定更加科学、公平、公正。

三、实施效果

天津市中心城区控制性详细规划实施后，成为规划管理中心城区各项开发建设的重要的法规性依据。规划的数字化成果，为城市规划管理部门办公自动化提供了基础条件。第一次实现了中心城区控制性详细规划的全覆盖。

思考题

控制性详细规划编制中近年主要有哪些发展重点？

第八章 规划案例

第一节 上海市宝山区共康社区控制性编制单元规划

一、概述

在上海市规划和国土资源管理局（以下简称上海市规土局），控制性编制单元规划根据上海市中心城分区规划或者郊区新城总体规划编制，是法定文件，也是控制性详细规划编制的依据，但控制性编制单元规划原则上不作为建设项目规划管理的直接依据。

控制性编制单元规划中上海市内的 242 个控制性编制单元的规划全由上海市规土局下属的上海市城市规划设计研究院编制，这样便于统一深度、统一思路、统一成果，编制出符合实际情况的规划成果。在这些控制性编制单元的基础上，再由其他单位据此编制控制性详细规划和其他各相关修建性规划等。编制控制性详细规划时，应对单元规划确定的内容进行深化细化和进一步落实，并按规定程序上报审批。

涉及局部优化调整的内容，以批准的控制性详细规划和专业系统规划为准。这些规划由上海市规土局统一审批后向社会全文公布。

因此，上海市控制性编制单元具有高度的统一性、规范性和法定性。以下对其中的一个社区——宝山区的共康社区为代表对上海控制性编制单元的内容加以例示。

二、批复文件

上海市城市规划管理局文件

沪规划【2004】1221 号

关于中心城控制性编制单元规划 N120701、N120702（共康社区）的批复

宝山区规划局、市规划院：

你们以宝规【2004】226 号、沪规院发字【2004】269 号文件联合上报的《上海市中心城控制性编制单元规划 N120701、N120702（共康社区）》（以下简称单元规划）收悉，经会同相关部门审核，同意所报单元规划。单元规划是落实中心城双增双减的重要载体，是实施规划网格化管理的保障，是指导控制性详细规划编制的依据。并具体批复如下：

一～五、略

六、请根据批准的本单元规划内容和《关于实施中心城单元规划，编制控制性详细规划的指导意见》（另行下发），尽快组织编报 N120701、N120702 单元的控制性详细规划。编制控制性详细规划时，应符合以下要求：

1. 根据单元规划范围，整单元编制控制性详细规划，加强与周边地区功能布局和市政、交通等配置设施的协调和衔接。

2. 在 N120702 单元内控制一块 $3hm^2$ 用地，作为规划发展备用地。

3. 将场北路北侧规划道路以北至蕴藻浜土地，以及东茭泾以西至富长路、康宁路土地，作为规划的集中公共绿地进行控制。

4. 深化市政、交通、民防等专业系统规划，研究协调道路与河道、铁路之间的关系，提高地区支路网密度，加强地下空间综合利用的规划研究，并将各专项规划成规纳入控制性详细规划的编制。

5. 按照中心城网格化管理的要求，合理安排各项公共设施布局，确保设施用地规模，提高设施服务水平。

2004 年 11 月 29 日

三、规划内容

上海市中心城控制性编制单元规划

共康社区（编制单元 N120701，编制单元 N120702）

上海市城市规划管理局

上海市城市规划设计研究院

2004 年 6 月

1. 总则

1.1 规划范围

共康社区位于北分区宝山北次分区内，包括庙行镇的富长路以东部分，由共和新路——宝山区界——东高泾——保德路——规划富长路——蕴藻浜所围合的区域，总用地面积 344.7hm²。

1.2 规划期限

本次单元规划期限至 2020 年。

1.3 功能定位

共康社区功能以居住为主。

1.4 编制单元划分

共康社区以长江西路为界划分成为两个编制单元：长江西路南侧为编制单元 N120701，总用地面积 159.0hm²；北侧为编制单元 N120702，总用地面积 185.8hm²。

1.5 特定区

在控详规划中，涉及特定区的区域必须遵照有关该特定区规划的控制要求。特定区的数量和范围如需调整，必须经过一定的审批程序。

共康社区不涉及特性区。

2. 规划规模

确定社区内各编制单元的人口、用地、建筑量等规划控制指标，所列指标是由分区、次分区层次对于总量的分解，属强制性控制要求，在控详规划中必须严格遵照单元规划确定的该控制要求。

2.1 人口规模

人口规模作为强制性控制指标，在控详规划中必须严格遵照单元规划确定的该控制要求，并作为配置社区级公共服务设施的主要依据。

共康社区规划居住人口规模 2010 年控制在 3.4 万以内。编制单元规划居住人口为：

编制单元 N120701——2.2 万；

编制单元 N120702——1.2 万。

2.2 建设规模

应控制开发用地规模并合理有序使用。在成熟旧区内的开发用地应优先保证公共绿地、公共服务设施的建设需要。

2.2.1 开发用地

为保持城市发展的历史延续性和阶段特征，单元规划所确定的保留地不得轻易转为开发用地。开发用地面积作为指导性控制指标，在控详规划中应依据单元规划确定的该控制要求。

共康社区城市建设用地面积 335.5hm^2，其中建设地块总面积 285.4hm^2。共康社区开发用地面积为 212.4hm^2，占建设地块总面积的 74.4%。

单位：hm^2

编制单元	建设地块总面积	保留用地	开发用地	储备用地
N120701	130.1	68.3	61.7	0.0
N120702	155.3	4.7	150.6	0.0
社区合计	285.4	73.0	212.4	0.0

2.2.2 居住用地

居住用地面积和住宅组团用地面积作为指导性控制指标，在控详规划中应依据单元规划确定的该控制要求。

共康社区居住用地面积 133.4hm^2，占城市建设用地的 39.8%，人均居住用地 38～40m^2，其中住宅组团用地面积 123.1hm^2。

单位：hm^2

编制单元	居住用地	住宅组团用地		
		总用地	保留用地	新增用地
N120701	71.1	67.3	49.3	18.0
N120702	61.7	55.8	0.0	55.8
社区合计	133.4	123.1	49.3	73.8

2.2.3 住宅建筑

住宅总建筑面积作为强制性控制指标，在控详规划中必须严格遵照单元规划确定的该控制要求。

单位：万 m^2

编制单元	总面积	保留	新增
N120701	98.0	65.0	33.0
N120702	72.0	0.0	72.0
社区合计	170.0	65.0	105.0

共康社区规划人均住宅面积 50m^2 左右。

3．开发强度控制

开发强度对单元规划所确定的性质为住宅和商业办公且未获规划批准的开发地块进行控制。

开发强度控制要求是依据中心城住宅和商业办公总体开发规模的研究，通过中心城强度分区模型，建立六级强度分区，将住宅和商业办公总量分配至各社区及各编制单元，主要用于指导控详规划。在控详规划中，在遵照编制单元容量控制要求的前提下，可从城市功能布局、空间景观等角度出发，提出个别地块的开发强度或高度的优化，并在规划说明中做具体阐述。

强度分区	市级、地区级公共活动中心			一般地区			
	商业／办公容积率	高度	适宜建筑层数	商业／办公容积率	住宅容积率	高度	适宜建筑层数
Ⅰ级	<0.1	<15m	=3	<1.0	<0.8	<12m	=3
Ⅱ级	<2.0	<25 m	3～5	<1.5	<1.2	<18m	4～6
Ⅲ级	<2.5	<40 m	5～8	<2.0	<1.6	<30m	6～8
Ⅳ级	<3.0	<60 m	8～16	<2.5	<2.0	<45m	8～14
Ⅴ级	<4.0	<80 m	14～20	<3.0	<2.5	<60m	12～18
Ⅵ级	=4.0	=80 m	=20	=3.0	=2.5	=60m	=18

注：容积率、建筑高度为主要控制指标，适宜建筑层数为参考指标；

II级以上各强度等级的市级、地区级公共活动中心范围内的商业办公开发地块容积率略大于一般地区，市级、地区级公共活动中心范围内的住宅按一般地区住宅控制指标控制；

商住混合地块按住宅控制指标控制；

共康社区涉及I级、II级、III级、IV级开发强度控制区。

4．集中公共绿地

4.1 绿地指标

根据中心绿地建设总体目标和绿地系统规划，在次分区层次协调、确定社区集中公共绿地指标，并分解至各编制单元。集中公共绿地面积作为强制性控制指标，在控详规划中必须严格遵照单元规划确定的该控制要求。

共康社区集中公共绿地面积 =22.2hm^2，其中编制单元N120701=14.0hm^2；编制单元N120702=8.2hm^2；

共康社区集中公共绿地率 =6.6%，人均集中公共绿地面积 =6.5m^2。

单位：hm^2

编制单元	总面积	保留	新增
N120701	14.0	2.0	12.0
N120702	8.2	1.3	6.9
社区合计	22.2	3.3	18.9

4.2　集中公共绿地布局

《上海市中心城公共绿地规划》中所确定的集中公共绿地的布局和范围，原则上不予以调整。规划新增集中公共绿地的具体用地范围在控详规划中，可做适当调整，原则是在绿地面积满足指标要求的同时，从布局角度综合考虑绿地服务半径、人均服务水平等因素。

共康社区不涉及保留市级、地区级集中公共绿地。规划新增 1 处，位于共和新路、长江西路西南。市级、地区级集中公共绿都应满足 1000m 服务半径的要求。

根据《上海市中心城公共绿地规划》，共康社区内部设计规划划示的社区级集中公共绿地。此外，应进一步落实一批社区级集中公共绿地，使集中公共绿地满足 500m 服务半径的要求。

沿共和新路西侧控制 10～20m 绿带。

沿蕴藻浜南侧控制 20m 以上绿带。

5. 历史文化风貌保护区

根据《上海市历史文化风貌区范围划示》等有关规划，明确社区设计的历史文化风貌区的具体范围；落实已确定的文物保护单位及市级优秀近代建筑保护单位的位置及其建筑范围、保护范围，并以此作为控详规划中风貌保护的依据。

5.1　历史文化风貌区

共康社区不涉及历史文化风貌区。

5.2　建筑保护

共康社区内无文物保护单位和市级优秀近代建筑保护单位。

6. 公共服务设施

在单元规划中落实分区层次确定的市级、地区级公共活动中心和社会服务设施；社区级公共活动中心和社会服务设施在社区范围内综合平衡，合理布局，与人口规模相匹配。设置标注参照有关公共设施配置规定，成熟旧区可略低于规定的规模，并以此作为控详规划的依据。开发用地应首先满足社会服务设施配置的要求，尤其是体育设施。

6.1　公共活动中心

6.1.1　市级

共康社区不涉及市级中心。

6.1.2　地区级

共康社区内无地区级公共活动中心。

6.1.3　社区级

共康社区中心设置于共和新路、长江西路西北侧。

6.2　社会服务设施

6.2.1　市级

共康社区不涉及市级社会服务设施。

6.2.2 地区级

新增地区级社会服务设施用地面积作为强制性控制指标，在控详规划中必须严格遵照单元规划确定的该控制要求。新增地区级社会服务设施的数量作为指导性控制指标，在控详规划中应依据单元规划确定的该控制要求。

共康社区不涉及地区级社会服务设施。

6.2.3 社区级

社区级社会服务设施参照《上海市城市居住区公共服务设施设施标准》，并结合社区设施现状配置水平和发展需要确定。社区级社会服务设施总用地面积作为强制性控制指标，在控详规划中必须严格遵照单元规划确定的该控制要求。

共康社区社区级社会服务设施总用地面积 =2.4hm^2。近期按实际居住人口规模和有关技术标准控制相应的社会服务设施用地规模。

单位：hm^2

社会服务设施	用地面积合计	建议位置		备注
		N120701	N120702	
文化体育设施	1.20		O	
医疗卫生设施	0.30		O	
福利设施	0.70		O	
行政设施	0.10	O		可综合设置
治安设施	0.10	O		可综合设置
社区合计	2.40			

6.3 基础教育设施

基础教育设施总用地面积指标为强制性控制指标，在控详规划中必须严格遵照单元规划确定的该控制要求。

共康社区基础教育设施总用地面积 =7.9hm^2。新增基础教育设施用地和建筑规模按照有关技术标准并结合现状配置水平确定。同时规划建议合理归并现状与用地指标差距较大的学校。近期按实际居住人口规模和有关技术标准控制相应的基础教育设施用地规模。

单位：hm^2

基础教育设施	用地面积合计	建议数量（个）	
		C040101	C040102
高中	1.50		1

续表

基础教育设施	用地面积合计	建议数量（个）	
		C040101	C040102
初中	2.10	1	1
小学	2.10	1	1
幼托	2.20	2	2
社区合计	7.90		

7. 道路交通设施

道路交通控制线主要包括道路红线和轨道交通控制线，道路红线主要控制其宽度，轨道交通控制线已批准的明确其控制线，待批准的控制其走向。

道路红线：共康社区内城市道路规划分为主干路、次干路、支路三级，主干路道路红线 60～82m，次干路道路红线 32～35m，支路道路红线 20～24m。

轨道交通控制线：共康社区内有规划市域快速铁路 R1 线、市区轻轨 L5 线经过。R1 线在建，L5 线走向已确定。

设施

根据系统规划确定编制单元内各类交通设施的数量，包括轨道交通车站、公交换乘枢纽、出租汽车服务站、社会停车场（库）、加油（气）站、长途汽车站、货运枢纽站等。交通设施的数量作为强制性控制指标，在控详规划中必须严格遵照单元规划确定的该控制要求。交通设施的具体用地范围在控详规划中予以落实，并可根据实际需要，经与规划部门和专业部门协商，在满足系统规划的前提下作适当调整。

轨道交通车站：

新增 R1 线车站 2 座（编制单元 N120701、编制单元 N120702 交界处 1 处，编制单元 N120702 内 1 处）；L5 线车站 2 座（编制单元 N120701、编制单元 N120702 交界处 2 处）。

公交换乘枢纽：

新增 1 处（编制单元 N120702 内），布置在共和新路——长江西路的西北角。

出租汽车服务站：

新增 1 处（编制单元 N120702 内），布置在共和新路——长江西路的西北角。

社会公共停车场（库）：

新增 1 处（编制单元 N120702 内），布置在共和新路——长江西路的西北角。

根据分区规划，结合地块改建，采取集中和分散设置的方式，在社区内形成 2200 个泊位左右的机动车社会公共停车规模。

加油（气）站：

保留 2 处（编制单元 N120701 内）。

编制单元	轨道交通车站		公交换乘枢纽		出租车汽车服务站		社会公共停车场（库）	
	保留	新增	保留	新增	保留	新增	保留	新增
N120701	—	3	—	—	—	—	—	—
N120702	—	4	—	—	1	1	—	1
社区合计	—	4	—	—	1	1	—	1

注：编制单元交界处轨道交通车站在各自编制单元中分别计入。

编制单元	加油（气）站		长途汽车站		货运枢纽站		越江工程	
	保留	新增	保留	新增	保留	新增	保留	新增
N120701	2	—	—	—	—	—	—	—
N120702	—	—	—	—	—	—	—	—
社区合计	2	—	—	—	—	—	—	—

编制单元	铁路客站		客运码头		轮渡		公交保养场	
	保留	新增	保留	新增	保留	新增	保留	新增
N120701	—	—	—	—	—	—	—	—
N120702	—	—	—	—	—	—	—	—
社区合计	—	—	—	—	—	—	—	—

8. 市政公用设施

8.1 控制线

市政控制线主要包括河道、高压走廊、微波通道、特殊管线（包括原水管、合流污水总管、航空油管等）等市政通廊的走向及河道蓝线、电力黄线的宽度。

河流蓝线：共康社区内东茭泾规划蓝线宽 26.0m 左右，两侧防汛通道各宽 6.0m。社区北部蕴藻浜规划蓝线宽 80m 左右，两侧防汛通道各宽 6.0m。

电力黄线：共康社区内南北向高压走廊 1 条，东西向高压走廊 1 条，电力黄线宽度 70m。

8.2 设施

单元规划内市政公用设施是依据各类专业系统规划、并在次分区范围内经综合平衡后所确定的大型公共性设施，包括供电、供水、燃气、通信、邮政、雨水、污水、消防、环卫、水利等。市政公用设施的数量作为强制性控制指标，在控详规划中必须严格遵照单元规划确定的该控制要求。市政公用设施的具体用地范围在控详规划中予以落实，可根据实际需要，经与规划部门和各专业部门协商，在满足系统规划的前提下作适当调整。

保留设施：

邮政设施 1 处（编制单元 N120701）内；

污水设施 1 处（编制单元 N120701）内。

新增设施：

供电设施 2 处（编制单元 N120701 内 1 处，编制单元编制单元 N120702 内 1 处），建议布置在长临路、一二八纪念路西南角。长临路、场北路西南角；

燃气设施 1 处（编制单元 N120702 内），建议布置在三泉路、场北路东南角；

通信设施 1 处（编制单元 N120702 内），建议布置在长临路、长江西路西北角；

邮政设施 1 处（编制单元 N120701 内），建议布置在保德路、东茭泾西北角，长江路、段港东南角；

消防设施 1 处（编制单元 N120702 内），建议布置在富长路、长江西路东北角；

水利设施 1 处（编制单元 N120702 内），建议布置在南蕴藻浜路、东茭泾口。

编制单元	供电		供水		燃气		通信	
	保留	新增	保留	新增	保留	新增	保留	新增
N120701	—	1	—	—	—	—	—	—
N120702	—	1	—	—	—	1	—	1
社区合计	—	2	—	—	—	1	—	1

编制单元	邮政		雨水		污水		消防	
	保留	新增	保留	新增	保留	新增	保留	新增
N120701	—	1	—	—	1	—	—	1
N120702	1	—	—	2	—	—	—	—
社区合计	1	1	—	2	1	—	—	1

编制单元	环卫		水利		市政储备用地	
	保留	新增	保留	新增	新增	新增
N120701	—	—	—	1	—	—
N120702	—	—	—	—	—	—
社区合计	—	—	—	1	—	—

四、附图

图 8-1-1 层次结构图

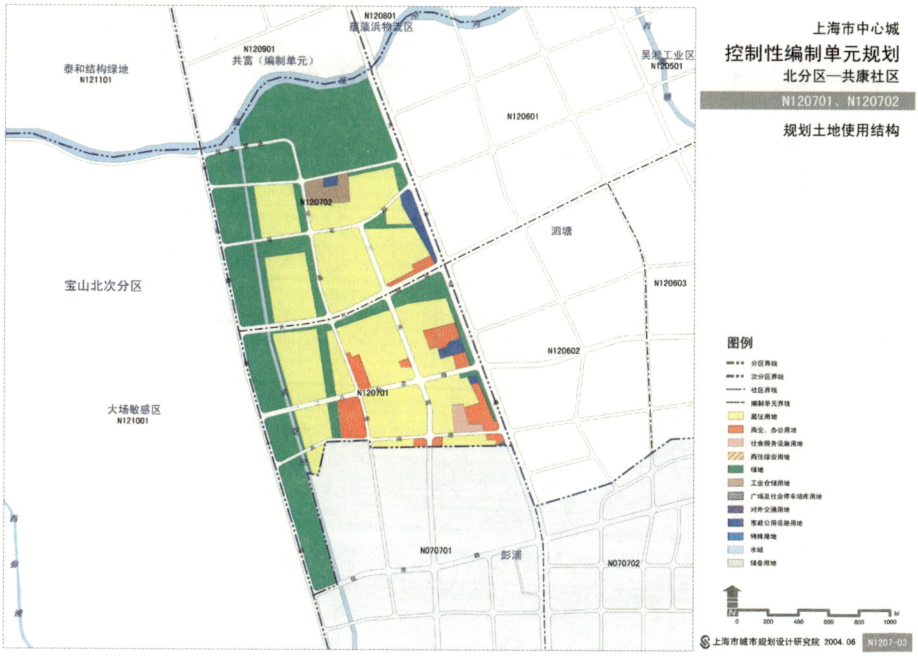

图 8-1-2 规划土地使用结构图

图 8-1-3　集中公共绿地布局图

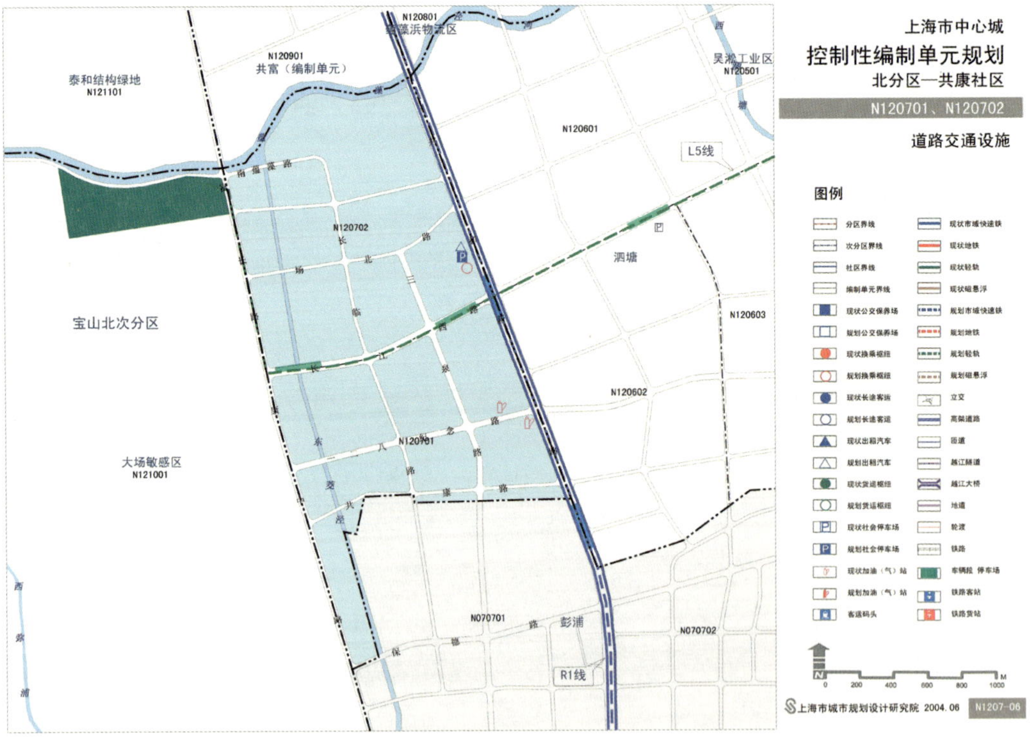

图 8-1-4　道路交通设施图

五、案例评述

以上规划内容为由上海市城市规划设计研究院编制、经上海市规土局批准的上海市中心城控制性编制单元规划——宝山区共康社区（编制单元N120701，编制单元N120702）的完整内容。

从其内容与一般的控制性详细规划的内容比较可以明显地看出，上海的控制性编制单元规划较一般的控制性详细规划内容有着以下几个特征：①内容更为精简，甚至较一般的控制性详细规划文本的内容更少，主要集中于对下一步的控制性详细规划和其他规划的指导性和人口、用地、设施等方面容量的强制性控制。②部分内容接近了一般的控制性详细规划的深度，以进一步加强这些内容的强制性。如对部分市政设施、公共服务设施、公共绿地的直接定位等。③在加强对部分内容强制性控制的同时，也给下一步的规划和开发建设留出足够的弹性，这也更有助于突出其法定文件的内涵。

因此，上海的控制性编制单元起到了在总体规划（分区规划或次区域规划）与控制性详细规划之间的衔接作用，较总体规划进一步增强了其在现实中指导控制性详细规划编制的可操作性，在空间尺度、编制内容上、强制性与弹性的平衡上都体现出对总体规划的落实、对控制性详细规划的指导意义，是有着重要的理论价值和实践意义的积极探索，可供其他城市结合自身的现实情况加以借鉴。

第二节 天津市大邱庄中心镇区控制性详细规划

一、规划背景

为促进全国小城镇建设发展，提高小城镇规划、建设、管理水平，建设部在全国范围内选定了58个小城镇为全国示范镇，天津市大邱庄镇即是其中之一。

静海县大邱庄镇总体规划（2003～2015）提出了为居民和村民提供适宜的生活、生产空间，促进规划范围内经济、社会和环境全面协调、健康、持续发展的规划目标。在总体规划指导下，通过三年的建设，大邱庄镇的环境面貌又有了很大的改善，需要制定控制性详细规划，更好地指导和服务于城市建设。

二、现状概况

大邱庄镇位于天津市西南方向，距天津市区30km，距静海县城15km。大邱庄北依团泊湖水库风景区，东与蔡公庄镇相邻，南与西翟庄交界，西与天津市恒泰科技园相接。镇域总面积33km^2。大邱庄控制性详细规划范围是总体规划中部核心区与北部生活区交接处，四至范围：东临十一号路、西临三号路、南起静王公路和津海街、北至团泊水库，总用地面积8.58km^2。规划用地范围内除现状建成区外，其余大部分多为荒地，其间有港团引河通过。交通区位良好。

三、规划目标和功能定位

1. 规划目标

整合各项用地功能布局，合理配置各级公共中心，建设与本区性质、规模相适应，与城镇形态结构相协调的城镇公共服务体系，重视城镇与自然环境的结合，特别是与周围自然水体环境的结合，创造具有特色和魅力的城镇景观。

2. 功能定位

本区的规划功能定位：行政办公、商业金融、文化休闲、生活居住"四位一体"的现代化新城区。

行政中心职能强调聚集、高效；体现政府的经营以高效率为目标。

文化休闲功能强调休憩、娱乐；体现城市为市民提供多姿多彩的生活舞台。

精品商业功能强调流通、发展；以高质量的商业服务推动城市经济的腾飞。

生活居住功能强调优雅、舒适；以亲水创造优美的人居环境。

四、规划结构

在研究现状建设条件及城镇肌理的基础上，结合大邱庄中心镇区的功能定位，提出"两轴、两心、六片区、多个节点"的规划结构模式。

两轴：自然文脉发展轴。自然文脉发展轴南北向贯穿中心镇区，将北侧的团泊湖、度假村、金融商业区、防护绿带连贯成一体，是水、城相交融的生态走廊。

商业服务轴：在生活居住区周围设置东西、南北向带状商业街，形成人工繁华的商业轴，其中主要设置镇级、居住区级的金融商业设施。

两心：行政中心和文化娱乐中心。行政中心：由镇政府、人大、政协办公区构成，位于商业服务轴西端，东西由居住区环抱。文化娱乐中心：由图书馆、展览馆、体育休闲、文化活动中心四项文化设施和中心广场两大部分组成，构筑起市民文化娱乐的大场所和大舞台。

六片区：一个中心片区，承担城市的行政、商贸、娱乐、休闲等功能；一个休闲度假片区，承担大邱庄的休闲度假功能；四个居住区片区，围绕中心区行政、文化休闲、商业金融等公共设施周围规划布置。

五、公共服务设施规划

规划区内的公共服务设施的配置在两个层面上进行控制：按不同级别进行分级配置；规划按照城镇、居住区和社区三个层次，分级配置相应的公共服务设施；按公益性设施的项目、确定布点和规模；而对市场性设施的控制可保持一定的灵活性，在确定其布点的基础上，让市场对设施项目和规模具有一定的基础性调节作用。

六、道路系统规划

区内道路分为城镇过境公路、城镇主干路、城镇次干路和支路四级。

（1）城镇过境公路：指本区北部的主干道，它们承担着城市组团的过境、分流、转向及对外联系等快速交通功能。规划建议在这些道路机动车道两侧设置绿化分隔带，采用双向6车道断面形式，道路红线宽度控制在40m左右。

（2）城市主干路：在本区道路系统中主要是南北向两条垂直的道路；它们既是本区道路系统的主体，又是大邱庄路网系统的基本骨架。其道路红线宽度36m，采用双向4车道的断面形式。

（3）城市次干路：是指以满足区内交通为目的，且紧密联系城市干道、并与之组成区内基本路网的道路，其重点是与区内各组团中心相连，因而兼有较强的生活服务功能；其红线宽度为25～30m。

（4）支路：与次干路共同成为区内各功能组团内部的生活性道路，相当于小区级道路，其道路红线为12～18m。

规划步行系统以区内的南北向步行商业街、东西向绿色林荫道为依托，形成十字形步行骨架，并将各主要功能组团的中心绿地连为一体，从而形成本区内部最具人性化和生活情调的步行空间系统。

七、绿地系统规划

规划充分开发和利用现有景观资源，融水、城、林于一体，结合周围水环境，形成"绿廊成轴、绿心散布"点线面结合的绿地系统。点为分散布置的办公区、居住区的庭院绿地，为优化社区生态环境、提高社区居住质量，规划四片居住区中心绿地，并与宅旁绿地以及道路绿化构成完善的社区绿地系统；线为沿城市干道的防护绿地，规划沿主要道路形成10～40m左右的绿化防护带，通过加强道路绿化，形成规划区内基本的绿化网络结构，既成为区内绿地的补充，且可以满足现代交通要求与步行环境需要；面为集中设置的大面积公共绿地，借助外围的水体，形成区内良好的绿色背景。

八、空间景观规划

周围的绿化为规划区提供了一个良好的自然生态环境，也为形成良好的城市景观提供了必要条件。规划充分利用这一优势，将自然引入城市，使城市融于自然。规划确定片区的景观构架由景观视线通廊、广场景观空间、景观节点等元素构成。

1．景观视线通廊

景观视线通廊主要结合步行道路设置，规划除了运用现代城市设计手法外，还运用园林中的对景、隔景等造景手法，加上小品等的运用，使规划区的景观塑造生动丰富，真正达到步移景异的观景效果。

2．广场景观空间

城市广场俗称"城市客厅"、"城市窗口"，既是城市社会公共活动的中心，又是集中反映城市景观的主要场所。规划充分利用地形，并与城市功能相结合。

在商业设施以及人活动较为集中的地段，规划设置规模不大、绿化较好的街头绿化小广场，提高城市的景观，提升绿地的使用率。

3．景观节点

景观节点是集中体现景观风貌的点状空间。规划把城市中的重要视觉焦点、空间转换处设置为景观节点，要求在节点地带设置“地标”来突出其景观效应。地标可以用如标志性建筑、桥梁、雕塑、小品、广场、瀑布水景、绿化等多种方式体现。

九、附图

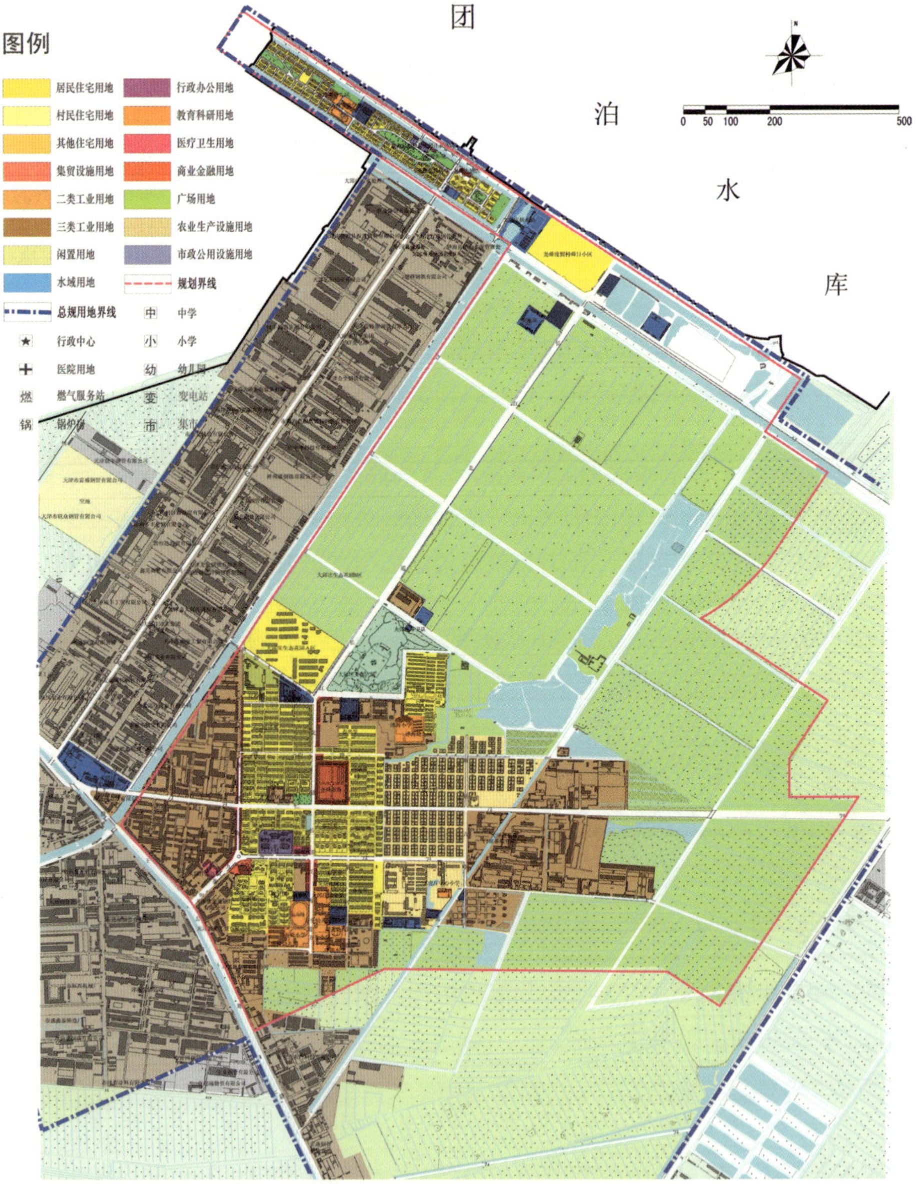

图 8-2-1　现状土地利用图

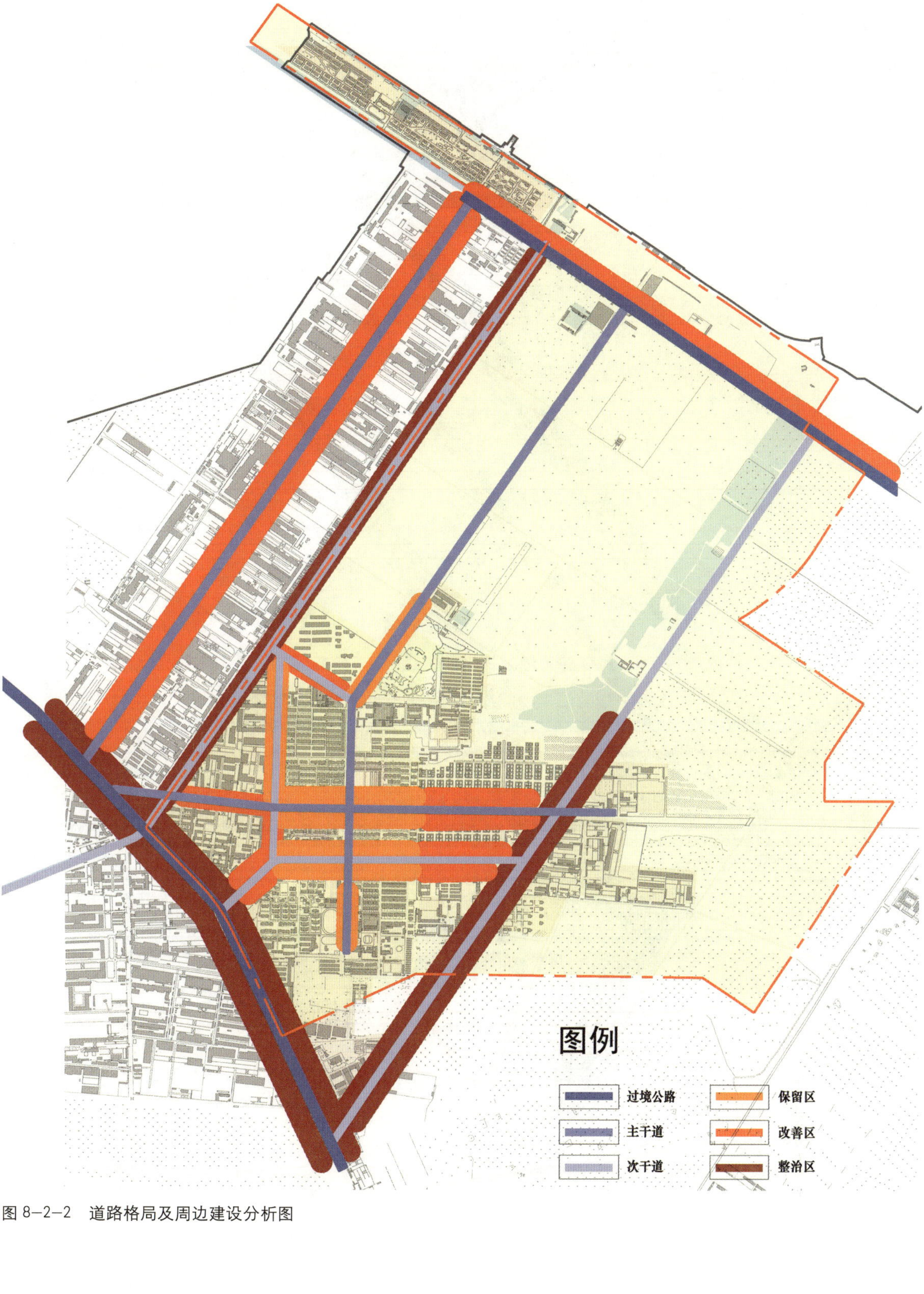

图 8–2–2　道路格局及周边建设分析图

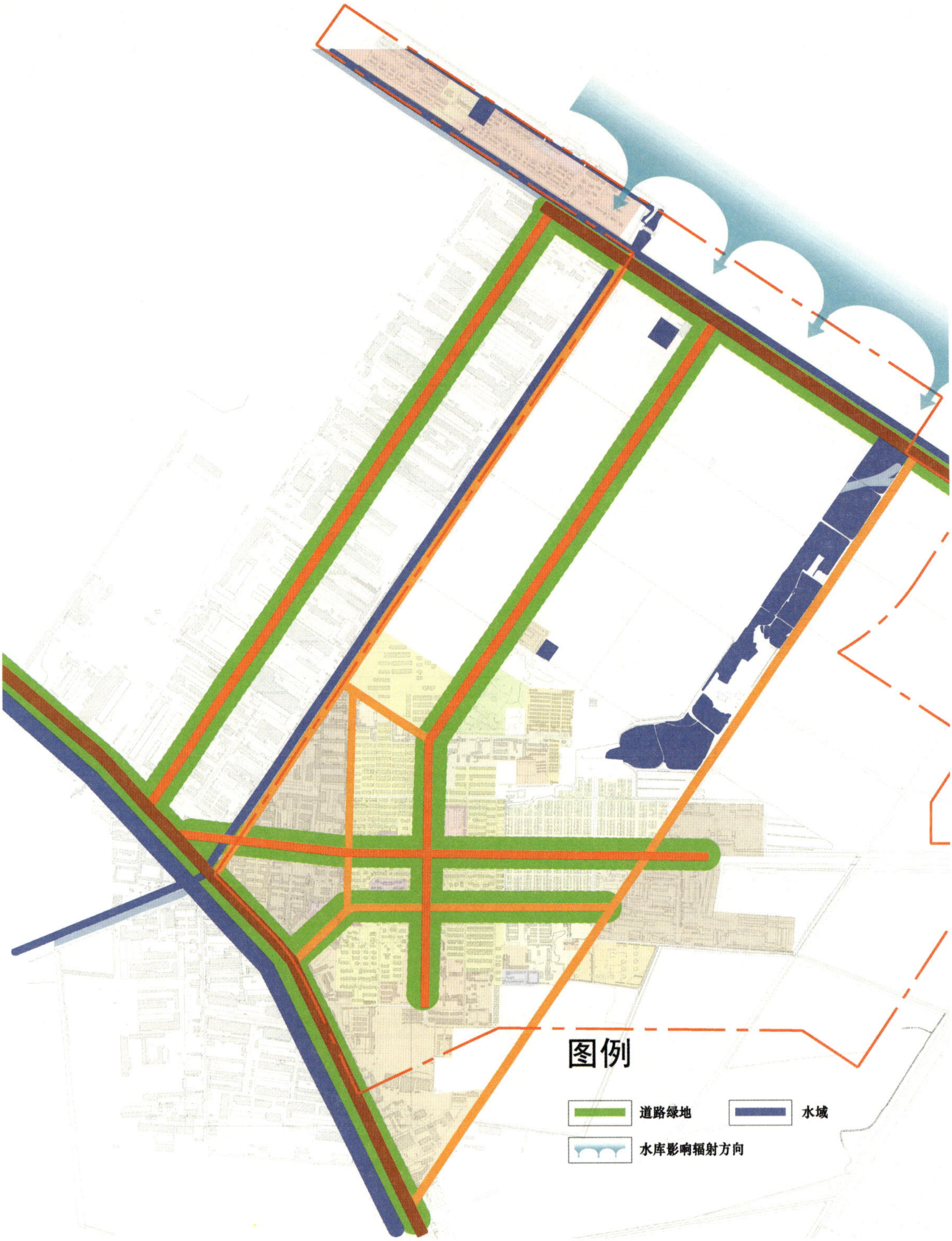

图 8-2-3　绿地水系现状分析图

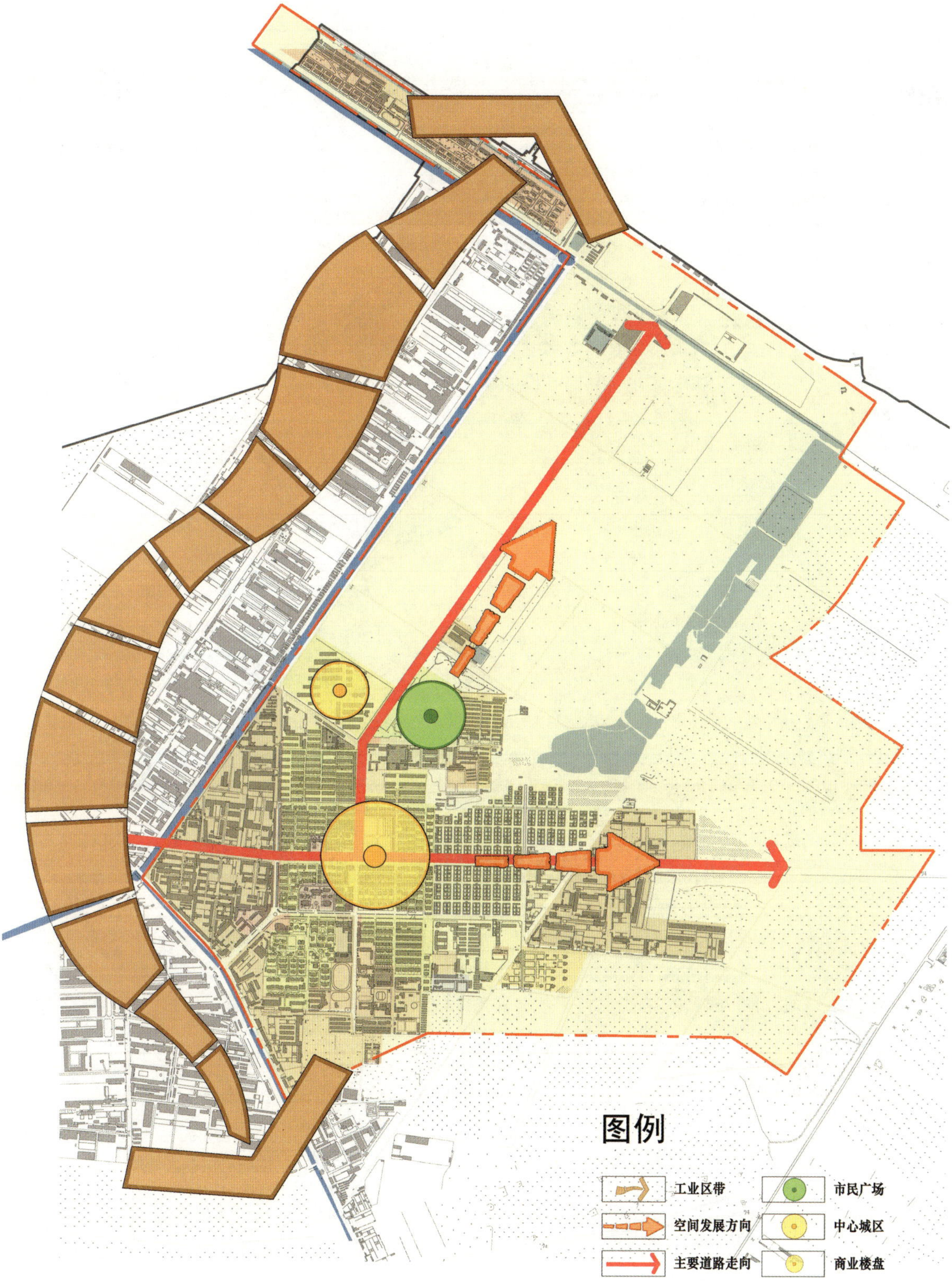

图 8-2-4 空间发展趋势分析图

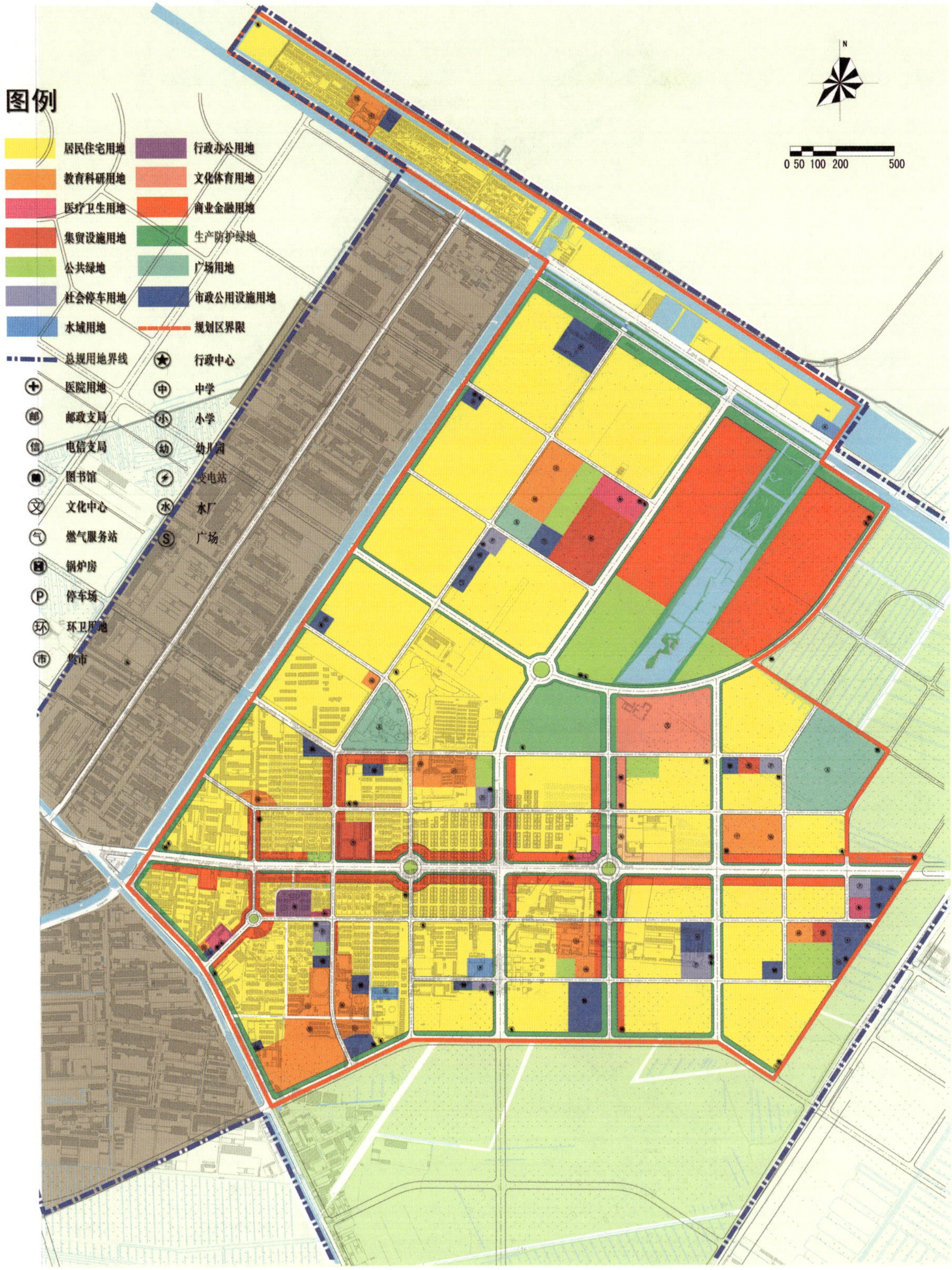

图 8-2-5　土地利用规划图

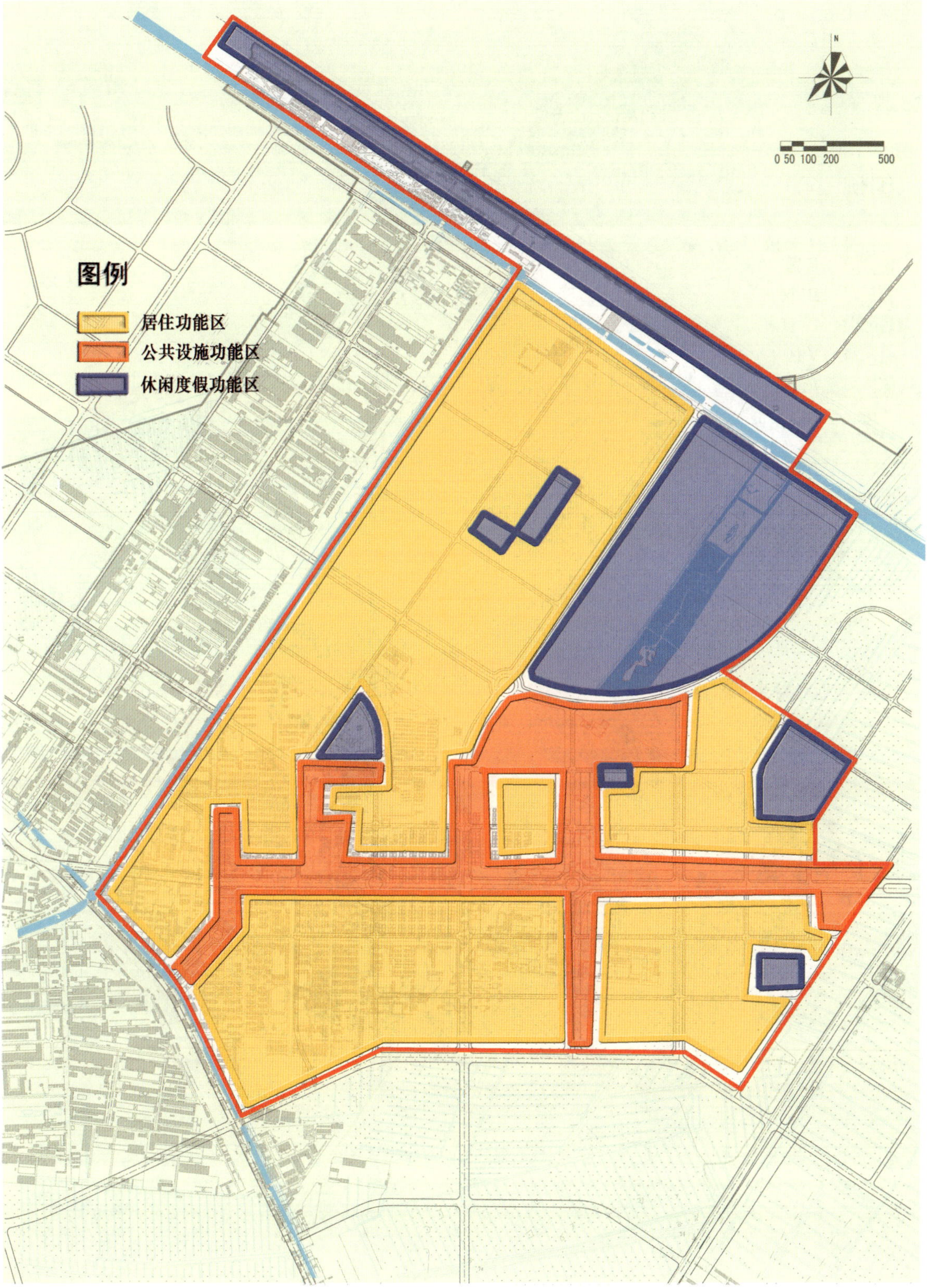

图 8-2-6 功能分区分析图

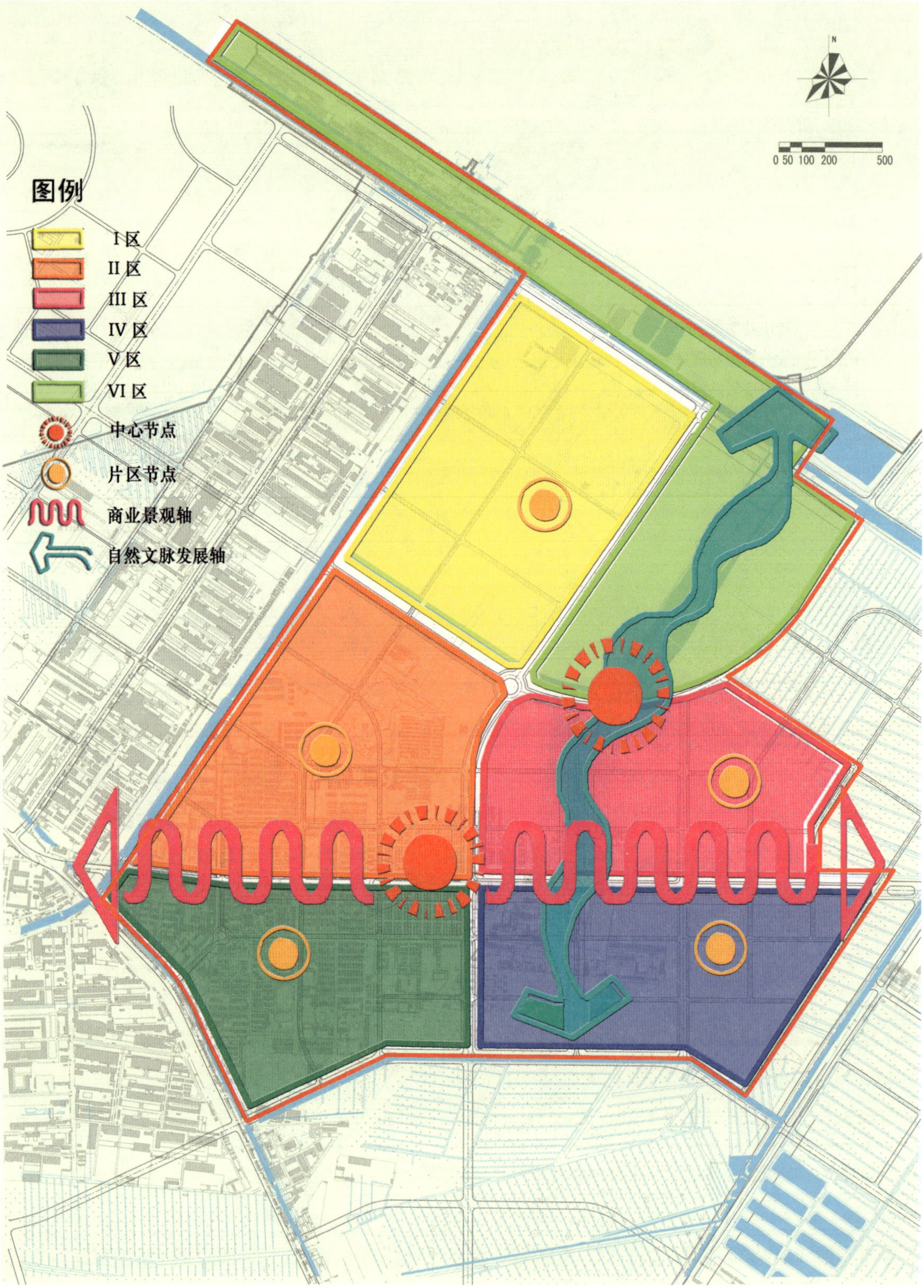

图 8-2-7　功能结构分析图

图 8-2-8　道路系统规划图

图 8-2-9　绿地系统规划图

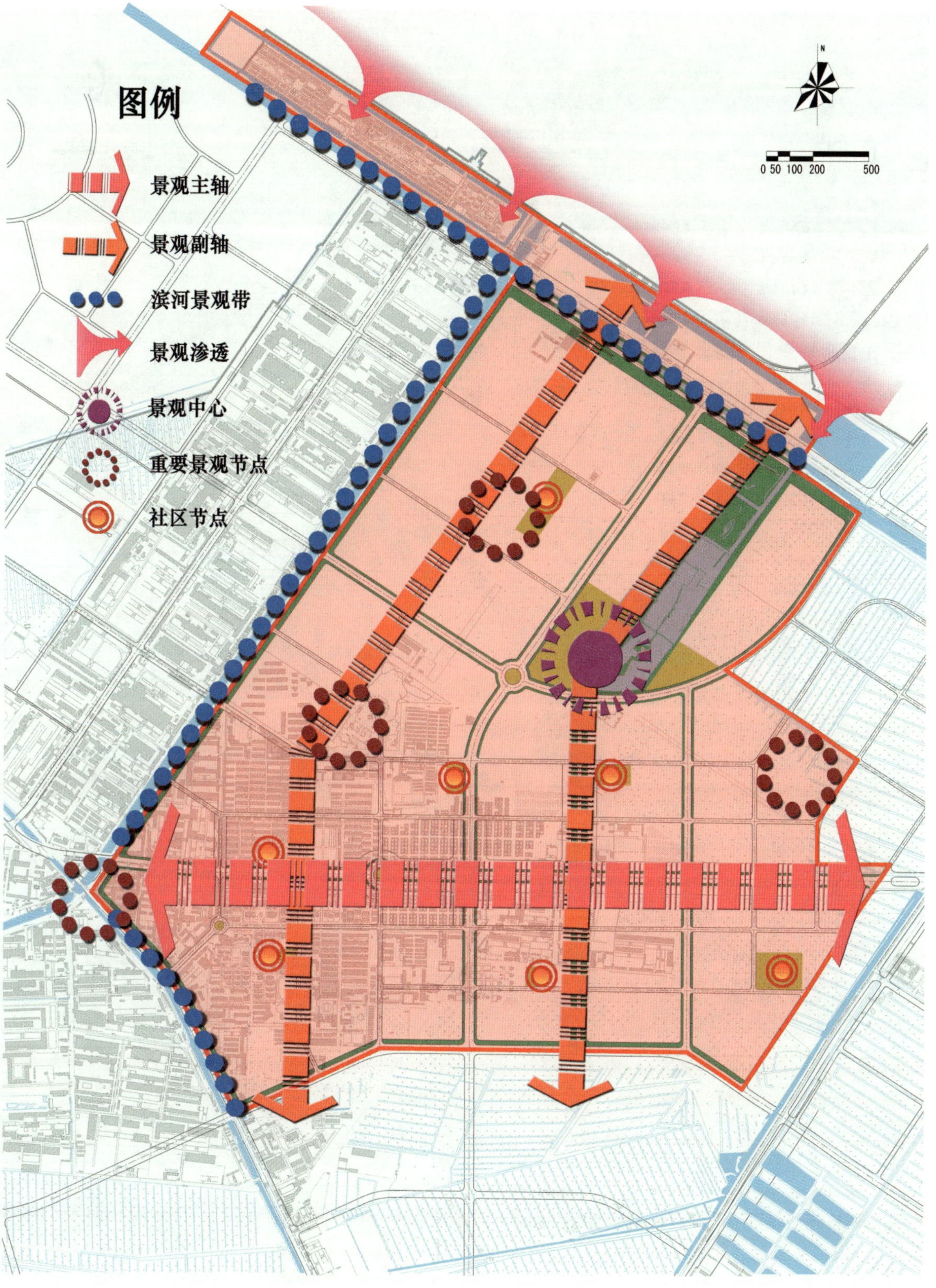

图 8-2-10 景观结构分析图

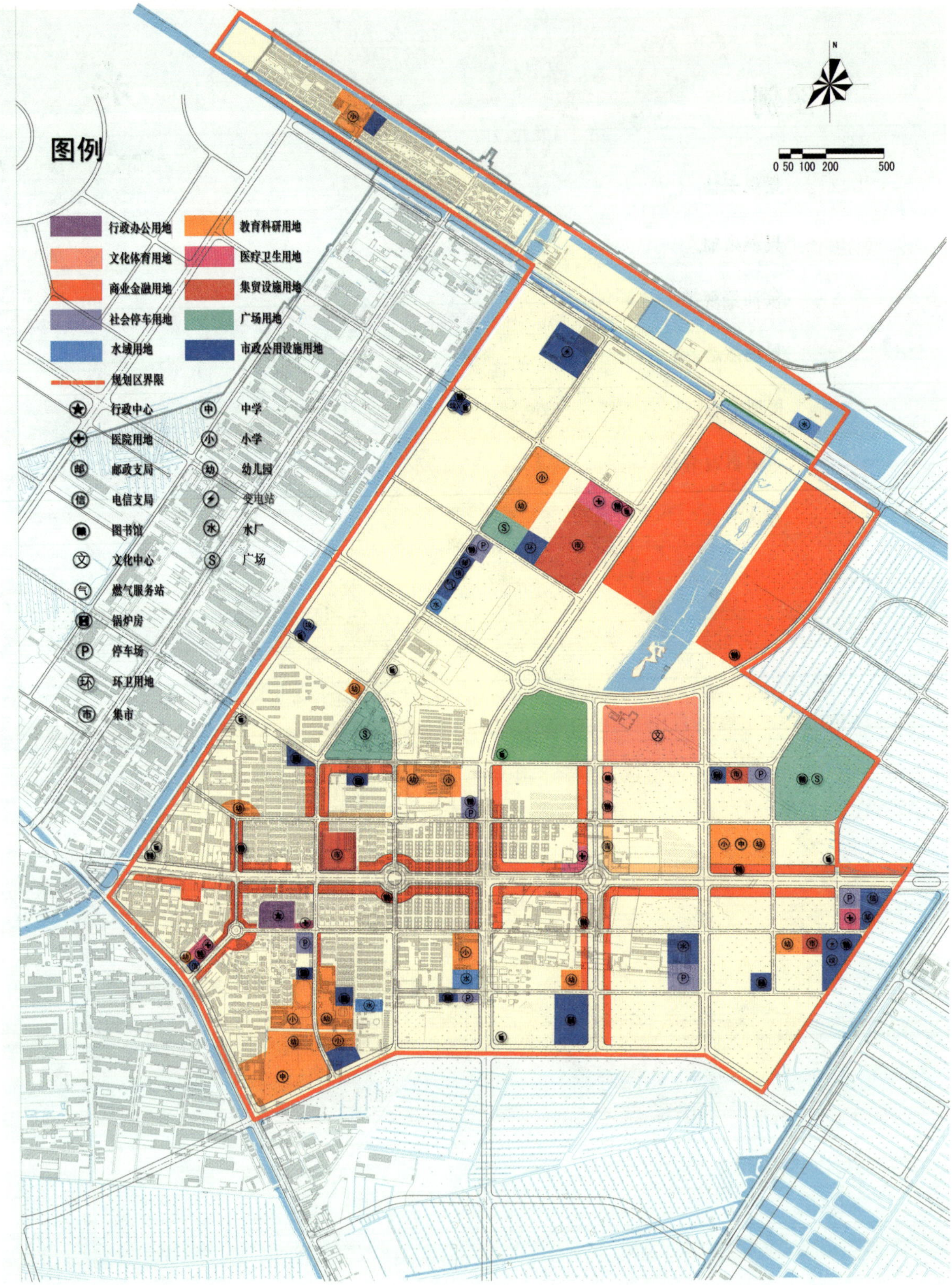

图 8-2-11　公用设施规划图

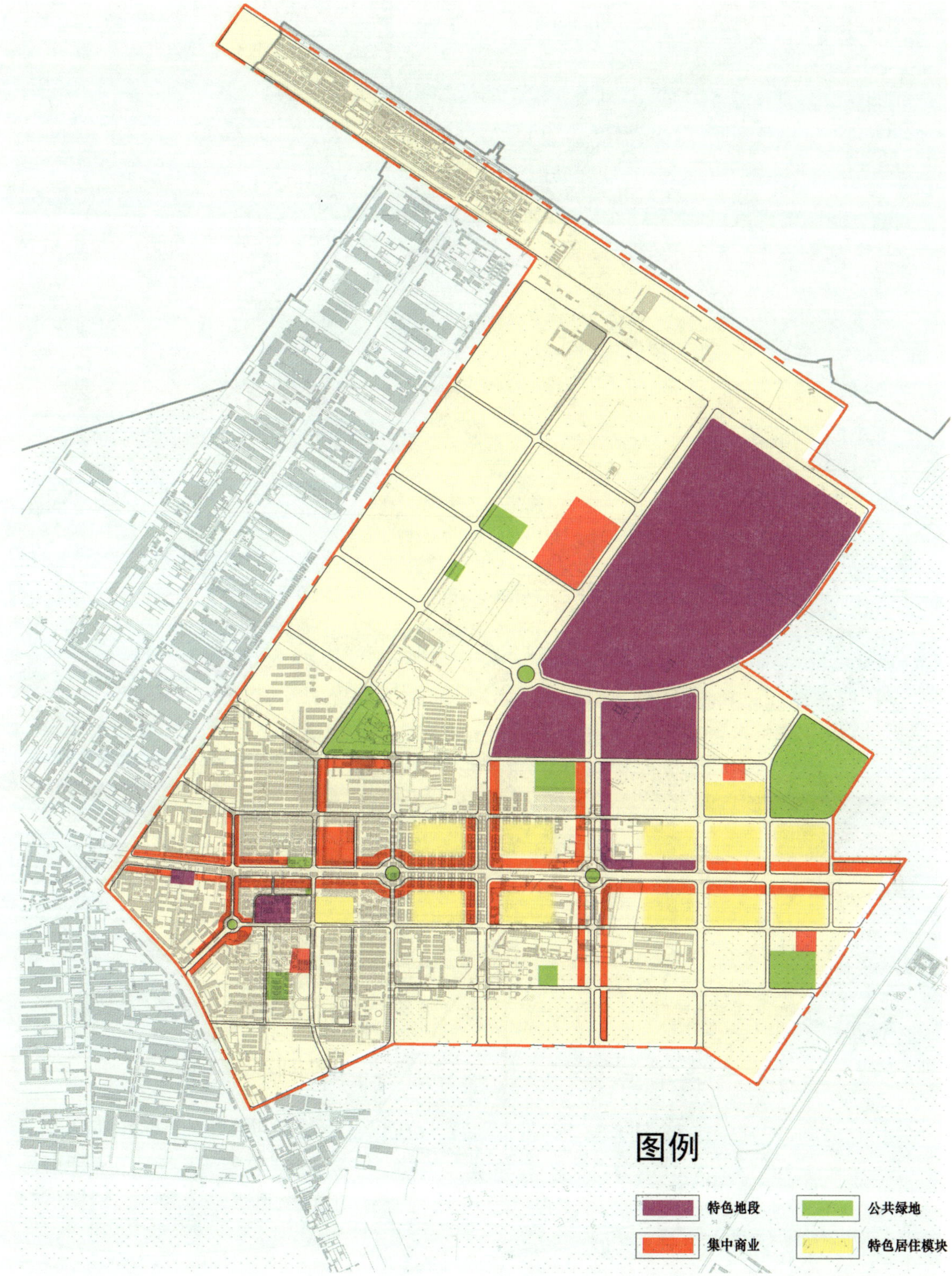

图 8-2-12 重点空间规划控制图

图 8-2-13　重点路段风貌规划控制图

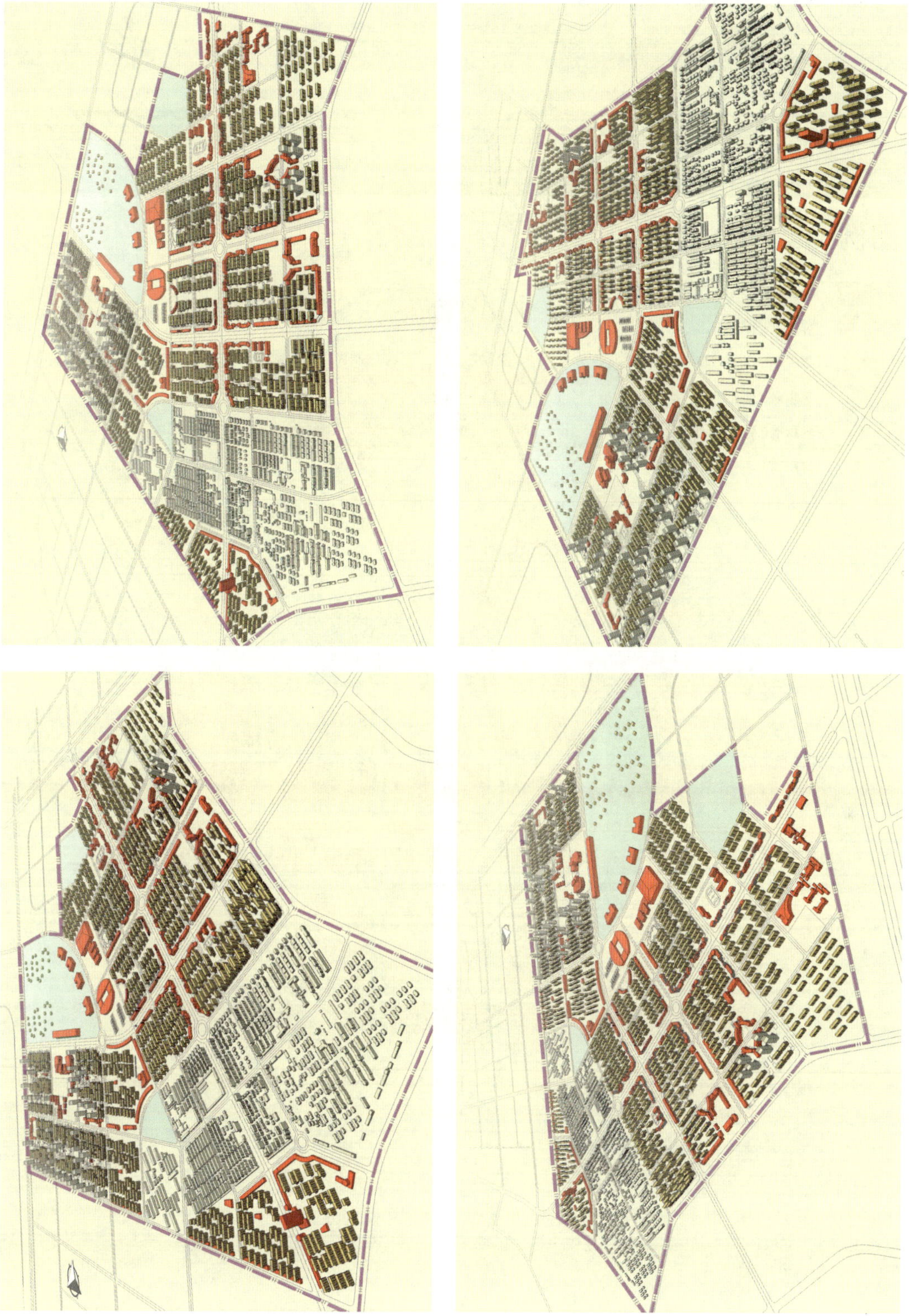

图 8-2-14 城市设计意向

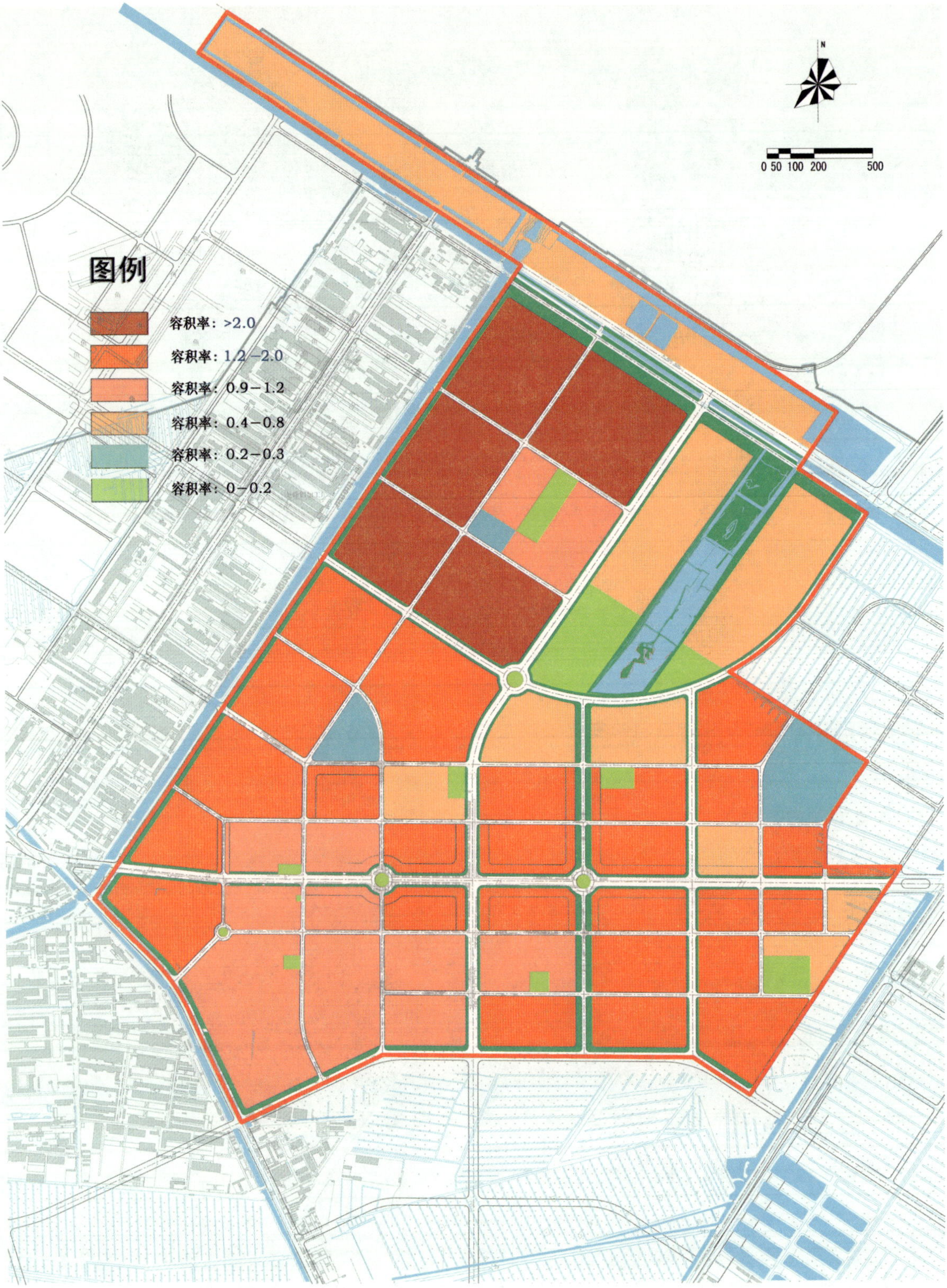

图 8-2-15　开发强度控制图

线性导控
本地块主要由四线控制，分别为：
红线——界定道路与其他重要交通设施用地范围的用地线。
绿线——界定城市各类绿地范围的控制线。
蓝线——划定范围内较大规模的水域及岸线一定保护范围内的控制线。
黄线——界定各类城市基础设施的用地线。
N
0 50 100 200 500

图 8-2-16 四线控制规划图

N
0 50 100 200 500
I-01
II-01
II-02
I-02
III-01
III-02
III-04
IV-01
IV-02
IV-03
IV-07
IV-04
IV-05
IV-06
V-01
V-02
V-03
VI-01
VI-02
VI-03
V-04
V-05
VI-04
VI-05
VI-06

图 8-2-17 地块编码图

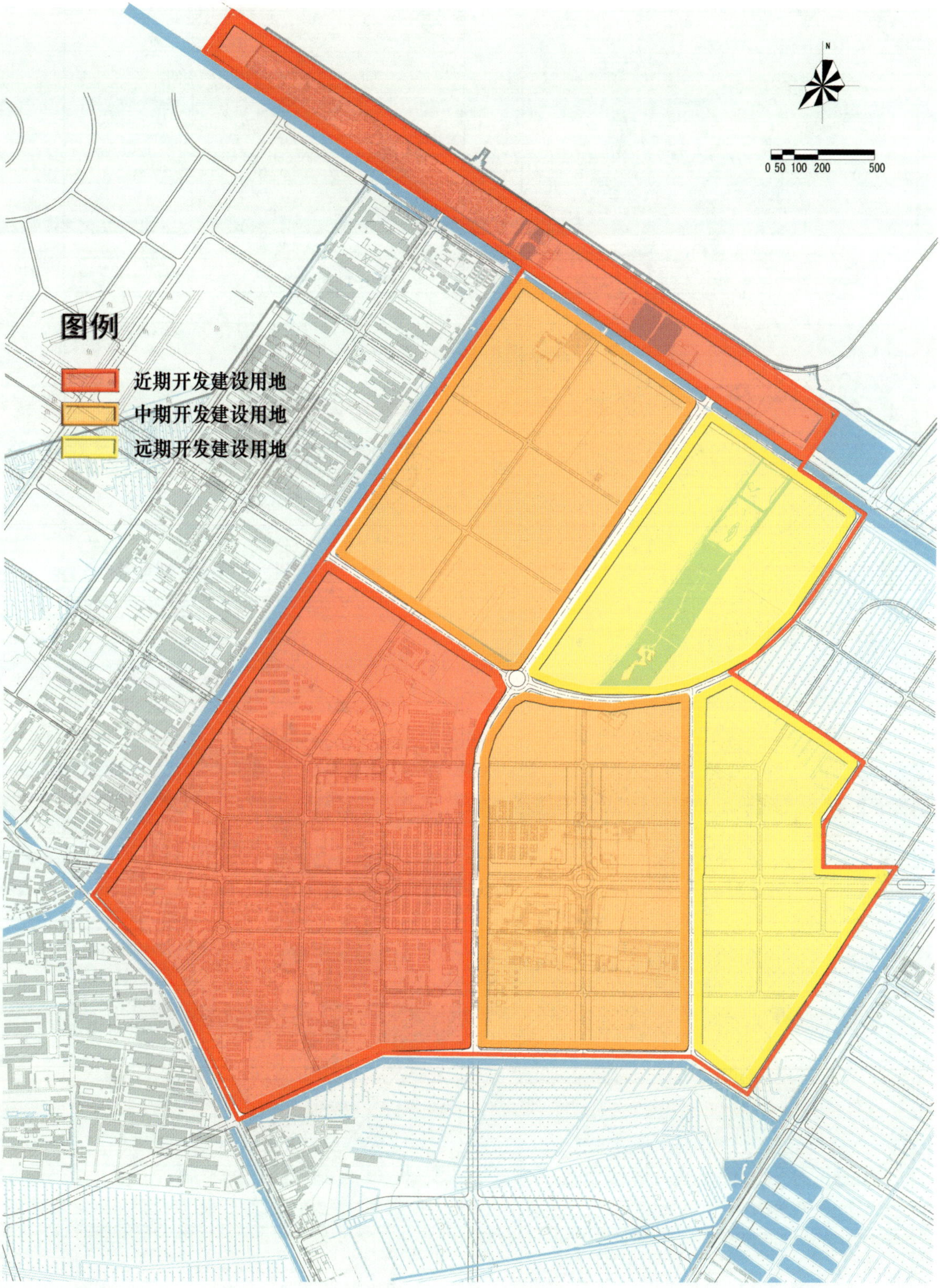

图 8-2-18 分期开发图

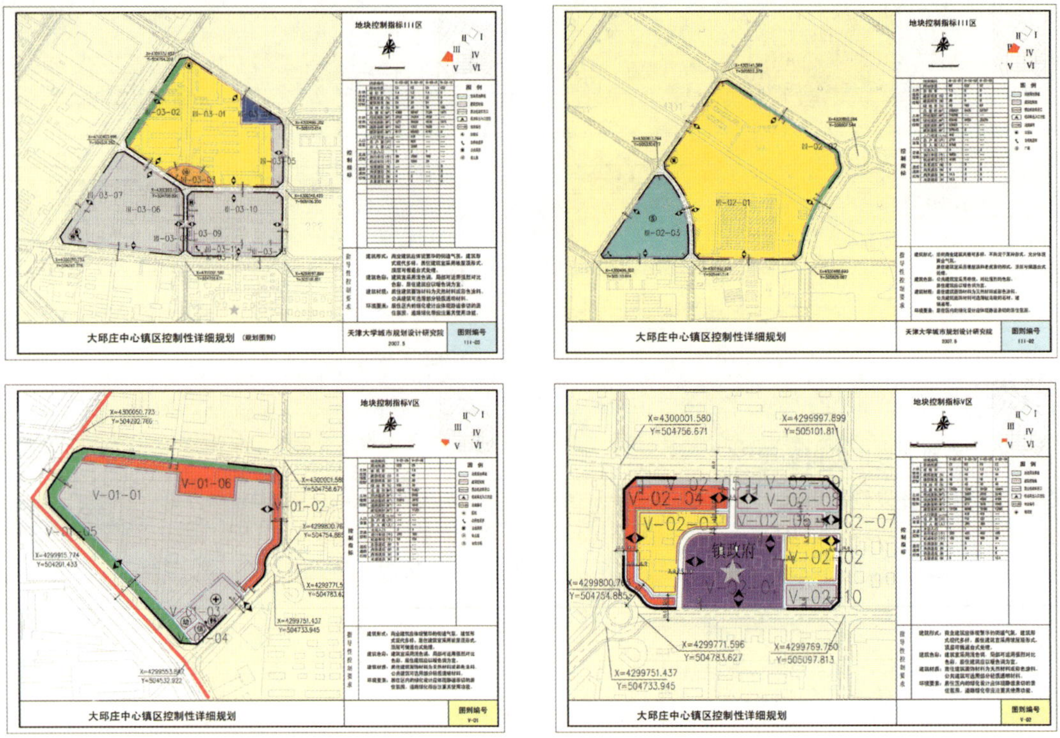

图 8-2-19　控规图则示例一

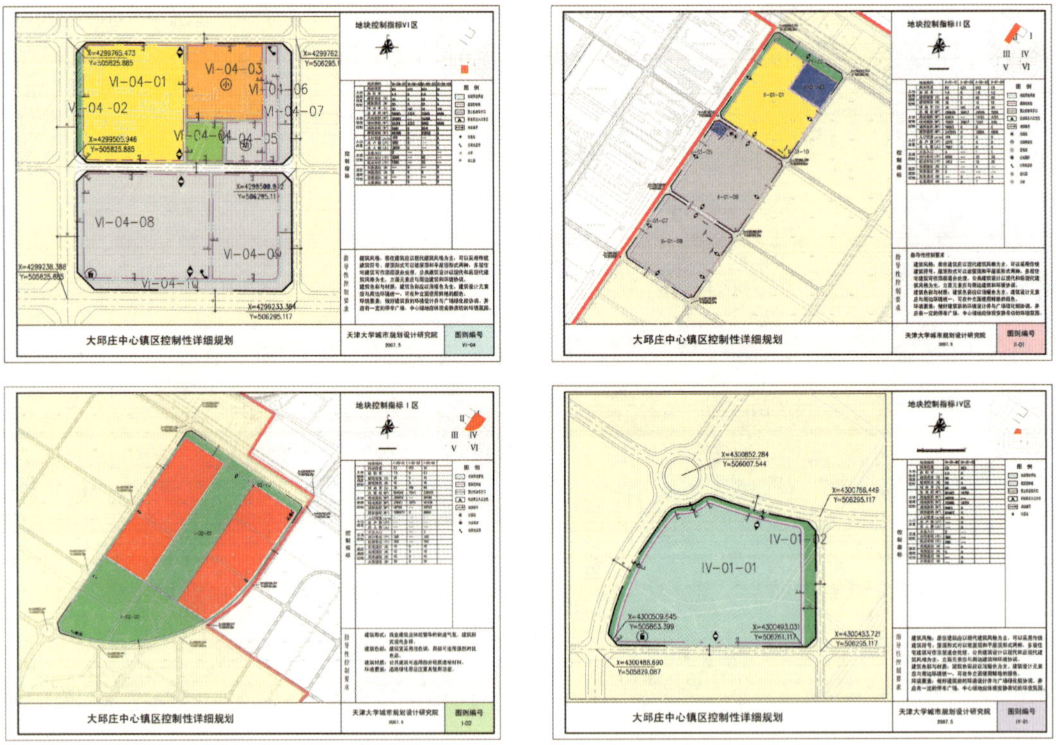

图 8-2-20　控规图则示例二

十、案例评述

控制性详细规划，一方面是规划意图的表现与说明，另一方面则要为建设管理提供一套简练严谨、操作方便的准则和依据。在城市快速发展变化阶段，控制性详细规划的关键是控制好城市建设中最需要关注和把握的重点内容，加强市场经济体制下政府对城市空间的有效调控。本案例控制性详细规划有以下几个突出的特征：

（1）合理界定规划内容的刚性和弹性，将与公众利益密切相关的建设用地性质、建设用地使用强度、公共配套设施和道路交通等强制性内容作为刚性指标，而将其他内容确定为控制性详细规划的弹性内容，以体现规划强制性和指导性适度结合的特征，使规划既能有效地确保基本的公众利益，同时也适应市场经济条件下城市建设快速发展的需要以适应动态管理的要求。

（2）以公用资源集约利用和强化城镇特色风貌建设以及生态环境保护为重点，结合规划管理需求，一方面从城市土地二维利用的角度，对道路红线、绿化绿线、河道蓝线和设施橙线等用地控制线进行了详细定位，对公益性公共设施和市政设施两种用地做到定性、定量、定位和定界；另一方面从城市空间景观三维角度，突出了城市特色塑造的内容。为了将特色塑造和城市整体空间轮廓塑造的内容纳入具体项目设施管理，在指标中明确提出了分区高度控制和特色景观区控制内容。

（3）在控制指标中尽量达到各类规划相互间的整合，以实现规划“一套图”管理。在规划成果中，对总体规划以后有必要进行的一些专项规划内容如道路交通专项、绿地系统专项、住房建设专项、消防专项以及近期建设专项等都进行了深入的考虑，一并纳入了控制性详细规划的指标体系，通过一系列规划管制要求，将控制性详细规划编制与规划行政管理密切结合，较好地适应了城市规划行政主管部门规划管理的需要。

（4）优化规划控制图则和文本的表达，力图用最简洁的方法、最少的图纸表达控规“一套图”管理的全部信息，将所有涉及空间需求的规划控制要素全面纳入控制性详细规划图则，对个别不能表达的内容，如深化城市设计等，也采用了文字要求和提示。

第三节 攀枝花市攀密片区控制性详细规划

一、规划背景

攀枝花是典型的“多中心、带状、组团式”城市。城市结构顺应复杂地形，沿金沙江两岸的河谷地带，形成东西长达 55km 的长藤结瓜式带状组团结构。根据攀枝花市在 1997 年版城市总体规划中，攀密片区是攀枝花市城市中心区四大片区（炳草岗、渡仁、弄弄坪、攀密）之一，在攀枝花市的中心地位突出；在《攀枝花市攀密片区概念规划》里把攀密片区定位为“资源枯竭前，攀密片区是攀枝花市城市中心的四大组成片区之一，体现生产功能为特色，是城市中心区范围扩大后部分城市功能的承接地，以发展选矿业、稀有金属冶金、物流业为基础，生产、生活、生态协调发展的现代化综合城区；资源枯竭后，成为城市中心区组成片区之一，以高科技产业、特色旅游为支撑的现代化城区。”2004年，攀钢（集团）公司编制完成《攀钢主辅分离辅业改制分流总体实施方案》，确定了第一批试点单位。结合试点单位的改制可以整合攀密片区里的中小企业，搬迁片区中生产效益不佳和污染严重的中小企业，置换为城市建设用地，为片区形成开放的社会格局提供了条件。

二、现状概况

（1）规划区范围

本规划区东北以攀矿铁路线为界，西至杨家湾、攀枝花村一带，南抵金沙江北岸。规划区东西长约 2.0km，南北宽约 2.1km，总用地面积为 336.48hm^2。规划人口 5 万人。

（2）现状综合评价

1）现状攀密片区以居住用地为主，居住用地占规划区面积 23.50%左右，但用地布局较为零散，与工业区混杂；工业用地为其次，各个大厂、企业各自为政，一个单位用地内各种功能齐全，这样造成整个城市的功能配置的不统一，工业用地和其他各种用地发展不协调，规模效益差，公建配套标准低，交通组织困难，降低了土地使用效益。“大企业、小社会”现象突出。

2）道路网不成系统，道路等级低，道路面积总体偏低，交通联系不便利，并且缺乏人性化的步行系统。

3）片区内已有系统的市政管网，但具有厂矿区的配套特色，需要根据用地功能调整进行重新的布局。

4）片区沿江岸线多为村镇用地、工业用地，对滨水空间的利用缺乏考虑。

5）片区公共设施用地比重偏低，缺少大型的商业设施和农贸市场，而且严重欠缺文化娱乐和体育用地。

6）公共绿地面积偏小，市民严重缺少休闲娱乐用地，公共设施不配套。

三、功能定位

攀密片区作为城市中心区组成片区之一，是集生活、生产、物流及其他相关功能于一体的综合型的城市片区，是生活、生产、生态协调发展的现代化综合城区。

四、规划结构

本区用地结构概括为“一轴一核两心三小区四组团”。“一轴”指的是由南向北贯穿全区的主干道——攀枝花路，此轴线北与兰尖铁矿相连，向南延伸至密地大桥，是整个片区的交通大动脉；“一核”指的是攀密片区的商业金融核心区，集中配置大型的商业、文化娱乐、办公、体育等设施；“两心”指的是核心瓜子坪大桥桥头附近的城市绿心和以密地车站、攀钢102货站为主包括大型仓储服务设施的物流中心；"三小区四组团"指的是区内布置的三个功能完善的居住小区和四个相对独立的居住组团。

五、公共服务设施规划

为了使规划更好地与市场经济相结合，规划引入刚性配套和柔性配套的概念。所谓刚性配套设施指根据居住区公共服务设施项目规定必须设置的设施；柔性配套设施指纳入市场化体系中，由市场自主进行配置的设施。本项的布点以及数量皆为引导性质。

规划配套设施一览表　　表8-3-1

序号	类别	项目	配套设施定性	现状数量	规划数量
1	行政管理	街道办事处	刚性配套设施	1	2
		派出所	刚性配套设施	3	2
		工商税务所	刚性配套设施	1	1
2	教育	幼儿园	柔性配套设施	3	11
		小学	刚性配套设施	3	6
		中学	刚性配套设施	3	4（含一职业中学）
3	医疗卫生	医院	刚性配套设施	1	1
		门诊所	柔性配套设施		1
		卫生站	柔性配套设施	3	3
4	文化体育	文化活动中心	刚性配套设施	1	1
		老年人活动站	刚性配套设施	1	7
		文化活动站	刚性配套设施	3	7
		体育活动场地	刚性配套设施	1	1
5	商业服务	市场	柔性配套设施	1	7
		宾馆	柔性配套设施	1	1
6	金融邮电	银行	柔性配套设施	4	5
		邮政支局	刚性配套设施	1	1
		邮电所	刚性配套设施		4
7	社区服务	社区服务中心	刚性配套设施		4
8	市政服务	垃圾转运站	刚性配套设施		7
		公厕	刚性配套设施		10
		消防站	刚性配套设施	1	2
9	道路交通	社会停车场	刚性配套设施		6
		公交首末站	刚性配套设施	1	1
		长途汽车站	刚性配套设施	1	1
		加油站	柔性配套设施	1	2

六、道路交通规划

城市的道路系统结构通常有方格棋盘式、环形放射式等形式。路网结构形式是在一定的社会条件、自然条件、现状条件以及当地的建设条件下，适应城市交通以及其他要求形成的。方格棋盘式路网适用于平原城市，由于其地形平坦，采取此种路网结构，有利于减少交通距离，组织交通流向，提高可达性。而在山地城市中，由于其地形等原因，无法采取直线型道路的陆网结构，通常是保证主干路较为平直，其他次级道路顺应地形山势，成环状，与主干路连接。通过对攀密片区的地形、道路现状、建设条件等的分析，我们发现该片区现状仅有攀枝花路一条主干路，片区东北部及西南部均无法修建与其相平行的主干路以分流交通，片区内部道路受破碎的台地地形影响，线型曲折，且多为尽端路。因此，采取"主干路＋小环路"的道路结构模式，拓宽主干路，调整内部次级道路的线型，局部裁弯取直，连通一些次干路、支路，形成环路，以提高道路可达性，便于组织组团内部交通，缓解主干路上的交通压力。

本区道路系统分为 4 个等级：主干道，道路红线宽度 30m；一级次干道，道路红线宽度 18m；二级次干道，道路红线宽度 12m；支路，道路红线宽度 6m。道路规划考虑城市现状道路和未来交通规划构想，在改造现有攀枝花路，充分发挥其主干枢纽作用的同时，沿东北部铁路线开辟复线，并建立与主干相联系的连接通道。复线主要承担车流交通的作用，主干道攀枝花路净化为片区的生活性干道。在规划区密地车站南部，结合大型物流中心的设置规划片区的过境交通，一方面缓解主干道的运输压力，另一方面服务于物流中心。

七、生态规划建设导引

（一）基于生态分区基础上的规划布局导向

项目在确定土地利用规划方案结构前，仔细分析了用地内各地块的建设条件和生态禀赋，将整个用地分成建设用地和绿地两个方面分别进行生态评价和生态分区，既用以指导整个规划方案结构的形成，也便于形成地块的控制指标和建设措施。主要的生态分区原则有：

（1）生态优先原则。重点处理山地自然系统和城区交接边缘、滨水地区、冲沟以及不可建设用地等在规划中的关系；考虑台地在规划片区中的关系。

（2）优化土地利用原则。提高土地生态效益，根据地块现状和土地建设意象，提出生态化建设途径；建设中防止高切坡；强化冲沟等特殊山地自然单元的生态治理。

（3）生态复建原则。对于因人工建设生产生态破坏的地区，按照分区原则进行不同程度的生态恢复性建设。

1. 建设用地生态分区

（1）一级区：生态缓冲区。主要包括滨水绿带、规划界限内西侧和东北侧临近山体绿化的新建社区，该区属于城市不同生态系统交接变化的边缘区，又属于规划范围内地势最高和最低的地区，同时属于城市新建片区，城市建设可塑性大，生态系统敏感，是重点生态建设区。

(2) 二级区：生态建设区。主要包括临近中心区的尚未高强度开发建设的地块，是规划片区内近期最可能建设的片区，但鉴于城市用地条件紧张，同时该片区也是不可避免采用高密度开发的城市片区，也是实施近期生态建设示范的片区。

(3) 三级区：旧城复建区。已经高强度开发的城市片区，在旧城改造中逐步采用小规模、渐进式的生态建设方法，促使该片区的生态化建设趋向。

2. 绿地规划控制导向

绿地系统是城市内保障安全最重要的功能系统和自然生态系统，城市绿地系统的优劣，不仅取决于其形态、规模，对以人工生态系统为主体的城市的健康稳定的发展，显得尤为重要。绿地系统的建设除了要满足斑块——廊道——基质等景观生态学的布局原理之外，还应该符合生态建设的要求。

从绿地生态服务功能的角度出发，不同绿化植被有着不同的生态功能，此处提出对规划区内绿地系统建设的导向，以指导具体绿地系统建设。

植被特征和用地绿化种植导向　　　　表 8–3–2

植被生态功能	适宜种植的用地性质
抗有毒气体	科研基地、居住区
吸收二氧化碳	居住区、公共绿地
滞尘率	道路、公共绿地、医疗卫生、工业区
降低噪音	道路、居住区
杀菌	医疗卫生、居住区
涵养水源	林地、公共绿地
蒸腾吸热	居住区、公建、道路

绿地建设分区分为：

⑴滨江绿地建设。注重滨江湿地建设、采用水陆交错带生态多样性培育、生态复建等手法；驳岸景观处理和防洪工程相结合。

⑵城区中心绿地建设。瓜子坪公园位于规划区核心地段，具有缓冲核心区对自然生态系统胁迫、居民游憩、提升中心区品质、提升城市形象等众多功能，规划将现状封闭公园改建成开放公园后，公园建设应尽量提高植被的本体化和自我维持功能，应将人工修护为主的公园式建设方法向自我生长、持续的园林建设方法转型。

⑶开放公园建设。结合地形和功能布局，规划区内保留了一处大面积的山体绿化和山坳绿化，建议这类绿地按照开放式公园形态建设，注重植物的多样性、本地化、复合化以及培育生物群落的功能。

⑷社区绿地。社区绿地布局、开敞空间和主导风向联系；结合社区适当提高密度，簇群组团式的布局模式，社区绿地尽量提高规模；乔灌草搭配比例恰当，绿化或复合种植群落占绿化总面积≥ 20%；乔木量≥ 3 株 /100m^2 绿地；立体绿化（社区道路两侧）和屋顶绿化；道路构筑物、护坡、堡坎、

桥梁柱子等的景观处理；当地物种、水果植物、物种多样性、绿地和大绿地挂钩。

（二）生态化交通系统

绿色交通是发展低污染的、有利于城市环境多元化的、以城市交通工具来完成社会经济活动的、和谐的交通运输系统，目的是降低交通拥挤，降低污染，提高土地利用率，促进社会公平，节省建设维护费用。

1．生态化交通原则

⑴交通和环境生境结合、减少对生态系统的破坏；

⑵交通和景观结合，保护山地生境；

⑶交通规划与建设符合生态的土地开发利用，选择适宜建设的土地用于道路建设，避让适合于培育自然生态环境的土地；

⑷提倡步行，建立攀枝花特色的梯道系统；

2．道路建设手段

一级分区：处于山地植被培育和人工环境的边缘区，该区的道路往往是隔断城区和自然系统之间生物群落的联系廊道，因此该区道路建设采用以下手段：①不一定追求道路建设的场地平整，局部（如山坳、冲沟等地段）采用架高的手法，保持动物群落和社区、城区植物群落保持连续；②硬质地面渗水率在80%以上，地面材料应符合噪声低、有生物活动空间的要求；该区内部道路系统满足“绿道”要求，即以非机动车道为主体的道路系统，满足安全、舒适的要求，透水路面、路面70%长草，透水路面“莱尔草场”的试点；③露天停车场至少有75%的车辆遮阴，采用的可渗透性铺装率100%；④桥梁建设鼓励采用施工作业面小的材料（如钢结构）；⑤公交直达社区门口；⑥步行梯道尺度等级（城市级、社区级）的景观、商业化建设。

二级分区：该区属于城区新建较高密度的地区，是人工建设即将对自然系统产生胁迫作用最大的地区，是攀密片区生态化建设的重点地区，该区道路建设采用以下手段：①硬质地面渗水率在70%以上；②城市级梯道结合景观廊道建设；社区级梯道依山就势建设；③公交直达社区门口；④步行梯道尺度等级（城市级、社区级）的景观、商业化建设。

三级分区：该区属于旧城区改造或者更新地区，该区道路建设采用以下手段：①该区新建露天停车场至少有75%的车辆遮阴，采用的可渗透性铺装率50%；②社区级梯道依山就势建设；③公交直达社区门口。

八、技术指标

规划区土地利用汇总表 **表8-3-3**

序号	用地名称	用地代号	面积（万 m^2）		占城市建设用地（%）		人均（m^2/人）	
			现状	规划	现状	规划	现状	规划
1	居住用地	R	93.77	146.73	49.99	43.61	18.75	29.35

续表

序号	用地名称		用地代号	面积（万 m^2）		占城市建设用地（%）		人均（m^2/人）	
				现状	规划	现状	规划	现状	规划
2	公共设施用地		C	13.51	22.82	7.20	6.78	2.70	4.56
	其中	行政办公用地	C1	6.42	9.00	3.33	2.67	1.28	1.8
		商业金融用地	C2	2.38	6.00	1.27	1.78	0.48	1.2
		文化娱乐用地	C3	0.84	1.82	0.45	0.54	0.16	0.36
		体育用地	C4	1.03	2.87	0.55	0.85	0.21	0.57
		医疗卫生用地	C5	1.41	1.70	0.75	0.51	0.28	0.34
		教育科研设计用地	C6	1.43	1.43	0.76	0.42	0.29	0.29
3	工业用地		M	14.57	4.75	7.77	1.41	2.91	0.95
4	仓储用地		W	1.74	23.21	0.93	6.90	3.48	4.64
5	对外交通用地		T	19.96	22.77	10.64	6.77	3.99	4.55
6	道路广场用地		S	21.25	46.32	11.33	13.77	4.25	9.26
7	市政公用设施用地		U	12.35	5.64	6.58	1.68	2.47	1.13
8	绿　地		G	10.41	64.24	5.55	19.09	2.08	12.85
	其中	公园绿地	G1	2.03	14.78	1.08	4.39	0.41	2.96
		防护绿地	G3	5.64	23.92	3.01	7.10	1.13	4.78
		其他绿地	G5	2.74	25.53	1.46	7.59	0.55	5.11
	城市建设用地		合计	187.56	336.48	100	100	37.51	67.30
9	水域及其他用地		E	144.47	0	—	—	—	—

注：规划用地 336.48hm^2，居住人口：50000 人。

九、附图

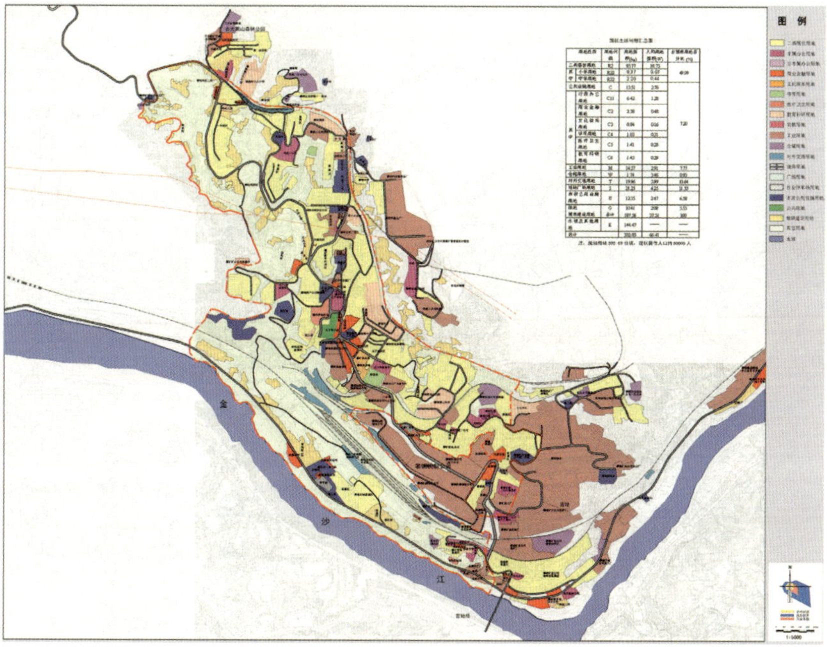

图 8-3-1　土地利用现状图

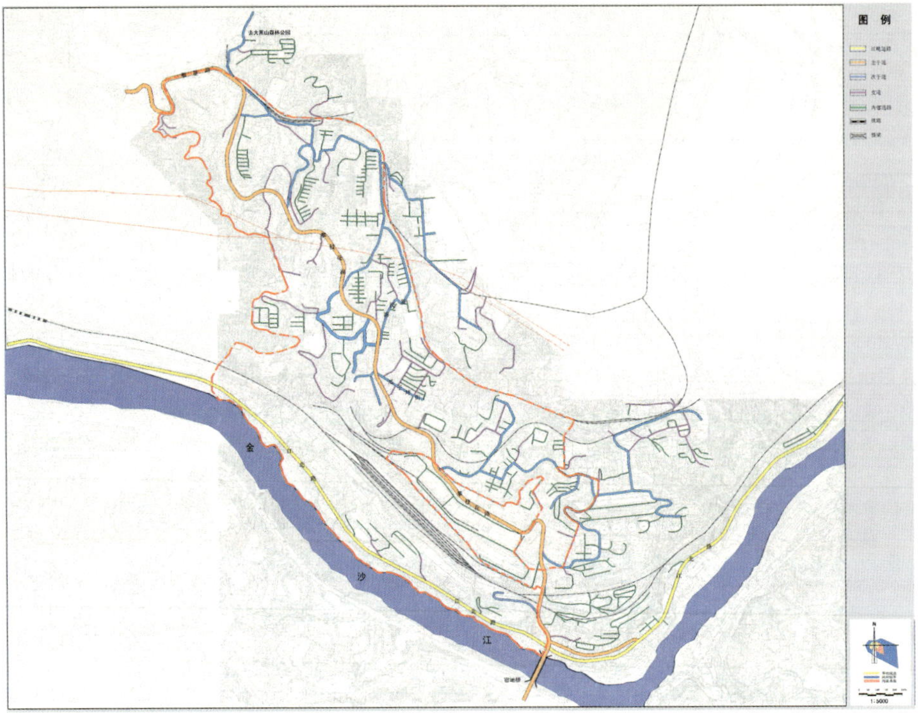

图 8–3–2 道路系统现状图

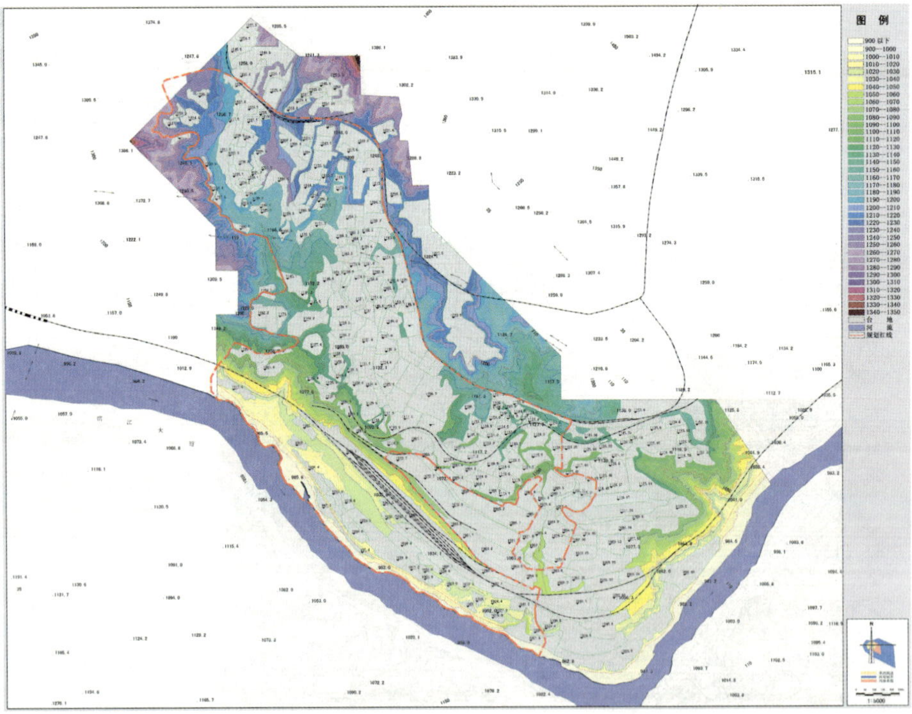

图 8–3–3 现状非建设区高程分析图

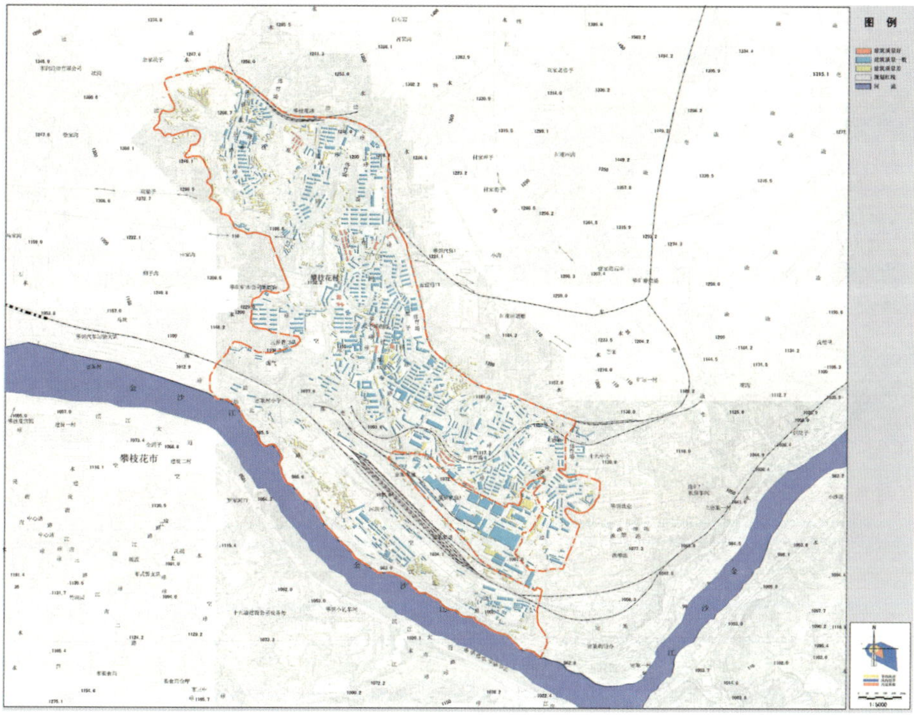

图 8-3-4 现状建筑质量评价图

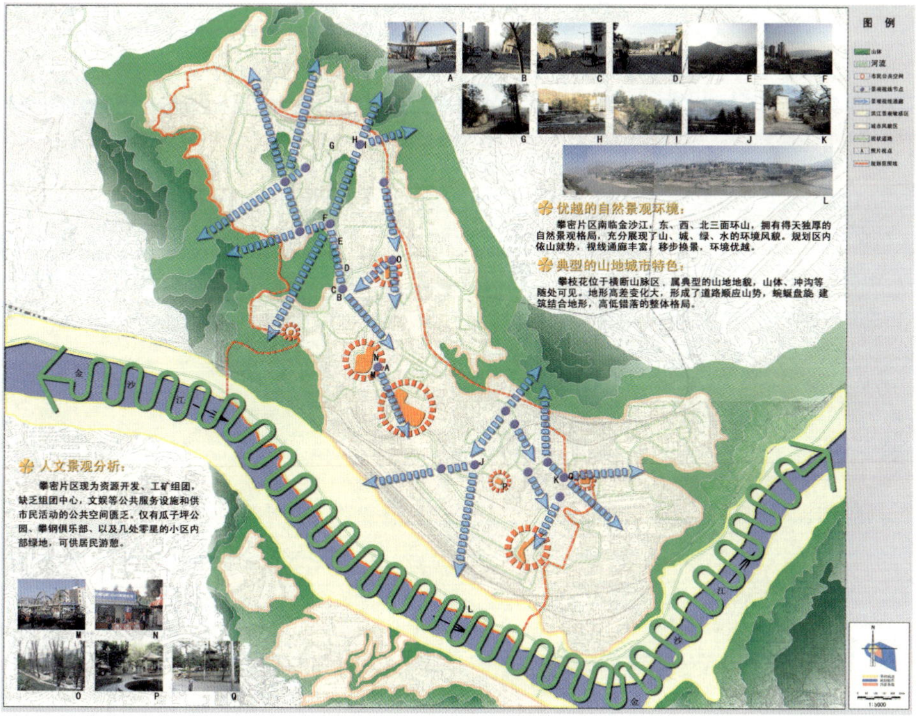

图 8-3-5 人文和自然景观资源现状图

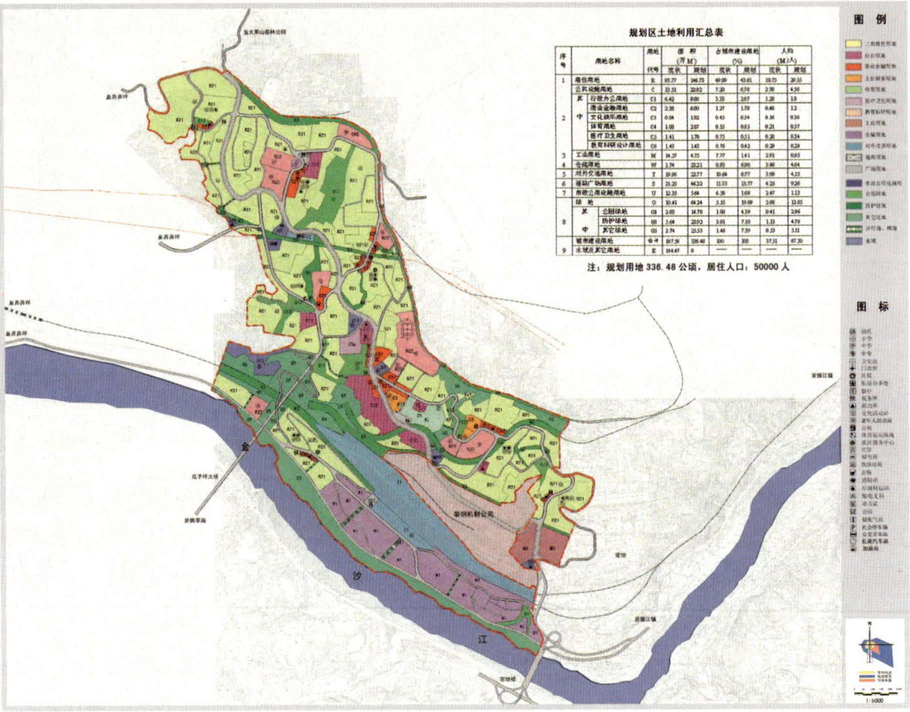

规划区土地利用汇总表

序号	用地名称		用地代号	面积（万M²）现状	面积（万M²）规划	占城市建设用地（%）现状	占城市建设用地（%）规划	人均（M²/人）现状	人均（M²/人）规划
1	居住用地		R	93.77	146.73	49.99	43.61	18.75	29.35
2	公共设施用地		C	13.51	22.82	7.20	6.78	2.70	4.56
	其中	行政办公用地	C1	6.42	9.00	3.33	2.67	1.28	1.8
		商业金融用地	C2	2.38	6.00	1.27	1.78	0.48	1.2
		文化娱乐用地	C3	0.84	1.82	0.45	0.54	0.16	0.36
		体育用地	C4	1.03	2.87	0.55	0.85	0.21	0.57
		医疗卫生用地	C5	1.41	1.70	0.75	0.51	0.28	0.34
		教育科研设计用地	C6	1.43	1.43	0.76	0.42	0.29	0.29
3	工业用地		M	14.57	4.75	7.77	1.41	2.91	0.95
4	仓储用地		W	1.74	23.21	0.93	6.90	3.48	4.64
5	对外交通用地		T	19.96	22.77	10.64	6.77	3.99	4.55
6	道路广场用地		S	21.25	46.32	11.33	13.77	4.25	9.26
7	市政公用设施用地		U	12.35	5.64	6.58	1.68	2.47	1.13
8	绿地		G	10.41	64.24	5.55	19.09	2.08	12.85
	其中	公园绿地	G1	2.03	14.78	1.08	4.39	0.41	2.96
		防护绿地	G2	5.64	23.93	3.01	7.10	1.13	4.78
		其它绿地	G5	2.74	25.53	1.46	7.59	0.55	5.11
	城市建设用地		合计	187.56	336.48	100	100	37.51	67.30
9	水域及其它用地		E	144.67	0	—	—	—	—

注：规划用地 336.48 公顷，居住人口：50000 人

图 8-3-6 土地利用规划图

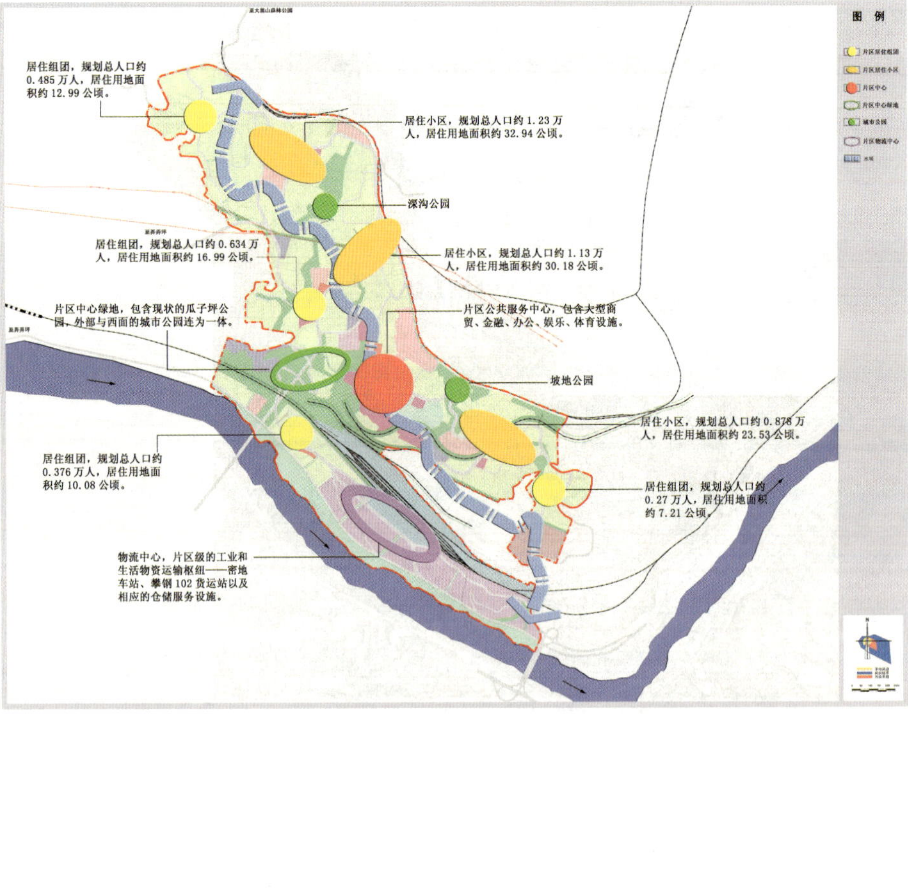

图 8-3-7 规划结构分析图

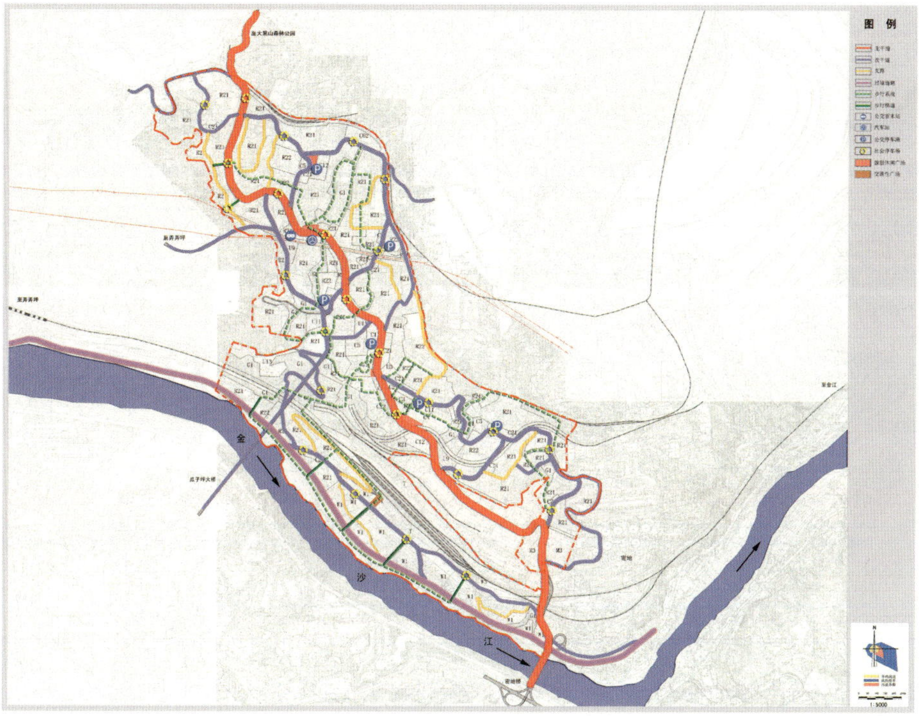

图 8-3-8 道路系统规划分析图

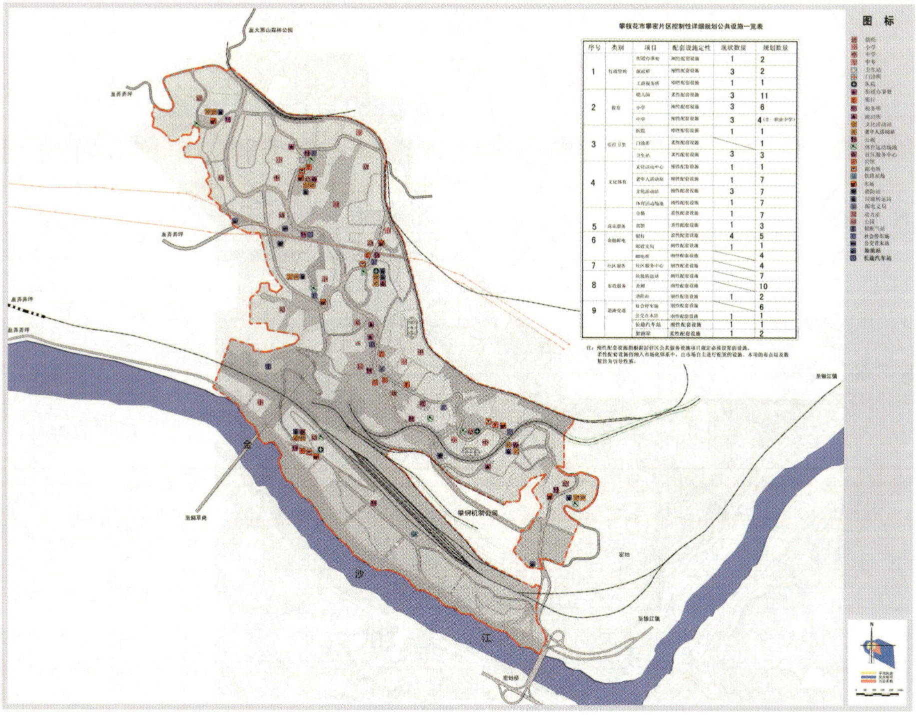

攀枝花市攀密片区控制性详细规划公共设施一览表

序号	类别	项目	配套设施定性	现状数量	规划数量
1	行政管理	街道办事处	刚性配套设施	1	2
		派出所	刚性配套设施	3	2
		工商税务所	刚性配套设施	1	1
2	教育	幼儿园	柔性配套设施	3	11
		小学	刚性配套设施	3	6
		中学	刚性配套设施	3	4（含：职业中学）
3	医疗卫生	医院	刚性配套设施	1	1
		门诊部	柔性配套设施		1
		卫生站	柔性配套设施	3	3
4	文化体育	文化活动中心	刚性配套设施	1	1
		老年人活动站	刚性配套设施	1	7
		文化活动站	刚性配套设施	3	7
		体育活动场地	刚性配套设施	1	7
5	商业服务	市场	柔性配套设施	1	7
		商场	柔性配套设施	1	3
6	金融邮电	银行	柔性配套设施	4	5
		邮政支局	刚性配套设施	1	1
		邮电所	刚性配套设施		4
7	社区服务	社区服务中心	刚性配套设施		4
8	市政服务	垃圾转运站	刚性配套设施		7
		公厕	刚性配套设施		10
		消防站	刚性配套设施	1	2
9	道路交通	社会停车场	刚性配套设施		6
		公交首末站	刚性配套设施	1	1
		长途汽车站	刚性配套设施	1	1
		加油站	柔性配套设施	1	2

注：刚性配套设施指根据居住区公共服务设施项目规定必须设置的设施。
柔性配套设施指纳入市场化体系中，由市场自主进行配置的设施，本项的布点以及数量皆为引导性质。

图 8-3-9 公共设施规划布局图

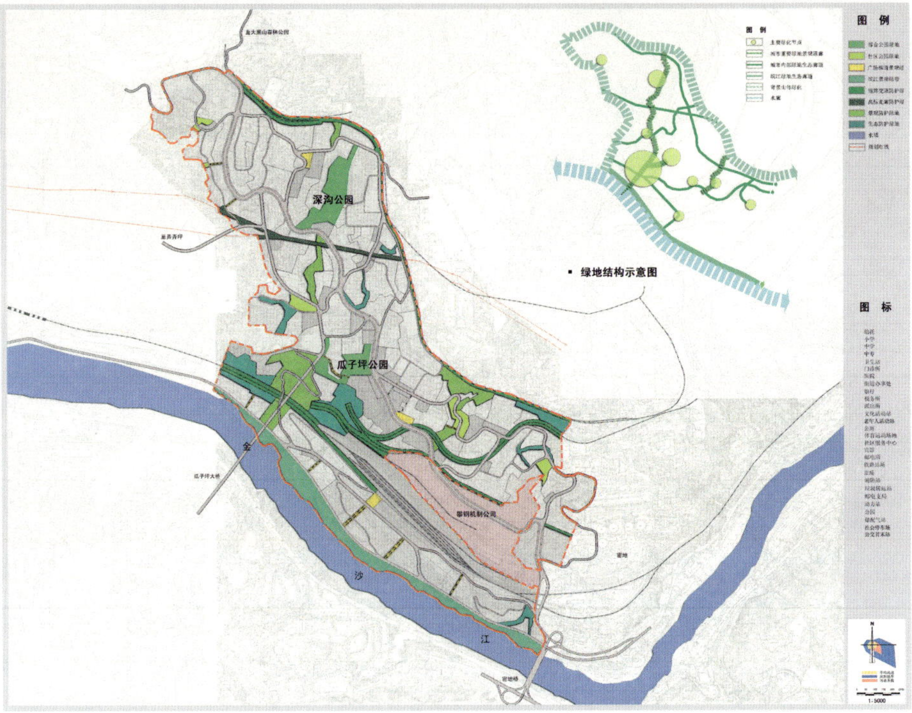

图 8-3-10 绿地系统规划图

图 8-3-11 生态规划建设导引图

图 8-3-12 城市设计导引图

十、案例评述

规划抓住该片区属于山地地形地貌的特征，围绕封闭式社区开放化的思维主线进行规划，突出了完善服务设施，营造开放社会，突出山水特色，营建生态城区等规划思路，并针对生态建设理论在山地城市控制性详细规划阶段中的应用进行探索。在仔细研究攀密片区现状建设条件和典型山地环境的基础上，分别对建设用地和绿地提出具体的生态建设措施，并对生态建设相关内容在图则表达上进行了完善和革新。试图将生态建设与微观层次规划良好结合、应用，以利于规划目标在具体建设过程中的实现，约束城市建设中的反生态建设行为。

第四节 武汉杨春湖城市副中心地区控制性详细规划

一、概述

近年来，武汉市城市规划设计研究院经过对控制性详细规划编制和用地规划管理等问题的研究，提出了武汉市控制性详细规划的编制体系和方法，即按照控规编制单元和控规管理单元两个层次，形成控制性详细规划导则（简称"控规导则"）和控制性详细规划细则（简称"控规细则"）两级规划体系，虽然与国家的城市规划编制办法不完全一致，但有一定的创新性、针对性和可借鉴性。本案例主要是对控规导则的介绍。

武汉市城市规划设计研究院依据城市的发展格局，将主城区不同功能地段划分为 88 个控制性详细规划编制单元，按照统一的编制思路、方法及原则，编制了武汉市主城区控制性详细规划导则。武汉市主城控制性详细规划导则的成果包括强制性执行规定（法定文件）和指导性执行细则（指导文件、技术文件）两部分。其中强制性执行规定，是对主导功能、建设强度、五线、公益性公共设施等强制性控制内容的规定；指导性执行细则，包括对人口规模、用地布局、开发建设要素控制、城市设计指引、地下空间开发指引等指导性控制内容的要求，以及现状、规划研究报告和基础图件。下面以 A0802 编制单元——杨春湖城市副中心地段为例，介绍武汉市主城控制性详细规划导则。

二、规划背景及现状

本编制单元位于武汉市洪山区和平乡，武汉城市总体规划确定的青山组团南部。规划范围北起武青三干道，南至中北路延长线，东临王青公路，西至工业大道，总用地面积 1098.72hm^2。

规划地块内已规划建设京广客运专线武汉站以及地铁 4、5 号线站点，新一轮武汉市城市总体规划确定本地块为杨春湖城市副中心，位于武汉市武昌地区东北部，是依托于武汉站以及地铁 4、5 号线的交通枢纽型城市综合服务中心。

（一）现状土地使用状况

规划地块内用地主要以水域和其他非城市建设用地为主，约占总用地的 80.02%；城市建设用地仅占总用地的 19.98%，为居住用地、公共设施用地、工业用地、仓储用地、对外交通用地、道路广场用地、市政公用设施用地、绿地等，已建设区依托城市道路之便利分布在友谊大道、王青公路沿线。

（二）现状建筑评价

规划地块内现状建筑总量较少，分布零散，以聚集在友谊大道、王青公路分布为多。现状建筑层数以 1～3 层低层建筑为主，少量的 4～5 层及 6 层以上建筑。根据用地性质、建筑使用及建设状况，划分现状建筑为保留建筑和拆迁建筑。

（三）土地开发建设状况

规划范围内已批租、划拨、选址定点用地 14 宗，总用地面积 223.86hm^2，包括武钢集团公司体育中心，武汉站、京广客运线站场、线路用地，白马洲村、东方红村还建、开发、产业用地等。

根据土地利用情况，本编制单元内保留用地面积共计 73.63hm^2，占总用地面积的 6.7%，为二类居住用地和武汉冶金设备制造公司厂区用地；批租、划拨、选址定点用地面积 223.86hm^2，占总用地面积的 20.38%；除水域和已建道路用地外，可开发用地 678.00hm^2，占总用地的 61.70%。

（四）道路及交通设施

规划地块内城市道路体系尚未建立，不能有效引导城市开发建设。目前仅友谊大道（红线宽 50m）和王青公路（红线宽 40m）已经形成，三环线友谊大道立交、武汉站周边部分道路处于施工建设，其他道路均未形成。区域内部现状道路缺失，交通出行较困难。

（五）现状存在问题

主要有：道路及市政基础设施薄弱；城中村改造任务艰巨；因武汉站、京广客运线的建设，整体景观亟待改观；土地开发强度不够等。

三、规划内容

（一）发展目标与功能定位

总体定位：突出多元复合的综合交通优势，彰显拥水临湖的地域环境特色，建设集交通枢纽、商业娱乐、旅游服务等功能为一体的综合性城市副中心。

规划目标：将杨春湖城市副中心建设成为一个功能多元复合、空间疏密有致、交通高效便捷、设施配套完善、居住环境优越，独具水乡特色的生态型活力新区。

（二）规划容量

本地区规划总用地面积 1098.72hm^2，规划控制常住总人口 10 万人。

（三）规划期限

规划期限为 2008 ～ 2020 年。

（四）布局结构与功能组织

空间布局结构为“一轴双核两区、一廊三园三带”，突出武汉站交通枢纽的关联功能，包括餐饮、购物、住宿、游艺、展览、信息交流、旅游接待等；突出地区服务功能，包括商贸、商务、会议、博览、经营管理、金融保险、教育培训等；同时完善社区生活功能，包括居住、零售商业、餐饮服务、文化娱乐、体育休闲、医疗保健等。本编制单元逐步建设成为综合性城市副中心。

规划地块包括杨春湖城市副中心区、武汉站交通枢纽区、城市生活区、体育中心区、产业园区及生态发展区六大功能区。

（五）用地布局规划

1. 居住用地规划

规划居住用地面积 243.38hm^2，占规划总用地面积的 22.15%，其中居住与公共设施混合用地 31.74hm^2。规划居住人口 10 万人，规划居住用地人口毛密度 411 人 /hm^2，规划人均居住用地面积 24.34m^2。居住用地由 6 个居住组团组成，分别为杨春湖居住组团、体育中心北居住组团、体育中心南居住组团、沙湖港北居住组团、沙湖港南居住组团、迎鹤湖居住组团。

2. 公共设施用地规划

规划公共设施用地面积 167.50hm^2，占规划总用地面积的 15.25%。由行政办公、商业金融业、文化娱乐、体育、医疗卫生、公共设施与居住混合等用地组成。

3. 绿地规划

规划城市绿地面积 276.87hm^2（含水域 94.71hm^2），规划人均绿地面积 27.64m^2/ 人。主要由综合公园、居住区公园、带状公园、街旁绿地和防护绿地组成。

4. 产业用地

对现有工业用地实施改造，扩展形成产业园区，产业用地位于三环线与王青公路之间、武青四干道两侧，规划产业用地面积42.98hm^2，占规划总用地面积的3.91%。为保证城市副中心区城市景观和谐和环境质量品质，产业用地以高科技、环保型一类工业用地为主导。

规划用地平衡表 **表8-4-1**

序号	用地代码		用地性质	用地面积（hm^2）	占城市总用地比例(%)
1	R		居住用地	243.38	22.15
	其中	R2	二类居住用地	198.94	18.11
		R5	居住配套教育用地	12.70	1.16
		RC	居住与公共设施混合用地	31.74	2.89
2	C		公共设施用地	167.50	15.25
	其中	C1	行政办公用地	11.46	1.04
		C2	商业金融业用地	93.54	8.51
		C3	文化娱乐用地	9.99	0.91
		C4	体育用地	29.93	2.72
		C5	医疗卫生用地	7.16	0.65
		CR	公共设施与居住混合用地	15.42	1.40
3	M		工业用地	42.98	3.91
	其中	M1	一类工业用地	42.98	3.91
4	T		对外交通用地	35.18	3.20
	其中	T1	铁路用地	28.52	2.60
		T2	公路用地	6.66	0.61
5	S		道路广场用地	248.69	22.63
	其中	S1	道路用地	225.96	20.57
		S2	广场用地	12.25	1.11
		S3	社会停车场用地	10.49	0.95
6	U		市政公用设施用地	54.93	5.00
	其中	U1	供应设施用地	3.16	0.29
		U2	交通设施用地	32.49	2.94
		U3	信息设施用地	1.42	0.13
		U4	环境卫生设施用地	17.11	1.56
		U9	其他市政公用用地	0.95	0.09
7	G		绿地	276.87	25.20
	其中	G1	公园绿地	219.89	20.01
		G3	防护绿地	56.99	5.19
8	GC		功能绿地	27.99	2.55
9	E		水域和其他非城市建设用地	1.19	0.11
	其中	E1	水域	1.19	0.11
规划总用地				1098.72	100.00

（六）公共服务设施规划

规划地块内形成“五纵四横”的道路网骨架，同时辅以高密度的支路网，形成区域内棋盘状路网格局，提高区域内及武汉站的通达性，同时加密武汉火车站站区范围内的支路网密度，提高武汉站交通的可达性。

规划道路分为四个等级：快速路、主干道、次干道、支路，三环线、中北路延长线为快速路，友谊大道、武青四干道、工业大道、建设十路、王青公路为主干道，沙湖大道、工业四路、工业二路为次干道，其余规划道路为支路。规划区域道路总长度 70.2km，道路总面积 2.02km^2，路网密度 6.39km/km^2，道路面积率 18.39%。

（七）公共服务设施规划

具体配置见表 8-4-2。

居住区级及居住区级以下各类设施的名称、配建数量　　　　表 8-4-2

设施类别	设施名称	数量（个）		所在地块编号		配建标准
		总量	规划增加	现状保留	规划	
教育	幼儿园	11	11		A08020520、A08020806、A08020811、A08020823、A08021019、A08021028、A08021115、A08021208、A08021413、A08021505、A08021519	依据《城市居住区规划设计规范》配建
	小学	6	4	A08021210、A08021408	A08020504、A08020822、A08021020、A08021517	依据《武汉市中小学布局规划》要求建设
	中学	2	2		A08020809、A08021518	依据《武汉市中小学布局规划》要求建设
医疗卫生	综合门诊	5	4	A08021203	A08020807、A08021410	总用地规模 2.34hm^2
	卫生站	6	6		A08020521、A08020821、A08020902、A08021028、A08021213、A08021513	每处建筑规模控制在 300m^2 左右
行政管理	街道办事处	3	3		A08020303、A08020813、A08021411	每处最小建筑面积 700m^2
	派出所	3	3		A08020303、A08020813、A08021411	按服务人口 <5 万人／处设置，每处最小建筑面积 700m^2
文化	活动中心	2	2		A08020828、A08021013	独立占地，每处用地规模 1.5hm^2
	文化站	6	6		A08020610、A08020813、A08021028、A08021213、A08021411、A08021513	每处用地规模 500 ~ 1000m^2
体育	健身场地	6	6		A08020608、A08020814、A08021025、A08021311、A08021414、A08021516	每处用地规模指标每千人占用地面积 120 ~ 200m^2

续表

设施类别	设施名称	数量（个）		所在地块编号		配建标准
		总量	规划增加	现状保留	规划	
社区服务	社区中心	6	6		A08020610、A08020813、A08021028、A08021213、A08021411、A08021513	每处用地规模 300 ～ 500m²
商业	社区商业中心	5	5		A08020610、A08020813、A08021213、A08021411、A08021513	每处建筑面积满足每千人 200m² 指标

定量控制的居住区级以上市政设施的名称、配建数量以及配建标准　　表 8-4-3

设施类别	设施名称	数量		所在地块号		配建标准
		总量	规划增加	现状保留	规划	
电力设施	开闭所	17 处	17 处	详见附图	详见附图	每座开闭所转接容量 10 兆伏安，附设 2 台 1000 千伏安的 10 千伏变压器，建筑面积按 260m² 控制
邮政设施	邮政所	3 处	3 处	详见附图	详见附图	按服务半径 0.5 ～ 0.7km/ 座、服务人口＜ 2.5 万人 / 座设置，每座建筑面积为 200m²
环卫设施	公共厕所	54 座	54 座	详见附图	详见附图	在商业闹市区或人口密集的城市道路，公厕布置间距采用 400m，一般道路采用 600m，或按每平方公里不少于 3 座布置

（八）城市设计指引

为突出武汉站及城市副中心的城市门户形象，凸显杨春湖地区生态水系资源优势，本编制单元建立以武汉站、迎鹤湖、杨春湖及两港为重点的景观体系，主要内容包括核心景观、景观轴线、开敞空间、标志性建筑、步行交通、高度控制等。

（九）用地兼容性和替代性

根据规划地块实际情况，制定本地区用地性质之间混合性、替代性评价和规定。

用地混合性和替代性一览表　　表 8-4-4

主导用地性质	兼容用地性质	替代用地性质
二类居住用地（R2）	居住与公共设施混合用地（RC）	无
居住与公共设施混合用地（RC）	二类居住用地（R2）	
行政办公用地（C1）	教育科研设计用地（C6）	商业金融业用地（C2）

续表

主导用地性质	兼容用地性质	替代用地性质
商业金融业用地（C2）	C2 类各项用地可相互兼容	行政办公用地（C1） 文化娱乐用地（C3） 体育用地（C4） 医疗卫生用地（C5） 教育科研设计用地（C6）
文化娱乐用地（C3）	C4	C27
指定的停车场库用地（S3）	C2	无
一类工业用地（M1）	C6	R2
其他各类用地	无	无

（十）用地开发强度

《武汉市主城区建设强度分区指引》依据主城区的人口总体规模、人口密度等指标测算建设总量并分区平衡，然后根据各分区的建设总量分配结果及用地面积测算得到各分区的基准建设强度指标，即基准容积率，并将主城区建设强度划分为五个强度控制区和一个生态景观控制区域。具体操作方法从三个层面展开：

（1）在宏观层面满足城市总体建设目标要求，合理引导城市功能布局，控制城市人口规模及建设总量。

根据《武汉市城市总体规划》，加强一环线及二环线以内的公共服务设施功能提升，逐步引导二环线

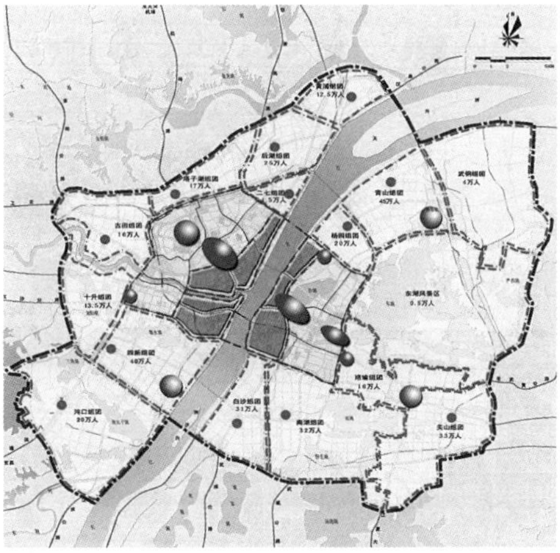

图 8–4–1　武汉市主城区规划人口分布

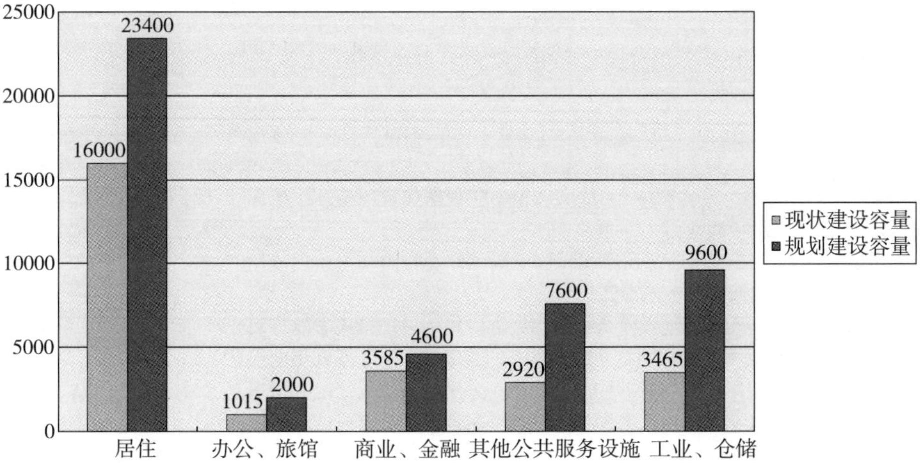

图 8–4–2　主城区各类用地建筑总量的规划预测值与现状值对比分析 测算至规划期末（2020年）各类用地的建设总量（单位：万 m^2）

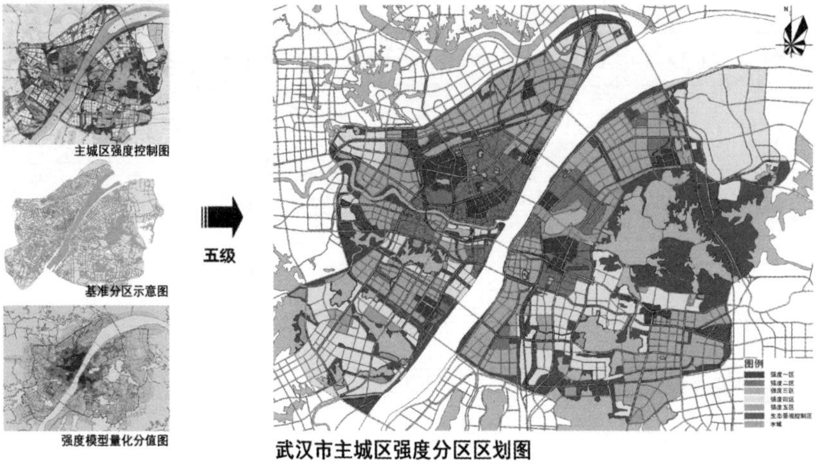

图 8-4-3 武汉市主城区强度分区区划图

与三环线之间公共配套设施的完善，在三环线以外则鼓励建设公共服务设施，增加配套建设规模。

（2）在中观层面实行强度区划控制，对城市用地进行分区域、分级别控制，并提出基准容积率控制指标。

在综合考虑规划意图、现状、地价以及其他因素的前提下，以强度分区及强度分级为基础，并最终结合规划强度模型评价确定的规划强度区分区图以及总体规划确定的建设强度分区图形成强度分区区划。

然后将各类用地建设总量在五个强度分区内进行合理分配，并最终测算出各类用地的基准容积率指标。

各强度分区中各类用地基准容积率（净容积率）指标测算表　　表 8-4-5

指标类型	用地类型	强度一区	强度二区	强度三区	强度四区	强度五区
基准容积率	居住用地	2.7	2.2	1.8	1.5	1.1
	商业、金融（含贸易咨询、服务建筑以及商务写字楼）	3.5	3.0	2.5	2.0	—
	办公、旅馆用地（办公主要为行政办公）	3.1	2.7	2.1	1.6	—
	其他公共设施用地（含文化、体育、教育、医疗及其他公益性服务设施）	2.2	2.0	1.7	1.5	1.3
	工业（一般通用厂房）、仓储用地	—	—	1.5	1.1	—

注：1. 表中容积率为基准容积率（类型为净容积率），地块容积率应根据其用地条件按指标调整系数在基准容积率基础上进行调整。

2. 居住用地容积率不得低于 1.0，工业用地容积率根据国土资源部发布的《工业项目建设用地控制指标》予以确定，最低容积率不得低于 0.5。

3. 如混合用地或混合建筑内某单一类型用地或建筑规模超过混合用地总规模或总建筑面积 90% 的，按照该类用地对应的强度指标执行；除此以外的其他情况下，混合用地或混合建筑的容积率则根据各类型用地或功能的构成及比例，分别参照相应用地容积率综合测算平均容积率作为最终容积率；建筑密度按照各类型用地或建筑对应的最高建筑密度执行。

(3) 在微观层面充分考虑交通区位、用地规模、场地朝向等条件对用地建设强度的影响，明确了容积率调整系数及调整方法。

基准容积率测算过程中仅考虑了宏观及中观层面的影响因素及相关原则，因而只能作为分片指导的依据，实际土地管理过程中，强度指标的高低受到诸多微观因素的影响，如用地建设条件、外部景观条件、内部配套（包括公共服务设施、停车等）条件等。

因此为使规划具有更好的可操作性，在规划编制中会引入弹性指标的概念，即通过考察地块的用地条件对强度指标的影响，确定基准强度的调整系数；同时由于用地影响条件的多样性，以上分析结论只是相对合理。此外，公共服务设施用地、工业仓储用地的用地条件影响分析由于案例选择的局限性，只能通过与居住用地的类比进行判定。

具体结论如下：

A. 在用地规模及场地朝向一定的条件下，处于不同交通区位条件下的居住建设项目其平均容积率是呈一定规律变化的，且交通区位条件每提升一级（具体标准见下表），基准容积率的变化幅度基本保持在10%左右的增幅；在交通区位及场地朝向一定的条件下，用地规模大小对容积率的影响幅度也基本保持在5%左右；同样在用地规模及交通区位一定的条件下，场地朝向的影响幅度也基本保持在5%左右。此外，建设场地所临道路数量对用地容积率影响较为明显。

B. 商业、办公及其他公共设施由于建筑形态的特殊性，受用地规模的影响较小，主要与交通区位及建筑的用地方位关系密切。

C. 由于工业用地的特殊性，其建设强度受交通区位变化的影响比居住及其他用地大，而受其他用地条件影响并不明显，通过类比初步确定交通区位条件每变化一级对其容积率影响幅度约为10%～20%。

基于以上研究结论，确定各项调整系数如下表：

各类用地条件对应的调整系数一览表　　　表8-4-6

交通区位调整系数（μ1）	居住、办公、商业及其他公共设施用地	A1	N主干道≥2	1.2
		A2	N主干道=1 或N次干道≥2	1.1
		A3	N次干道=1 或N支路≥2	1.0
		A4	N支路<2	0.9
	工业仓储用地	A1	N主干道≥2	1.4
		A2	N主干道=1 或N次干道≥2	1.2
		A3	N次干道=1 或N支路≥2	1.0
		A4	N支路<2	0.9
用地规模调整系数（μ2）	居住用地	B1	$8000m^2$ ≤ S基地 < $20000m^2$	1.0
		B2	$20000m^2$ ≤ S基地 < $30000m^2$	0.95
		B3	S基地 ≥ $30000m^2$	0.9

续表

<table>
<tr><td rowspan="9">场地朝向调整系数（μ3）</td><td rowspan="5">居住用地</td><td>C1</td><td>L 南北面 /L 东西面　<0.5</td><td>0.9</td></tr>
<tr><td>C2</td><td>0.5 ≤ L 南北面 /L 东西面 <0.7</td><td>0.95</td></tr>
<tr><td>C3</td><td>0.7 ≤ L 南北面 /L 东西面 <1.5</td><td>1.0</td></tr>
<tr><td>C4</td><td>1.5 ≤ L 南北面 /L 东西面 <2</td><td>1.05</td></tr>
<tr><td>C5</td><td>2 ≤ L 南北面 /L 东西面</td><td>1.1</td></tr>
<tr><td rowspan="4">办公、商业及其他公共设施用地</td><td>D1</td><td>N 临路数量≥ 4</td><td>1.2</td></tr>
<tr><td>D2</td><td>N 临路数量 =3</td><td>1.1</td></tr>
<tr><td>D3</td><td>N 临路数量 =2</td><td>1.0</td></tr>
<tr><td>D4</td><td>N 临路数量 =1</td><td>0.95</td></tr>
</table>

注：1. 支路包括城市支路及居住区、居住小区内的主要道路（不含宅前路和步行道）。
2. 单个居住建设项目用地小于 8000m^2 的一般不宜单独建设，确需进行建设的参照 B1 对应系数进行调整。
3. L 南北面指用地南北面长度，L 东西面指用地东西面长度。

此外，《武汉市主城区用地建设强度研究》还结合国家政策、国家相关建设标准及规划设计规范的要求，对用地建筑密度进行了明确规定。

《武汉市主城区用地建设强度研究》中对用地建筑密度的规定　　表 8-4-7

<table>
<tr><th>指标类型</th><th colspan="2">用地类型</th><th>强度一区</th><th>强度二区</th><th>强度三区</th><th>强度四区</th><th>强度五区</th></tr>
<tr><td rowspan="6">建筑密度</td><td colspan="2">居住用地</td><td colspan="2">≤ 35%</td><td>≤ 30%</td><td>≤ 25%</td><td>≤ 20%</td></tr>
<tr><td rowspan="2">商业、金融用地（含贸易咨询、服务建筑以及商务写字楼）</td><td>商业</td><td colspan="2">≤ 50%</td><td colspan="2">≤ 45%</td><td>—</td></tr>
<tr><td>金融</td><td colspan="2" rowspan="3">≤ 45%</td><td colspan="2" rowspan="3">≤ 40%</td><td rowspan="2">—</td></tr>
<tr><td colspan="2">办公、旅馆用地（办公主要为行政办公）</td></tr>
<tr><td colspan="2">其他公共设施用地（含文化、体育、教育、医疗及其他公益性服务设施）</td><td>≤ 30%</td></tr>
<tr><td colspan="2">工业（一般通用厂房）、仓储用地</td><td colspan="2">—</td><td>≤ 40%</td><td>≤ 30%</td><td>—</td></tr>
</table>

规划地块内杨春湖城市副中心属于强度一区，杨春湖城市副中心北侧至友谊大道属用地于强度二区，工业大道至工业二路用地属于强度三区，三环线至王青公路用地属于强度四区，沙湖路与中北路延长线之间用地、武汉站区用地属于强度五区。地块容积率可根据计算公式：地块容积率＝基准容积率 × μ1 × μ2 × μ3 进行调整（具体方法见第二章）。按照上述计算公式计算本编制单元地块容积率，同时在保证建设总量不变的前提下，对本编制单元内现状保留用地、中小学用地、有高度等特殊控制要求用地进行适量容积率转移，以提高城市副中心商业金融用地、轨道站点周边用地、主干道沿线用地开发强度。规划范围内地块容积率最高控制为 7，最低控制为 0.2，整个编制单元建设总量控制在 1086 万 m^2 以内。

本编制单元建筑容量控制　　表 8-4-8

用地类型	强度一区建筑容量（万 m^2）	强度二区建筑容量（万 m^2）	强度三区建筑容量（万 m^2）	强度四区建筑容量（万 m^2）	强度五区建筑容量（万 m^2）	合计（万 m^2）
居住用地	91.11	180.95	181.26		30.77	484.08
商业金融用地	231.73	21.65	17.42	53.02	22.15	345.97
办公用地	15.80			19.67		35.47
其他公共服务设施用地（含中小学）	78.03	11.54	16.85	10.59		117.01
工业仓储用地				47.28		47.28
市政设施用地	1.34	1.57	2.05	44.75	1.47	51.18
功能绿地	0.88	4.82				5.70
合　　计	418.89	220.53	217.57	175.31	54.39	1086.69

（十一）地下空间利用规划

规划范围内地下空间开发利用结合区域功能特点及轨道站点分布，形成地下空间开发核心区、重点区、辅助区和一般利用区。核心区位于城市副中心站前商业中心和城市商业中心，要求复合利用地下三层空间且每层地下空间建筑面积不小于地块用地面积的 70%，除安置必要的设备、停车之外，布局地下商业街，与地面商业设施共同承担城市副中心商业服务职能。重点区位于黄鹤路沿线、武青四干道沿线和城市副中心外轨道站点，要求复合利用地下二层空间且每层地下空间建筑面积不小于地块用地面积的 50%，除安置必要的设备、停车之外，布局必要的服务设施，承担城市副中心服务职能。

（十二）城中村改造规划

规划范围内现有武丰村、北洋桥村等 9 个行政村。除天兴洲移民村为已安置区外，其余 8 个村需进行村民居住、产业等用地安置，涉及总人数 1.8 万人，约 6190 户。

城中村还建用地面积根据《武汉市规划局（市国土资源局）关于“城中村”综合改造土地房产处置及建设规划管理的实施意见（试行）》，保留和还建住宅用地根据能够享受还建安置房政策的户数，按户均建筑面积 300m^2、容积率 1.6～1.8 的标准测算。另按劳动力人均 80m^2/ 人用地面积测算各村产业用地面积，为劳动力人数 ×80m^2/ 人。

满足上述用地后，各村剩余可利用土地纳入市土地整理储备中心统征储备。

（十三）可开发用地分布

规划地块可开发用地不包括保留用地、道路用地、绿化用地、公益性设施用地、市政设施用地、对外交通用地、水域，可开发用地总量为 287.18hm^2。土地开发与储备更加注重弹性和可操作性。

可开发用地建筑规模一览表　　表 8-4-9

序号	用地代码		用地性质	用地面积（hm^2）	百分比（%）
1	R		居住用地	111.15	42.88
	其中	R2	二类居住用地	99.85	38.52
		RC	居住与公共设施混合用地	11.30	4.36
2	C		公共设施用地	113.42	43.75
	其中	C1	行政办公用地	9.02	3.48
		C2	商业金融业用地	81.05	31.26
		C3	文化娱乐用地	9.99	3.85
		C5	医疗卫生用地	6.68	2.58
		CR	公共设施与居住混合用地	6.68	2.58
3	M		工业用地	6.68	2.58
	其中	M1	一类工业用地	6.68	2.58
4	G		绿地	27.99	10.80
	其中	GC	功能绿地	27.99	10.80
合计				259.24	100.00

（十四）管理单元划分

《武汉市主城控制性详细规划》对各要素的控制和引导采用管理单元的划分形式，即将一个完整的编制单元划分为 10 到 20 个管理单元，编制管理单元的法定文件和指导文件，为规划管理部门提供依据。本规划编制单元共划分 17 个管理单元，其中最大管理单元面积 125.28hm^2，最小管理单元面积 27.22hm^2。

四、案例评述

本规划按照交通导向、区位综合的模式，加强以交通站点、功能节点、重要地段的土地梯度开发，实现紧凑集约发展。规划着重控制了公益性的公共配套设施、基础设施、公共开敞空间、城市绿地等用地，弹性控制市场建设用地，适应市场经济发展。

与传统的控制性详细规划不同，武汉市城市规划设计研究院提出了创新性的控制性详细规划体系。在编制层面上，采用了控规导则和控规细则两级体系；在控制内容上，控规导则和控规细则均划分为法定文件和指导性文件两部分。

此外，针对当前控制性详细规划编制中控制有余而引导不足，特别是对于用地性质及强度的控制缺乏灵活性的问题，本规划建立了相对灵活的土地使用机制，在用地性质上适当保留弹性，开创性的采取了“基准容积率 × 修正系数”主动引导的控制方法，同时以管理单元取代传统的分地块图则，可操作性和实用性更强，确保公众环境和谐宜人前提下的合理节约利用土地资源。

五、附图

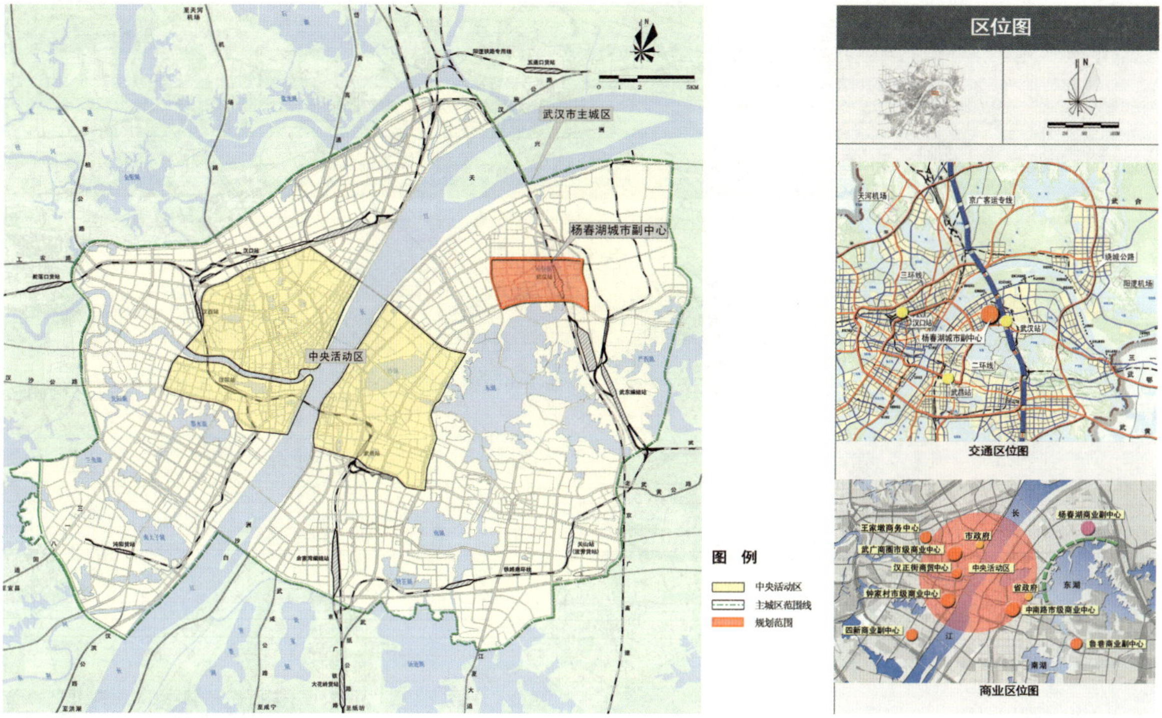

图 8-4-4 区位图

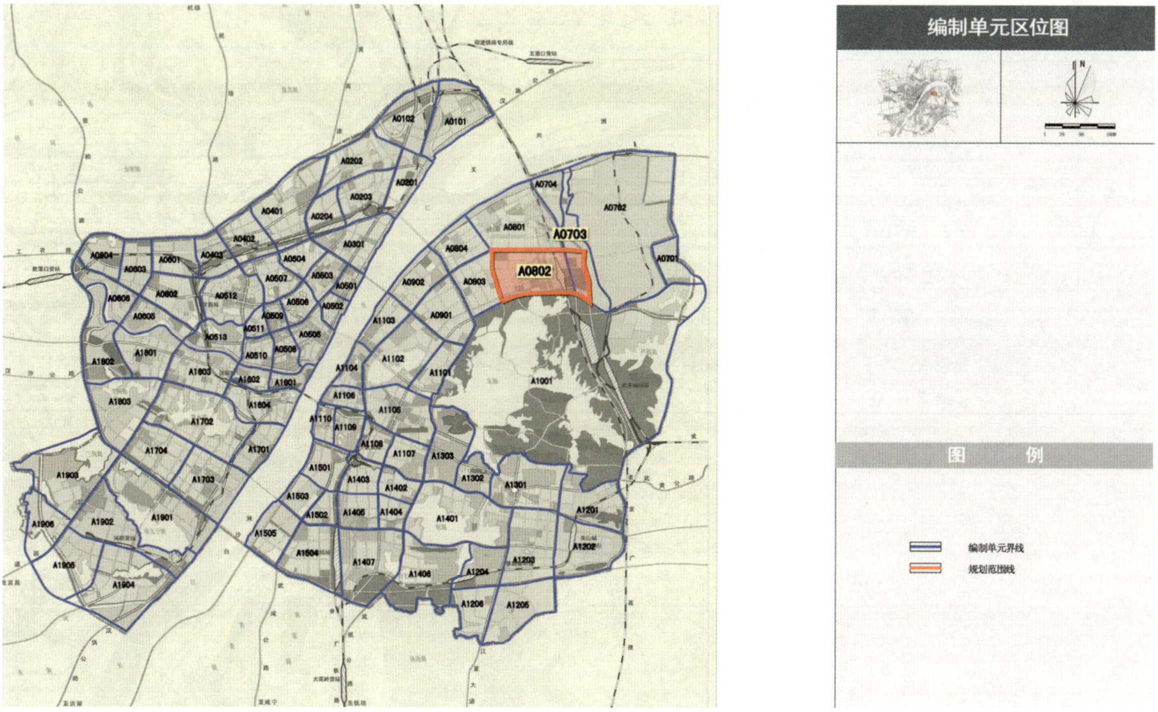

图 8-4-5 编制单元区位图

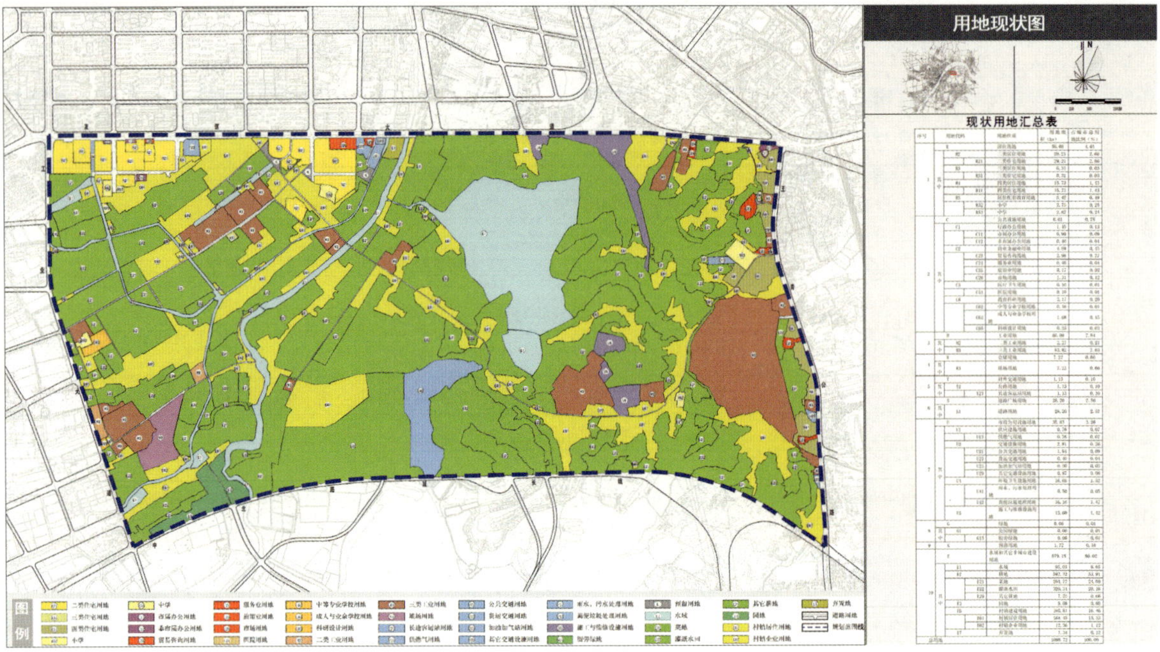

图 8-4-6　用地现状图

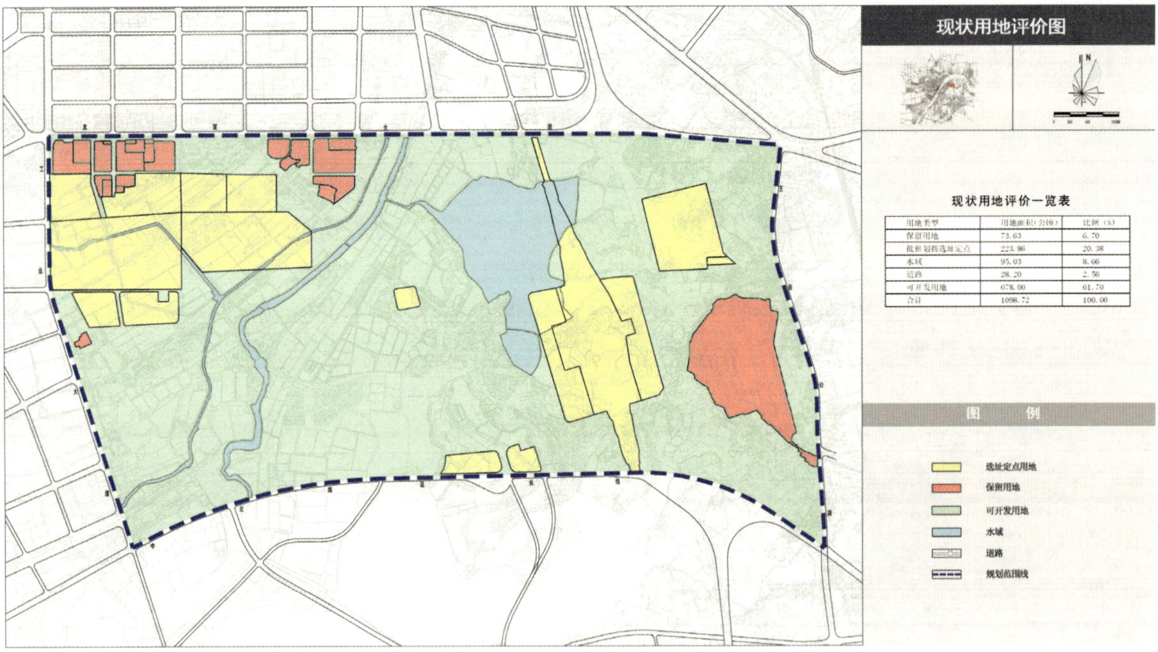

用地类型	用地面积(公顷)	比例 (%)
保留用地	73.63	6.70
批租划拨选址定点	223.86	20.38
水域	95.03	8.66
道路	28.20	2.56
可开发用地	678.00	61.70
合计	1098.72	100.00

图 8-4-7　现状用地评价图

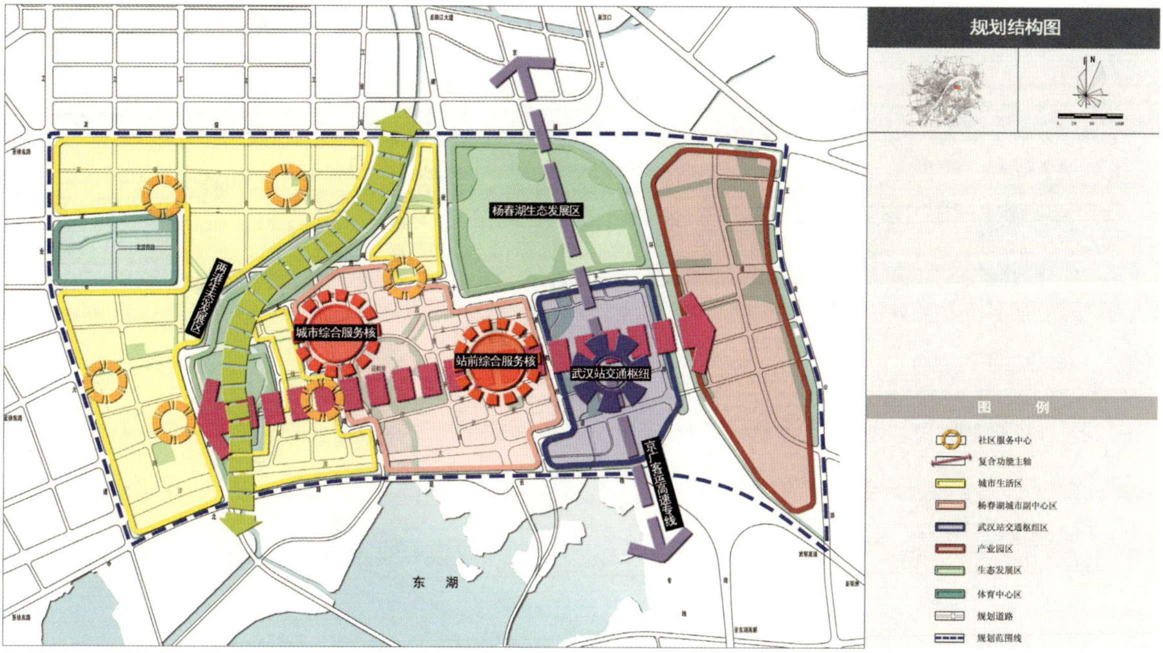

图 8-4-8　规划结构图

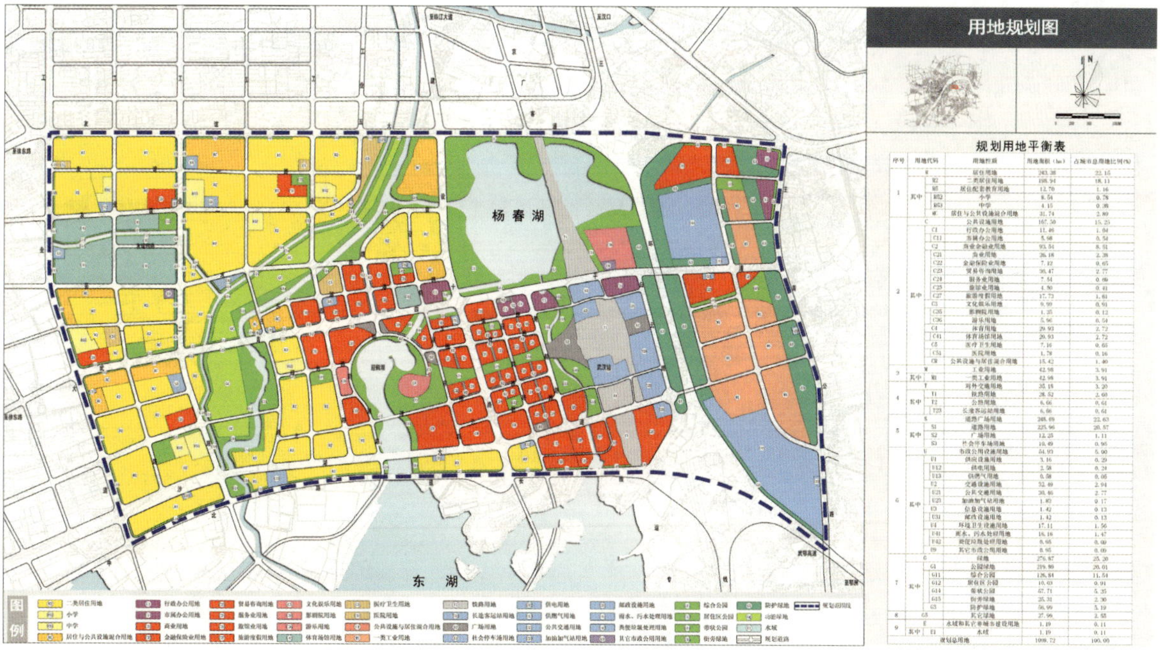

规划用地平衡表

序号	用地代码		用地性质	用地面积（hm²）	占城市总用地比例(%)
1	R		居住用地	243.38	22.15
	其中	R2	二类居住用地	198.94	18.11
		R5	居住配套教育用地	12.70	1.16
		R52	小学	8.54	0.78
		R53	中学	4.15	0.38
		RC	居住与公共设施混合用地	31.74	2.89
2	C		公共设施用地	167.50	15.25
	其中	C1	行政办公用地	11.46	1.04
		C11	市属办公用地	5.98	0.54
		C2	商业金融业用地	93.54	8.51
		C21	商业用地	26.18	2.38
		C22	金融保险业用地	7.12	0.65
		C23	贸易咨询用地	30.47	2.77
		C24	服务业用地	7.54	0.69
		C25	旅馆业用地	4.50	0.41
		C27	旅游度假用地	17.73	1.61
		C3	文化娱乐用地	9.99	0.91
		C35	影剧院用地	1.35	0.12
		C36	游乐用地	5.96	0.54
		C4	体育用地	29.93	2.72
		C41	体育场馆用地	29.93	2.72
		C5	医疗卫生用地	7.16	0.65
		C51	医院用地	1.78	0.16
		CR	公共设施与居住混合用地	15.42	1.40
3	M		工业用地	42.98	3.91
	其中	M1	一类工业用地	42.98	3.91
4	T		对外交通用地	35.18	3.20
	其中	T1	铁路用地	28.52	2.60
		T2	公路用地	6.66	0.61
		T23	长途客运站用地	6.66	0.61
5	S		道路广场用地	248.69	22.63
	其中	S1	道路用地	225.96	20.57
		S2	广场用地	12.25	1.11
		S3	社会停车场用地	10.49	0.95
6	U		市政公用设施用地	54.93	5.00
	其中	U1	供应设施用地	3.16	0.29
		U12	供电用地	2.58	0.24
		U13	供燃气用地	0.58	0.05
		U2	交通设施用地	32.49	2.94
		U21	公共交通用地	30.46	2.77
		U23	加油加气站用地	1.82	0.17
		U3	信息设施用地	1.42	0.13
		U31	邮政设施用地	1.42	0.13
		U4	环境卫生设施用地	17.11	1.56
		U41	雨水、污水处理用地	16.16	1.47
		U42	粪便垃圾处理用地	0.95	0.09
		U9	其它市政公用用地	0.95	0.09
7	G		绿地	276.87	25.20
	其中	G1	公园绿地	219.89	20.01
		G11	综合公园	126.84	11.54
		G12	居住区公园	10.03	0.91
		G14	带状公园	57.71	5.25
		G15	街旁绿地	25.31	2.30
		G3	防护绿地	56.99	5.19
8	G5		其它绿地	27.99	2.55
9	E		水域和其它非城市建设用地	1.19	0.11
	其中	E1	水域	1.19	0.11
规划总用地				1098.72	100.00

图 8-4-9　用地规划图

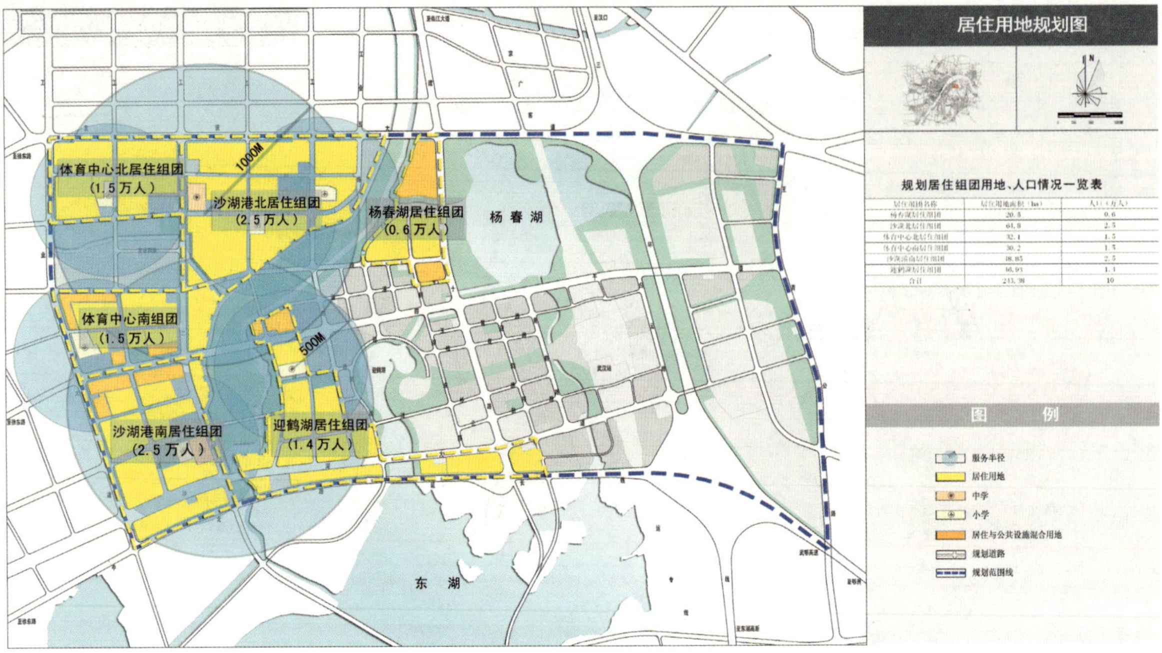

规划居住组团用地、人口情况一览表

居住组团名称	居住用地面积（ha）	人口（万人）
杨春湖居住组团	20.5	0.6
沙湖北居住组团	64.8	2.5
体育中心北居住组团	32.1	1.5
体育中心南居住组团	30.2	1.5
沙湖港南居住组团	48.85	2.5
迎鹤湖居住组团	46.93	1.1
合计	243.38	10

图 8-4-10　居住用地规划图

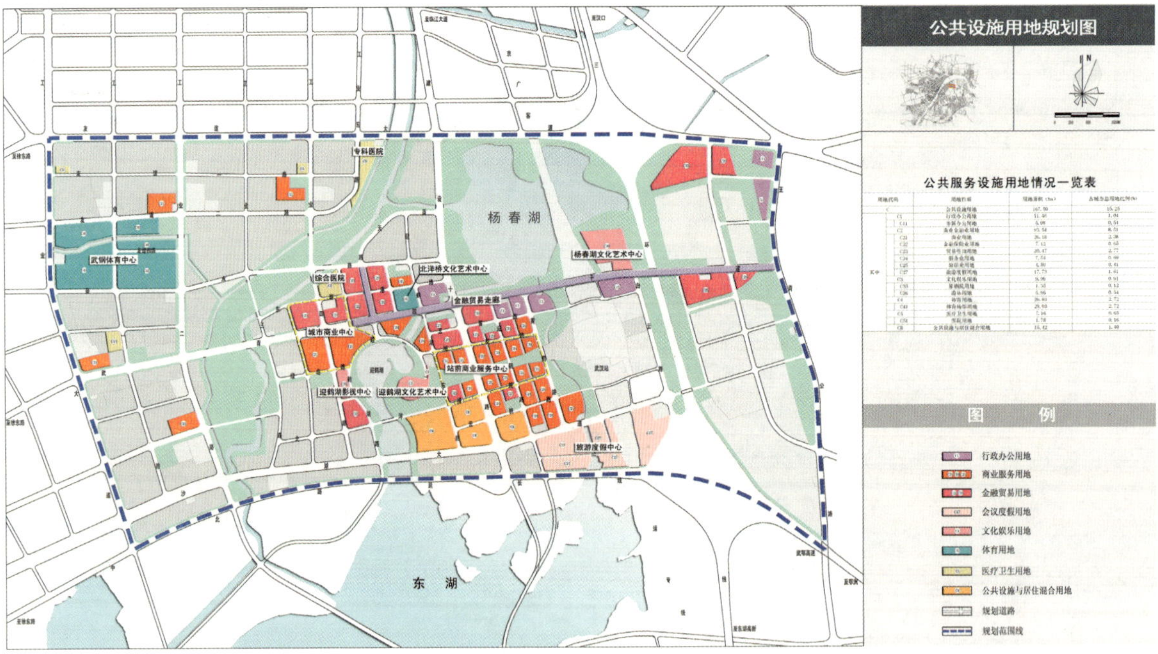

公共服务设施用地情况一览表

用地代码			用地性质	用地面积（ha）	占城市总用地比例(%)
C			公共设施用地	167.50	15.25
其中	C1		行政办公用地	11.46	1.04
		C11	市属办公用地	5.98	0.54
	C2		商业金融业用地	93.54	8.51
		C21	商业用地	26.18	2.38
		C22	金融保险业用地	7.12	0.65
		C23	贸易咨询用地	30.47	2.77
		C24	服务业用地	7.54	0.69
		C25	旅馆业用地	4.80	0.44
		C27	旅游度假用地	17.73	1.61
	C3		文化娱乐用地	9.99	0.91
		C33	影剧院用地	1.35	0.12
		C36	游乐用地	5.96	0.54
	C4		体育用地	29.93	2.72
		C41	体育场馆用地	29.93	2.72
	C5		医疗卫生用地	7.16	0.65
		C51	医院用地	1.78	0.16
	CR		公共设施与居住混合用地	16.42	1.49

图 8-4-11　公共设施用地现状图

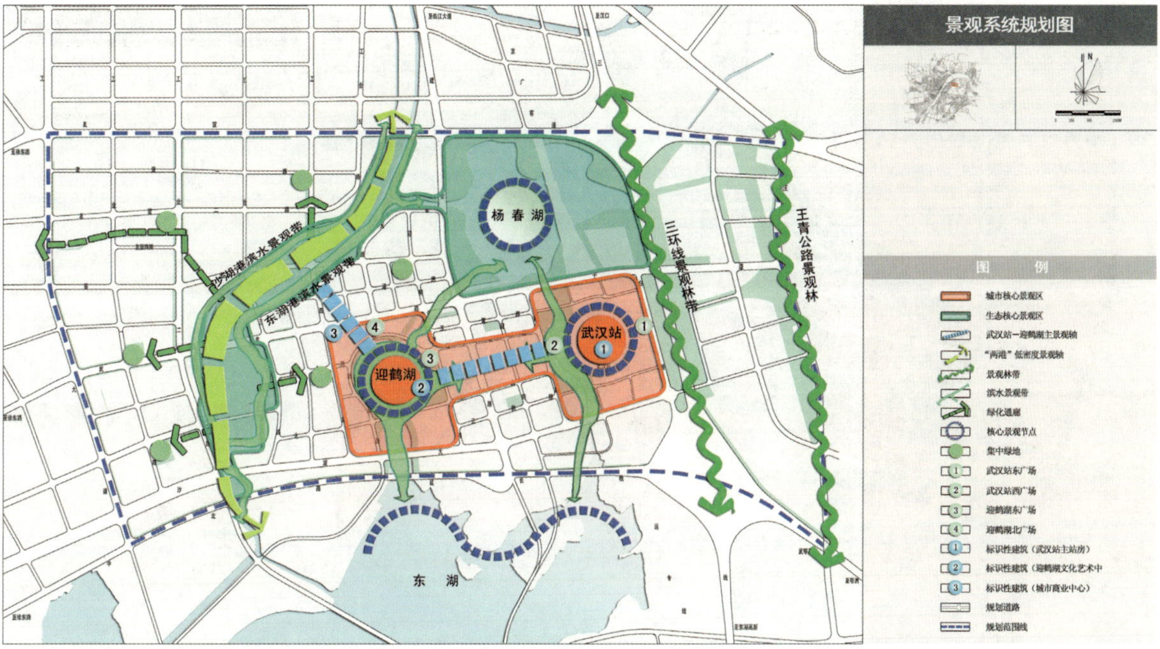

图 8-4-12 景观系统规划图

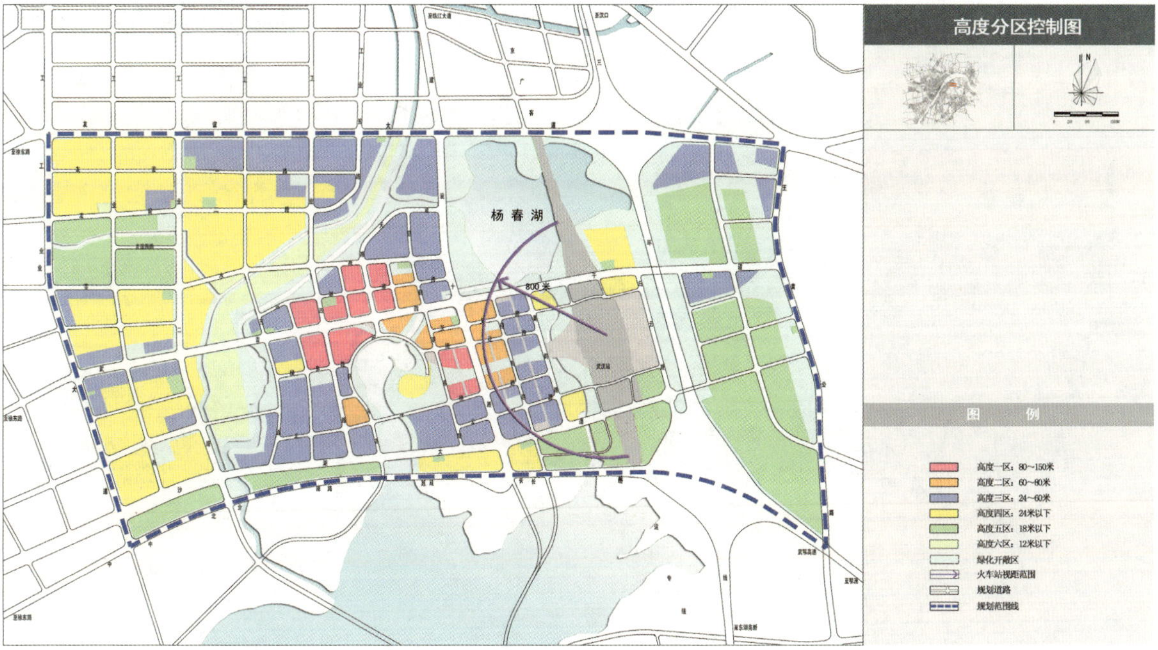

图 8-4-13 高度分区控制图

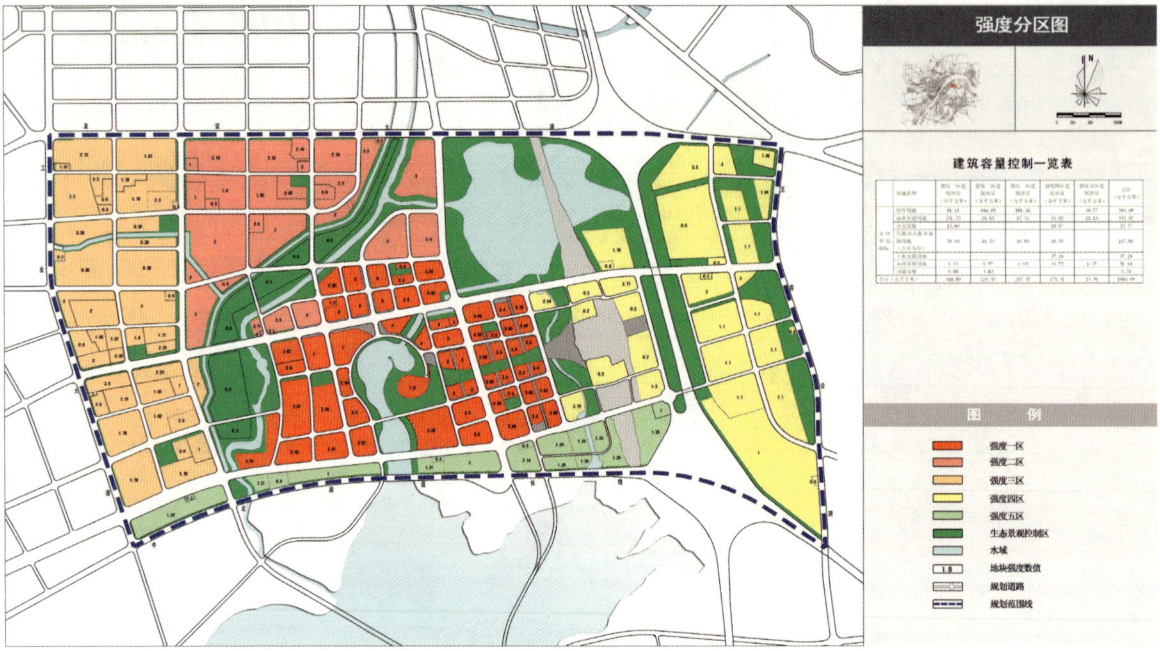

图 8-4-14　强度分区图

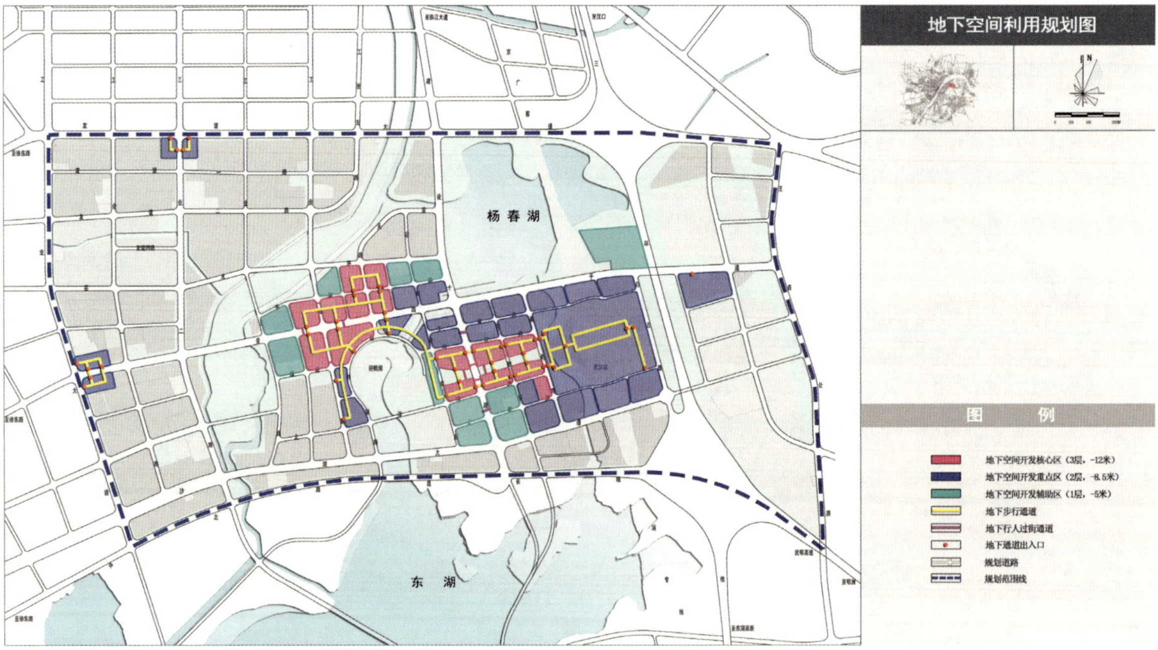

图 8-4-15　地下空间利用规划图

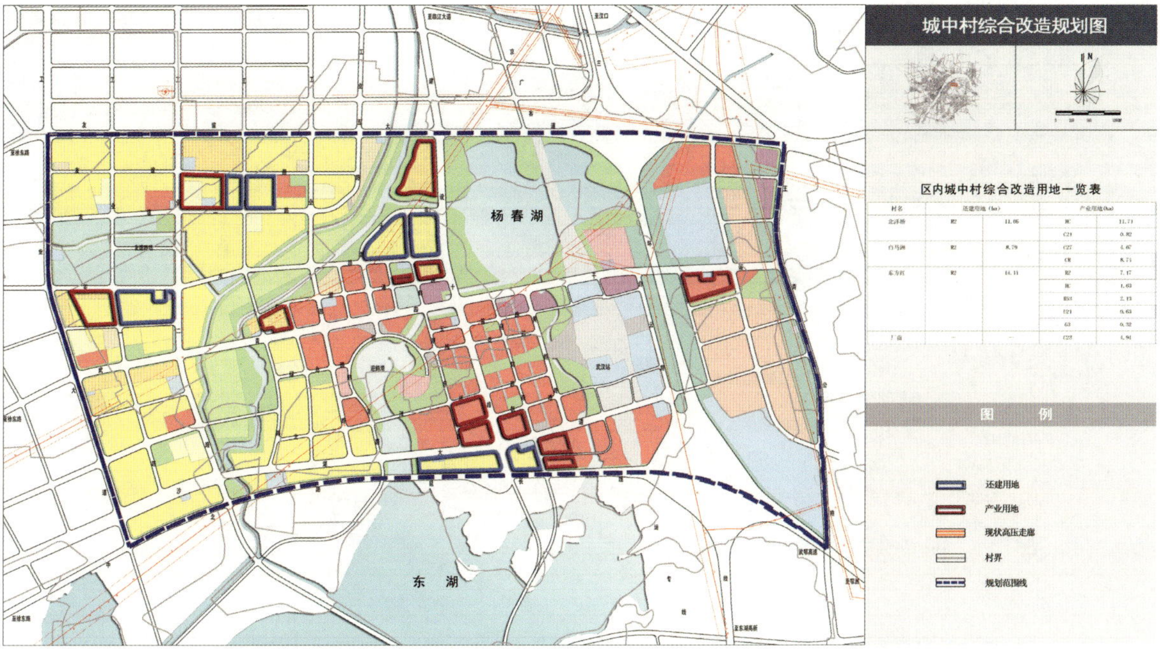

区内城中村综合改造用地一览表

村名	还建用地（ha）		产业用地(ha)	
北洋桥	R2	11.06	RC	11.71
			C21	0.82
白马洲	R2	8.79	C27	4.67
			CR	8.71
东方红	R2	14.11	R2	7.17
			RC	1.63
			R53	2.13
			C21	0.63
			G3	0.32
[illegible]	—	—	C25	4.94

图 8-4-16　城中村综合改造规划图

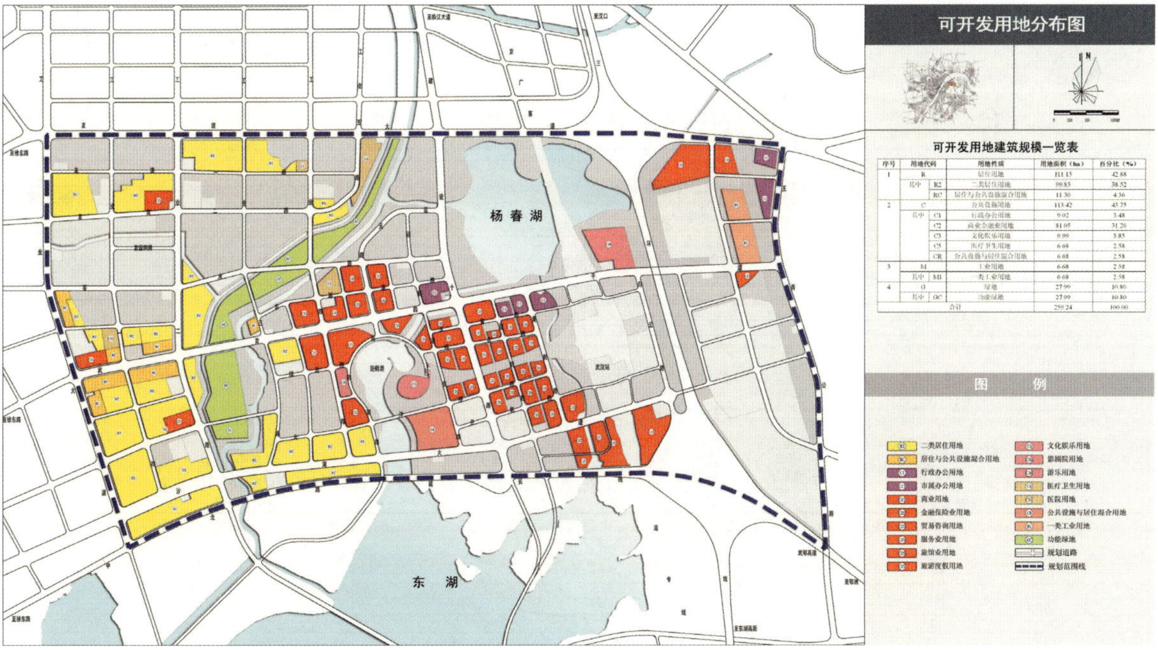

可开发用地建筑规模一览表

序号	用地代码		用地性质	用地面积（ha）	百分比（%）
1	R		居住用地	111.15	42.88
	其中	R2	二类居住用地	99.85	38.52
		RC	居住与公共设施混合用地	11.30	4.36
2	C		公共设施用地	113.42	43.75
	其中	C1	行政办公用地	9.02	3.48
		C2	商业金融业用地	81.05	31.26
		C3	文化娱乐用地	9.99	3.85
		C5	医疗卫生用地	6.68	2.58
		CR	公共设施与居住混合用地	6.68	2.58
3	M		工业用地	6.68	2.58
	其中	M1	一类工业用地	6.68	2.58
4	G		绿地	27.99	10.80
	其中	GC	功能绿地	27.99	10.80
合计				259.24	100.00

图 8-4-17　可开发用地分布图

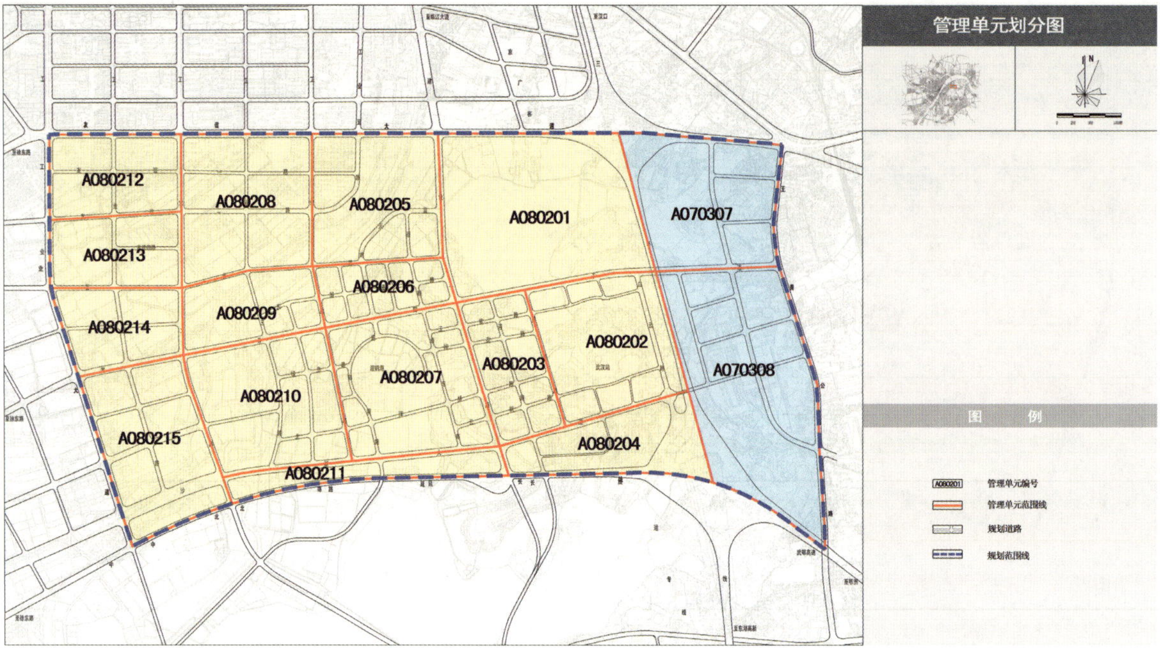

图 8-4-18　管理单元划分图

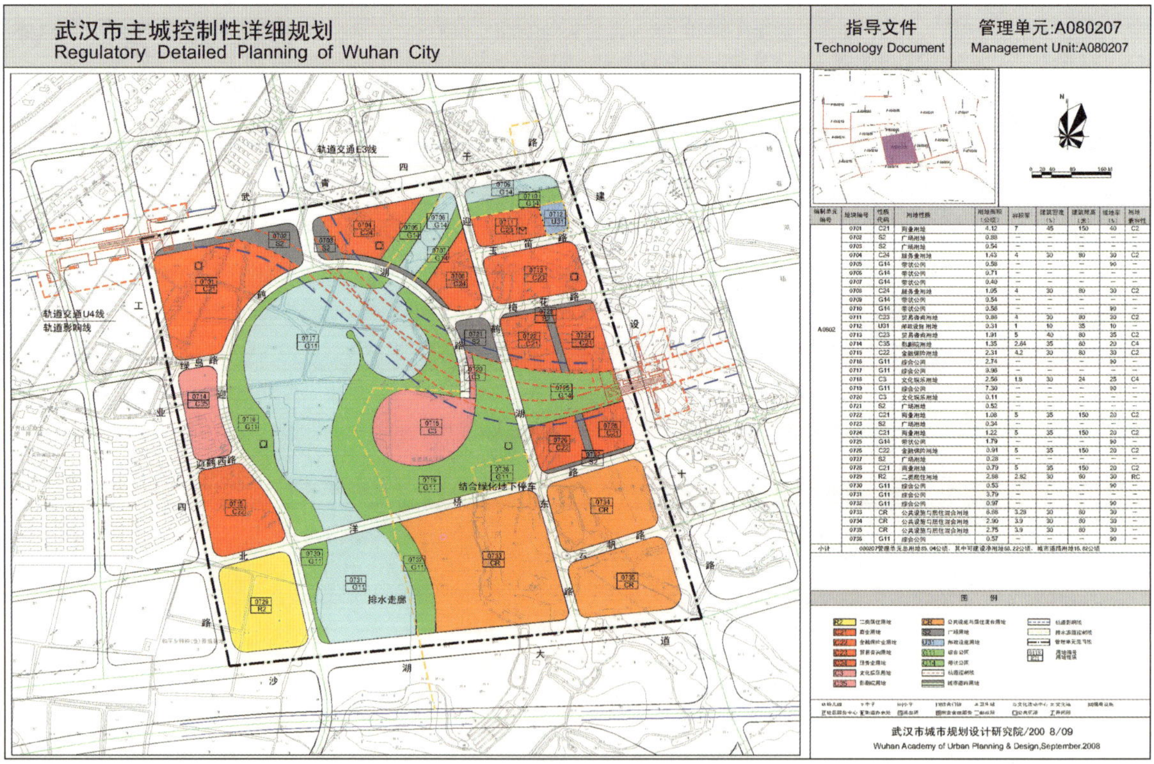

图 8-4-19　指导文件例示

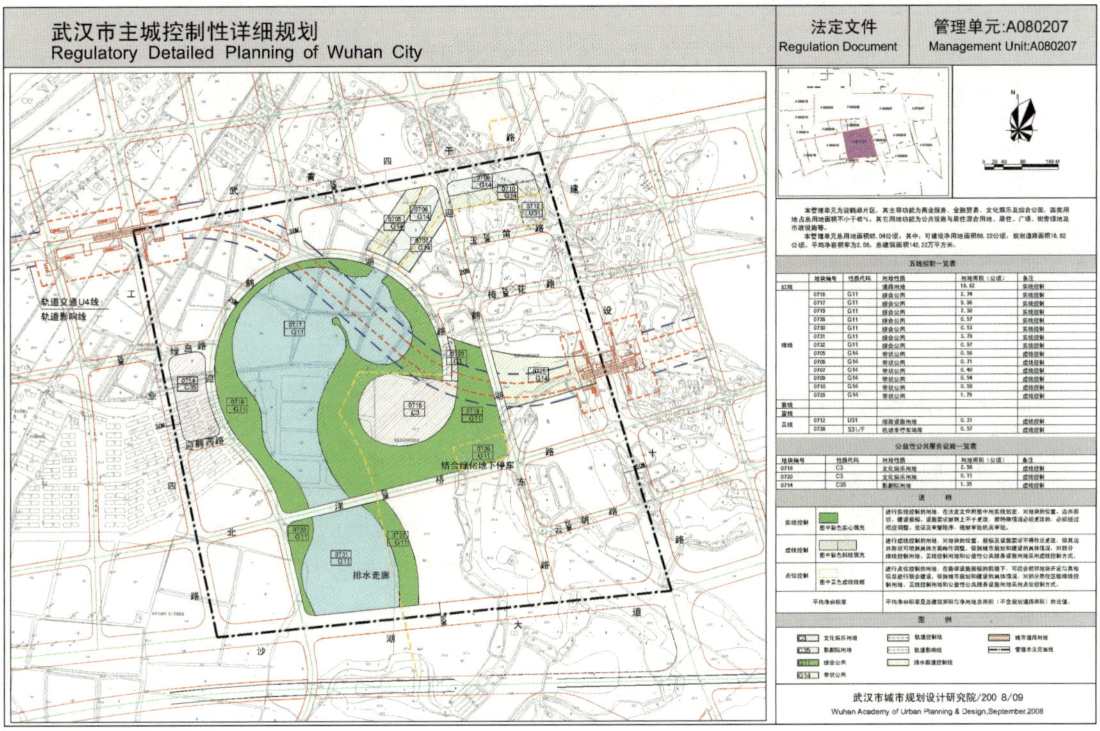

图 8–4–20　法定文件例示

第五节　广州市花都分区 CG0501–CG0503、CG1001–CG1004 规划管理单元（集益水库周边）控制性详细规划

一、概述

在 2001 年广州调整发展战略以后，花都片区将未来城镇建设的发展调整为“整合集聚”的发展战略，淡化行政区划，以空港及周边控制区作为分隔，将目前分散布局的城镇整合成一主一辅两个城镇建设区，布局在片区南部；同时将片区北部的自然生态要素与城镇建设区有机融合，逐步形成“北山南城、一港两区、西主东辅”的发展空间格局。按照花都片区整体发展布局，结合现有各镇行政边界，片区划分为七个发展区：新华中心城重点发展区、狮岭——芙蓉调整完善区、东部调整完善区、赤坭协调发展区、炭步协调发展区、机场控制发展区及北部山林生态发展区。

将规划区所在地赤坭镇定位为赤坭协调发展区，在此大力发展生态科技产业、教育产业，使城镇发展与生态环境保护得以有机结合；适当发展无污染或少污染的工业；大力发展农产品加工业，提高农业产业化水平和农业效益。整合集中在东南部的城镇建设用地，远景使其成为花都片区主城区的组成部分之一。此战略目标对赤坭镇土地利用提出了新的要求，需要通过控制性详细规划对上层次的规划要求进行落实和实施。

本规划区内已有基因园、培正商学院以及正在开发建设的祈福房地产等项目，为了满足日益快速的城镇建设以及赤坭镇新的战略部署和发展要求，赤坭镇人民政府决定编制该片区的控制性详细规划。

二、现状分析

本规划区位于花都区赤坭镇东部，属于培正大道以北以及山前旅游大道以南的片区，规划区规划总用地面积 21.22km²。本规划区北起山前旅游大道，南从东至西依次接广州广橡胶企业集团有限公司、锦山路（规划路）、江坭路（规划路）以及集益水库南岸线，西临集益处大道，东至赤坭镇镇域界限。本规划区包括花都区赤坭镇 CG05 和 CG10 两个规划功能区，两个功能区东西方向毗邻并以培正大道为界。其中 CG05 东起培正大道，南接江坭路（规划路）以及集益水库南岸线，西临集益大道（规划路），北至山前旅游大道；而 CG10 东和北起赤坭镇镇域界限，南至广州广橡胶企业集团有限公司，西临培正大道。

（一）现状土地使用状况

规划区的总用地面积为 21.22km²，以非城镇建设用地为主。规划区内的开发量比较小，开发潜力大。建设用地只占了总用地的 8.30%，其中城镇建设用地占了总用地的 4.37%，村镇建设用地占了总用地的 3.93%。建设用地主要由基因园、培正商学院以及以村民出租用地形式建设的工业占用。

规划区内有 54hm² 的用地已经批给祈福房地产开发有限公司，正在开发建设；另外，规划区内还有国有储备用地 85.1hkm²，正待开发建设。这些用地的开发建设都有待于规划的合理引导。

（二）现状建筑评价

规划区内的建筑在质量、风格、色彩等方面参差不齐，表现的特点在于：

（1）培正商学院的建筑质量较好，层数在 6 层或以上，风格较统一，以现代建筑简约风格为主，颜色包括米白、米黄、灰色等三种主导色彩，色彩均以素色为主。

（2）基因园的建筑质量较好，建筑主色调是白色，建筑风格是欧式风格，建筑与周边山水环境较好的融合在一起，互相辉映。

（3）村中的住宅有三种形式：古老民居、老宅、新宅。古老民居建设年代可以推至清代，砖木结构，有些保存尚好。老宅建设年代一般较早，基本上是 20 世纪 70 年代以前建造，多为砖木结构，这类住宅大多年久失修，部分已成为危房。新宅多数是 20 世纪 80 年代以来尤其是 20 世纪 90 年代以后建成，一般为独立式钢筋混凝土建筑，层数 3～6 层不等。这些不同时代的住宅记载了不同年代历史走过的痕迹。

（4）其余工业建筑质量一般，多集中在培正大道两侧，建筑风格彼此不协调。

（三）道路及交通设施

规划区内的对外交通联系和内部交通联系主要依靠现状道路红线 12m 的培正大道，由于规划区内的开发量较小，经济活动不多，培正大道现状交通量也较小，现状道路满足现有的交通需要。

另外，规划区内的村落对外交通联系主要依靠村路，每个村都有至少一条的硬质化的主路，道路红线宽度为 6m。

（四）公共服务设施

规划区内的公共服务设施主要包括服务于培正商学院以及各村落的设施，没有城镇级别及其以上的公共服务设施。培正商学院内部有商业、文化娱乐、体育以及医疗等公共服务设施，其中文化娱乐和体育设施包括体育馆 1 座、足球场 1 个、游泳池 1 个以及篮球场、羽毛球场和网球场若干；医疗设施则有医院 1 处；商业设施则包括招待所一座以及超市等其他商业设施若干，能够满足于其学院内部人口的需要，但是其公共服务设施除了商业之外均不对外开放。而服务于村落的公共服务设施包括用底层商铺作小卖部的商业设施和小学，各村落缺乏统一规划的并能满足于村民日常娱乐需要的文化娱乐以及体育设施。

公共服务设施是居民日常生活和娱乐的保障，随着社会主义经济水平的提高以及社会主义新农村的改造建设，应完善城镇居民以及村民的各项活动需要，为居民的身心健康发展作保障。因此针对规划区内较为缺乏的公共服务设施以及快速发展人口增长的需求，规划区应在统一规划、灵活配置的原则上，依据相应的规范，结合规划区内的实际需要为规划区的居民提供较为完善的、合适数量、规模、等级和种类的公共服务设施。

（五）市政公用设施

现状的给水、电力公用设施基本满足规划区居民的需要。在给水工程方面，输水管道的配置在现有干道的基础上已有统一的规划，主要的特点如下：①由水厂沿赤坭大道向西设置主干管，采用 DN400 的钢管输水。②沿长寿路向培正大道设置 DN800 的钢管，到培正商学院正门天桥处转成 DN400 的钢管，直至金大基因园。③从长寿路与培正大道的交叉口出发，沿培正大道往南直至培正大道与赤坭大道的交叉口铺设 DN200 的钢管输水。④沿与培正大道基本平行的小路向培正商学院供水，采用 DN300 的供水管，在规划区的南侧与赤坭大道主干管相接。

但是由于全镇没有污水处理厂且采取雨污合流、没有处理直接排放的方式，导致赤坭镇在雨水、污水方面的治理情况较差；规划区乃至全镇的工业废水一般由企业自行处理后排放，而企业的污水处理设施多较为陈旧落后或规模扩大后治理设施跟不上，造成不同程度的超标排放，造成巴江河污染较为严重。

在防洪工程方面，集益水库和皇母水库都是赤坭镇重要的水利工程。集益水库原设计采用 50 年一遇洪水设计，100 年一遇洪水校核。

规划区内现状无电信机房，电信支线由规划区周边电信主线引入，采用架空线布置到达各村。目前赤坭镇的主要气源为液化石油气，由广州市广安石油气公司经营。目前规划区以及赤坭镇没有铺设管道燃气，尚未进行管道燃气的专项规划。

（六）现状存在问题

（1）规划区位于广东省的中部、距离广州市都市区只有35km、距离花都区中心只有15km，市场辐射面广；

（2）交通区位优势明显，交通十分方便；

（3）规划区拥有充裕的土地资源，规划区内大部分土地都可供开发利用；

（4）规划区的基础设施和公共服务设施都较落后，未来的人口积聚将给当地的公用设施带来压力；

（5）过去，赤坭镇尚不是花都区城市的重点发展区，本规划区内现状较多山地，自然环境相对封闭，又有较多农民村的存在，因此，农民村迁移补偿、农民就业和居住、行政管理等方面的问题在开发建设的过程中将逐渐显露并可能产生阻碍作用。

三、规划方案

（一）发展目标与功能定位

1. 发展目标

规划区作为广州市不可多得的一块生态板块，其规划设计思路关系到整体开发建设的成败。我们认为必须以生态保护优先的思想，通过复合型地产开发模式，整合资源优势，塑造品质形象，复合推进滨水休闲房地产项目和城镇建设的发展，实现社会、经济和环境效益的相互促进和共同提升，进而实现项目整体在区域范围内“三效益”的和谐统一。

以下四大目标是我们应该追求的：

（1）居住目标：创造广州市后花园

利用规划区地形条件及生态环境特点，为广州等地市民营造与大自然亲密接触的居住空间。

（2）景观目标：人工与自然景观的完美结合

以层次丰富的森林景观、丘陵景观以及滨水景观配合含蓄内敛的人工建筑、广场，并通过绿化隔离带减轻过境道路的噪声、粉尘和视觉污染，营造人工景观与自然景观的和谐共存。

（3）经济目标：城镇经济的发展

通过建设规划区，打造滨水住区品牌，提升赤坭镇在广州甚至珠三角的整体形象，促进赤坭镇经济的发展。

（4）生态目标：生态环境的保护

保护剑岭山和丫髻山等山脉、集益水库和皇母水库等自然山体和水体，禁止有损生态环境的一切开发活动，适度开发利用，区内企业必须高标准进行环境卫生设施配套与绿化建设，严格禁止对三坑水库及集益水库的污染排放以此保持资源的持续利用。

2．功能定位

以高等教育与滨水休闲度假居住为主导功能的、兼顾花都区和赤坭镇重要生态屏障功能的赤坭镇东部生态综合发展区。

其功能定位包括以下几点：

(1) 广州市的后花园之一，人居环境优美、设施一流的滨水休闲度假居住区

依托山前旅游大道，根据《广州市高校园区选址规划》，规划预留培正商学院、纺织学院发展用地，落实高校发展用地选址。

结合剑岭山和丫髻山、集益水库和皇母水库等优良的自然生态环境以及高校等人文景观，开发出具有一定档次的滨水休闲度假房地产项目，使该规划区成为广州市后花园之一。

(2) 广州高等教育园区之一

规划区内具有一定的高教科研基础，培正商学院在该区已有多年的发展历史，并且其在《广州市高校园区选址规划》中该区域被确定为花都高校园区的主要发展区，规划应结合利用已有的良好的基础发展成为环境优美、充满文化气息的高等教育场所并提供优异的成长空间。同时根据《广州市高校园区选址规划》，预留发展用地，落实高校发展用地选址。

(3) 花都区西部生态屏障的重要组成部分

规划区包括乌石、皇母、集益、锦山的全部以及赤坭村的部分土地，该片区位于花都区最重要的山脉——丫髻山麓，片区内有集益水库、皇母水库，山清水秀，景色秀美，因此结合《花都片区发展规划》规划该片区作为花都区西部生态屏障的重要组成部分，规划加强该规划区的生态管制，使得资源得到可持续的利用。

(4) 配套设施完善的、环境优美的、农民安居乐业的社会主义新农村

规划区内的行政村有四个，包括乌石、皇母、集益、锦山村，规划利用规划区内的高等教育科研产业以及房地产业引导村的经济发展，其产业类型主要包括为居住人口和工作人口消费的配套服务业以及少许工业，同时积极推动农业生产的产业化、规模化经营，发展为生产蔬菜、瓜果、塘鱼等农产品的"三高"农业生产基地。

通过有计划有步骤的改善农村居住环境，适当的引导其经济和产业的发展，结合国家发展社会主义新农村的相关政策，将规划区内的四村逐渐发展成为配套设施完善、环境优美、农民安居乐业的社会主义新农村。

（二）规划容量

规划 2020 年规划区内的总人口规模为四部分的人口之和，为 52502 人，其中房地产业居住人口为 22313 人，培正商学院人口为 20000 人，民航学院人口为 10189 人，村庄人口为 4937 人。

（三）规划期限

规划期限为 2008～2020 年。

（四）布局结构与功能组织

1. 生态结构

根据规划区的定位和生态发展目标，利用规划区内现有的山水元素和格局区形成“一带两心两脉”的生态结构。

一带：即集益和皇母水库以及排洪渠组成的一条“蓝带”，是规划区生态环境核心要素以及景观核心，规划对其周边的建筑提出合理的景观控制要求，达到人工景观与自然景观的完美结合。

两心：指规划区中部的皇母山和锦山，规划形成规划区“两个生态绿心”，生态绿心保持其林地的用地性质，保持其原有的自然风貌，作为周边功能用地的视线景观和生态依托。远期山底部分用地可开发成低密度低强度的建设用地，山上严格保护可适当建设小型公共服务设施和散步道路等基础设施结合自然山体环境成为郊野公园，为城镇居民和度假居民休闲娱乐所用。

两脉：指西北部大岭鼓山脉以及东部的凤凰山脉，是规划区以及花都区的生态敏感地带，两脉围绕规划区周边作为规划区背景林地和生态屏障，规划严格保护其用地性质及生态环境，实施专门的保护政策，全面造林，严格控制建设量，除了规定的必须建设项目，如标志物以外，原则上控制其他一切建设行为。

2. 规划结构

规划依托生态结构，以一条“蓝带”和两个“生态绿心”作为规划区的生态核，以“两脉”作为规划区东西两侧的生态屏障，形成围绕生态核布局的“一轴五组团五心”的规划结构。

一轴：一轴为交通发展轴，主要依靠本规划区内的南北向主干道培正大道，凭借其便利的交通条件，给本区带来的住区发展和教育产业以及旅游业发展带来强劲的动力。规划区的主要公共服务设施也布局在培正大道的两侧。

五组团、五心：规划利用适宜开发成建设用地的土地，围绕具有优美环境的生态核，形成五个生态发展组团，包括：北部村庄发展组团、西部滨水度假房地产发展组团、中部教育科研发展组团、南部村庄发展组团、南部教育科研发展组团。各组团有相对独立的服务于组团内部的公共服务中心，以合适的服务半径布置交通便利的地段。

（五）用地布局规划

本规划区总用地为2122.16hm^2，包括城镇建设用地305.53hm^2、水域176.71hm^2、耕地248.10hm^2、园地340.37hm^2、林地938.30hm^{2}以及村镇建设用地113.15hm^2。本次规划以《城市用地分类与规划建设用地标准》为基本依据，将用地分为以下几大类：

1. 居住用地规划

本规划区居住用地为47.54hm^2，占本规划区城镇建设用地的15.56%，为利用优美的水环境水景观主要分布在集益水库的西侧，包含有二类居住用地以及中小学用地三类。其中二类居住用地面积45.44hm^2，占居住总用地的

95.58%，主要沿集益水库岸线布置。中小学用地用地面积 2.10hm²，占居住总用地面积的 4.42%，包括规划道路集益大道东侧的 12 班小学以及岭西大道东侧（现状为培正大道北段）的 18 班小学和 9 班幼儿园。

居住用地规划汇总表 **表 8-5-1**

用地类型	用地代码	用地面积（hm²）	占该类总用地比例（%）
居住用地	R	47.54	100%
二类居住用地	R2	45.44	%
中小学用地	RS	2.10	%

2. 公共设施用地规划

公共设施用地总面积为 119.22hm²，占本规划区城镇建设用地的 39.02%，包括为规划区内各功能组团服务的商业金融业用地、文化娱乐用地和医疗卫生用地、其他公共服务设施用地、文物古迹用地以及为区域服务的教育科研设计用地。

商业金融业用地：规划用地面积 4.07hm²，布置在规划路集益大道的东侧以及岭西大道北（X284）的两侧，主要为规划区提供综合商场、肉菜市场、银行、餐饮、酒店等生活服务设施。

医疗卫生用地：规划用地面积 0.27hm²，布置在规划路集益大道的西侧及岭西大道中（X284）的南侧，规划为一个社区卫生服务中心。由于培正商学院内部有医院，所以此处的社区卫生服务中心主要为滨水休闲度假居住区内的居住人口以及村庄人口服务。

教育科研设计用地：规划用地面积 114.80hm²，其中培正商学院的用地面积 54.69hm²，布置在规划区南部的培正大道两侧；民航学院用地面积 60.11hm²，布置在规划区南部，岭西大道南的东侧。

文物古迹用地：规划用地面积 0.09hm²，为花都区清朝县官古墓，位于集益水库西侧大岭鼓的山上。

公共服务设施用地规划汇总表 **表 8-5-2**

用地类型		用地代码	用地面积（hm²）	占该类总用地比例（%）
公共服务设施用地		C	119.22	100.00%
其中	商业金融业用地	C2	4.07	3.41%
	医疗卫生用地	C5	0.27	0.23%
	教育科研设计用地	C6	114.8	96.29%
	文物古迹用地	C7	0.09	0.08%

3. 工业用地规划

规划区内的工业用地面积为 29.72hm^2，占规划区城镇建设用地面积的 9.73%，包括基因园以及广州广橡胶企业集团有限公司的用地，其中基因园用地面积 9.66hm^2，为一类工业用地，布置在岭西大道中与培正大道交叉口的东北侧；广州广橡胶企业集团有限公司用地面积 19.42hm^2，为二类工业用地，位于规划区赤坭大道南侧的东南角。花都区赤坭再生橡胶厂用地面积 1.65hm^2，为二类工业用地，位于培正大道东侧。

4. 对外交通用地

对外交通用地总面积为 64.89hm^2，占本规划区城镇建设用地的 21.24%。对外交通用地由公路用地构成，包括作为区域性主干道的岭西大道（X284 线）以及山前旅游大道所占的用地。

5. 道路广场用地

规划用地面积为 25.34hm^2，占规划区内城镇建设用地的 8.29%，包括规划区内的地区性主干道、次干道以及支路等道路用地。

6. 市政公用设施用地

规划用地面积为 3.67hm^2，占本规划区城镇建设用地的 1.20%，包括有供应设施用地、交通设施用地、邮电设施用地以及环境卫生设施用地四个种类。供应设施用地 2.55hm^2，为三处 110kV 变电站，分别位于集益水库西侧、岭西大道中段北侧、民航学院南侧位置；交通设施用地 0.66hm^2，由规划区北部加油站、中部公交站场用地组成；邮电设施用地规划面积为 0.16hm^2，为一所邮政所用地，规划布置在培正大道的东侧培正商学院的南侧；环境卫生设施用地规划面积为 0.29hm^2，由规划区北部石西路西侧和规划区中部集益大道东侧的两个垃圾转运站以及规划区东南部、集益大道南部的两个污水提升泵站的用地构成。

7. 绿地

本规划区内的绿化用地分为公共绿地和生产防护绿地，面积为 15.16hm^2，占本规划区城镇建设用地的 4.96%。其中公共绿地面积为 9.20hm^2，主要设置在集益水库沿岸，为居民提供游憩休闲公共场地；生产防护绿地面积为 5.96hm^2，位于区域性干道岭西大道（x284）以及地区性主干道培正大道的两侧。

8. 水域及其他用地

规划水域及其他用地面积为 1816.63hm^2，占规划区总用地的 85.60%。水域及其他用地包括水域、耕地、园地、林地以及村镇建设用地五类。

水域：规划水域用地面积为 176.71hm^2，占规划区总用地的 8.33%，包括集益水库、皇母水库和狮子山水库。

耕地：耕地规划面积为 248.10hm^2，占规划区总用地的 11.69%，分布规划区北部的乌石村，大部分为基本农田保护区。

园地：园地规划面积为 340.37hm^2，占规划区总用地的 16.04%，主要分布在山底下以及水域周边。

林地：林地规划面积为 938.30hm^2，占规划区总用地的 44.21%，主要分布在规划区西部的大岭鼓、中部的皇母山和锦山以及东侧的风尾山以及丫髻岭山脉。

村镇建设用地：村镇建设用地规划面积为 113.15hm^2，占规划区总用地的 5.33%。主要包括村镇居住用地以及村镇企业用地两种用地类型。其中村镇居住用地 80.22hm^2，村镇企业用地 32.93hm^2。

规划用地汇总表 **表 8-5-3**

<table>
<tr><th>序号</th><th colspan="3">用地类别</th><th>面积（hm²）</th><th>占总用地比例（%）</th></tr>
<tr><td>1</td><td colspan="3">总用地</td><td>2122.16</td><td>100.00</td></tr>
<tr><td>2</td><td colspan="3">城市建设用地</td><td>305.53</td><td>14.40</td></tr>
<tr><td rowspan="8">3</td><td colspan="3">水域和其他用地</td><td>1816.63</td><td>85.60</td></tr>
<tr><td rowspan="7">其中</td><td colspan="2">水域</td><td>176.71</td><td>8.33</td></tr>
<tr><td colspan="2">耕地</td><td>248.10</td><td>11.69</td></tr>
<tr><td colspan="2">园地</td><td>340.37</td><td>16.04</td></tr>
<tr><td colspan="2">林地</td><td>938.30</td><td>44.21</td></tr>
<tr><td colspan="2">村镇建设用地</td><td>113.15</td><td>5.33</td></tr>
<tr><td rowspan="2">其中</td><td>村镇居住用地</td><td>80.22</td><td>3.78</td></tr>
<tr><td>村镇企业用地</td><td>32.93</td><td>1.55</td></tr>
</table>

城镇建设用地平衡表 **表 8-5-4**

<table>
<tr><th>序号</th><th colspan="2">用地性质</th><th>用地代号</th><th>面积（hm²）</th><th>比例（%）</th></tr>
<tr><td rowspan="3">1</td><td colspan="2">居住用地</td><td>R</td><td>47.54</td><td>15.56</td></tr>
<tr><td rowspan="2">其中</td><td>二类居住用地</td><td>R2</td><td>45.44</td><td>14.87</td></tr>
<tr><td>中小学托幼</td><td>RS</td><td>2.10</td><td>0.69</td></tr>
<tr><td rowspan="5">2</td><td colspan="2">公共服务设施用地</td><td>C</td><td>119.22</td><td>39.02</td></tr>
<tr><td rowspan="4">其中</td><td>商业金融业用地</td><td>C2</td><td>4.07</td><td>1.33</td></tr>
<tr><td>医疗卫生用地</td><td>C5</td><td>0.27</td><td>0.09</td></tr>
<tr><td>教育科研设计用地</td><td>C6</td><td>114.80</td><td>37.57</td></tr>
<tr><td>文物古迹用地</td><td>C7</td><td>0.09</td><td>0.03</td></tr>
<tr><td rowspan="3">3</td><td colspan="2">工业用地</td><td>M</td><td>29.72</td><td>9.73</td></tr>
<tr><td rowspan="2">其中</td><td>一类工业用地</td><td>M1</td><td>11.47</td><td>3.75</td></tr>
<tr><td>二类工业用地</td><td>M2</td><td>18.25</td><td>5.97</td></tr>
<tr><td rowspan="2">4</td><td colspan="2">对外交通用地</td><td>T</td><td>64.89</td><td>21.24</td></tr>
<tr><td>其中</td><td>公路用地</td><td>T2</td><td>64.89</td><td>21.24</td></tr>
</table>

续表

序号	用地性质		用地代号	面积（hm^2）	比例（%）
5	道路广场用地		S	25.34	8.29
	其中	道路用地	S1	25.34	8.29
6	市政公用设施用地		U	3.67	1.20
	其中	供应设施用地	U1	2.55	0.84
		交通设施用地	U2	0.66	0.21
		邮电设施用地	U3	0.16	0.05
		环境卫生设施用地	U4	0.29	0.10
7	绿地		G	15.16	4.96
	其中	公共绿地	G1	9.20	3.01
		生产防护绿地	G2	5.96	1.95
8	总计		—	305.53	100.00

（六）配套公共服务设施和市政工程设施

各村庄的公共服务设施有限，包括小学、村委、变电站、村落商业设施。其中小学只有一所，即服务于乌石村和皇母村的乌石小学；规划区内总共有四个村委，每个行政村拥有一个；变电站若干个，每个行政村拥有一至两个。村落的商业设施为村里便民的小卖部，为住宅底层商铺，规模很小。

为了实现社会主义新农村的建设，提高村民的生活质量，城镇与村庄协调发展，最终实现本次规划的目标，依据上一层次的规划及国家、地方性的规范，结合各村的人口现状为各村庄（行政村）配置公共服务设施和市政工程设施。

规划村庄公共服务设施和市政工程设施主要依据《广东省村庄整治规划编制指引》、《广州市村庄规划编制要求（征求意见稿）》，并结合当地村民的意见，参考相关社会主义新农村的建设进行配置。规划村庄公共服务设施和市政工程设施具体配置见下表：

村镇公共服务设施和市政工程设施一览表　　表 8-5-5

村名	项目名称	数量		规模（m^2）		所在地块号	备注
		总量	规划增加	建筑面积	用地面积		
乌石村	卫生站	1	是	100	—	CGO502-03-02	—
	文化活动站	1	是	200	—	CGO502-03-02	—
	图书室	1	是	300	—	CGO502-03-02	—
	居民健身设施	1	是	—	1000	CGO502-03-02	独立占地
	村委会	1	是	16000	2000	CGO502-03-02	独立占地
	幼儿园	1	是	1500	1500	CGO502-03-02	独立占地
	小学	1	是	9300	16058	CGO502-03-02	独立占地
	垃圾收集点	1	是	—	—	CGO502-03-02	—
	公厕	1	是	30	—	CGO502-03-02	—
	变电室	1	是	100	—	CGO502-03-02	—

续表

村名	项目名称	数量		规模（m^2）		所在地块号	备注
		总量	规划增加	建筑面积	用地面积		
皇母村	文化活动站	1	是	200	—	CG1001–01–07	—
	卫生站	1	是	100	—	CG1001–01–07	—
	图书室	1	是	300	—	CG1001–01–07	—
	居民健身设施	1	是	—	1000	CG1001–01–07	独立占地
	村委会	1	是	16000	2000	CG1001–01–07	独立占地
	垃圾收集点	1	是	—	—	CG1001–01–07	—
	公厕	1	是	30	—	CG1001–01–07	—
	变电室	1	是	100	—	CG1001–01–07	—
集益村	卫生站	1	是	100	—	CG1001–01–07	—
	文化活动站	1	是	200	—	CG1001–01–07	—
	图书室	1	是	300	—	CG0503–05–07	—
	居民健身设施	1	是	—	1000	CG0503–05–07	独立占地
	村委会	1	是	16000	2000	CG0503–05–07	独立占地
	垃圾收集点	1	是	—	—	CG0503–05–07	—
	公厕	1	是	30	—	CG0503–05–07	—
	变电室	1	是	100	—	CG0503–05–07	—
锦山村	卫生站	1	是	100	—	CG1003–01–06	—
	文化活动站	1	是	200	—	CG1003–01–06	—
	图书室	1	是	300	—	CG1003–01–06	—
	居民健身设施	1	是	—	1000	CG1003–01–06	独立占地
	村委会	1	是	16000	2000	CG1003–01–06	独立占地
	幼儿园	1	是	1500	1500	CG1003–01–06	—
	垃圾收集点	1	是	—	—	CG1003–01–06	—
	公厕	1	是	30	—	CG1003–01–06	—
	变电室	1	是	100	—	CG1003–01–06	—

（七）城市设计指引

1. 风貌片区指引

规划利用现有的自然景观环境，结合各功能片区主要的人文景观，整体上形成五个不同特色的风貌片区。

休闲度假居住风貌区：以高档的房地产为主，本区对建筑空间格局、群体风貌提出控制要求。应控制空间尺度使本区与自然环境、旅游区和谐统一。地块建筑主立面为沿街面，沿主干道面为重点界面应重点设计。居住组团应考虑中心绿地与山体的空间通透关系，并设步行通道。围墙和栏杆必须采用通透式，结合绿化为边界。公共服务组团应设公共空间，并与街道保持空间通透。

村镇风貌区：利用现有的村庄为主，应对村民住宅及居住环境进行整治，对有保留价值的历史建筑、古树名木、风水塘（林）进行保护、修缮、合理使用，以形成有岭南乡村特色的风貌。

原生态山林风貌区：靠近山体用地利用应符合本规划竖向控制要求，建筑设计与山体形态相呼应，地坪设计与山体形态相呼应，地坪设计可参照竖向规划按缓坡或地台方式处理。山体与地台侧壁应覆绿，以保持良好景观。

禁止有损生态环境的一切开发活动，包括设立污染型企业，侵占和开山取石采土等，对区内已有工矿企业应逐步搬迁，已破坏的应限期做好生态恢复工作；严禁砍伐天然林，宜林荒地逐步营造人工林，加快建立及完善森林防护体系，保护水源安全。

教育园风貌区：以高校教育建筑为主，该区建筑造型宜简洁、明快，强调大的体快变化，虚实和色彩有鲜明的对比，形成节奏性强、对比强烈、标志明确、充满活力的高校园区。

生态休闲风貌区：以自然景观和少量的服务性构筑物为主，局部地块可依据景观需求设置标志性建筑或其他构筑物，以营造美观舒适的休闲环境。

2. 景观界面指引

山林景观界面：保护自然山体树木，保护景观界面不被破坏。应尽量避免新建建筑，一些配套服务设施应当采用小建筑体量，与自然环境相协调，不可破坏山水格局。

农田景观界面：农田景观界面是村庄与城镇区别的重要界面，应保持其本身所具有的农田风光特色。不宜建设过多的建筑，以保持视野的开阔性，且建筑以小体量、低层的乡村建筑为主。构筑从村庄到城镇连续的景观界面。

滨水景观界面：保持水库水域的空间尺度，所以建筑不宜过密，过高，以保持视线的通透性。与滨水的绿化相结合，可以设置一些颇具趣味性的景观设施，局部位置可以设置地标性的构筑物，形成视觉焦点。

居住区景观界面：保持视觉效果的良好性，是维持度假区景观界面的关键。建筑体量上注意空间尺度的营造与周边环境的协调、风格上注重变化中的统一，以形成不同类型的视觉兴奋点，但是应当同自然环境相协调。局部位置可设置地标性建筑，统领这个度假区。建议结合地形、树木等自然环境，建造一些因地制宜、与自然相融合的景观建筑。

公共服务设施景观界面：保持建筑的空间尺度与周围的自然环境和城镇建成环境相协调。建筑在体量、高度、风格上有一定的统一性和连续性。局部位置可以设置地标性建筑，但是也要与周边的自然环境相协调。建筑风格应在满足自身功能的前提下，可采用岭南风格，也可采用简洁大方的现代风格，使公共服务景观界面得以延续滨水景观界面与度假区景观界面，形成城镇建成区连续的、协调变化的景观界面。

村镇景观界面：整治村民住宅及居住环境，清理有碍观瞻的陈旧广告牌、电线等，以创造连续的、相统一协调的建筑界面。建筑风格以岭南民居风格为主，新建建筑在建筑高度、体量、风格上要与老建筑相协调。同时也应注意村镇居住用地内部绿化，形成建筑与树木交相辉映的岭南特色村庄界面，为整个规划区的景观特色增添浓重的一笔。

3. 城市设计节点

（1）人文节点

清代古墓：位于地块北侧的古墓为花都级文物保护单位，具有重要的历史和人文价值。

商务酒店：位于岭西大道北东侧及金大基因园北侧。商务酒店对于整个规划区来说有重要的标识意义，在地块建筑中应凸显其地标性的作用。在建筑风格上也应与周边的自然环境、规划区内其他房地产开发项目相协调。同时也应打造成为游人休闲娱乐的停留点，规划区内举行活动的重要公共场所。

组团中心：公共服务设施集中的地段。可作为公共空间的人流疏散和休闲场地。一处位于锦山村路与培正大道路口南侧，临近培正商学院，可承接沿水库风光带的人流，同时也服务于高校师生和周边居民，建议结合培正商学院设计成人们休闲购物的重要场所。另一处位于一类住宅的西侧，靠近居住组团。应营造满足周边居民休闲、娱乐、商业、文化所需的公共空间。

尊胜菩提塔、西禅寺：位于西大道北东侧，西禅寺原来叫观音寺。尊胜菩提塔高 6m，工艺精美。结合这两个宗教建筑，设置一些服务设施及人流集散广场，打造规划区的旅游景点。

（2）自然节点

自然节点的打造是建立在保护生态环境的前提条件下，规划区的自然节点包括皇母山和锦山，规划保留其原有的生态环境和植被，作为规划区内各组团的生态核心，围护区内的生态平衡，同时也作为各组团的核心自然景观。

4. 开放空间

主要公共开放空间为集益水库及周边公共绿化、生态绿心、规划区范围两侧的山脉，此外各公共设施用地均设置大小不等的次一级开放空间。

集益水库及周边公共绿化：充分利用自然面貌滨水特色风光，在本规划区的祈福开发区靠近水库的沿岸改造成公共公园，靠近岭西大道水库水域面较狭长的地带，绿化带控制 20m。配合周边的文化娱乐用地，可以在此处形成公共活动中心。

生态绿心：包括皇母山和锦山，皇母山处有皇母水库依傍，环境优美，湖光山色。锦山与集益水库隔培正大道相望，利用自然山体为此处的居民和游客提供休闲空间。同时这个片区也是高校园区选址地之一，在现时可适当增加一些颇具趣味性的景观设施和公共设施，但是要保留现状中的自然景色和格局，为以后打造自然生态的现代校园奠定基础。

规划区范围两侧的山脉——生态屏障：规划区东、西两条山脉山体林立，山体郁郁葱葱，自然环境得天独厚。

沿培正大道以及岭西大道的线性绿地空间：规划区内的主要建设都在培正大道以及岭西大道北两侧，作为规划区内主要的道路通廊，两侧控制绿化带 10m，这些线型的绿色公共空间不仅形成了规划区内具有代表性的道路景观轴线，同时也可以结合一些重点地段的公共建筑为相邻生活区提供休闲的公共场所。

5. 道路设计导引

街道照明应选用具有自然色彩的光源，人行道和公共绿地的照明宜选用色彩相对柔和的光源。

规划区内的街道和广场应建立良好的空间序列和形体秩序，空间尺度宜人，街景错落有致。应做好广场和街道的绿化，应注意草坪以及速生、遮阳效果好的树种的配置，应设置生动雅致的环境艺术品。

道路的广告牌、宣传牌、指示牌必须统一设计，要与周围的空间环境相协调，不得随意挂立和破坏景观。各种环境小品的设施，应纳入规划统一管理。

6. 建筑设计导引

（1）建筑风格

总体风格应体现区域特征、地方传统。

建议公共服务建筑使用现代材料，运用现代的设计手法，塑造具有特色的建筑风格。

建议居住建筑应体现岭南建筑的特色，符合当地的生活习惯和审美情趣。

（2）细部设计

沿路建筑应当重视建筑细部设计，其尺度以人体尺度为宜。

建议建筑的细部设计能够参考、结合地方建筑符号、形式构件等的做法，从而突出地方特色。

同一地块内居住建筑风格宜统一设计，严谨而不失韵律。

公共建筑对外主入口，必须考虑设置为残疾人服务的无障碍通道。

建筑物外墙所采用的材料，不得产生给行人及司机造成不适或威胁其安全的光反射。

建筑物外墙不宜大面积的使用明亮耀眼的颜色，宜选用柔和中性的色彩；但可以使用一定程度的色彩对比来突出建筑物的门窗、入口、节点等。

建筑物顶部的设计，应与建筑的整体设计及城市空间环境相协调，顶部设备应隐蔽。

（3）环境设计控制要求

户外广告不宜采用悬挂式，大型户外广告不得遮挡城市绿化、标志性建筑、纪念性建筑、文物古迹及城市小品等，不得破坏建筑物的立面形式、主要特征，应与建筑物的风格、形式、色彩等协调。

新建、改建、扩建的建筑物应当在方案设计时预留广告位置，没有预留的，不得在建筑物上设置户外广告；已经预留户外广告位置的，其设置的户外广告位置、尺度必须与预留的广告位置、尺度相符。

提供使街景特色更加突出，使用效率更高的标识物。

考虑生产环境的舒适性和公共空间的视觉质量。

（4）建筑物色彩的管制

建筑色彩应与自然环境特色相结合。通过主色调统一法或主辅色调置换法使建筑群体的色彩获得协调统一。

居住建筑以白色、浅暖色为基调，以淡雅的色调为宜；局部可采用反差较大的色彩加以活跃气氛，但面积以不超过外墙面积的10%为限。

公共建筑的色调采用冷暖色调均可，但总体上仍以浅色为主。

在自然环境占很大比重的地段，建筑色彩不求统一，而由绿化所形成的环境色与建筑搭配，形成和谐又有变化的色彩景观。

(5) 建筑围墙的管制

建筑物围墙一律采用通透式围墙，不得设置实体围墙，高度控制不超过2.0m，通透比例不低于60%。

四、附图

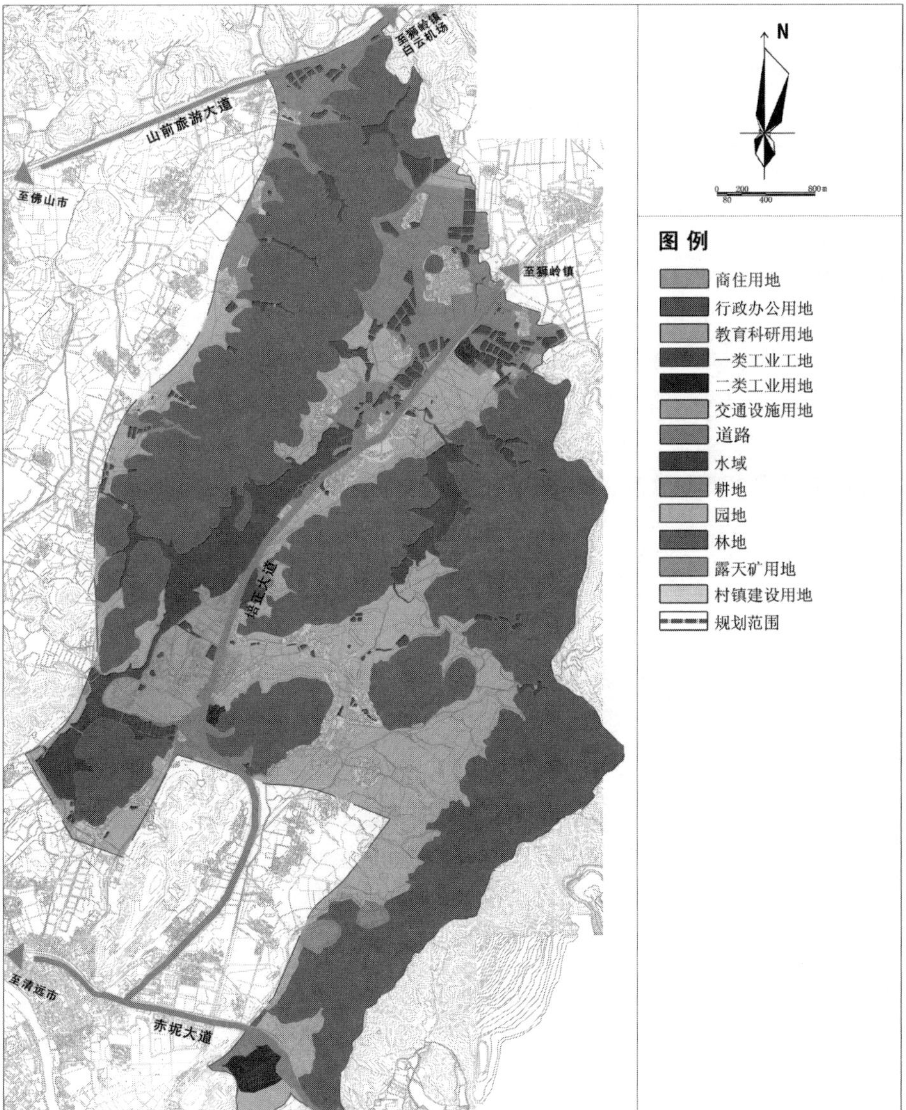

图 8-5-1 土地利用现状图

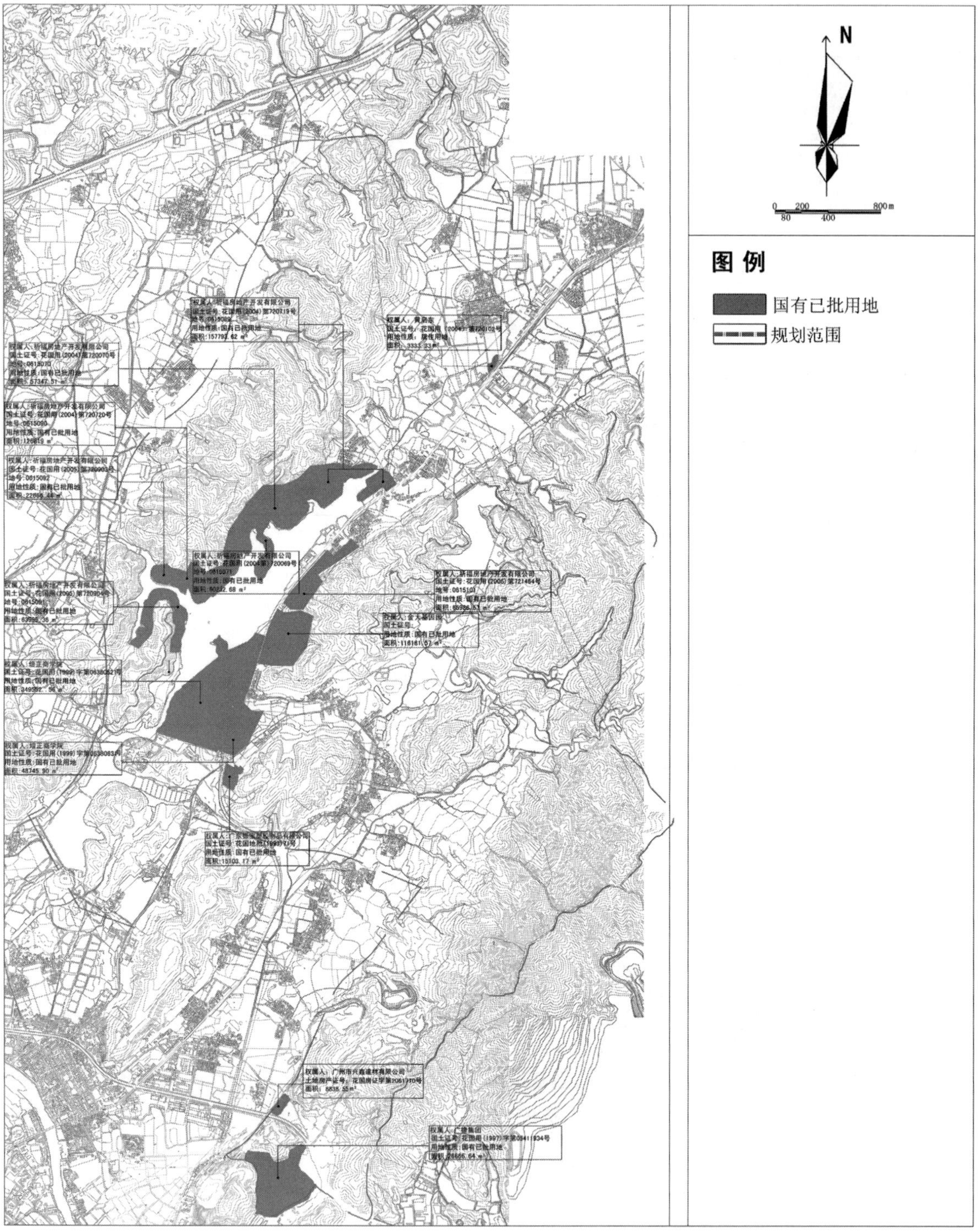

图 8-5-2　用地权属现状图

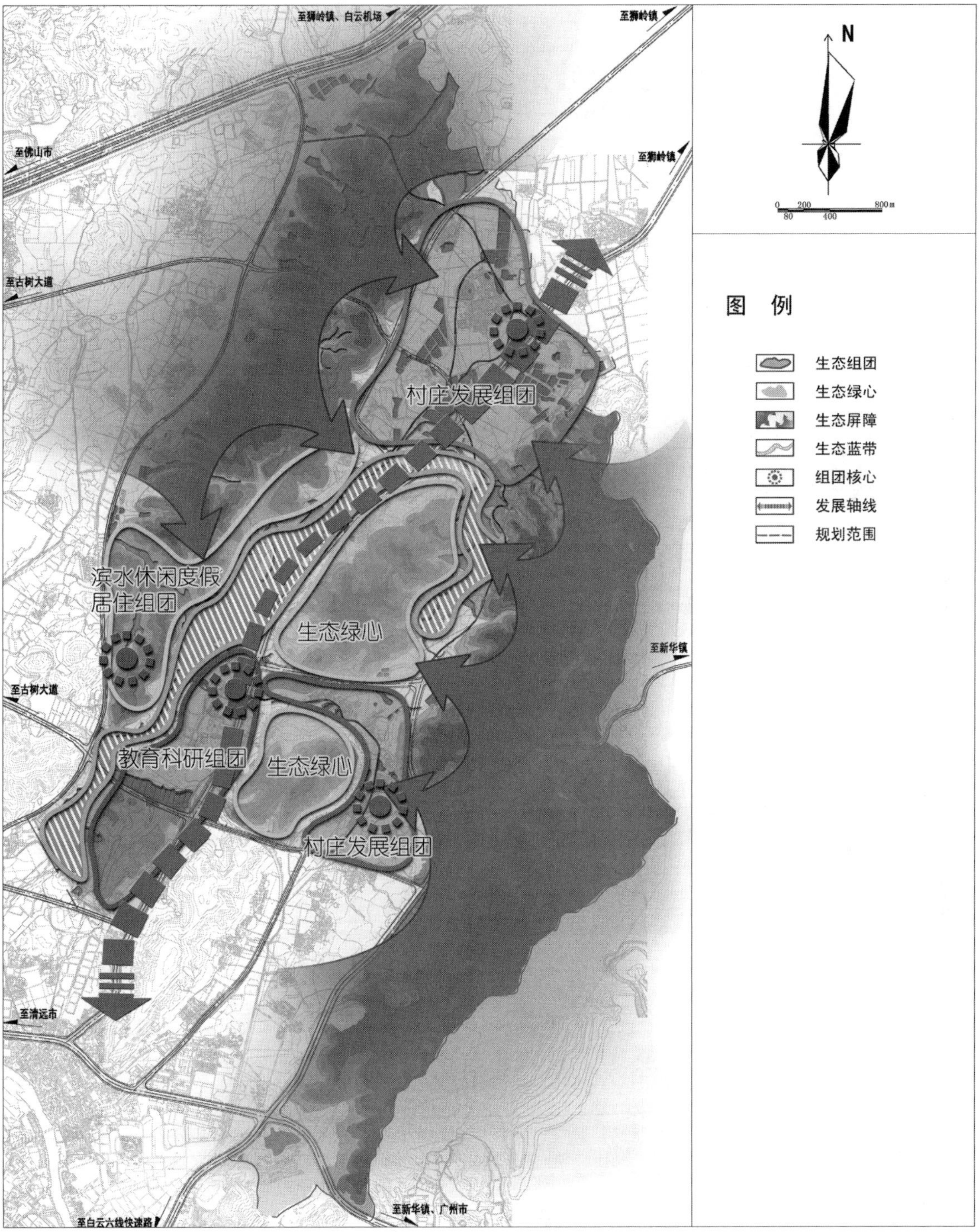
至狮岭镇、白云机场
至狮岭镇
至佛山市
至狮岭镇
至古树大道
村庄发展组团
滨水休闲度假
居住组团
生态绿心
至新华镇
至古树大道
教育科研组团
生态绿心
村庄发展组团
至清远市
至新华镇、广州市
至白云六线快速路
N
0 200 800m
80 400
图　例
生态组团
生态绿心
生态屏障
生态蓝带
组团核心
发展轴线
规划范围

图 8–5–3　功能结构图

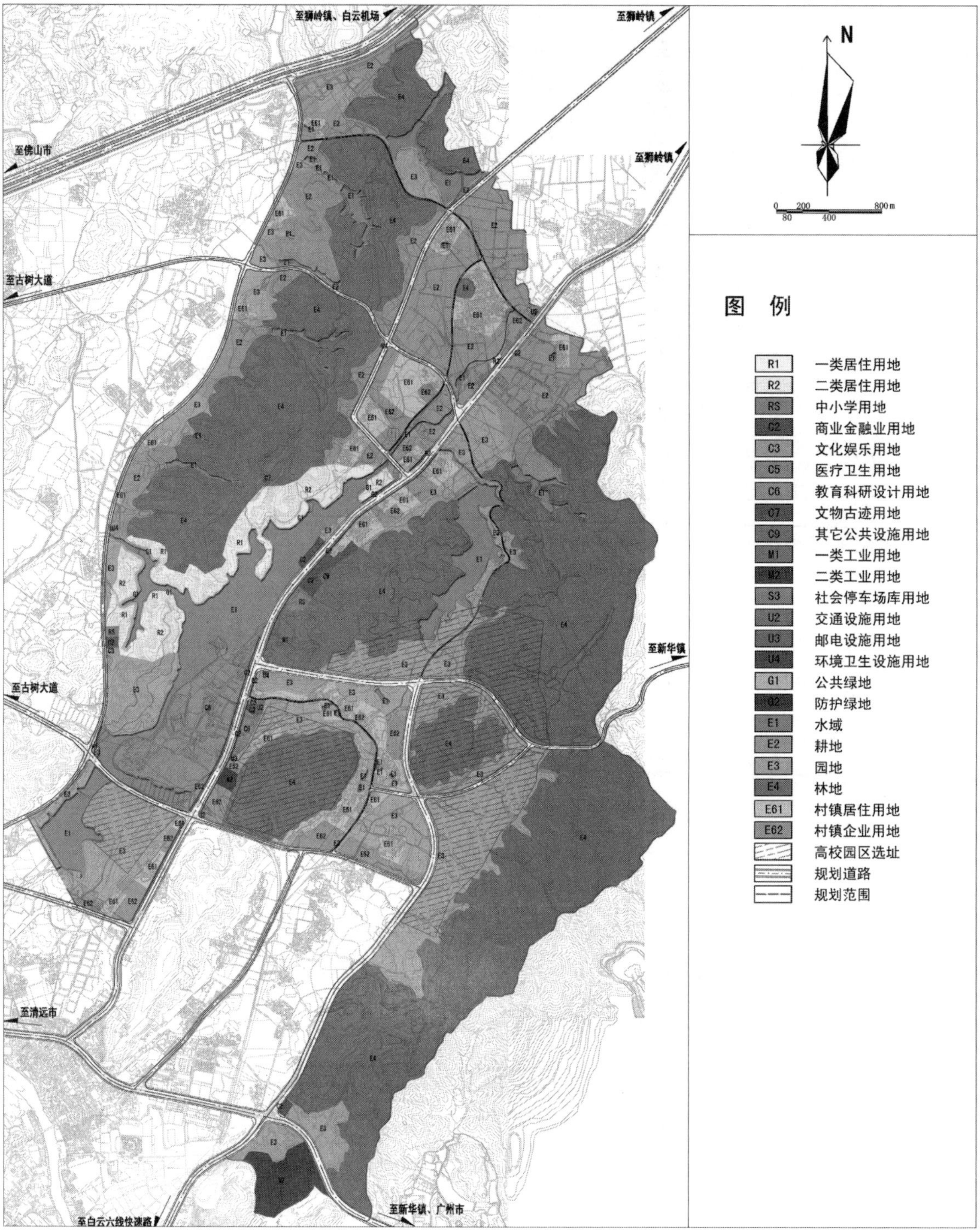

图 8-5-4 土地利用规划图

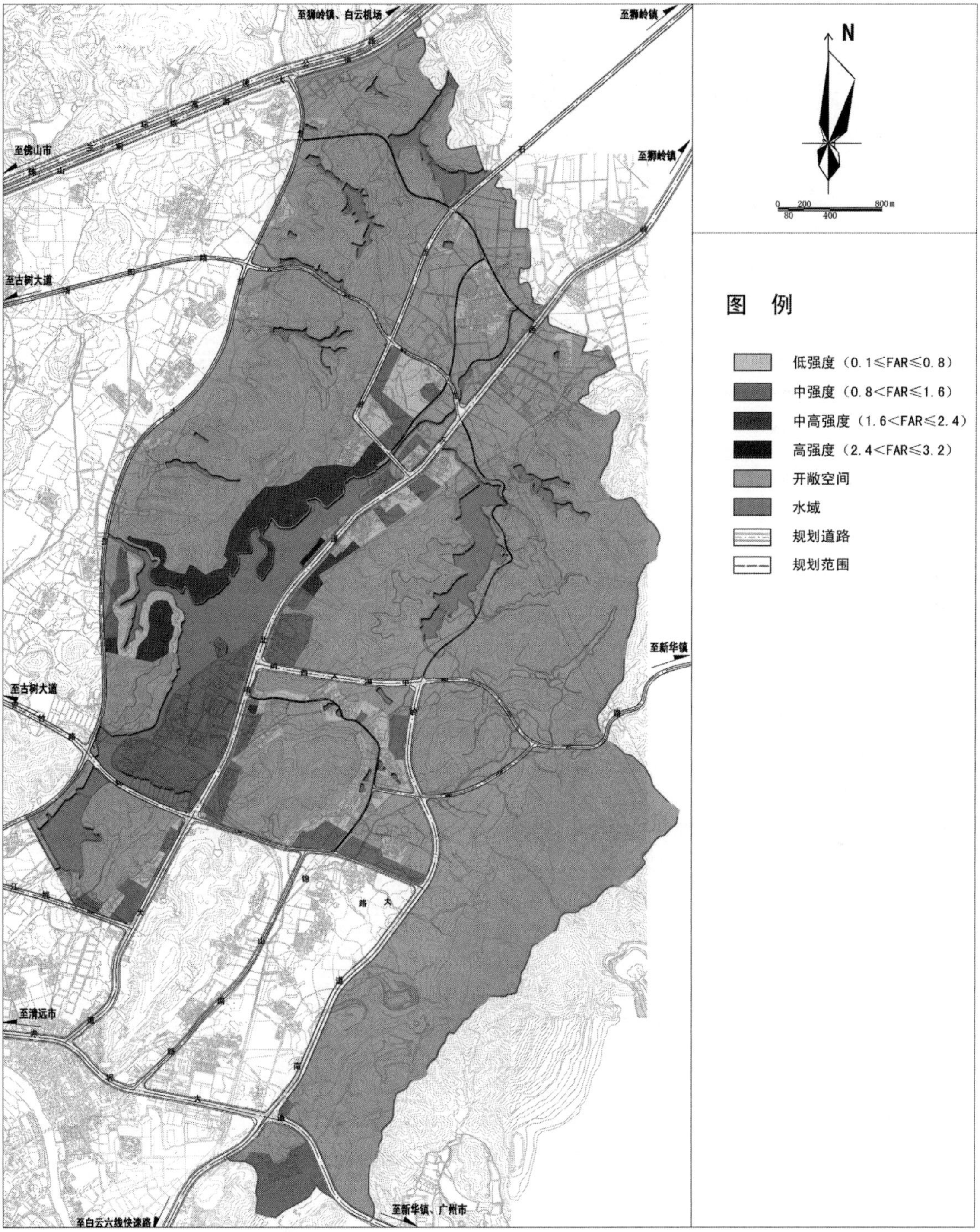

图 8-5-5　土地开发强度分区控制图

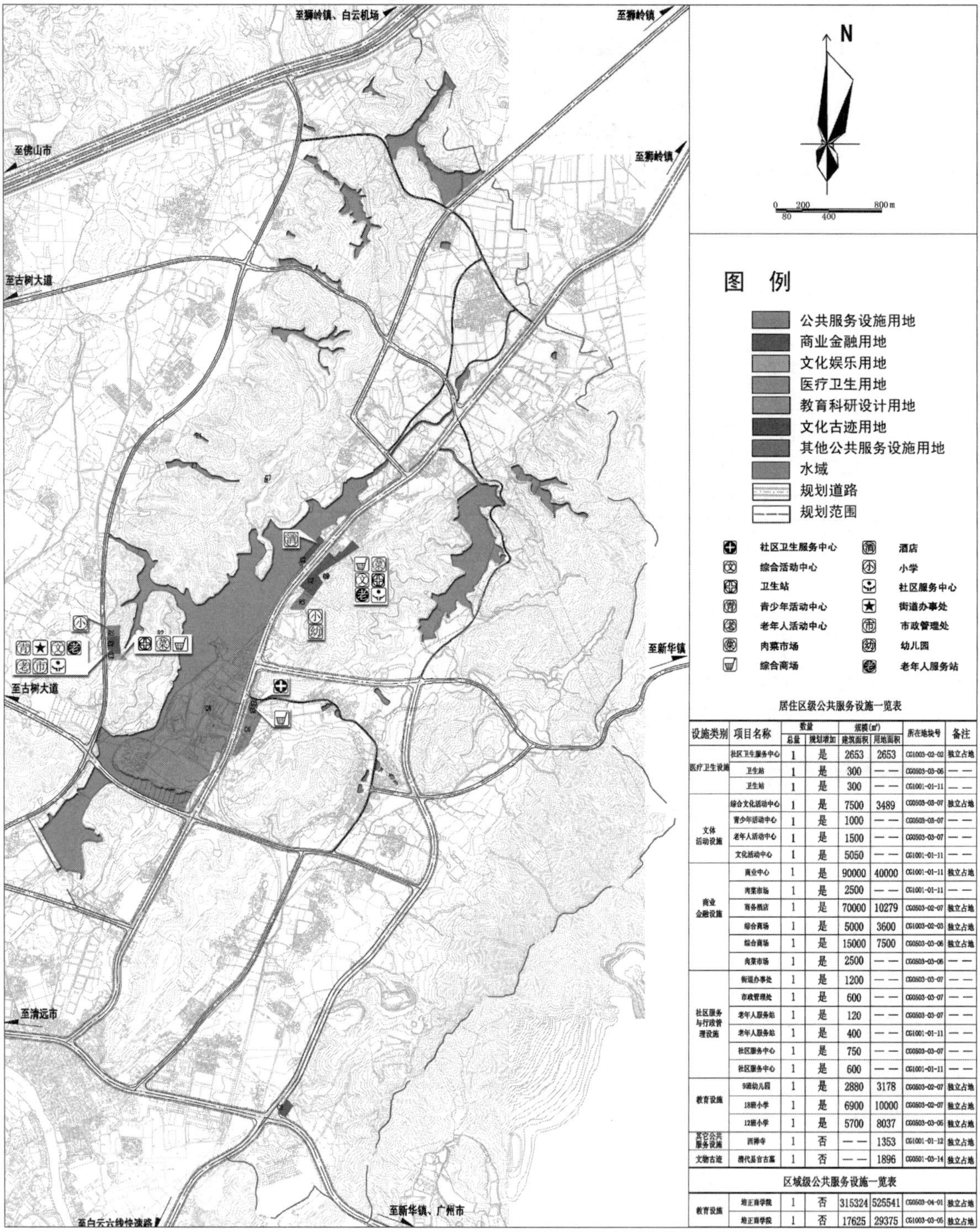

居住区级公共服务设施一览表

设施类别	项目名称	数量		规模(m²)		所在地块号	备注
		总量	规划增加	建筑面积	用地面积		
医疗卫生设施	社区卫生服务中心	1	是	2653	2653	CG1003-02-02	独立占地
	卫生站	1	是	300	— —	CG0503-03-06	— —
	卫生站	1	是	300	— —	CG1001-01-11	— —
文体活动设施	综合文化活动中心	1	是	7500	3489	CG0503-03-07	独立占地
	青少年活动中心	1	是	1000	— —	CG0503-03-07	— —
	老年人活动中心	1	是	1500	— —	CG0503-03-07	— —
	文化活动中心	1	是	5050	— —	CG1001-01-11	— —
商业金融设施	商业中心	1	是	90000	40000	CG1001-01-11	独立占地
	肉菜市场	1	是	2500	— —	CG1001-01-11	— —
	商务酒店	1	是	70000	10279	CG0503-02-07	独立占地
	综合商场	1	是	5000	3600	CG1003-02-03	独立占地
	综合商场	1	是	15000	7500	CG0503-03-06	独立占地
	肉菜市场	1	是	2500	— —	CG0503-03-06	— —
社区服务与行政管理设施	街道办事处	1	是	1200	— —	CG0503-03-07	— —
	市政管理处	1	是	600	— —	CG0503-03-07	— —
	老年人服务站	1	是	120	— —	CG0503-03-07	— —
	老年人服务站	1	是	400	— —	CG1001-01-11	— —
	社区服务中心	1	是	750	— —	CG0503-03-07	— —
	社区服务中心	1	是	600	— —	CG1001-01-11	— —
教育设施	9班幼儿园	1	是	2880	3178	CG0503-02-07	独立占地
	18班小学	1	是	6900	10000	CG0503-02-07	独立占地
	12班小学	1	是	5700	8037	CG0503-03-05	独立占地
其它公共服务设施	西禅寺	1	否	— —	1353	CG1001-01-12	独立占地
文物古迹	清代县官古墓	1	否	— —	1896	CG0501-03-14	独立占地

区域级公共服务设施一览表

教育设施	培正商学院	1	否	315324	525541	CG0503-04-01	独立占地
	培正商学院	1	否	17625	29375	CG1003-03-05	独立占地

图 8-5-6　公共服务设施规划图

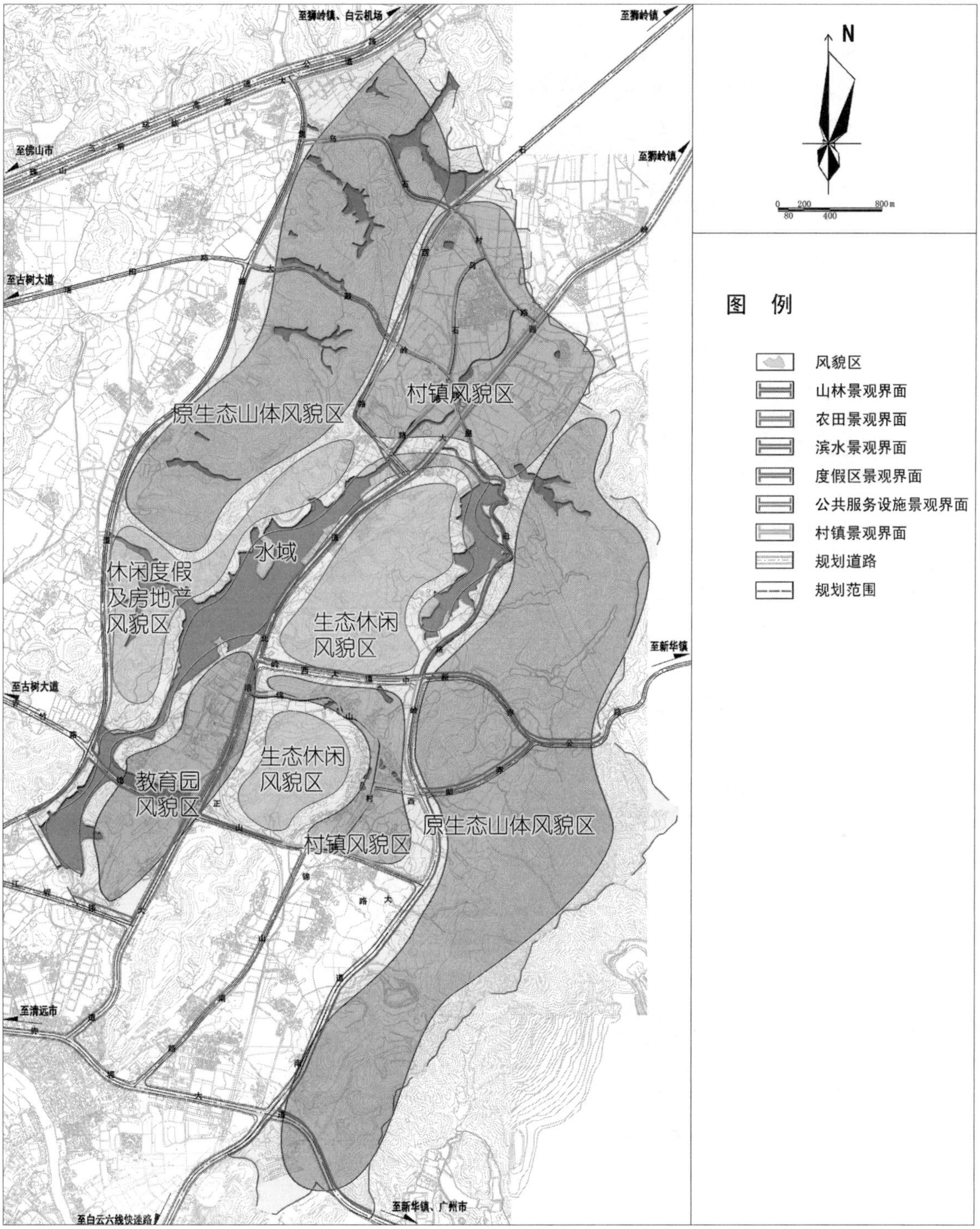

图 8-5-7 城市设计导引（一）

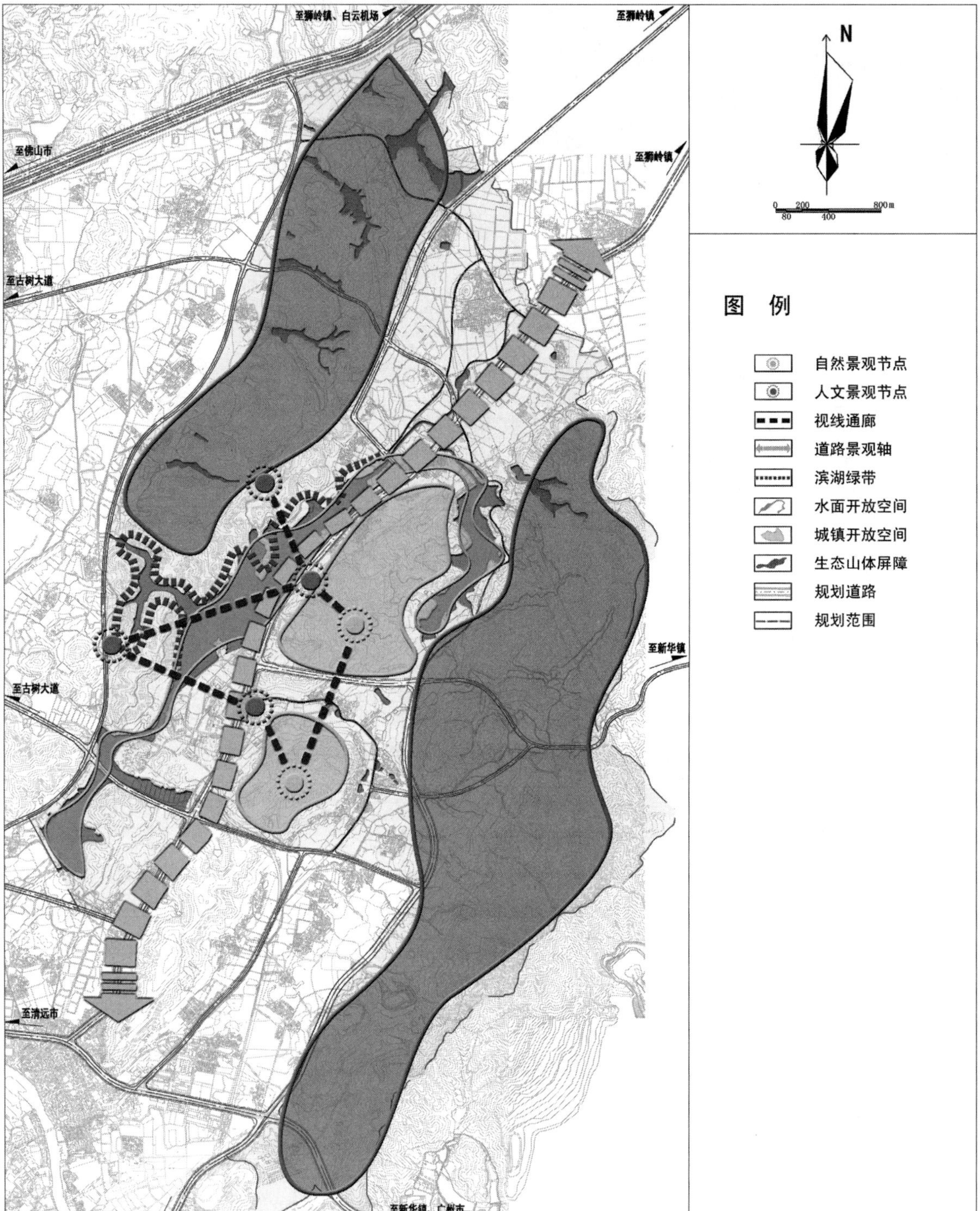

至狮岭镇、白云机场
至狮岭镇
至佛山市
至狮岭镇
N
0 200 800m
80 400
至古树大道
图 例
自然景观节点
人文景观节点
视线通廊
道路景观轴
滨湖绿带
水面开放空间
城镇开放空间
生态山体屏障
规划道路
规划范围
至新华镇
至古树大道
至清远市
至白云六线快速路
至新华镇、广州市

图 8-5-8 城市设计导引（二）

五、案例评述

本规划区位于花都片区的赤坭协调发展区，区内按照产业发展的定位，规划布置了培正商学院、民航学院等大量的教育科研用地。且本规划区拥有良好的自然生态环境，包含大鼓岭、皇母山、丫髻岭、集益水库等重要生态资源。本规划十分注重区内生态环境的保护，并划定了各类保护线，对生态环境的保护进行控制。

本规划按照规划管理单元的编制模式，对相关强制性的技术控制要求，能够更加灵活、权威的进行规划控制。

本规划对规划区内的村庄发展，进行了专门的调控规划。对各村庄的产业发展、开发模式、服务设施等进行了规划引导。

本规划运用城市设计指引的方式，对规划区的整体布局、建设面积和开敞空间、建筑形态等方面进行设计引导，为下一阶段的各项设计提供依据。

附　　表

附表一　地块开发相关用表

现状用地平衡表　　　　**附表 1–1**

用地代码	用地分类	用地面积（hm^2）	所占比例（%）
R	居住用地		
C	公共设施用地		
M	工业用地		
G	公共绿地		
S	道路广场用地		
W	仓储用地		
U	市政设施用地		
T	对外交通用地		
D	特殊用地		
E	农田、水面、闲置地等其他用地		
	合计		

资料来源：《上海控制性详细规划编制成果规范》DGJ08-105-2003。

规划用地平衡表 **附表 1–2**

项目		用地面积（hm^2）	比例（%）
总用地面积			
居住用地			
公共设施用地			
其中	公共服务设施用地		
	商业建筑用地		
	办公建筑用地		
工业用地			
公共绿地			
道路广场用地			
仓储用地			
市政公用设施用地			
对外交通用地			
特殊用地			
水面等其他用地			

注：1. 公共服务设施规划控制表和市政公用设施规划控制表见附表 1-7 和附表 1-8。
2. 办公建筑用地不含行政办公用地。
3. 根据规划的具体特点，对各项用地可以进行深入的分类统计，如居住用地可以细分至国家标准的中类。

资料来源：上海控制性详细规划编制成果规范 DGJ08-105-2003。

土地利用汇总表 **附表 1–3**

序号	用地名称	用地代号	面积（万 m^2）		占城市建设用地（%）		人均（m^2/人）	
			现状	规划	现状	规划	现状	规划
1	居住用地	R						
2	公共设施用地	C						
其中	非市属办公用地	C1						
	教育科研设计用地	C4						
	……							
3	工业用地	M						
4	仓储用地	W						
5	对外交通用地	T						
6	道路广场用地	S						

续表

序号	用地名称	用地代号	面积（万 m^2）		占城市建设用地（%）		人均（m^2/人）	
			现状	规划	现状	规划	现状	规划
7	市政公用设施用地	U						
8	绿　地	G						
其中	公共绿地	G1						
9	特殊用地	D						
	城市建设用地合计							
10	其他用地	E						

资料来源：《重庆市控制性详细规划编制技术规定》（试行），渝规发 [2002]32 号。

地块规划控制指标表　　附表 1–4

基础指标		规定性控制指标													指导性控制指标		备注
地块编号	用地面积（m^2）	用地性质	建筑容量（m^2）	净容积率	建筑密度（%）	建筑限高（m）	绿地率（%）	出入口方位	退界退红线距离				配建停车泊位		建筑形式	建筑色彩	
									东（m）	南（m）	西（m）	北（m）	地上	地下			

资料来源：《上海控制性详细规划编制成果规范》DGJ08-105-2003。

地块控制指标一览表　　附表 1–5

地块编号	面积（hm^2）	规划用地性质（代码）	兼容用地性质（代码）	容积率	建筑密度（%）	建筑限高（m）	绿地率（%）	禁止开口路段	停车泊位	公共配套设施		备注
										名称	规模	
A–1	12.1	R11	R21	1.2	30	—	35	南	600	幼儿园	6 班	
A–2	1.52	C25	—	1.2	30	—	35	南	50			
A–3	7.31	G11	—	—	—	—	—	南	30	停车场		
A–4	2.96	G11	—	—	—	—	—	北	—			
A–5	1.56	R22	R21	1.0	25	18	35	北	80			
A–6	0.36	C36	—	2.0	40	18	30	南	15	垃圾站		
A–7	0.40	R22	R21	0.8	25	15	30	南	20	小学	12 班	

资料来源：《重庆市控制性详细规划编制技术规定》（试行），渝规发 [2002]32 号。

道路规划建设控制表 **附表 1–6**

道路等级	道路名称	起止点	长度（m）	红线宽度（m）	断面形式	两侧绿带宽度（m）	备注
快速干道							
主干道							
次干道							
支路							

注：起止点指本规划编制单元范围内的道路起讫点。

资料来源：《上海控制性详细规划编制成果规范》DGJ08-105-2003。

公共服务设施规划控制表 **附表 1–7**

序号	类别	规划项目	用地面积（hm^2）	布局位置		建筑面积（m^2）	指导性要求
				街坊编号	地块编号		
1	教育科研						
2	医疗卫生						
3	文化娱乐						
4	体育						
5	行政管理						
6	社区服务						
总计							

资料来源：《上海控制性详细规划编制成果规范》DGJ08-105-2003。

市政公用设施规划控制表 **附表 1–8**

序号	类别	规划项目	用地面积（hm^2）	布局位置		指导性要求
				街坊编号	地块编号	
1	供电设施					
2	给水设施					
3	雨、污水设施					
4	电讯设施					
5	燃气设施					
6	环卫设施					
7	消防设施					
总计						

资料来源：《上海控制性详细规划编制成果规范》DGJ08-105-2003。

主要经济技术指标表 **附表 1–9**

	项目		建筑面积（m^2）	比例（%）
1	总建筑面积（m^2）			
	其中	居住		
		行政办公		
		商业金融		
		文化娱乐		
		体育		
		教育科研		
		医疗卫生		
		其他		
2	容积率	毛容积率		
		净容积率		
3	建筑密度（%）	建筑密度（毛）		
		建筑密度（净）		
4	绿地率（%）			
5	平均层数			

城市用地分类与规划建设用地标准　　附表 1–10

类别代号			类别名称	范围
大类	中类	小类		
R			居住用地	居住小区、居住街坊、居住组团和单位生活区等各种类型的成片或零星的用地
	R1		一类居住用地	市政公用设施齐全、布局完整、环境良好、以低层住宅为主的用地
		R11	住宅用地	住宅建筑用地
		R12	公共服务设施用地	居住小区及小区级以下的公共设施和服务设施用地，如托儿所、幼儿园、小学、中学、粮店、菜店、副食店、服务站、储蓄所、邮政所、居委会、派出所等用地
		R13	道路用地	居住小区及小区级以下的小区路、组团路或小街、小巷、小胡同及停车场等用地
		R14	绿地	居住小区及小区级以下的小游园等用地
	R2		二类居住用地	市政公用设施齐全、布局完整、环境较好，以多、中、高层住宅为主的用地
		R21	住宅用地	住宅建筑用地
		R22	公共服务设施用地	居住小区及小区级以下的公共设施和服务设施用地，如托儿所、幼儿园、小学、中学、粮店、菜店、副食店、服务站、储蓄所、邮政所、居委会、派出所等用地
		R23	道路用地	居住小区及小区级以下的小区路、组团路或小街、小巷、小胡同及停车场等用地
		R24	绿地	居住小区及小区级以下的小游园等用地
	R3		三类居住用地	市政公用设施比较齐全、布局不完整、环境一般，或住宅与工业等用地有混合交叉的用地
		R31	住宅用地	住宅建筑用地
		R32	公共服务设施用地	居住小区及小区级以下的公共设施和服务设施用地，如托儿所、幼儿园、小学、中学、粮店、菜店、副食店、服务站、储蓄所、邮政所、居委会、派出所等用地
		R33	道路用地	居住小区及小区级以下的小区路、组团路或小街、小巷、小胡同及停车场等用地
		R34	绿地	居住小区及小区级以下的小游园等用地
	R4		四类居住用地	以简陋住宅为主的用地
		R41	住宅用地	住宅建筑用地
		R42	公共服务设施用地	居住小区及小区级以下的公共设施和服务设施用地，如托儿所、幼儿园、小学、中学、粮店、菜店、副食店、服务站、储蓄所、邮政所、居委会、派出所等用地
		R43	道路用地	居住小区及小区级以下的小区路、组团路或小街、小巷、小胡同及停车场等用地
		R44	绿地	居住小区及小区级以下的小游园等用地
C			公共设施用地	
	C1		行政办公用地	行政、党派和团体等机构用地
		C11	市属办公用地	市属机关，如人大、政协、人民政府、法院、检察院、各党派和团体以及企事业管理机构等办公用地
		C12	非市属办公用地	在本市的非市属机关及企事业管理机构等行政办公用地

续表

类别代号			类别名称	范围
大类	中类	小类		
C	C2		商业金融业用地	商业、金融业、服务业、旅馆业和市场等用地
		C21	商业用地	综合百货商店、商场和经营各种食品、服装、纺织品、医药、日用杂货、五金交电、文化体育、工艺美术等专业零售批发商店及其附属的小型工场、车间和仓库的用地
		C22	金融保险业用地	银行及分理处、信用社、信托投资公司、债券交易所和保险公司，以及外国驻本市的金融和保险机构等用地
		C23	贸易咨询用地	各种贸易公司、商社及其咨询机构等用地
		C24	服务业用地	饮食、照相、理发、浴室、洗染、日用修理和交通售票等用地
		C25	旅馆业用地	旅馆、招待所、度假村及其附属设施等用地
		C26	市场用地	独立地段的农贸市场、小商品市场、工业品市场和综合市场等用地
	C3		文化娱乐用地	新闻出版、文化艺术团体、广播电视、图书展览、游乐等设施用地
		C31	新闻出版用地	各种通讯社、报社和出版社等用地
		C32	文化艺术团体用地	各种文化艺术团体等用地
		C33	广播电视用地	各级广播电台、电视台和转播台、差转台等用地
		C34	图书展览用地	公共图书馆、博物馆、科技馆、展览馆和纪念馆等用地
		C35	影剧院用地	电影院、剧场、音乐厅、杂技场等演出场所，包括各单位对外营业的同类用地
		C36	游乐用地	独立地段的游乐场、舞厅、俱乐部、文化宫、青少年宫、老年活动中心等用地
	C4		体育用地	
		C41	体育场馆用地	体育场馆和体育训练基地等用地，不包括学校等单位内的体育用地
		C42	体育训练用地	室内外体育运动用地，如体育场馆、游泳场馆、各类球场、溜冰场、赛马场、跳伞场、摩托车场、射击场以及水上运动的陆域部分等用地，包括附属的业余体校用地 为各类体育运动专设的训练基地用地
	C5		医疗卫生用地	
		C51	医院用地	医疗、保健、卫生、防疫、康复和急救设施等用地 综合医院和各类专科医院等用地。如妇幼保健院、儿童医院、精神病院、肿瘤医院等
		C52	卫生防疫用地	卫生防疫站、专科防治所、检验中心、急救中心和血库等用地
		C53	休疗养用地	休养所和疗养院等用地，不包括以居住为主的干休所用地，该用地应归入居住用地（R）
	C6		教育科研设计用地	
		C61	高等学校用地	高等院校、中等专业学校、科学研究和勘测设计机构等用地，不包括中学、小学和幼托用地，该用地应归入居住用地（R） 大学、学院、专科学校和独立地段的研究生院等用地，包括军事院校用地
		C62	中等专业学校用地	中等专业学校、技工学校、职业学校等用地，不包括附属于普通中学内的职业高中用地
		C63	成人与业余学校用地	独立地段的电视大学、夜大学、教育学院、党校、干校、业余学校和培训中心等用地
		C64	特殊学校用地	聋、哑、盲人学校及工读学校等用地
		C65	科研设计用地	科学研究、勘测设计、观察测试、科技信息和科技咨询等机构用地，不包括附设于其他单位内的研究室和设计室等用地

续表

类别代号			类别名称	范围
大类	中类	小类		
C	C7		文物古迹用地	具有保护价值的古遗址、古墓葬、古建筑、革命遗址等用地，不包括已作其他用途的文物古迹用地，该用地应分别归入相应的用地类别
	C9		其他公共设施用地	除以上之外的公共设施用地，如宗教活动场所、社会福利院等用地
M			工业用地	工矿企业的生产车间、库房及其附属设施等用地，包括专用的铁路、码头和道路等用地，不包括露天矿用地，该用地应归入水域和其他用地（E）
	M1		一类工业用地	对居住和公共设施等环境基本无干扰和污染的工业用地，如电子工业、缝纫工业、工艺品制造工业等用地
	M2		二类工业用地	对居住和公共设施等环境有一定干扰和污染的工业用地，如食品工业、医药制造工业、纺织工业等用地
	M3		三类工业用地	对居住和公共设施等环境有严重干扰和污染的工业用地，如采掘工业、冶金工业、大中型机械制造工业、化学工业、造纸工业、制革工业、建材工业等用地
W			仓储用地	仓储企业的库房、堆场和包装加工车间及其附属设施等用地
	W1		普通仓库用地	以库房建筑为主的储存一般货物的普通仓库用地
	W2		危险品仓库用地	存放易燃、易爆和剧毒等危险品的专用仓库用地
	W3		堆场用地	露天堆放货物为主的仓库用地
T			对外交通用地	铁路、公路、管道运输、港口和机场等城市对外交通运输及其附属设施等用地
	T1		铁路用地	铁路站场和线路等用地
	T2		公路用地	高速公路和一、二、三级公路线路及长途客运站等用地，不包括村镇公路用地，该用地应归入水域和其他用地（E）
		T21	高速公路用地	高速公路用地
		T22	一、二、三级公路用地	一级、二级和三级公路用地
		T23	长途客运站用地	长途客运站用地
	T3		管道运输用地	运输煤炭、石油和天然气等地面管道运输用地
	T4		港口用地	海港和河港的陆域部分，包括码头作业区、辅助生产区和客运站等用地
		T41	海港用地	海港港口用地
		T42	河港用地	河港港口用地
	T5		机场用地	民用及军民合用的机场用地，包括飞行区、航站区等用地，不包括净空控制范围用地
S			道路广场用地	市级、区级和居住区级的道路、广场和停车场等用地
	S1		道路用地	主干路、次干路和支路用地，包括其交叉路口用地，不包括居住用地、工业用地等内部的道路用地
		S11	主干路用地	快速干路和主干路用地
		S12	次干路用地	次干路用地
		S13	支路用地	主次干路间的联系道路用地
		S14	其他道路用地	除主次干路和支路外的道路用地，如步行街、自行车专用道等用地

续表

类别代号			类别名称	范围
大类	中类	小类		
S	S2		广场用地	公共活动广场用地，不包括单位内的广场用地
		S21	交通广场用地	交通集散为主的广场用地
		S22	游憩集会广场用地	游憩、纪念和集会等为主的广场用地
	S3		社会停车场库用地	公共使用的停车场和停车库用地，不包括其他各类用地配建的停车场库用地
		S31	机动车停车场库用地	机动车停车场库用地
		S32	非机动车停车场库用地	非机动车停车场库用地
U			市政公用设施用地	市级、区级和居住区级的市政公用设施用地，包括其建筑物、构筑物及管理维修设施等用地
	U1		供应设施用地	供水、供电、供燃气和供热等设施用地
		U11	供水用地	独立地段的水厂及其附属的构筑物用地，包括泵房和调压站等用地
		U12	供电用地	变电站所、高压塔基等用地。不包括电厂用地，该用地应归入工业用地（M）。高压走廊下规定的控制范围内的用地，应按其地面实际用途归类
		U13	供燃气用地	储气站、调压站、罐装站和地面输气管廊等用地，不包括煤气厂用地，该用地应归入工业用地（M）
		U14	供热用地	大型锅炉房、调压、调温站和地面输热管廊等用地
	U2		交通设施用地	公共交通和货运交通等设施用地
		U21	公共交通用地	公共汽车、出租汽车、有轨电车、无轨电车、轻轨和地下铁道（地面部分）的停车场、保养场、车辆段和首末站等用地，以及轮渡（陆上部分）用地
		U22	货运交通用地	货运公司车队的站场等用地
		U29	其他交通设施用地	除以上之外的交通设施用地，如交通指挥中心、交通队、教练场、加油站、汽车维修站等用地
	U3		邮电设施用地	邮政、电信和电话等设施用地
	U4		环境卫生设施用地	环境卫生设施用地
		U41	雨水、污水处理用地	雨水、污水泵站、排渍站、处理厂、地面专用排水管廊等用地，不包括排水河渠用地，该用地应归入水域和其他用地（E）
		U42	粪便垃圾处理用地	粪便、垃圾的收集、转运、堆放、处理等设施用地
	U5		施工与维修设施用地	房屋建筑、设备安装、市政工程、绿化和地下构筑物等施工及养护维修设施等用地
	U6		殡葬设施用地	殡仪馆、火葬场、骨灰存放处和墓地等设施用地
	U9		其他市政公用设施用地	除以上之外的市政公用设施用地：如消防、防洪等设施用地
G			绿地	市级、区级和居住区级的公共绿地及生产防护绿地，不包括专用绿地、园地和林地

续表

类别代号			类别名称	范围
大类	中类	小类		
G	G1		公共绿地	向公众开放，有一定游憩设施的绿化用地，包括其范围内的水域
		G11	公园	综合性公园、纪念性公园、儿童公园、动物园、植物园、古典园林、风景名胜公园和居住区小公园等用地
		G12	街头绿地	沿道路、河湖、海岸和城墙等，设有一定游憩设施或起装饰性作用的绿化用地
	G2		生产防护绿地	园林生产绿地和防护绿地
		G21	园林生产绿地	提供苗木、草皮和花卉的圃地
		G22	防护绿地	用于隔离、卫生和安全的防护林带及绿地
D			特殊用地	特殊性质的用地
	D1		军事用地	直接用于军事目的的军事设施用地，如指挥机关、营区、训练场、试验场、军用机场、港口、码头、军用洞库、仓库、军用通信、侦察、导航、观测台站等用地，不包括部队家属生活区等用地
	D2		外事用地	外国驻华使馆、领事馆及其生活设施等用地
	D3		保安用地	监狱、拘留所、劳改场所和安全保卫部门等用地，不包括公安局和公安分局，该用地应归入公共设施用地（C）
E			水域和其他用地	除以上各大类用地之外的用地
	E1		水域	江、河、湖、海、水库、苇地、滩涂和渠道等水域，不包括公共绿地及单位内的水域
	E2		耕地	种植各种农作物的土地
		E21	菜地	种植蔬菜为主的耕地，包括温室、塑料大棚等用地
		E22	灌溉水田	有水源保证和灌溉设施，在一般年景能正常灌溉，用以种植水稻、莲藕、席草等水生作物的耕地
		E29	其他耕地	除以上之外的耕地
	E3		园地	果园、桑园、茶园、橡胶园等园地
	E4		林地	生长乔木、竹类、灌木、沿海红树林等林木的土地
	E5		牧草地	生长各种牧草的土地
	E6		村镇建设用地	集镇、村庄等农村居住点生产和生活的各类建设用地
		E61	村镇居住用地	以农村住宅为主的用地，包括住宅、公共服务设施和道路等用地
		E62	村镇企业用地	村镇企业及其附属设施用地
		E63	村镇公路用地	村镇与城市、村镇与村镇之间的公路用地
		E69	村镇其他用地	村镇其他用地
	E7		弃置地	由于各种原因未使用或尚不能使用的土地，如裸岩、石砾地、陡坡地、塌陷地、盐碱地、沙荒地、沼泽地、废窑坑等
	E8		露天矿用地	各种矿藏的露天开采用地

资料来源：《城市用地分类与规划建设用地标准》GB J137—90。

控制性详细规划城市用地分类和代号　　附表 1-11

序号	类别代号				类别名称	范围
	大类	中类	小类	细分类		
1	R				居住用地	
		R_1			一类居住用地	
			R_{11}		住宅用地	住宅组团用地（含组团绿地和组团道路及其他设施）
			R_{12}		公共服务设施用地	居住小区及小区级以下的公共设施和服务设施用地
				$R_{12}C_{61}$	托儿所用地	
				$R_{12}C_{62}$	幼儿园用地	
				$R_{12}C_{63}$	小学用地	
				$R_{12}C_{64}$	中学用地	
				$R_{12}C_{65}$	其他公共服务设施用地	
			R_{13}		道路用地	居住小区道路用地
			R_{14}		绿地	居住小区级绿地
		R_2			二类居住用地	
			R_{21}		住宅用地	住宅组团用地（含组团绿地和组团到路及其他设施）
			R_{22}		公共服务设施用地	
				$R_{22}C_{61}$	托儿所用地	
				$R_{22}C_{62}$	幼儿园用地	
				$R_{22}C_{63}$	小学用地	
				$R_{22}C_{64}$	中学用地	
				$R_{22}C_{65}$	其他公共服务设施用地	
			R_{23}		道路用地	
			R_{24}		绿地	
			R_{25}		商住综合用地	含上层为住宅与底层小区及小区级以下的公共服务设施建筑的用地
		R_3			三类居住用地	
			R_{31}		住宅用地	住宅组团用地
			R_{32}		公共服务设施	
				$R_{32}C_{61}$	托儿所用地	
				$R_{32}C_{62}$	幼儿园用地	
				$R_{32}C_{63}$	小学用地	
				$R_{32}C_{64}$	中学用地	
				$R_{32}C_{65}$	其他公共服务设施用地	

续表

序号	类别代号				类别名称	范围
	大类	中类	小类	细分类		
1			R_{33}		道路用地	
			R_{34}		绿地	
			R_{35}		商住综合用地	含上层为住宅与底层小区及小区级以下的公共服务设施建筑的用地
2	C				公共设施用地	
		C_1			行政办公用地	
			C_{11}		市属办公用地	
			C_{12}		非市属办公用地	
		C_2			商业金融用地	
			C_{21}		商业用地	
			C_{22}		金融保险业用地	
			C_{23}		贸易咨询用地	
			C_{24}		服务业用地	
			C_{25}		旅馆用地	
			C_{26}		市场用地	
		C_3			文化娱乐用地	
			C_{31}		新闻出版用地	
			C_{32}		文化艺术团体用地	
			C_{33}		广播电视用地	
			C_{34}		图书展览用地	
			C_{35}		影剧院用地	
			C_{36}		游乐用地	
		C_4			体育用地	
			C_{41}		体育场馆用地	
			C_{42}		体育训练用地	
		C_5			医疗卫生用地	
			C_{51}		医院用地	
			C_{52}		卫生防疫用地	
			C_{53}		休疗养用地	
		C_6			教育科研设计用地	
			C_{61}		高等学校用地	
			C_{62}		中等专业学校用地	
			C_{63}		成人与业余学校用地	

续表

序号	类别代号				类别名称	范围
	大类	中类	小类	细分类		
2			C_{64}		特殊学校用地	
			C_{65}		科研设计用地	
		C_7			文物古迹用地	
		C_8			其他公共设施用地	
		CR			综合用地	
			CR_1		一类商住综合用地	农贸市场及其他交易市场等与住宅的综合用地
			CR_2		二类商住综合用地	其他商业金融、文化娱乐设施及饮食业等与住宅的综合用地
			CR_3		办公楼综合用地	办公等写字楼与商业金融、文化娱乐等设施的综合用地
			CR_4		旅馆业综合用地	旅馆招待所与其他商业、服务业、金融、文化娱乐设施的综合用地
			CR_5		一类工业建筑综合用地	包括一类工业与住宅混合，以及一类工业与商业金融、办公、文化娱乐设施
3	M				工业用地	
		M_1			一类工业用地	
		M_2			二类工业用地	
		M_3			三类工业用地	
4	W				仓储用地	
		W_1			普通仓库用地	
		W_2			危险品仓库用地	
		W_3			堆场用地	
5	T				对外交通用地	
		T_1			铁路用地	
		T_2			公路用地	
			T_{21}		高速公路用地	
			T_{22}		一、二、三级公路用地	
			T_{23}		长途客运站用地	
		T_3			管道运输用地	
		T_4			港口用地	
		T_5			机场用地	
6	S				道路广场用地	
		S_1			道路用地	

续表

序号	类别代号				类别名称	范围
	大类	中类	小类	细分类		
6			S_{11}		主干路用地	快速干路和主干路用地
			S_{12}		次干路用地	
			S_{13}		支路用地	
			S_{19}		其他道路用地	如步行街、自行车专用道等
		S_2			广场用地	
			S_{21}		交通广场用地	
			S_{22}		游憩集会广场用地	
		S_3			社会停车场库用地	
			S_{31}		机动车停车场库用地	
			S_{32}		非机动车停车场库用地	
7	U				市政公用设施用地	
		U_1			供应设施用地	
			U_{11}		供水用地	
			U_{12}		供电用地	
			U_{13}		供燃气用地	
			U_{14}		供热用地	
		U_2			交通设施用地	
			U_{21}		公共交通设施用地	
			U_{22}		货运交通用地	
			U_{29}		其他交通设施用地	
		U_3			邮电设施用地	
		U_4			环境设施用地	
			U_{41}		雨水、污水处理用地	
			U_{42}		粪便垃圾处理用地	
		U_5			施工与维修设施用地	
		U_6			殡葬设施用地	
		U_9			其他市政公用设施用地	
8	G				绿地	
		G_1			公共绿地	
			G_{11}		公园	
			G_{12}		街头绿地	
		G_2			生产防护绿地	
			G_{21}		园林生产绿地	
			G_{22}		防护绿地	

续表

序号	类别代号				类别名称	范围
	大类	中类	小类	细分类		
9	D				特殊用地	
		D_1			军事用地	
		D_2			外事用地	
		D_3			保安用地	
10	E				水域和其他用地	
		E_1			水域	
		E_2			耕地	
			E_{21}		菜地	
			E_{22}		水田	
			E_{23}		其他耕地	
		E_3			园地	
		E_4			林地	
		E_6			村镇建设用地	
			E_{61}		村镇居住用地	
			E_{62}		村镇企业用地	
			E_{63}		村镇公路用地	
			E_{64}		村镇其他用地	

资料来源：《全国注册城市规划师执业考试应试指南》。上海：同济大学出版社，2001。

附表二　饮用水水质标准

生活饮用水水质指标一级指标　　　　**附表 2–1**

项目	指标值	项目	指标值
色度	1.5Pt–Co mg/L	硅	
浊度	1NUT	溶解氧	
臭和味	无	碱度	>30mg$CaCO_3$/L
肉眼可见物	无	亚硝酸盐	0.1mgNO_2/L
pH	6.5 ~ 8.5	氨	0.5mgNH_3/L
总硬度	450mg$CaCO_3$/L	耗氧量	5mg/L
氯化物	250mg/L	总有机碳	
硫酸盐	250mg/L	矿物油	0.01mg/L
溶解性固体	1000mg/L	钡	0.1mg/L

续表

项目	指标值	项目	指标值
电导率	400(20C)μs/cm	硼	1mg/L
硝酸盐	20mgN/L	氯仿	60μg/L
氟化物	1.0mg/L	四氯化碳	3μg/L
阴离子洗涤剂	0.3mg/L	氰化物	0.05mg/L
剩余氯	0.3，末0.05mg/L	砷	0.05mg/L
挥发酚	0.002mg/L	镉	0.01mg/L
铁	0.03mg/L	铬	0.05mg/L
锰	0.1mg/L	汞	0.001mg/L
铜	1.0mg/L	铅	0.05mg/L
锌	1.0mg/L	硒	0.01mg/L
银	0.05mg/L	DDT	1μg/L
铝	0.2mg/L	666	5μg/L
钠	200mg/L	苯并（a）芘	0.01μg/L
钙	100mg/L	农药（总）	0.5μg/L
镁	50mg/L	敌敌畏	0.1μg/L
乐果	0.1μg/L	对二氯苯	
对硫磷	0.1μg/L	六氯苯	0.01μg/L
甲基对硫磷	0.1μg/L	铍	0.0002mg/L
除草醚	0.1μg/L	镍	0.05mg/L
敌百虫	0.1μg/L	锑	0.01mg/L
2,4,6-三氯酚	10μg/L	钒	0.1mg/L
1，2-二氯乙烷	10μg/L	钴	1.0mg/L
1，1-二氯乙烯	0.3μg/L	多环芳烃（总量）	0.2μg/L
四氯乙烯	10μg/L	萘	
三氯乙烯	30μg/L	萤蒽	
五氯酚	10μg/L	苯并（b）萤蒽	
苯	10μg/L	苯并（k）萤蒽	
酚类：(总量)	0.002mg/L	苯并（1，2，3，4d）芘	
苯酚		苯并（ghi）芘	
间甲酚		细菌总数37°C	100个/mL

续表

项目	指标值	项目	指标值
2，4－二氯酚		大肠杆菌群	3个/mL
对硝基酚		粪型大肠杆菌	MPN<1/100mL
有机氯：(总量)	1 μg/L		膜法0/100mL
二氯甲烷		粪型链球菌	MPN<1/100mL
1，1，1－三氯乙烷		硫酸	膜法0/100mL
1，1，2－三氯乙烷		亚硝酸还原菌	MPN<1/100mL
1，1，2，2－四氯乙烷		放射性（总α）	0.1Bq/L
三溴甲烷		（总β）	1Bq/L

注：1. 指标取值自EC（欧共体）。
2. 酚类总量中包括2，4，6-三氯酚，五氯酚。
3. 有机氯总量中包括1，2-二氯乙烷，1，1-二氯乙烯，四氯乙烯，三氯乙烯，不包括三溴甲烷及氯苯类。
4. 多环芳烃总量中包括苯并（a）芘。
5. 无指标值的项目作测定和记录，不作考核。
6. 农药总量中包括DDT和666。

资料来源：《城市给水工程规划规范》GB 50282—98。

生活饮用水水质指标二级标准　　附表2–2

项目	指标值	项目	指标值
色度	1.5Pt～Co mg/L	硒	0.01mg/L
浊度	2NUT	氯仿	60 μg/L
臭和味	无	四氯化碳	3 μg/L
肉眼可见物	无	DDT	1 μg/L
pH	6.5～8.5	666	5 μg/L
总硬度	450mg$CaCO_3$/L	苯并（a）芘	0.01 μg/L
氯化物	250mg/L	2,4,6－三氯酚	10 μg/L
硫酸盐	250mg/L	1，2－二氯乙烷	10 μg/L
溶解性固体	1000mg/L	1，1－二氯乙烯	0.3 μg/L
硝酸盐	20mgN/L	四氯乙烯	10 μg/L
氯化物	1.0mg/L	三氯乙烯	30 μg/L
阴离子洗涤剂	0.3mg/L	五氯酚	10 μg/L
剩余氯	0.3，末0.05mg/L	苯	10 μg/L
挥发酚	0.002mg/L	农药（总）	0.5 μg/L
铁	0.03mg/L	敌敌畏	0.1 μg/L

续表

项目	指标值	项目	指标值
锰	0.1mg/L	乐果	0.1 μg/L
铜	1.0mg/L	对硫磷	0.1 μg/L
锌	1.0mg/L	甲基对硫磷	0.1 μg/L
银	0.05mg/L	除草醚	0.1 μg/L
铝	0.2mg/L	敌百虫	0.1 μg/L
钠	200mg/L	细菌总数 37℃	100 个 /mL
氰化物	0.05mg/L	大肠杆菌群	3 个 /mL
砷	0.05mg/L	粪型大肠杆菌	MPN<1/100mL
镉	0.01mg/L		膜法 0/100mL
铬	0.05mg/L	放射性（总 α）	0.1Bq/L
汞	0.001mg/L	（总 β）	1Bq/L
铅	0.05mg/L		

注：1. 指标值取自 WHO（世界卫生组织）。

2. 农药总量中包括 DDT 和 666。

资料来源：《城市给水工程规划规范》GB 50282—98。

附表三　城市工程系统规划图例

编号	名称	黑白图例	彩色图例	编号	名称	黑白图例	彩色图例
设 1	火力发电厂			设 11	10kV 杆上变电站		
设 2	水力发电厂			设 12	配电所		
设 3	核电厂			设 13	开关站	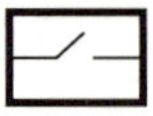	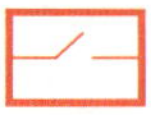
设 4	风力发电厂			设 14	独立式配电室	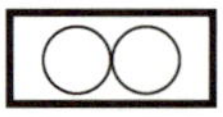	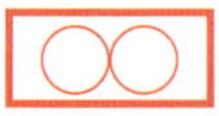
设 5	地热发电厂			设 15	附点式配电室	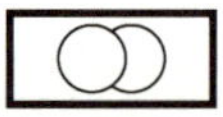	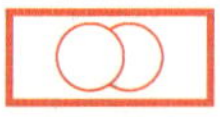
设 6	330kV 500kV 变电所		设 25	设 16	高压走廊		
设 7	220kV 变电所			设 17	电力井		
设 8	110kV 变电所			设 18	路灯及投射方向		
设 9	35kV 66kV 变电所		设 28	设 19	天然气起源地		
设 10	10kV 变电所			设 20	沼气气源地		

续表

编号	名称	黑白图例	彩色图例	编号	名称	黑白图例	彩色图例
设 21	天然气门站			设 43	电信电缆交接箱		
设 22	煤气厂			设 44	电话井		
设 23	油制气厂			设 45	广播电视制作中心	TVC	TVC
设 24	液化气气化站			设 46	无线广播电台		
设 25	液化气气混站			设 47	有线广播电台		
设 26	燃气储配站			设 48	无线电视台		
设 27	石油液化气储配站			设 49	有线电视台		
设 28	液化气供应站			设 50	电视差转台		
设 29	高中压燃气调压站			设 51	微波收发站		
设 30	中低压燃气调压站			设 52	无线电收发讯区		
设 31	专用燃气调压站			设 53	自来水厂		
设 32	箱式燃气调压站			设 54	取水口		
设 33	区域锅炉房			设 55	高地水池		
设 34	热力站			设 56	水塔		
设 35	邮政局			设 57	给水泵站		
设 36	邮政所			设 58	给水阀门		
设 37	邮政通信枢纽			设 59	喷泉		
设 38	长途电信局			设 60	水闸		
设 39	电信局（电话局）			设 61	雨水泵站		
设 40	邮电支局			设 62	雨水排放口		
设 41	邮电所			设 63	雨水检查井		
设 42	电话模块局			设 64	雨水收集井		

续表

编号	名称	黑白图例	彩色图例	编号	名称	黑白图例	彩色图例
设 65	污水处理厂			设 87	消防站		
设 66	氧化塘			设 88	消火栓		
设 67	污水泵站			设 89	防灾指挥部		
设 68	污水排放口			设 90	防灾通讯中心		
设 69	化粪池			设 91	急救中心		
设 70	溢流井			设 92	医院		
设 71	污水检查井			设 93	防灾疏散场地		
设 72	粪便处理场			设 94	地下电厂		
设 73	垃圾处理场			设 95	地下仓库	W	W
设 74	垃圾堆埋场			设 96	地下油库		
设 75	垃圾焚烧场			设 97	地下停车场	P	P
设 76	垃圾转运站			设 98	人防坑道		
设 77	垃圾收集点			设 99	地下公共隐藏空间		
设 78	废物箱			设 100	疏散通道		
设 79	垃圾、粪便码头			设 101	飞机场		
设 80	公共 厕所			设 102	铁路客运站		
设 81	环卫所	W	W	设 103	铁路货站		
设 82	车辆清洗站			设 104	长途汽车站		
设 83	环卫车辆停车场	WP	WP	设 105	汽车货运站		
设 84	殡仪馆			设 106	水上客运站		
设 85	公墓			设 107	港口码头		
设 86	消防队			设 108	地铁站	M	M

续表

编号	名称	黑白图例	彩色图例	编号	名称	黑白图例	彩色图例
设 109	铁路			管 9	高压燃气管道		
设 110	地下铁路			管 10	中压燃气管道		
设 111	道路广场			管 11	低压燃气管道		
设 112	公路			管 12	天然气输气管		
设 113	桥梁			管 13	地埋蒸汽管道		
设 114	隧道			管 14	地埋热水管道		
设 115	涵洞			管 15	架空蒸汽管道		
设 116	路堤			管 16	架空热水管道		
设 117	路堑			管 17	通讯光缆		
设 118	挡土墙			管 18	架空电信电缆		
设 119	护坡			管 19	地埋电信缆管		
设 120	台阶			管 20	架空有线广播线		
设 121	防护绿地			管 21	地埋有线广播		
管 1	330kV 500kV 架空电力线			管 22	架空有线电视线路		
管 2	220kV 架空电力线			管 23	架空有线电视电缆		
管 3	110kV 架空电力线			管 24	微波通道		
管 4	35kV 66kV 架空电力线			管 25	给水通道		
管 5	10kV 架空电力线			管 26	消防通道		
管 6	低压架空电力线			管 27	给水明渠		
管 7	电力管道			管 28	给水暗渠		
管 8	直埋电力电缆			管 29	倒虹管		

续表

编号	名称	黑白图例	彩色图例	编号	名称	黑白图例	彩色图例
管 30	跌水			管 41	坝防		
管 31	雨水管道			管 42	排水方向、坡度		
管 32	雨水明渠			地 1	水源地		
管 33	雨水暗渠			地 2	河湖水面		
管 34	污水管道			地 3	水井		
管 35	污水暗渠			地 4	泉眼	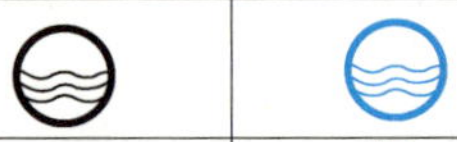	
管 36	垃圾管道			地 5	温泉	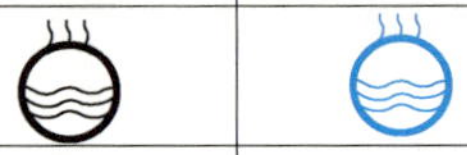	
管 37	泄洪沟			地 6	地下水等深线		
管 38	截洪沟			地 7	洪水淹没线		
管 39	防洪沟			地 8	断裂带		
管 40	防洪堤	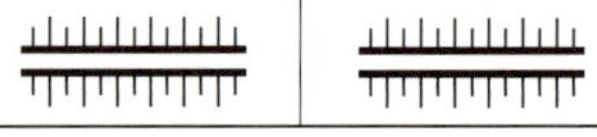					

附表四　建筑间距和离界距离图示

建筑间距图示　　**附表 4–1**

条、款、项	示意图	浦西内环线以外	其他地区
第二十三条（一） 1．居住建筑南北向平行布置	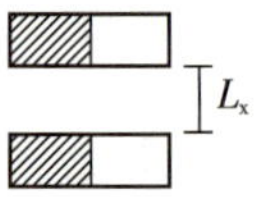	$L_x \geqslant 1.0H_s$	$L_x \geqslant 1.2H_s$
第二十三条（一） 2．居住建筑东西向平行布置	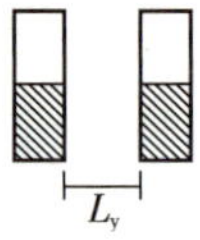	同时符合 $L_y \geqslant 0.9H_s$ $L_y \geqslant 6m$	同时符合 $L_y \geqslant 1.0H_s$ $L_y \geqslant 6m$
第二十三条（二） 1．居住建筑垂直布置时，南北向的间距	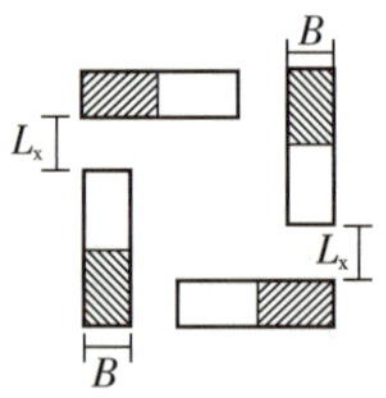	同时符合 $L_x \geqslant 0.7H_s$ $L_x \geqslant 6m$ $B \leqslant 16m$	同时符合 $L_x \geqslant 0.8H_s$ $L_x \geqslant 6m$ $B \leqslant 16m$

续表

条、款、项	示意图	浦西内环线以外	其他地区
第二十三条（二） 2. 居住建筑垂直布置时，东西向的间距	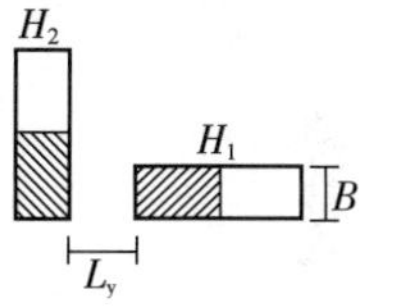	同时符合 $L_y \geqslant 0.7H_1$ $L_y \geqslant 0.5H_2$ $L_y \geqslant 6m$ $B \leqslant 16m$	同时符合 $L_y \geqslant 0.8H_s$ $L_y \geqslant 0.5H_s$ $L_y \geqslant 6m$ $B \leqslant 16m$
第二十三条（三） 1. 居住建筑既非平行又非垂直布置	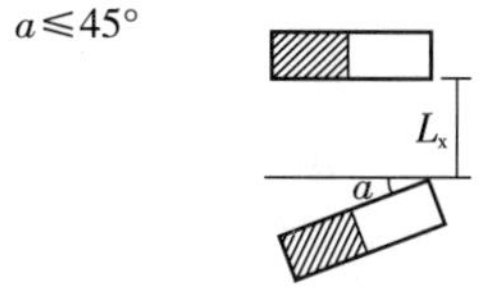	$L_x \geqslant 1.0H_s$	$L_x \geqslant 1.2H_s$
	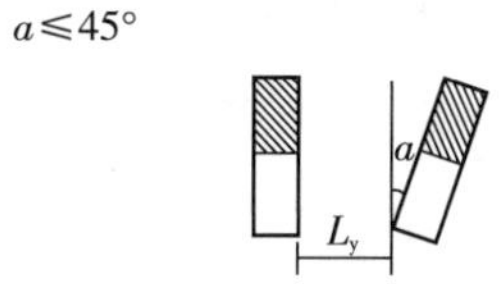	同时符合 $L_y \geqslant 0.9H_s$ $L_y \geqslant 6m$	同时符合 $L_y \geqslant 1.0H_s$ $L_y \geqslant 6m$
第二十三条（三） 2. 居住建筑既非平行又非垂直布置	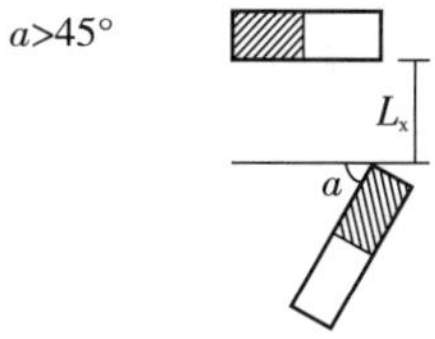	同时符合 $L_x \geqslant 0.7H_s$ $L_x \geqslant 6m$ $B \leqslant 16m$	同时符合 $L_x \geqslant 0.8H_s$ $L_x \geqslant 6m$ B ⩽ 16m
	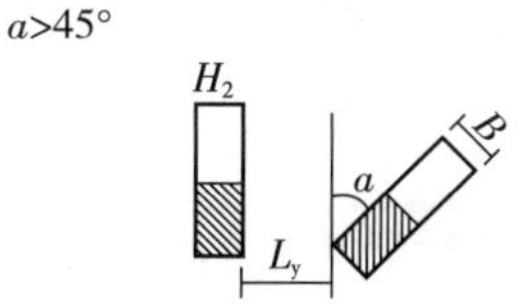	同时符合 $L_y \geqslant 0.7H_1$ $L_y \geqslant 0.5H_2$ $L_y \geqslant 6m$ $B \leqslant 16m$	同时符合 $L_y \geqslant 0.8H_1$ $L_y \geqslant 0.5H_2$ $L_y \geqslant 6m$ $B \leqslant 16m$
第二十五条 多、低层居住建筑围墙间距	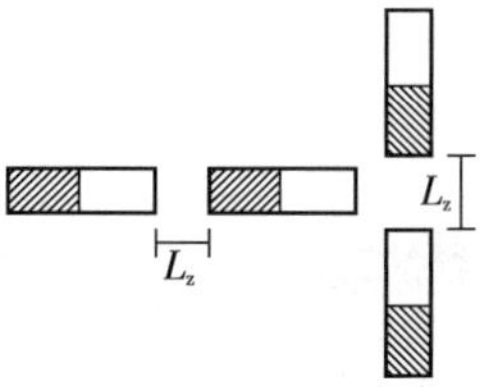	同时符合 $L_z \geqslant 0.5H$ $L_z \geqslant 4m$ L_z 满足消防或通道要求	
第二十六条 低层独立式住宅	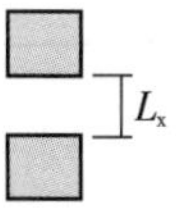	$L_x \geqslant 1.4H_s$	
第二十七条（一） 1. 高层居住建筑南北向平行布置	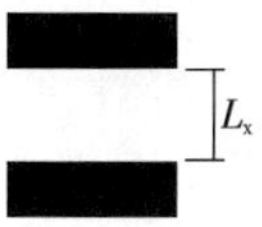	同时符合 L_x 满足北侧住宅居室冬至日满窗日照有效时间不少于连续 1 小时 $L_x \geqslant 0.5H_s$	
		$L_x \geqslant 24m$	$L_x \geqslant 30m$

续表

条、款、项	示意图	浦西内环线以外	其他地区
第二十七条（一） 2. 高层居住建筑东西向平行布置	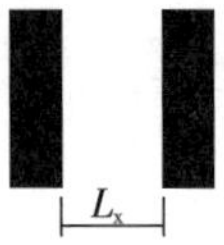	同时符合 L_y 满足相邻住宅居室冬至日满窗日照有效时间不少于连续 1 小时 $L_y \geqslant 0.4$m $L_y \geqslant 24$m	
第二十七条（二） 1. 高层居住建筑与多、低层居住建筑南北向平行布置	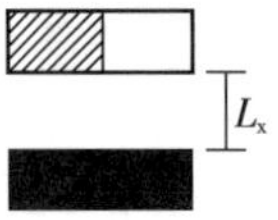	同时符合 L_x 满足北侧住宅居室冬至日满窗日照有效时间不少于连续 1 小时 $L_x \geqslant 0.5H_s$	
		$L_x \geqslant 24$m	$L_x \geqslant 30$m
第二十七条（二） 2. 高层居住建筑与多、低层居住建筑东西向平行布置	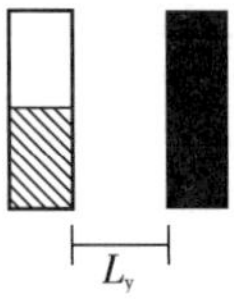	同时符合 L_y 满足相邻住宅居室冬至日满窗日照有效时间不少于连续 1 小时 $L_y \geqslant 24$m	
第二十七条（三） 1. 高层居住建筑与高层居住建筑垂直布置时，南北向的间距	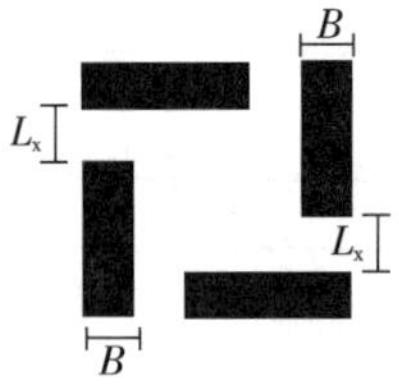	同时符合 L_x 满足相邻住宅居室冬至日满窗日照有效时间不少于连续 1 小时 $L_x \geqslant 0.3H_s$ $L_x \geqslant 20$m $B \leqslant 16$m	
第二十七条（三） 2. 高层居住建筑与高层居住建筑垂直布置时，东西向的间距	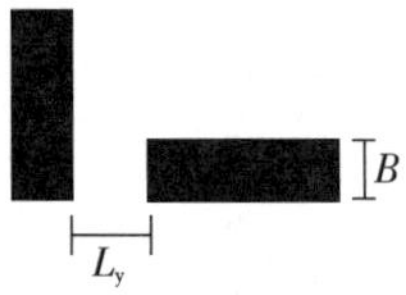	同时符合 L_y 满足相邻住宅居室冬至日满窗日照有效时间不少于连续 1 小时 $L_y \geqslant 0.3H_s$ $L_y \geqslant 20$m $B \leqslant 16$m	
第二十七条（四） 高层居住建筑与多低层居住建筑垂直布置	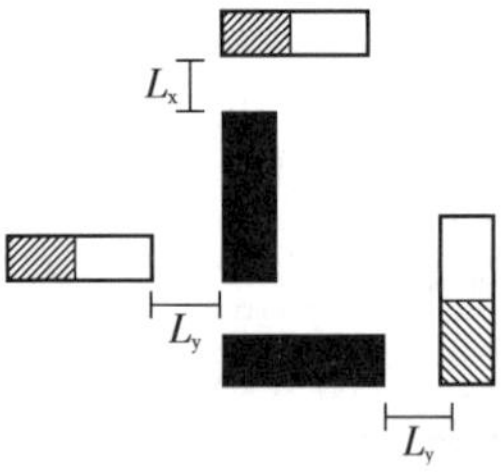	同时符合 L_x　L_y 满足相邻住宅居室冬至日满窗日照有效时间不少于连续 1 小时 L_x　$L_y \geqslant 20$m	

续表

条、款、项	示意图	浦西内环线以外	其他地区
第二十七条（五） 高层居住建筑与高、多、低层居住建筑非平行也非垂直布置	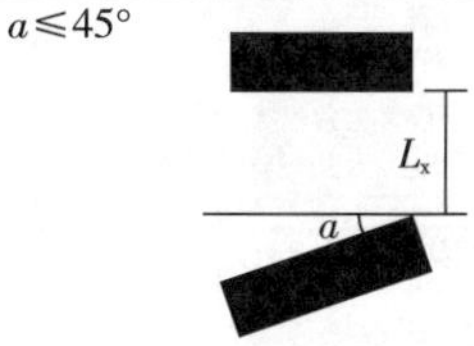	同时符合 L_x 满足北侧住宅居室冬至日满窗日照有效时间不少于连续 1 小时 $L_x \geqslant 0.5H_s$	
		$L_x \geqslant 24m$	$L_x \geqslant 30m$
	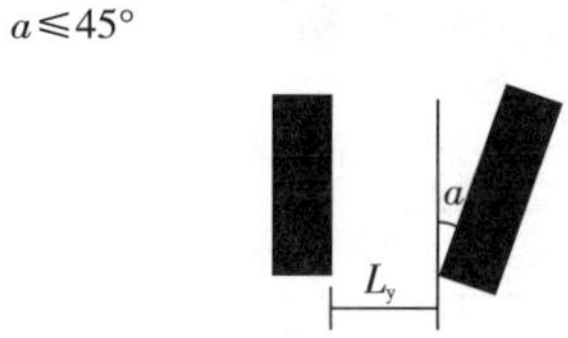	同时符合 L_y 满足相邻住宅居室冬至日满窗日照有效时间不少于连续 1 小时 $L_y \geqslant 0.4H$ $L_y \geqslant 24m$	
	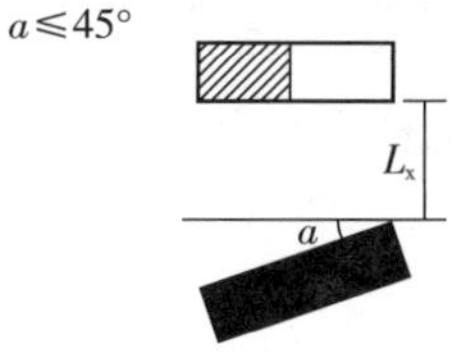	同时符合 L_x 满足北侧住宅居室冬至日满窗日照有效时间不少于连续 1 小时 $L_x \geqslant 0.5H_s$	
		$L_x \geqslant 24m$	$L_x \geqslant 30m$
	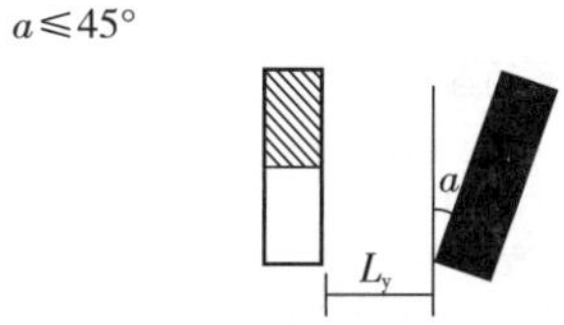	同时符合 L_y 满足相邻住宅居室冬至日满窗日照有效时间不少于连续 1 小时 $L_y \geqslant 24m$	
	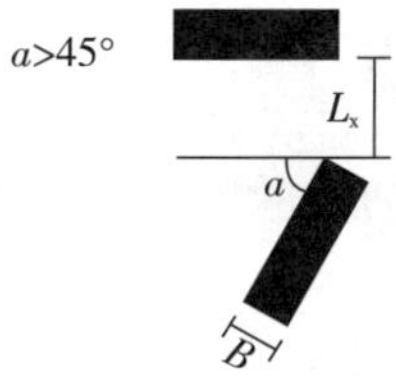	同时符合 L_x 满足相邻住宅居室冬至日满窗日照有效时间不少于连续 1 小时 $L_x \geqslant 0.3H_s$ $L_x > 20m$ $B \leqslant 16m$	
	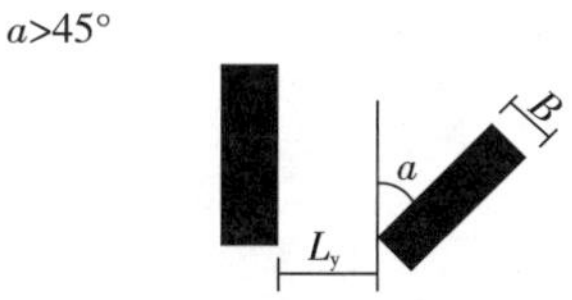	同时符合 L_y 满足相邻住宅居室冬至日满窗日照有效时间不少于连续 1 小时 $L_y \geqslant 0.3H_s$ $L_y > 20m$ $B \leqslant 16m$	
	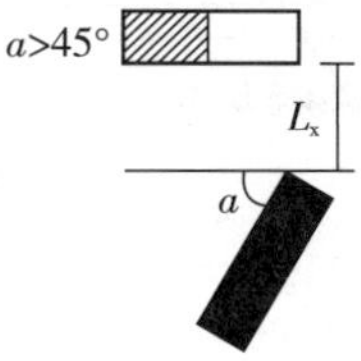	同时符合 L_x 满足相邻住宅居室冬至日满窗日照有效时间不少于连续 1 小时 $L_x \geqslant 20m$	
	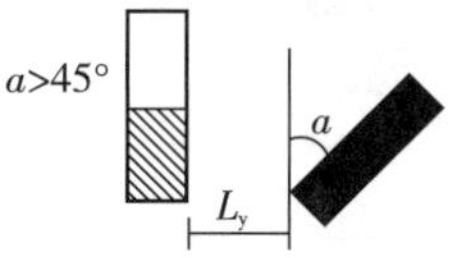	同时符合 L_y 满足相邻住宅居室冬至日满窗日照有效时间不少于连续 1 小时 $L_y \geqslant 20m$	

续表

条、款、项	示意图	浦西内环线以外	其他地区
第二十七条（六） 高层居住建筑的山墙与高、多、低层居住建筑的山墙间距	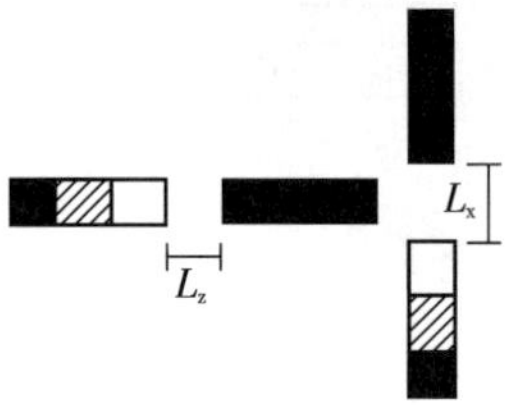	$L_z \geqslant 13m$	
第二十八条 第一款 高、多、低层居住建筑南北向平行布置的最小间距	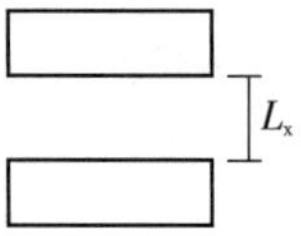	同时符合 $L_x \geqslant 1.0H_s$ $L_x \geqslant 6m$	同时符合 $L_x \geqslant 1.2H_s$ $L_x \geqslant 6m$
	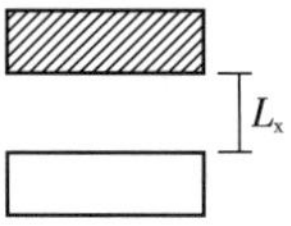	同时符合 $L_x \geqslant 1.0H_s$ $L_x \geqslant 8m$	同时符合 $L_x \geqslant 1.2H_s$ $L_x \geqslant 8m$
	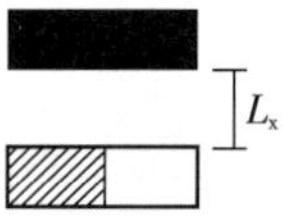	同时符合 $L_x \geqslant 1.0H_s$ $L_x \geqslant 13m$	同时符合 $L_x \geqslant 1.2H_s$ $L_x \geqslant 13m$
第三十一条（一） 1. 高层非居住建筑南北向平行布置		同时符合 $L_x \geqslant 0.4H_s$ $L_x \geqslant 24m$	
第三十一条（一） 2. 高层非居住建筑东西向平行布置	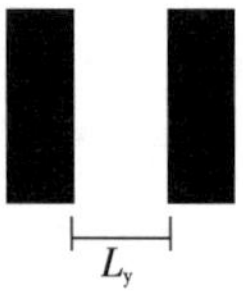	同时符合 $L_y \geqslant 0.3H_s$ $L_y \geqslant 18m$	
第三十一条（二） 高层非居住建筑与多层非居住建筑平行布置	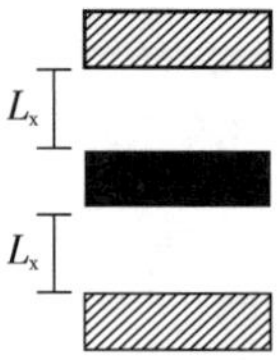	$L_x \geqslant 13m$ L_y 按消防间距控制	
第三十一条（三） 多层非居住建筑平行布置	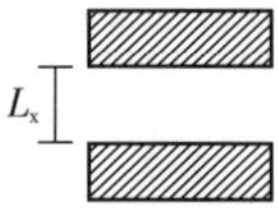	$L_x \geqslant 10m$ L_y 按消防间距控制	

续表

条、款、项	示意图	浦西内环线以外	其他地区
第三十一条（四） 低层半居住建筑与高、多、低层半居住建筑平行布置	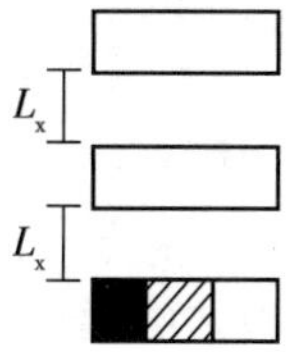 	同时符合 L_x 按消防间距控制 $L_x \geqslant 6$m	
图例		低层独立式住宅	L_x：南北向建筑间距
	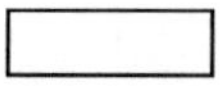	低层建筑	L_y：东西向建筑间距
	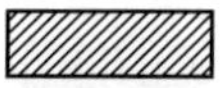	多层建筑	L_z：建筑墙距
		高层建筑	H_s：南侧建筑高度
	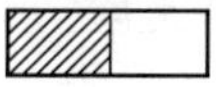	低层或多层建筑	H：相邻建筑中较高建筑高度
	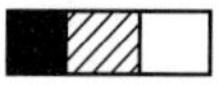	低层或多层或高层建筑	B：建筑山墙厚度

离界距离图示 **附表 4–2**

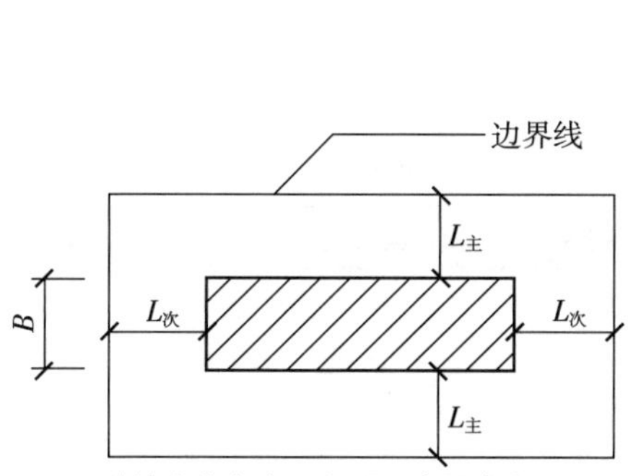

建筑南北向布置主要、次要朝向

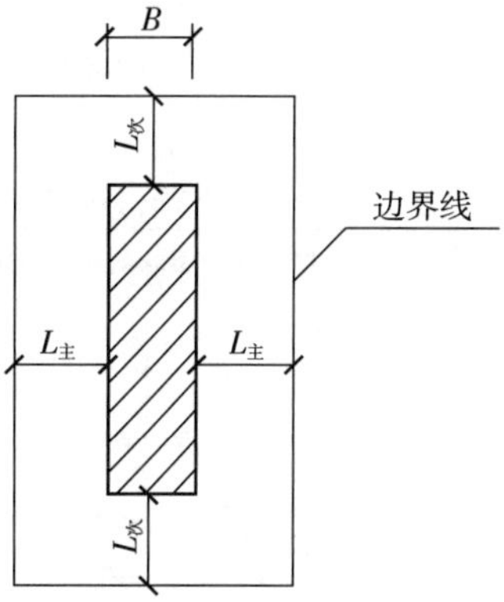

建筑东西向布置主要、次要朝向

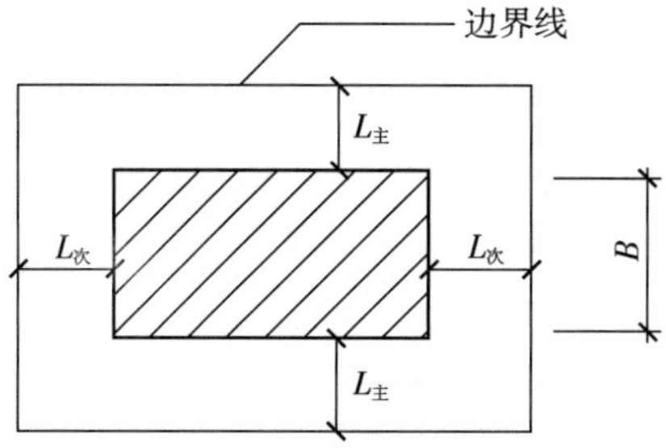

注：当建筑物边长大于16m时，其离界距离均按主要朝向控制

资料来源：上海市城市规划管理技术规定（土地使用、建筑管理）。

附录一　泉州古城控制性详细规划经济分析实例

一、背景

20 世纪 90 年代，泉州古城面临空前的冲突，一方面是具有高度文化价值，曾经灿烂辉煌的古建筑，一方面是迅速膨胀的房地产开发。

（1）大量实践表明，旧城改造必须以新区开发为前提，旧城人口才能松动，旧城改造才能成功。而泉州市古城更新完善却没有新区开发配合，致使古城更新完善不得不就古城论古城，难度很大。

（2）基础设施欠账太多，迫切需要改善。但政府财政无力支持，只有依靠房地产开发来带动。外商开发房地产，改善城市基础设施，成为城市政府当前首先考虑并予以支持的大事。

（3）古城人口密集，商业价值高，从纯房地产角度考虑，利润颇丰，深受外商青睐。

（4）国家政府鼓励发展第三产业，房地产迅速发展。

二、房地产投资市场简析

从 1992 年起，泉州市区各类建设用地全面实行了有偿有期限使用制度，主要采用有偿出让和有偿划拨两种。营业性、商品房用地以有偿出让方式取得使用权，工业企业、城市公共设施、行政机关等用地采用有偿划拨的方式取得土地使用权。古城建设用地有偿使用的收费标准见附录表 1–1。

古城土地综合配套费收费标准（元 /m^2）　　附录表 1–1

属性	费种	A1 级土地	A2 级土地	A3 级土地
营业性	公用设施费	650 ~ 450	550 ~ 350	450 ~ 250
	基础配套费	80	80	80
商品房	公用设施费	550 ~ 350	450 ~ 250	350 ~ 150
	基础配套费	80	80	80
非营业性	公用设施费	120 ~ 80	100 ~ 60	80 ~ 100
	基础配套费	60	60	60

城市土地制度改革之后，房地产市场形成，其结构见附录图 1–1。

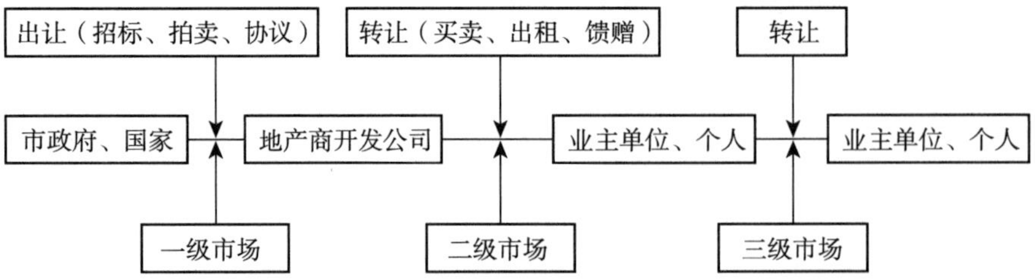

附录图 1–1　房地产市场结构图

在这种市场机制中，地产商与政府的关系是最关键的一个环节。政府是城市宏观利益的代言人，地产商则受利益导向；政府以提高名城的价值，美化城市景观，改善人民的居住水平和城市基础设施为目标进行规划，地产商以通过旧城改造获取最大利润为目标，其矛盾是尖锐的。

泉州房地产发展状况

潜因：人多地少，土地稀缺是泉州市的一大特征。由于城市可扩展用地不足，同时泉州市区作为区域中心在泉州市城市化进程中担任重要角色，导致地价上升的潜力很大。和台湾相比，泉州市的人口密度与台湾相近，均在 2.192 万人／km^2 左右。

地价：1992 年，泉州市土地管理局完成的《泉州市地区土地定级技术报告》（以下简称《报告》）测定了古城现状地价。

《报告》综合考虑商业服务繁华度、交通通达度、基本生活设施完备度、公用服务设施便利度、环境质量优劣度，并参考土地隐形市场，将古城土地分为五级：

Ⅰ级：由Ⅰ段南北向和 3 段东西向繁华街道及其两侧土地构成，占地 80hm^2。即中山路、打锡巷，九一路大部、涂门街及义全宫巷、泉秀路西段。

Ⅱ级：由中山路、东街、天后路等包围的区域和繁华街道两侧用地组成，占地 210hm^2。包括市政府、百源新村、泉州五中等。

Ⅲ级：分布于Ⅱ级地外围，占地约 200hm^2。包括体育场、实验小学、金山新村、开元寺、东门等。

Ⅳ级：分布于Ⅲ级地外围，占地约 200hm^2。包括新华北路的工厂区、华侨新村、小山新村、红梅新村、泉州卫校等。

Ⅴ级：分布于Ⅳ级地外围，占地约 100hm^2。主要包括环城路，堤后路一带。

根据抽样调查和统计处理，测算级差地租见附录表 1–2。

各级土地级差地租表 **附录表 1–2**

土地级别	店面租金（元／m^2）	地租（元／m^2）
Ⅰ	1431	1073
Ⅱ	1031	767
Ⅲ	666	503
Ⅳ	357	257
Ⅴ	166	100

趋势：泉州市的房地产市场尚未健全。因而很难判定趋势，但是，参考台湾的情况，可以看出一些规律。

影响房地产价格的因素很多，现以经济发展速度和物价指数分析（附录表 1–3）。

台湾地区房地产价格上涨表　　　　附录表 1–3

经济发展速度（%）	消费物价指数（%）	房价上涨（%）
8 ~ 10	0.7	50
11 ~ 12	1	80

随着泉州市房地产市场的健全和经济的发展，泉州市房地产价格也必然上升。

三、成本分析

（1）土地价格成本 T

根据马克思的地租理论，有地价 = 地租 / 利息率，泉州市的土地价格估算见附录表 1–4。

泉州古城土地价格估算表　　　　附录表 1–4

级别	批租地价（万元 / 亩）	批租地价（元 /m²）
Ⅰ	477	7155
Ⅱ	338	5067
Ⅲ	221	3313
Ⅳ	119	1784
Ⅴ	55	825

土地价格若按目前泉州的实际情况，其组成如下：

① PI 土地综合配套费；

② P2 拆迁费，主要包括过渡费、搬迁费、提前奖励费和营业补偿费；

③ P3 回迁安置费。

（2）建筑造价成本

主要包括建筑安装工程和区内配套工程两项费用。

（3）开发管理费、各项税收和不可预见的费用

销售价格分析

泉州市主干道沿线房产价格上升很快，其原因来自两个方面。

如前所述，区域经济繁荣，城市化进程加快，土地稀缺性等因素造成的正常上升。

古城改造尚未开始，新区开发进展较慢，房地产的供给与需求失衡，人为炒高房产价格，这是非正常价格。目前，泉州市商品房售价为 1600 元 / m^2，商店售价 5000 ~ 12000 元 / m^2，估计规划实施以后，价格会有所回落。

本报告房屋售价也按照泉州市店面租金分布规律进行分级分类（附录表 1–5）。

泉州市店面租金等级分类（单位：元 /m²） **附录表 1–5**

类别 等级	商业用房	住宅商品房
Ⅰ	8000	1500
Ⅱ	6000	1400
Ⅲ	4000	1300
Ⅳ	3000	1200
Ⅴ	2000	1100

利润分析：

国家规定，房地产企业应有法定利润，一级企业为 5%，二级企业为 4%，三级企业为 3%，泉州市的房地产开发企业为三级企业。

房地产开发有其自身规律，如附录图 1–2 所示。古城改造开始以后，古城容积率越高，意味着房屋供给量越高，总需求相对稳定，导致房地产价格回落，见价格曲线 *P*。当古城开发容积率为 *FAR*1 时，开发利润为 *P*1 ～ *B*1，当开发容积率升高为 *FAR*2 时，建筑造价成本降至 *B*2 的最低点，但房地产价格也随供给增加而降至 *P*2，因而较高容积率 *FAR*2 所获利润反而低于 *FAR*1 时的利润。继续增加容积率至 *FAR*3，成本增加，价格降低，利润 *P*3～B3 降到法定利润。此时容积率继续增加意味着投资受损。当开发容积率达到 *FAR*0 时，处于零利润状态。

通过上述分析，泉州古城保护与改造应限制容积率在 *FAR*1 ～ *FAR*2 之间，这是因为：

古城总体规划提出开发新区疏解古城的战略。从名城保护的角度出发，也宜逐步疏解现代工商业职能。限制容积率，可以维持古城房屋高昂的售价，政府可以获得超额的利润，同时降低对古城房屋的需求，在新的供需水平达到平衡，达到降低价格、降低地价的目的，通过法律、经济手段达到保护古城的目的。

实行较低容积率政策还可以促进新区开发，增加新区的房屋需求。因为总需求是相对稳定的，随着经济水平的增长而稳定上升，古城因房屋价格高昂导致古城房屋的需求量减少，必然增加对新区较低价格的房屋需求。

所以，我们对房屋售价的确定，是根据房屋售价的现状水平，经济发展对房价的影响，较低容积率政策，住房开发增加供给引致房价降低等诸要素综合考虑得出的。

针对每个古城而言，随着容积率的增加，价格相对稳定，成本变化引致利润变化，如附录图 1–3 所示。

当开发容积率为 *FAR*1 时，利润为 *P*1～*B*1，此时为法定利润，超过该容积率，可以获得超额利润。

当开发容积率为 *FAR*2 时，利润升为 *P*2 ～ *B*2，超额利润达到最大。

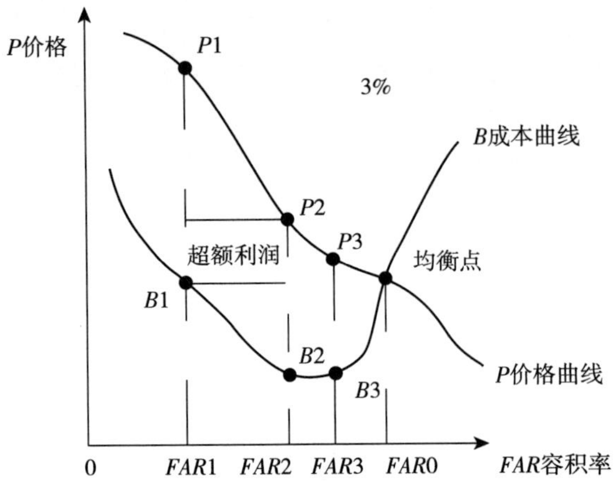

附录图 1–2　古城房地产开发供需关系曲线图

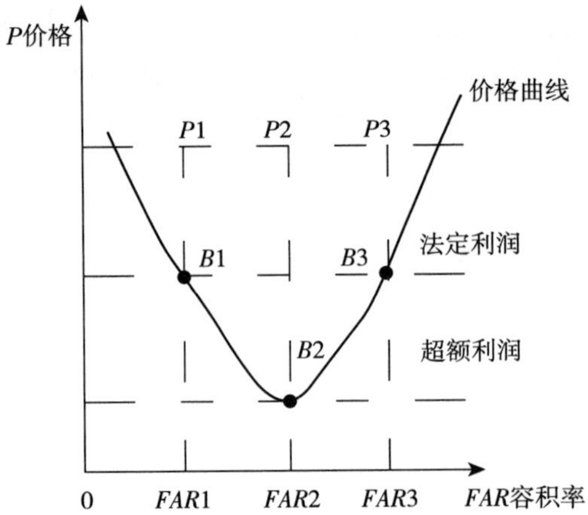

附录图 1–3　街坊房地产开发价格分析图

当开发容积率为 $FAR3$ 时，利润回到 $P3 \sim B3$ 的法定利润水平。

在 $FAR1 \sim FAR3$ 之间，房地产开发经营才能进行，我们把 $FAR1$ 称为最低经济容积率，把 $FAR3$ 称为最高经济容积率，把 $FAR2$ 称为经济容积率。

下面我们将测算最低经济容积率 $FAR1$，以保证古城控制性详细规划的指标不低于这一水平，使房地产开发经营者有利可图。最高经济容积率及经济容积率和规划冲突不大，不再计算。

古城分街坊最低容积率估算

采用公式：

$$FAR1=\frac{(P1+P2+P3+P5+P6)\times(1+R)}{X1-P4\ (1+R)}$$

式中　$P1$——土地综合配套费；

$P2$——拆迁费；

$P3$——回迁安置费；

$P4$——建安费；

$P5$——经营费；

$P6$——税收及不可预见费；

R——国家法定利润；

$X1$——售价。

得出古城 28 个街坊最低经济容积率（附录表 1–6）。

古城 28 个街坊改造容积率估算指数表　　　　**附录表 1–6**

序号	期望平均容积率	现状容积率	土地分级	售价等级	商业用地 FAR	居住用地 FAR
1	2.33	0.59	A3	V	3.74	0.99
2	1.35	0.44	A3	IV	2.21	0.48
3	2.10	0.83	A3	IV	3.50	0.70

续表

序号	期望平均容积率	现状容积率	土地分级	售价等级	商业用地 *FAR*	居住用地 *FAR*
4	1.73	0.55	A2	Ⅳ	2.85	0.60
5	1.55	0.46	A2	Ⅳ	2.55	0.54
6	1.72	0.55	A2	Ⅳ	2.85	0.59
7	1.35	0.52	A2	Ⅲ	2.29	0.41
8	1.43	0.57	A2	Ⅲ	2.43	0.43
9	1.64	0.70	A2	Ⅲ	2.79	0.48
10	1.69	0.73	A2	Ⅲ	2.88	0.50
11	1.24	0.53	A3	Ⅲ	2.10	0.38
12	1.53	0.71	A3	Ⅲ	2.60	0.46
13	1.74	0.89	A1	Ⅱ	3.09	0.38
14	1.52	0.88	A1	Ⅰ	2.74	0.29
15	1.39	0.78	A1	Ⅰ	2.51	0.26
16	1.32	0.59	A1	Ⅱ	2.34	0.30
17	0.92	0.22	A3	Ⅳ	1.49	0.35
18	1.33	0.43	A3	Ⅳ	2.18	0.47
19	2.35		A1	Ⅲ	4.02	0.68
20	1.3	0.71	A1	Ⅰ	2.35	0.25
21	1.59	0.94	A1	Ⅰ	2.88	0.30
22	1.6	0.79	A1	Ⅱ	2.84	0.36
23	1.27	0.68	A1	Ⅰ	2.29	0.24
24	1.27	0.65	A1	Ⅰ	2.29	0.24
25	1.72	0.88	A1	Ⅱ	3.06	0.38
26	1.35	0.61	A1	Ⅱ	2.39	0.31
27	1.29	0.70	A1	Ⅰ	2.33	0.25
28	1.69	0.86	A1	Ⅱ	3.01	0.37

古城28个街坊改造最低经济容积率表 **附录表1—7**

序号	住宅用地 (hm^2)	商业办公及商住混合用地 (hm^2)	住宅建筑总面积 (万 m^2)	商业办公建筑面积 (万 m^2)	商业办公比例 (%)	最低经济容积率
1	8.71	0.31	12.4	0.26	2	3.42
2	8.8	1.35	11.05	1.15	9	2.05
3	9.46	—	10.6	—	0	3.50
4	19.46	4.12	24.8	3.5	12	2.58

续表

序号	住宅用地 (hm^2)	商业办公及商住混合用地 (hm^2)	住宅建筑总面积 (万 m^2)	商业办公建筑面积 (万 m^2)	商业办公比例 (%)	最低经济容积率
5	14.15	1.0	16.65	0.85	5	2.45
6	11.22	—	12.6	—	—	2.85
7	2.34	0.19	2.76	—	5	2.20
8	6.12	2.38	8.92	2.02	18	2.07
9	4.8	1.56	6.74	1.34	17	2.40
10	15.88	4.29	21.45	3.65	15	2.52
11	2.13	0.87	3.14	0.76	19	1.77
12	4.6	1.46	6.44	1.24	16	2.26
13	14.94	7.83	23.36	6.66	22	2.49
14	2.13	11.3	12.01	9.61	44	1.66
15	2.3	15.53	15.8	13.2	46	1.48
16	15.06	17.66	31.91	15.01	32	1.69
17	—	—	—	—	—	—
18	—	—	—	—	—	—
19	—	—	—	—	—	—
20	7.46	3.73	11.57	3.17	21	1.90
21	0.87	4.97	5.22	4.22	45	1.72
22	13.35	9.99	23.59	8.49	26	2.20
23	2.17	5.99	7.49	5.09	40	1.47
24	6.52	12.64	18	10.7	37	1.53
25	8.77	6.63	15.44	5.64	27	2.34
26	3.16	2.46	5.59	2.09	27	1.83
27	14.72	6.48	22.01	5.51	20	1.91
28	4.22	1.71	6.15	1.45	19	1.93

由附表1–7可以看出，在保护古城风貌和促进房地产开发的前提下，古城最低容积率小于2的11个街坊为：11号、14号、15号、16号、20号、21号、23号、24号、26号、27号、28号。其余17个街坊如果在现行政策下要改造的话，则必然以牺牲古城环境质量，破坏古城风貌为代价。

如果古城改造不进行通盘考虑，先完成11个街坊的旧城改造，那么其余17个街坊的旧城改造将陷入困境。

建议旧城改造要统筹兼顾全面安排，近远期结合，执行同一政策。不同地段的开发要相互搭配，综合改造，完成古城更新完善的任务。

上表的假设前提是，现状建筑分布均匀。那么居住用地容积率是指开发纯居住的最低经济容积率（居住 FAR）；商业用地容积率是指开发纯商业的最低经济容积率（商业 FAR）；若开发一个街坊，改造新建居住建筑和商业建筑的比重分为 R%、C%，则本街坊的最低容积率为：

$$最低经济FAR=居住FAR\times R\%+商业FAR\times C\%$$

商业建筑比重越大，则最低经济容积率越低。

上表所列期望平均容积率是在商业与居住各半的情况下最低容积率。

根据实际开发住宅与商业办公的比例形成最低经济容积率（见附录表1−7）。

古城房地产投资可行性的抽样估计

在泉州市古城控制性详细规划中，为判定土地开发强度指标的经济可行性，特作近期或中期开发的 11 个地块的抽样分析。

分析的原则是：

土地利用最优原则：这是房地产估价中的一条原则，指在土地利用达到最优、最充分的状况下进行的评估。

估价最不利原则：指在成本分析和销售价格分析中，尽量从最不利的角度出发。如成本分析中的回迁安置费采用拆一赔一的办法等，以确保盈利的可靠性。设定：

S——地块面积；

JX——现状建筑总面积；

RX——现状居住建筑面积；

CX——现状商业和办公建筑面积；

ZX——现状其他建筑面积；

BC1——现状建筑密度；

FAR1——现状容积率；

JG——规划建筑总面积；

RG——规划居住建筑面积；

CG——规划商业和办公建筑面积；

ZG——规划其他建筑面积；

BC2——规划建筑密度；

FAR2——规划容积率。

（1）成本分析

① P1 土地综合配套费：按照泉州市人民政府 181 号文件分为三级，取上限。

② P2 拆迁费：合并搬迁过渡费、搬家费、提前奖励费、营业补偿费。计 4000 元／人。

③ P3 回迁安置费：按拆一赔一计算。

④ P4 建安费：合并建筑工程和配套工程费。计多层 700 元／m^2，高层 1200 元／m^2。

⑤ P5 经营费：合并开发管理费、营业税。计 8%。

⑥ P6 投资方向调节税：计住宅 5%，商场 30%。

⑦ P9 不可预见费用：计 10%。

（2）销售价格分析

参照土地局《土地分级报告》中分析的店面租金分布规律，将古城内房屋售价分为二类四级。

Ⅰ级：中山路、打锡港、九一路大部、涂门街、义全宫巷和泉秀路西段一带。住宅售价（RⅠ）1500 元/m^2，商场售价（CⅠ）8000 元/m^2。

Ⅱ级：Ⅰ级地外围、东街、天后路一带。住宅售价（RⅡ）1400 元/m^2，商场售价（CⅡ）6000 元/m^2。

Ⅲ级：Ⅱ级地外围。住宅（RⅢ）1300 元/m^2，商场（CⅢ）4000 元/m^2。

Ⅳ级：新华路上厂区、小山新村等一带。住宅（RⅣ）1200 元/m^2，商场（CⅣ）3000 元/m^2。

以地块 21～21 为例进行测算

东至后巷（新辟），西至中山路，南至打锡巷，北至承天巷。

S=29250　JX=32506　JG = 58500

RX=14325　RG = 29250　CX=4800

CG=29250　ZX=13381

$FAR1=1.11$　$FAR2 = 2.0$

规划所分析的 11 个地块投资盈亏之和为 1.4371 亿元，说明总体上在最不利的情况下是可以盈利的。抽样分析可以得出如下结论：

①开发纯商业用途的地块盈利颇丰；

②开发商住混合用途的地块视商、住的比例盈亏；

③开发别墅视地段优劣盈亏；

④开发住宅亏本。

开发亏本的原因在于拆一赔一政策的不合理，若把最不利因素中的这一条改为按质论价，则住宅开发亦可盈利。

以 27～16 地块为例

现状住宅按 200 元/m^2 计算

现状商店按 500 元/m^2 计算

$P3$=310 万元（原 $P3$=1904 万元）

则成本为 2900 万元（原来 P=4657 万元）

执行按质论价政策，由原来亏本 1581 万元转变为盈利 176 万元。

反之，若执行拆一赔一政策，住宅开发容积率过 2.0 仍然亏本。以 16～17 地块为例，按多层住宅计算容积率为 1.6 时，亏本 1015 万元，容积率为 2.0 时，亏本 630 万元，容积率为 2.5 时，亏本 200 万元。实际上容积率达到 2.0 以上时，多层住宅已经很难布置，很难保证环境质量。若以高层计算，成本上升，亏本更甚。

由此可见，关键在于回迁安置，通过调整政策，商业用地和居住用地综合开发，古城改造可以融保护与开发于一体，走出一条成功之路（见附录表1–8～表1–12所示）。

地块分级状况表 **附录表 1–8**

序号	地块号	按配套收费分级（市府 181 文）	按售价分级
1	21–21	A1	Ⅰ
2	22–24，25	A1	Ⅰ
3	16–17	A1	Ⅱ
4	25–15	A1	Ⅰ
5	27–16	A1	Ⅲ
6	24–4	A1	Ⅰ
7	24–11	A1	Ⅱ
8	7–4	A2	Ⅱ
9	12–16	A3	Ⅳ
10	10–30	A2	Ⅱ
11	10–23	A2	Ⅱ

相关经费计算表一 **附录表 1–9**

建设地点	建筑面积（m^2）	建筑年代	征地费	拆迁费	基础设施费	安置费	青苗补偿费	公共设施费	建筑造价	材差及其他费用	建筑售价	国家允许的开发利润
桐学村	62441	1986 ～ 1991	96 万		254 万			88 万	180 ～ 390		320 ～ 580	3%
东湖新村	44995	1988 ～现在	131 万		284 万			127 万	420 ～ 450		662 ～ 1055	3%

相关经费计算表二 **附录表 1–10**

项目 \ 序号	1	2	3	合计
建设地点	九一路北侧	新锡巷南侧	庄府巷北侧	—
建筑面积（m^2）	19455(3 座)	11597(3 座)	405(1 座)	31457
建筑年代	1989.9	1990.6	1991.1	—
拆迁费、安置费、青苗补偿费	280 万元	510 万元	70 万元	860 万元
基础设施费	33 万元	60 万元	4 万元	97 万元

续表

项目 \ 序号	1	2	3	合计
公共设施费	150 万元	259 万元	16 万元	416 万元
建筑造价	94 万元	600 万元	23 万元	1563 万元
建筑售价（元 /m^2）	1100（平均）	1200（平均）	不出售	—
开发利润	3%	3%	0	—
拆建比	4000/19455	9000/11597	744/405	—
余房率	0	0	0	—

注：1. 开发利润 =（工程成本 + 管理费 + 其他费用 − 征地拆迁费）× 3%。
2. 九一路北侧及庄府巷各还有一座建筑的资料未汇总。

相关经费计算表三　　　　附录表 1–11

项目 \ 序号	庄 埕（3 幢）	东大路（4 幢）	大希夷（7 幢）	前坂新村（13 幢新区）	霞淮新村（13 幢新区）
建设地点	庄 埕	东大路西侧	大希夷	前坂	霞淮花苑
建筑面积（m^2）	3052	6333	1001	23000	23400
建筑年代	1985	1986	1987	1988	1989
拆迁费、安置费、青苗补偿费	20.8 万元	22.75 万元	46.8 万元	13 万元	130 万元
基础设施费	6.1 万元	12.67 万元	200.00 万元	76 万元	83 万元
公共设施费	9.16 万元	19.00 万元	30.00 万元	229 万元	225 万元
建筑造价	64.09 万元	132.99 万元	230.02 万元	881 万元	907 万元
建筑售价（元 /m^2）	280	300	1987 年 410 1989 年 600	652	652
开发利润	3%	3%	3%	3%	3%
拆建比	0	0	0	0	0
余房率	0	0	0	0	0

泉州市区土地综合配套收费标准　（单位：元）　　　附录表 1–12

		旧区 A			新区 B		后渚区 D	城东区 C	浮桥区 E
		A1	A2	A3	B1	B2			
营业性用地	公共设施费	550 ~ 450	450 ~ 350	350 ~ 250	400 ~ 300	300 ~ 200	200 ~ 150	200 ~ 150	200 ~ 150
	基础配套费	180	150	120	60	50	40	40	40
	征迁费	按实际征迁量确定			60	60	60	60	60

续表

		旧区 A			新区 B		后渚区 D	城东区 C	浮桥区 E
		A1	A2	A3	B1	B2			
商品房用地	公共设施费	450 ~ 350	350 ~ 250	250 ~ 150	350 ~ 250	250 ~ 150	100	100	100
	基础配套费	180	150	120	60	50	40	40	40
	征迁费	按实际征迁量确定			60	60	60	60	60
非营业性用地	公共设施费	80 ~ 120	60 ~ 100	40 ~ 80	60 ~ 100	40 ~ 80	20 ~ 40	20 ~ 40	20 ~ 40
	基础配套费	180	150	120	60	50	40	40	40
	征迁费	按实际征迁量确定			60	60	60	60	60
工业仓库堆场用地	公共设施费				36 ~ 60	36 ~ 60	20 ~ 40	20 ~ 40	20 ~ 40
	基础配套费				60	50	40	40	40
	征迁费				60	60	60	60	60

注：1. 营业性用地指商业、服务业、金融等第三产业用地。
2. 商品房用地指开发经营出售的综合、写字、住宅楼用地。

附录二　建筑容量确定参考资料

杭州市滨江高教园区控制性详细规划——地块开发控制指标　附录表 2–1

地块编号	用地面积 (hm^2)	用地代号	地块性质	容积率	建筑密度 (%)	建筑高度 (m)	绿地率 (%)
B–01	0.96	C21	商业用地	1.7	45	22	25
B–02	0.50	C21	商业用地	1.7	45	22	25
B–03	10.15	C61		0.6	25	30	35
B–04	0.90	C65	科研设计	2.5	35	38	25
B–05	1.33	C65	科研设计	2.5	35	38	25
B–06	0.82	C65	科研设计	2.5	35	38	25
B–07	0.19	S22	游憩集会广场	—	—	—	—
B–08	0.61	C65	科研设计	2.5	35	38	25
B–09	0.60	C65	科研设计	2.5	35	38	25
B–10	0.48	C12	非市属办公	—	—	—	—
B–11	0.65	C65	科研设计	2.5	35	38	25
B–12	0.22	G12	街头绿地	—	—	—	—
B–13	0.19	E1	水域	—	—	—	—
B–14	0.11	G12	街头绿地	—	—	—	—

北京现状公共建筑高度与容积率指标典型调查表　　附录表 2-2

序号	名称	用地面积（hm^2）	总建筑量（万 m^2）	容积率	地下面积（万 m^2）	建筑限高（m）	绿地率（%）	备注
1	东方饭店	0.20	1.34	6.67	0.14	53.46	0	侵入道路红线
2	王府饭店	0.88	4.16	4.74	2.33	49.60	0	不含附属用房
3	台湾饭店	0.52	2.30	4.42	0.63	40.00	0	
4	和平饭店	1.53	4.24	2.77	不含地下	64.30	12.24	
5	文学会堂	1.14	3.30	2.88	0.43	44.85	5.75	
6	西苑饭店	1.06	6.18	5.83	1.79	91.20	5.26	
7	兆龙饭店	1.04	2.20	1.87	0.26	67.60	3.37	
8	民族饭店	1.04	3.83	3.68	不含地下	44.40	16.61	占用公共用地
9	港澳中心	2.23	6.95	3.13	0.56	67.30	0	
10	国际饭店	5.03	9.09	2.00	1.36	85.00	13.40	侵入道路红线
11	建国饭店	1.73	3.10	1.79	0.24	23.90	12.06	
12	长富饭店	2.56	9.43	3.68	1.98	88.95	19.28	
13	长城饭店	5.71	26.05	4.39	3.10	85.35	23.29	
14	国际大厦	0.43	4.31	9.36	0.31	94.00	0	
15	京广中心	1.42	13.74	9.69	2.85	208.00	12.14	侵入道路红线遮挡邻建日照
16	中国银行	0.87	2.62	3.01	0.39	80.00	4.53	侵入道路红线
17	海关总署	2.16	2.66	1.23	0.18	44.60	10.28	侵入道路红线
18	保利大厦	2.70	5.92	2.20	2.15	76.20	4.60	不含附属用房侵入道路红线
19	民族文化宫	2.46	2.64	1.07	0.80	62.00	22.59	侵入道路红线和公共绿地
20	发展大厦	1.20	5.21	4.34	1.05	80.00	10.10	
21	中国人民银行	13.03	2.60	1.93	1.30	36.75	21.62	侵入道路红线
22	国贸中心	13.03	39.40	3.02	8.67	150.00	5.33	侵入道路红线
23	西单商场	1.63	4.51	2.77	1.16	28.00	0	
24	华威大厦	0.80	6.95	8.64	1.55	40.50	0	
25	长安商场	1.20	3.11	2.59	1.07	23.40	0	
26	贵友商场	0.79	1.71	2.17	0.39	23.90	1.68	侵入道路红线
27	蓝岛大厦	0.90	3.07	3.41	0.73	39.65	7.73	侵入道路红线

续表

序号	名称	用地面积 (hm²)	总建筑量 (万 m²)	容积率	地下面积 (万 m²)	建筑限高 (m)	绿地率 (%)	备注
28	城乡贸易中心	4.03	12.72	3.15	2.80	98.95	6.65	
29	燕莎商城	4.67	15.98	3.42	0.70	54.50	0	
30	友谊商店	2.36	1.45	0.62	0.26	19.55	8.02	

北京市区中心地区控制性详细规划图则——朝阳区地块开发控制指标表　　附录表 2-3

地块编号	用地性质		用地面积 (hm²)	容积率	建筑密度 (%)	建筑限高 (m)	绿地率 (%)
	用地代号	用地类别					
1522–08	R4		0.33	1.0	25	18	35
1522–10	C2	商业金融	0.16	1.2	40	18	30
1522–11	M1	一类工业	1.89	1.6	25	45	30
1522–19	C1	行政办公	0.50	1.4	40	24	30
1522–20	C2	商业金融	0.74	3.0	30	60	30
1522–21	R2	二类居住	0.88	1.6	30	18	30
1522–22	C1	行政办公	0.25	1.2	40	18	30
1523–01	R2	二类居住	2.28	1.6	30	18	30
1523–03	C2	商业金融	0.18	1.2	40	18	30
1523–04	U	市政设施	0.38	1.0	50	9	2
1523–05	R2	二类居住	0.37	1.6	30	18	30
1523–08	R2	二类居住	0.31	1.6	30	18	30
1523–09	U	市政设施	0.24	1.0	50	9	30
1523–10	R2	二类居住	0.28	1.6	30	18	20
1523–11	C2	商业金融	0.06	1.2	40	18	30
1523–12	C3	文化娱乐	0.76	1.5	30	30	35
1523–13	R2	二类居住	0.71	2.5	25	60	30
1523–14	M1	一类工业	0.80	1.6	30	45	30
1531–04	C6	教育科研	9.51	1.4	30	30	30
1531–05	R2	二类居住	2.50	1.6	30	18	35

北京市中关村西区控制性详细规划——地块开发控制指标表　附录表 2-4

地块编号	用地性质		用地面积 (hm²)	容积率	建筑密度 (%)	建筑限高 (m)	绿地率 (%)
	用地代号	用地类别					
N–1–1	C22	金融贸易	0.89	4.5	45	35	30
N–1–2	C22	金融贸易	1.00	5.0	60	35	30
N–2–1	C3	文化娱乐	1.22	4.0	45	35	30
N–2–2	C3	文化娱乐	0.97	4.0	45	35	30
N–2–3	G1	公共绿地	0.54	—	—	—	100

续表

地块编号	用地性质		用地面积(hm²)	容积率	建筑密度(%)	建筑限高(m)	绿地率(%)
	用地代号	用地类别					
N-3-1	C23	科技商务	1.43	5.0	60	35	30
N-3-2	C23	科技商务	1.33	5.0	60	35	30
N-3-3	S22	绿化广场	1.10	—	—	—	60
N-3-4	S31	停车场	0.21	—	—	—	10
N-3-5	C23	科技商务	1.68	5.5	70	35	30
N-3-6	C23	科技商务	0.98	4.5	60	35	30
N-4-1	G1	公共绿地	2.06	—	—	—	100
N-4-2	S31	停车场	0.52	—	—	—	10
S-1-1	C21	商业服务	0.67	3.5	45	35	35
S-1-2	C21	商业服务	1.01	3.5	45	35	35
S-1-3	S31	停车场	0.49	—	—	—	10
S-1-4	C23	科技商务	1.13	4.0	45	35	35
S-1-5	C23	科技商务	1.23	4.0	45	35	35
S-2-1	C23	科技商务	1.80	4.0	45	35	35
S-3-1	G1	公共绿地	0.43	—	—	—	80
S-3-2	C23	科技商务	1.05	4.5	45	35	30
S-3-3	S22	步行街、广场	0.58	—	—	—	30
S-3-4	C21	商业服务	1.09	3.0	12～30	40	30
S-3-5	C21	商业服务	1.10	3.0	12～30	40	30
S-4-1	C12	行政办公	1.16	4.0	45	35	35
S-4-2	S31	停车场／库	0.48	2.0	45	35	15
S-5-1	C23	科技商务	2.53	4.5	60	35	30
S-5-2	S31	停车场	0.41	—	—	—	10
S-6-1	C21	商业服务	0.84	3.0	12～30	40	30
S-6-2	C21	商业服务	0.47	3.0	12～30	40	30
S-6-3	C23	科技商务	0.79	4.5	60	35	30
S-6-4	C21	商业服务	1.09	3.0	12～45	40	30
S-6-5	C3	文化娱乐	1.15	3.0	12～45	40	30
S-6-6	S22	步行街、广场	1.11	—	—	—	45

广州市某居住区土地使用强度控制表　　附录表 2–5

地块编号	用地代号	用地性质	用地面积（m^2）	容积率	建筑密度（%）	建筑限高（m）	绿地率（%）	备注
1	R22	二类居住用地	7750	1.5	30	15	35	小学
2	R2	二类居住用地	12017	1.8	30	25	35	中学
3	G1	公共绿地	10128				90	居住区
4	C3	文化娱乐设施用地	3534				35	文化活动中心
5	C3	文化设施用地	2043	1.8	30	20	35	青少年活动中心
6	R2	二类居住用地	16271	1.8	30	20	30	邮政所、电信营业所、综合商店、储蓄所
7	R22	二类居住用地	2045	2.5	30	30	35	幼儿园
8	R2	二类居住用地	42174	1.2	30	15	30	物业管理所、肉菜市场、街道办事处
9	G2	防护绿地	6977				90	消防
10	U9	其他市政设施用地	12817	2.5	30	30	35	电影院
11	C3	文化娱乐设施用地	5056				35	幼儿园
12	R22	二类居住用地	2008				35	老人院
13	C9	其他市政设施用地	6519	2	30	20	30	粮油站、肉菜分销店、柴煤店
14	R2	二类居住用地	37166	1.2	30	10	90	
15	G2	防护绿地	18766	1.5	30	20	90	
16	G2	防护绿地	27637	2.5	30	30	30	
17	U2	交通设施用地	7842				30	公交总站
18	G1	公共服务					90	体育公园
19	G1	防护绿地						

上海市现状建筑区划调查与分析资料　　附录表 2–6

名称	用地面积（m^2）	容积率	建筑密度（%）	建筑层数（层）	建筑限高（m）	机动车停车数（辆）
海安路、华亭路住宅	493.5	0.8	26.3	3		
富民路 210 弄住宅	285.4	0.9	45	3		
新康花园	10084.9	0.5	27.7	2		34
大通里	3660.5	1.4	69.2	2		

续表

名称	用地面积（m^2）	容积率	建筑密度（%）	建筑层数（层）	建筑限高（m）	机动车停车数（辆）
会东里	7808	1.4	72.8	2		
东建业里	9341	1.5	74.4	2		
凡尔登花园	13144	1.5	47	3		
建业里北住宅	7406	0.96	35.9	3		24
模范村	9469	1.7	56	3		
四明村	18107.9	1.4	63.2	2.5		
景华新村	8637	1.9	62.8	3		
古北新村	7590	1.8	38.3	3		
愚谷村	14286.8	1.8	59.8	3		
联华公寓	5753.8	2.4	56.4	4.5		17
陕南村	15984	1.4	41.3	4		86
麦琪公寓	213	8.2	100	9		4
南昌大楼	2100	5.5	71.5	8		6
卫乐公寓	2414.4	2.4	29.1	12		14
枕流公寓	3622.5	2.2	37	8		27
淮海公寓	4606.9	3.1	48.7	5～13		48
乌镇路高层住宅	15100	4.8	26.2	20		
中百九店高层住宅	5900	3.6	46	11		
曲阳新村小区中心	4032	1.1	64	3		
曹杨商场	7493	1.6	64	5		
长风商场	5184	1.7	50	3		
贸海宾馆	5000	7.0	68.6	25	90.1	
华亭宾馆	19600	4.7	54	29	90	57
北海饭店	3267	4.2	33.5	10	37	100
沪办大楼	16012	4.0	53.9	21	74	
交通部三航设计院	1953	4.5	32.6	8	30	129
虹桥宾馆	16800	3.1	24.3	31	95	
扬子江大酒店	16900	2.9	43.1	36	115	
船舶第九设计院	5573	2.7	36.3	13	54	
蓝天宾馆	10620	0.9	100	7		6
新永安大楼	1600	9.0	93	21	85	
国际饭店	1890	8.3	100	24	82.8	
和平饭店北楼	4622	7.9	84	13	77	
东海大楼	6167	4.3	92	8	33	
中国银行	5308	4.5	100	13	70	
第一百货商店	3667	7.6	100	10	42.3	
第一食品商店	3500	6.0	100	7		
华联商厦	5700	5.4	87	7		

续表

名称	用地面积（m²）	容积率	建筑密度（%）	建筑层数（层）	建筑限高（m）	机动车停车数（辆）
上海服装公司	6947	1.8	73	7	30	
华侨饭店	1973	6.3	45	9	38.2	
城市酒家	1550	14.0	92.3	26	88.8	22
海仑宾馆	2900	13.0	100	31	117	82
联谊大厦	2400	12.0	90	28	98.5	
上海港客运总站售票处	1160	10.7	95	16	75	
展览中心北馆	18000	9.8	72	47	152.1	300
百乐门大酒店	3207	8.4	58	19	69.7	
锦仓文华大酒店	8818	5.8	23	30	99.8	147
静安希尔顿酒家	12000	5.8	46	43	143.6	
上海宾馆	10200	4.4	62	26	91.5	
中国钟厂	3440	6.8	58.2	8	41.5	
建国西路针织大楼	12150	3.4	65.3	9		
景福针织厂	8330	2.0	57.8	12	41	
上海电子计算机厂	18447	2.4	84.8	10		
北苏州路仓库	1485	6.9	100	11		
光复路仓库	4609	6.0	92.9	6		
东大名路仓库	5300	4.2	46.9	6		
服装公司中山北路仓库	15510	2.0				

天津市北辰区西横堤居住区控制性详细规划——地块开发控制指标　附录表 2–7

地块编号	用地代号	用地性质	用地面积（m²）	容积率	建筑密度（%）	建筑限高（m）	绿地率（%）
A–01	G22	外环线绿化带	26305				100
A–02	E3	果园	56185				100
A–03	U13	高、中压调压站	2241				
A–04	G12	道路绿化带	772				100
A–05	R21	中高层住宅	17829	2.5	25	70	35
A–06	G11	居住区绿地	7751				85
A–07	R21	多层住宅	14424	1.5	30	24	30
A–08	R22	集贸市场	3225			10	
A–09	CR	商住用地	5787	1.5	30	24	25
A–10	G12	道路绿化带	1196				100
A–11	G12	道路绿化带	10342				100
A–12	R21	多层住宅	85678	1.5	30	24	30
A–13	CR	商住用地	2855	1.5	30	24	25
A–14	R21	高层住宅	13568	2.5	25	70	35

续表

地块编号	用地代号	用地性质	用地面积(m^2)	容积率	建筑密度(%)	建筑限高(m)	绿地率(%)
A—15	R22	小区公建用地	9921	1.2	50	15	20
A—16	S31	社会停车场	1209				
A—17	G11	居住区绿地	2871				85
A—18	G11	居住区绿地	8206				85
A—19	R22	12 班保育院	5524	0.6	30	10	30
A—20	R22	卫生院	5206	0.8	30	15	30
A—21	R22	24 班小学	14766	0.5	20	15	35
A—22	R22	示范中学	44766	0.5	20	15	35
A—23	G12	道路绿化带	3411				100
A—24	CR	商住用地	4322	1.5	30	24	25
A—25	R21	多层住宅	9280	1.5	30	24	30
A—26	G12	道路绿化带	780				100
A—27	R21	多层住宅	30471	1.5	30	24	30
A—28	CR	商住用地	4137	1.5	30	24	25
A—29	G12	道路绿化带	3942				100
A—30	U13	燃气服务站	700				

地块编号	规划地块开发控制指标						
	用地面积(hm^2)	用地代号	用地性质	容积率	建筑密度(%)	建筑限高(m)	绿地率(%)
6—1	1.18	R2C2S2	二类居住用地 商业金融用地 广场用地	2.0	30	24	35
6—2	1.41	R2G1	二类居住用地 公共绿地	2.0	30	24	30
6—3	2.76	R2C2	二类居住用地 商业金融用地	2.0	30	24	30
6—4	16.34	G1	公共绿地	—	3	—	70
6—5	0.85	R2	二类居住用地	2.0	30	24	30
6—6	1.91	R2G1	二类居住用地 公共绿地	2.0	30	24	30
6—7	1.16	R2C2G1	二类居住用地 商业金融用地 公共绿地	2.0	30	24	30
6—8	3.18	R2C2G2	二类居住用地 商业金融用地 生产防护绿地	2.0	30	24	35

续表

地块编号	规划地块开发控制指标						
	用地面积(hm^2)	用地代号	用地性质	容积率	建筑密度(%)	建筑限高(m)	绿地率(%)
6-9	2.69	R2C2G1G2	二类居住用地 商业金融用地 公共绿地 生产防护绿地	2.0	30	24	35
6-10	1.83	R2C2G2	二类居住用地 商业金融用地 生产防护绿地	2.0	30	24	35
6-11	2.24	R2C2G2	二类居住用地 商业金融用地 生产防护绿地	2.5	30	25	30
6-12	6.05	R2C2G1 G2 S3	二类居住用地 商业金融用地 绿地、社会停车场库用地	1.8	30	24	35
6-13	3.45	C2C3	商业金融用地 文化娱乐用地	3.5	35	35	30
6-14	2.35	C2	商业金融用地	2.5	30	12	30
6-15	2.59	C1	行政办公用地	3.0	30	30	35
6-16	4.75	R2G1G2	二类居住用地 绿地	2.0	30	24	35
6-17	2.15	R1	一类居住用地	0.8	20	12	50
6-18	9.20	G2	生产防护绿地	—	2	—	100
6-19	6.74	G1	公共绿地	—	—	—	100

南京市市区规划地块控制要素表　　　附录表 2-8

地块编号	用地使用控制			环境容量控制			建筑限高(m)	备注
	用地面积(m^2)	用地性质		容积率	绿地率(%)	建筑密度(%)		
		用地代号	用地类别					
D-1	7021	G1	公共绿地	0.2	65	10		公共绿地，内设小型体育设施
D-2	5578	G22	防护绿地					防护绿地
D-3	4519	G1	公共绿地					现状办公
D-4	2719	CR						现状商住
D-5	10128	R21	住宅用地	2.8	40	30	30	规划住宅

续表

地块编号	用地使用控制			环境容量控制			建筑限高(m)	备 注
	用地面积(m^2)	用地性质		容积率	绿地率(%)	建筑密度(%)		
		用地代号	用地类别					
D-6	2015	R22		0.8	35	30		规划幼儿园 6 班
D-7	7791	CR		3.0	30	40	30	规划商住
D-8	9124	CR		1.7	35	35	24	规划商住
D-9	26770	R21	住宅绿地	1.65	30	30	24	规划居住
D-10	7027	CR		1.7	30	40	24	规划商住，底层设农贸市场
D-11	14458	R22		1.1	40	30		二十八中，24 班
D-12	1162	R21	住宅用地					现状住宅
D-13	1301	C12	公共设施	1.5	35	30		规划办公，含街道办、派出所
D-14	4063	C21	商业用地	1.6	35	30		规划商业
D-15	4023	M1	一类工业					无线电五厂
D-16	215	G1	公共绿地					街头公共绿地

南京市雨花经济技术开发区部分规划地块控制要素表　　附录表 2-9

地块序号	用地使用控制			环境容量控制			绿地率(%)	允许居住人口
	用地面积(hm^2)	用地性质		容积率	建筑限高(m)	建筑密度(%)		
		用地代号	用地类别					
1	0.55	C5	医疗卫生	1.2	24	30	35	
2	5.76	CR		1.2	50	25	35	1600
3	21.16	R2	二类居住	1.0	24	25	35	8400
4	9.92	C2	商业金融	2.5	100	35	30	
5	6.74	C6	教育科研	1.2	24	30	35	
6	1057	R2	二类居住	1.5	24	30	35	4800
7	1.73	C1	行政办公	2.5	50	30	40	
8	1.71	G1	公共绿地	0.2		10	80	
9	12.05	CR		1.8	50	30	35	3800
10	0.21	U3	邮电设施	1.5	24	30	35	
11	5.21	R2	二类居住	1.5	24	30	35	2400

厦门鼓浪屿控制性详细规划——A 地块开发控制指标表　　附录表 2–10

地块编号	规划地块开发控制指标						
	用地面积 (hm^2)	用地性质		容积率	建筑密度 (%)	建筑限高 (m)	绿地率 (%)
		用地代号	用地类别				
A–1	0.15	C6	教育科研	1.00	40	10	30
A–2	0.45	C6	教育科研	0.90	40	10	30
A–3	0.53	C7	文物古迹	0.80	30	10	30
A–4	0.62	R3	三类居住	0.60	35	10	45
A–5	0.61	R1	一类居住	0.90	35	10	40
A–6	0.10	C5	医疗卫生	0.25	25	10	55
A–7	0.25	R1	一类居住	0.60	30	10	45
A–8	0.38	R1	一类居住	0.70	35	10	40
A–9	0.38	R1	一类居住	0.45	15	10	45

兰州市金城关怀古风情园控制性详细规划——地块开发控制指标表　　附录表 2–11

用地编号	用地面积 (m^2)	用地性质		容积率	建筑密度 (%)	建筑限高 (m)	绿地率 (%)
		用地代号	用地类别				
1	1908.52	C2	商业金融	1.0	30	12	30
2	6678.67	C2	商业金融	1.0	30	10	30
3	3582.50	C2	商业金融	0.8	30	10	30
4	4006.31	C2	商业金融	0.8	30	10	30
5	2227.81	C	公共设施	1.0	30	10	30
6	30333.95	G	绿地	0.2	8	6	80
7	1436.81	C		0.8	30	12	40
8	4459.25	C	公共设施	0.8	30	10	30
9	14077.48	C2	商业金融	1.0	30	12	30
10	13132.28	C3	文化娱乐	1.5	30	30	30

苏州市古城控制性详细规划——41 号和 42 号街坊地块开发控制指标表　　附录表 2–12

规划地块	用地代号	用地性质	用地面积 (hm^2)	规划人口	容积率	建筑密度 (%)	建筑限高 (m)	绿地率 (%)
1–1	G12	街头绿地	0.03	0	0	0	0	85
1–2	G12	街头绿地	0.05	0	0	0	0	90
1–3	G12	街头绿地	0.02	0	0	0	0	85

续表

规划地块	用地代号	用地性质	用地面积(hm²)	规划人口	容积率	建筑密度(%)	建筑限高(m)	绿地率(%)
1-4	R11 U4	一类居住用地 环卫设施用地	0.09	45	1.25	64	6	26
1-5	R11	一类居住用地	0.15	56	0.93	55	6	35
1-6	R11	一类居住用地	0.07	36	1.14	56	6	33
2-1	G12	街头绿地	0.10	0	0	0	0	90
2-2	R11 C7	一类居住用地 文物古迹用地	0.33	146	1.11	23	9	35
2-3	R11 C7	一类居住用地 文物古迹用地	0.61	179	1.14	50	6	30
3-1	C21R21 R24	商业用地 二类居住用地 绿地	0.78	7810	1.46	44	15	40
3-2	R21	二类居住用地	0.24	146	1.52	51	12	25
3-3	R21	二类居住用地	0.37	179	1.21	54	10	25
3-4	U3 R21	邮电设施用地 二类居住用地	0.26	364	3.50	22	15	45
4-1	R21 R24	二类居住用地 绿地	0.77	420	1.36	37	12	45
4-2	R21 C21	二类居住用地 商业用地	0.25	131	1.30	50	9	30
4-3	R21 C21	二类居住用地 商业用地	0.36	136	0.94	56	10	25
4-4	R21	二类居住用地	0.35	158	1.13	45	9	35
4-5	R21 C21	二类居住用地 商业用地	0.38	191	1.25	57	9	25

温州市城市中心区城市设计——地块开发控制指标表　　　附录表 2-13

地块编号	用地代号	用地性质	地块面积(m²)	容积率	建筑密度(%)	建筑限高(m)	绿地率(%)
B-15	C1，C2	行政办公 商业金融	10817	1.2	30	21	35
B-16	C1，C2	行政办公 商业金融	8841	1.2	30	21	35
B-17	C1，C2	行政办公 商业金融	7078	1.2	30	21	35
B-19	C1	行政办公	23279	2.0	18	40	30
B-20	C1，S2	行政办公 广场	74396	1.2	15	65	70
B-21	C1	行政办公	23367	2.0	18	40	30
B-23	C3	文化娱乐	11215	2.0	40	25	30

续表

地块编号	用地代号	用地性质	地块面积（m²）	容积率	建筑密度（%）	建筑限高（m）	绿地率（%）
B–24	C1，C2	行政办公 商业金融	12034	4.5	40	100	20
B–25	S3	社会停车库	2696				10
B–26	C3	文化娱乐	19607	2.0	40	35	30
B–27	S2	广场	87315				35
C–27	C1，C2	行政办公 商业金融	17251	4.5	40	80	20
C–28	S3	社会停车库	5127				10
E–1	C1，C2	行政办公 商业金融	14895	3.2	35	100	30
E–2	C1，C2	行政办公 商业金融	15968	2.5	35	40	30
E–3	S3	社会停车库	5740				
E–4	C1，C2	行政办公 商业金融	9509	3.5	35	80	30
E–5	C1，C2	行政办公 商业金融	7945	2.8	35	40	30
E–6	C3	文化娱乐	19238	1.1	35	24	30
E–7	C1，C2	行政办公 商业金融	32036				75
E–8	C3	文化娱乐	23108	1.1	35	24	30
E–9	C1，C2	行政办公 商业金融	15138	2.0	45	18	30
E–10	C1，C2	行政办公 商业金融	10390	2.0	45	18	30

常州软件园二期工程控制详细规划
——2 号地块开发控制指标表　　　附录表 2–14

地块编号	规划地块开发控制指标						
	用地面积（hm²）	用地代号	用地性质	容积率	建筑密度（%）	建筑限高（m）	绿地率（%）
2–1	1.61	G22	防护绿地	—	—	—	95
2–2	1.68	G12	街头绿地	—	—	—	85
2–3	3.10	C65	科研设计用地	0.6	25	10	50
2–4	3.54	C65	科研设计用地	0.6	25	10	50
2–5	2.96	C65	科研设计用地	0.6	25	10	50
2–6	2.54	C65	科研设计用地	0.6	25	10	50
2–7	2.67	C65	科研设计用地	0.6	25	10	50
2–8	2.74	C65G12	科研设计用地 街头绿地	0.45	20	10	55

续表

地块编号	规划地块开发控制指标						
	用地面积 (hm^2)	用地代号	用地性质	容积率	建筑密度 (%)	建筑限高 (m)	绿地率 (%)
2-9	2.30	G12	街头绿地	—	—	—	95
2-10	2.15	C65G12	科研设计用地 街头绿地	0.45	20	10	55
2-11	1.91	C65G12	科研设计用地 街头绿地	0.45	20	10	55
2-12	1.91	C65G12	科研设计用地 街头绿地	0.45	20	10	55

桂林市中心区控制性详细规划——109 地块开发控制指标表　　附录表 2-15

地块编号	用地面积 (m^2)	用地性质		容积率	建筑密度 (%)	建筑限高 (m)
		用地代号	用地类别			
10901	2240	R2	二类居住	1.60	0.60	10
10902	10670	G2	生产防护绿地	0.05	0.05	7
10903	1250	R1	一类居住	1.10	0.40	10
10904	510	H		0.20	0.00	10
10905	5000	R1	一类居住	1.10	0.40	10
10906	2410	R1	一类居住	0.80	0.30	10
10907	1910	R1	一类居住	1.10	0.40	10
10908	5040	R1	一类居住	0.70	0.40	7
10909	1090	G2	生产防护绿地	0.10	0.05	7
10910	1720	R1	一类居住	0.80	0.35	10
10911	630	G2	生产防护绿地	0.00	0.00	0
10912	1490	R1	一类居住	0.80	0.30	10
10913	1740	G2	生产防护绿地	0.10	0.05	7
10914	1380	G2	生产防护绿地	0.00	0.00	0
10915	4810	G2	生产防护绿地	0.15	0.10	7
10916	1590	R2	二类居住	1.00	0.40	10
10917	3190	C3	文化娱乐	1.00	0.40	10
10918	160	G2	生产防护绿地	0.00	0.00	0
10919	17570	L		0.00	0.00	0
10920	630	RS		0.00	0.00	0

丽水市江滨地带控制性详细规划——地块开发控制指标表　　附录表 2–16

地块编号	用地面积(m^2)	用地性质		容积率	建筑密度（%）	建筑限高(m)	绿地率(%)	绿化率(%)
1	5870	C2	商业金融	4.0	30	80	25	25
2	3160	G12	街头绿地	—	—	—	—	—
3	13537	C2	商业金融	4.0	30	80	25	45
4	17926	C2	商业金融	3.5	30	60	25	45
5	3282	S31	机动车停车场库	—	—	—	15	40
6	12563	R11	住宅用地	1.5	25	20	35	60
7	10961	R24	绿地	—	—	—	85	90
8	9103	R21	住宅用地	1.5	25	20	35	60
9	15246	R21	住宅用地	1.2	25	14	25	45

湖州市太湖旅游度假区梅西片控制性详细规划——A 地块开发控制指标表　　附录表 2–17

地块编号	用地代号	用地性质	用地面积（hm^2）	容积率	建筑密度(%)	建筑限高(m)	绿地率(%)
A01	C7	文物古迹	16.1				30
A02	C21，C24，R21	商业／服务业／住宅	1.4	0.8	35	7	30
A03	C21，C24	商业／服务业	2.0	0.8	35	7	30
A04	R21	住宅	0.5	0.6	35	7	30
A05	R21	住宅	1.7	0.6	35	7	30
A06	C21	商业用地	0.3	0.8	45	7	25
A07	C21，C24	商业／服务业	2.3	0.8	35	7	30
A08	U41	雨水污水处理用地	0.07				
A09	G12	街头绿地	0.3				
A10	C21，C24	商业／服务业	1.1	0.8	35	10	30
A11	R22	公共服务设施	0.6	0.6	30	7	30
A12	C21	商业	0.2	0.8	35	10	30
A13	R21	住宅	2.5	0.6	30	7	40
A14	C7	文物古迹	2.1				
A15	R21	住宅	3.0	0.6	30	7	40

附 图

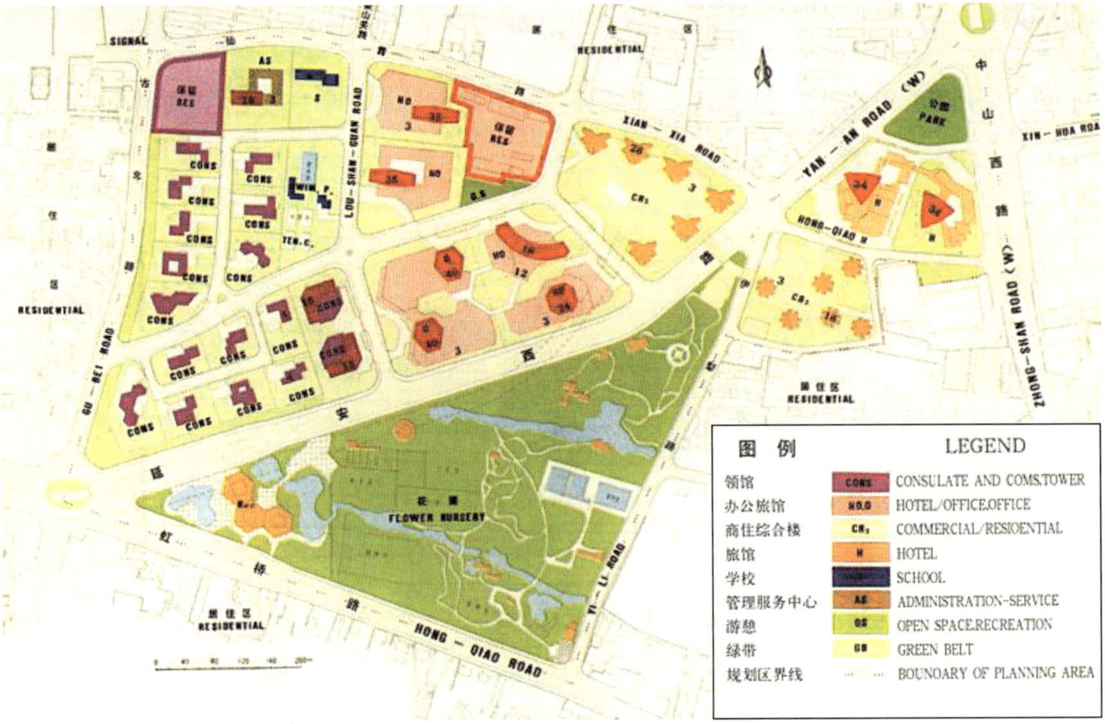

彩图 1　上海虹桥开发区的控制性详细规划尝试（一）

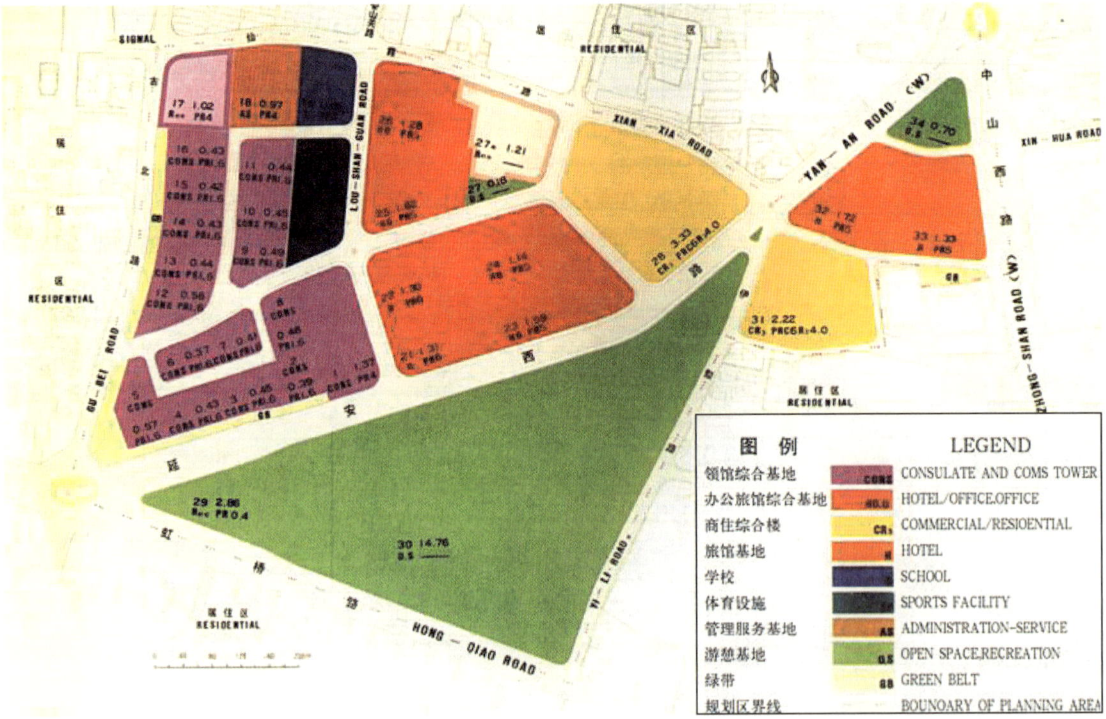

彩图 2　上海虹桥开发区的控制性详细规划尝试（二）

彩图 3　深圳市的详细规划法定图则

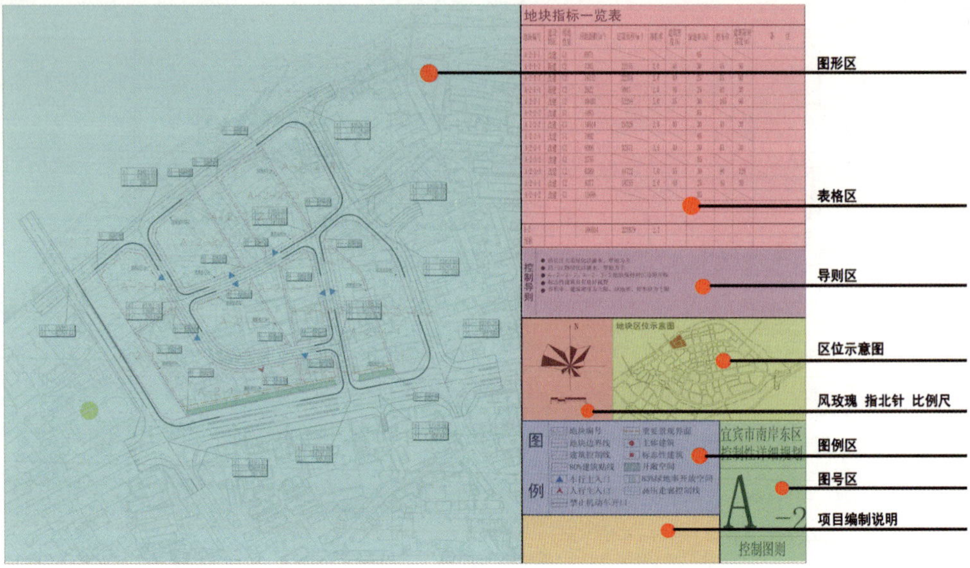

彩图 4　控制图则

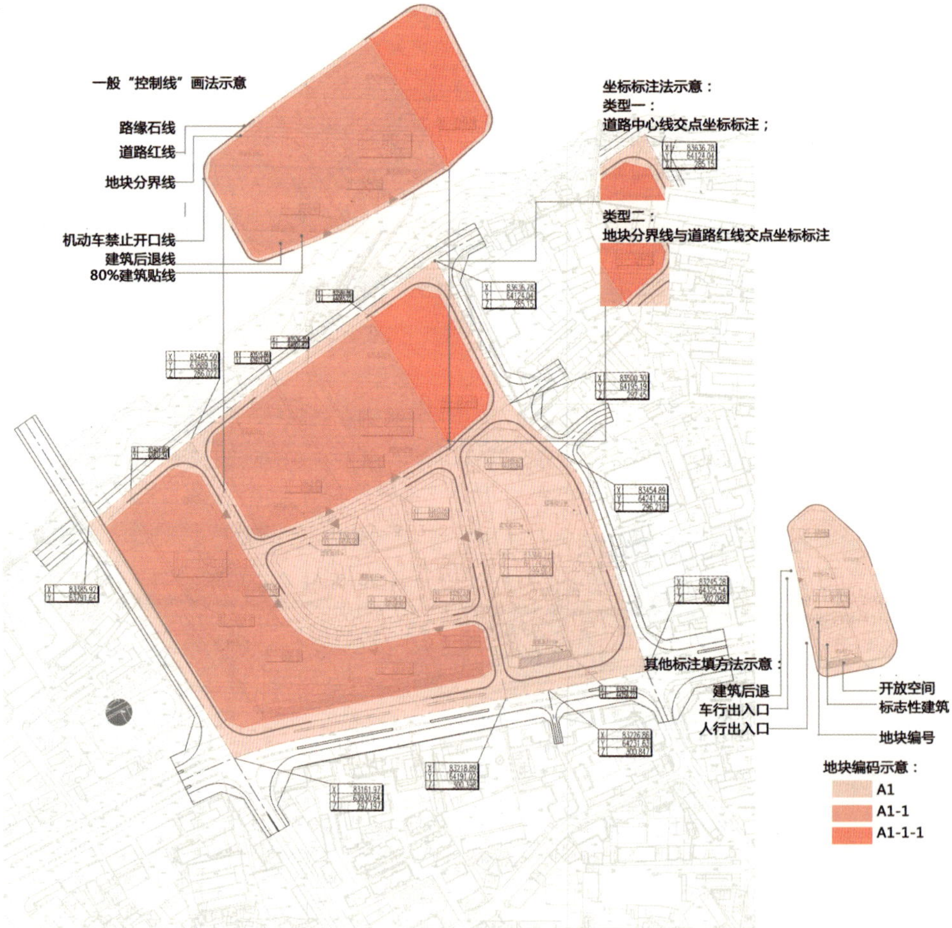

彩图 5　地块图则说明

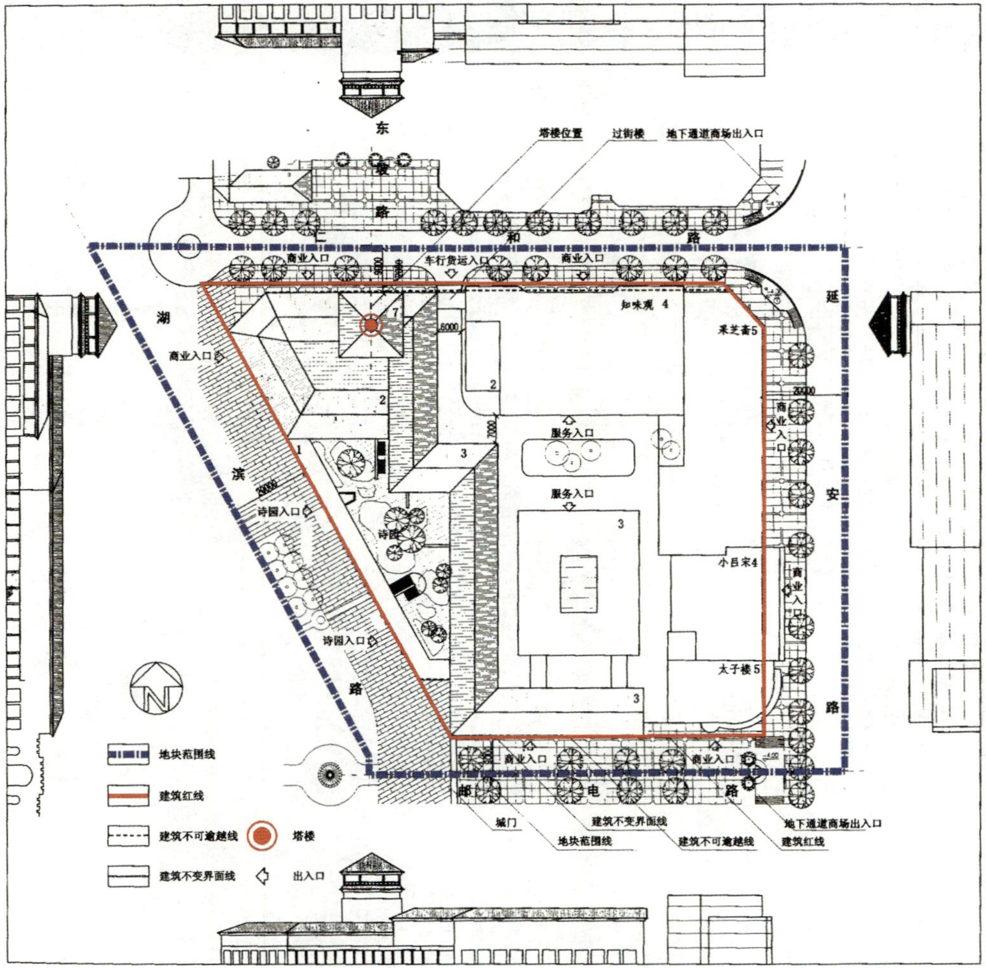

地块编号：21号

一、设计目标

a. 是杭州湖滨地区的主要建筑，应与其周围的建筑共同形成鲜明的建筑特色。

b. 建筑风格应是具有江南民居和滨水建筑两方面特点的融合。

c. 地块西南侧公共空间“诗园”，应塑造成为开放的、亲水的、具有人文气息的城市公共空间。

二、设计说明

1・用地性质

商业餐饮休憩用地

2・交通组织

a. 地块周边以商业建筑围合，内部形成后勤服务广场，为周边建筑提供货运及后勤入口。

b. 商业与办公人流入口在建筑外围。

c. 地块北侧设有车行货运入口。

3・公共空间

a. 临湖滨路一侧以一层廊道、二层的露台及三层敞廊等形成层次丰富、视线开阔的城市商业文化空间。成为市民观赏西湖的看台。

b. 诗园建议以片墙、绿地、树木、廊道、楼梯等作为基本元素，片墙上提历代文人咏西湖诗句，形成一供市民休憩、观湖的具文化气息和个性的城市休闲空间。

4・建筑形式

a. 延安路上小吕宋、太子楼及仁和路上知味观原建筑保留。

b. 建筑一二层应考虑为商业性质，三四层为办公用途。临湖滨一侧建筑为二层，并设置露台，西南侧设一层廊道，且以三层高带敞廊的商业建筑为背景，以形成丰富的建筑空间并获得良好的观湖视野。

c. 底层做骑廊处理，骑廊开间4米，进深3米。

d. 屋顶形式：以简洁四坡屋顶形式为主。局部可以出现平屋顶。

e. 建筑界面应连续，并与商业步行街及城市滨水步行空间有机结合，底层设骑廊，形成过渡空间。

f. 地块北部东坡路尽端中轴线上设塔楼，作为东坡路步行街区南端的对景。

g. 西南侧邮电路上设城门，城门必须与两侧建筑统一设计。

5・建筑高度

邮电路，仁和路新建建筑高度三层，檐口高度不高于12米，沿湖滨路建筑为一二层，檐口高度不高于9米；北部塔楼部分可达六到七层，建筑高度在24米左右。

6・铺地

a. 骑廊的铺地设计与相连步行街相同且连续，不应有明显高差变化。

b. 诗园内小径暖灰色石才铺地。墙面选用冷灰色石材。

7・技术经济指标

地块面积	用地面积	建筑覆盖率	容积率	绿地率
19672M²	12110M²	55%-60%	2.2-2.4	15%

杭州湖滨商贸旅游步行街区城市设计

地块设计准则

0 2 5 10 20M

彩图6　地块设计图则

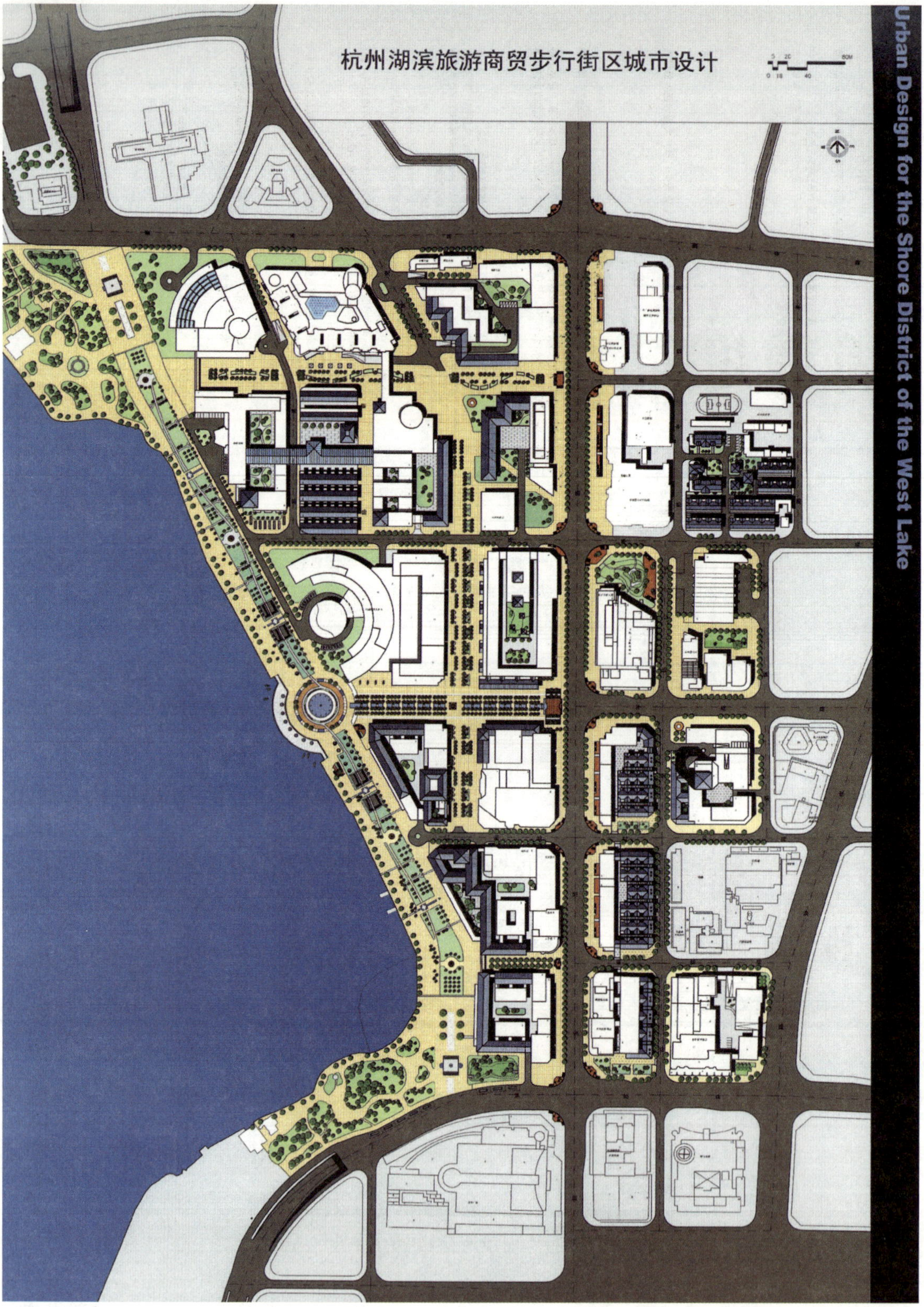
杭州湖滨旅游商贸步行街区城市设计
Urban Design for the Shore District of the West Lake

彩图 7　设计总平面图

户外设施．广告

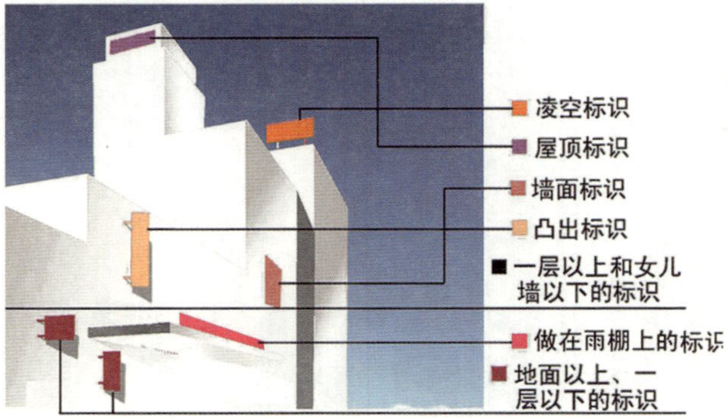

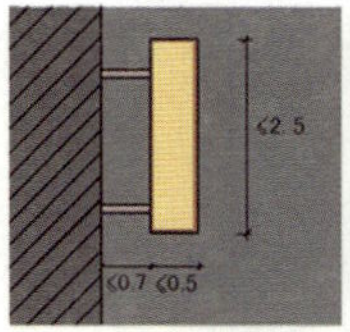

标识竖向设置

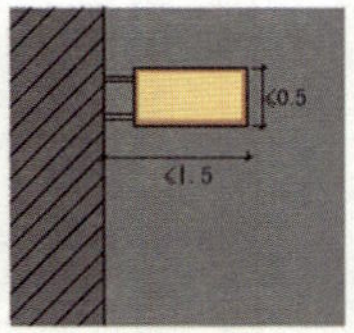

标识横向设置

■ 临时性标识

■ 开放空间上的标识

彩图 8　户外设施　广告设计

■ 一般原则

- 要求建筑设计时预留标识与广告的适当位置
- 广告标识的大小，形状应与建筑形态尺度相协调
- 广告与标识的安放不遮盖建筑的特征
- 考虑标识及其支承架在不同角度时的外观，包括从地面上、附近高层建筑以及正对天际线观察时的可视性

■ 地面以上一层的标识

- 凸出标识体量不得大于 0.5m×2.5m，标识由建筑物向外凸出的距离应符合以下图则
- 标识凸出设置，应保证人行道 2.7m最小净空高度
- 沿街面底层、沿雨棚或门窗上沿的标识高度要求一致，宽度统一为 0.6m

■ 一层以上和女儿墙以下的标识

■ 凸出标识

- 标识的高度应视建筑物结构而定，并且垂直方向高度不得超过三层楼层标高的高度
- 标识从建筑物向外的水平凸出距离不得超过 1m

■ 墙面标识

- 与建筑物和街景设计相协调，不得损害建筑物的立面特征
- 应完全设在建筑物外墙上，广告标识面积不得超过立面面积的十分之一

■ 临时性标识及其构筑物

- 所有临时性标识及其构筑物应与永久性标识的设计和位置要求相同。但对于那些与社区重要活动有关、具有宗教或文化性质的标识，应根据实际情况予以具体的考虑除有特别的规定外，临时性标识最多只允许保留 2 个月

■ 凌空标识

- 一般不宜设置凌空标志
- 在特殊情况下需要设置凌空标志时，应当不损害主体建筑物屋顶形态和中心的天际轮廓线
- 在设计时注意支撑结构（特别是从背面观察时）不破坏街道和城市轮廓线的景观

■ 开放空间上的标识

- 离地最大高度 4 米，每幅标识最大面积为 2 平方米
- 标识位置不影响建筑或绿化景观
- 街道上每个路段的广告灯箱形式要统一

■ 屋顶标识

- 屋顶标识宜用于社团标志或建筑物名称
- 屋顶标识应与建筑物和街景相协调
- 屋顶标识不得损害屋顶造型

参考文献

[1] 鲍世行．规划要发展管理要强化——谈控制性详细规划．城市规划，1989,6.

[2] 陈秉钊．控制性详细规划综谈．城市规划汇刊，1992.

[3] 陈定荣．国内控制性详细规划开展情况对比研究．城市规划汇刊，1998 .

[4] 陈雪明．美国城市规划的历史沿革和未来的发展趋势．国外城市规划，2003.

[5] 城市规划资料集（第四分册），北京：中国建筑工业出版社.

[6] 城市规划资料集（第十一分册），北京：中国建筑工业出版社.

[7] 戴逢，史小予等．控制性规划的认识与实践，城市规划汇刊，1996，6.

[8] 邓卫．应战与创新：面对市场经济的城市规划．城市规划，2002.

[9] 方可，从城市规划角度看"金融街"现象——兼论北京城市规划与建设面临的几个突出问题．建筑师，1998,83.

[10] 范润生．传统区划和区划改良——浅谈美国城市开发控制机制的核心内容．上海城市规划，2000.

[11] 冯现学．对公众参与制度化的探索——深圳龙岗区"顾问规划师制度"的构建．城市规划，2003.

[12] 耿宜顺．控制性详细规划的理论基础．城市规划汇刊，1991.

[13] 江苏省城市规划设计研究院主编．城市规划资料集（第四分册）——控制性详细规划．北京：中国建筑工业出版社，2002.

[14] 金广君．城市街道墙探析．城市规划，1991,5.

[15] 李德华主编．城市规划原理（第三版）．北京：中国建筑工业出版社，2001.

[16] 李浩．控制性详细规划的调整与适应：控规指标调整的制度建设研究．北京：中国建筑工业出版社，2007.

[17] 柳健．控制性详细规划中的城市设计，重庆大学硕士学位论文，2005.

[18] 芦原义信．外部空间设计，北京：中国建筑工业出版社，1985.

[19] 彭飞飞．美国的城市区划法．国外城市规划，1987.

[20] 彭震伟．迈向 21 世纪中国城市土地使用制度的思考．城市规划汇刊，1998.

[21] 全国城市规划执业制度管理委员会编．城市规划原理．北京：中国建筑工业出版社，2000.

[22] 全国注册城市规划师执业资格考试指定参考用书之四——城市规划实务．北京：中国计划出版社，2002.

[23] 全国注册城市规划师执业资格考试指定参考用书之四．城市规划实务．北京．中国建筑工业出版社，2000.

[24] 阮仪三主编．城市建设与规划基础理论．天津：天津科学技术出版社，1992．
[25] 邵任薇．国外城市管理中的公众参与．江海学刊，2003．
[26] 邵任薇．中国城市管理中的公众参与．现代城市研究，2003．
[27] 石楠．试论城市规划中的公共利益．城市规划，2004．
[28] 宋军．对控制性详细规划的几点认识．城市规划，1991，3．
[29] 宋启林．市场经济体制下城市规划的新特点．城市规划，2002．
[30] 苏则民，戴月等．我谈控制性详细规划．城市规划，2000．
[31] 孙骅声．美国纽约市区划决定的几个特点．国外城市规划，1998．
[32] 孙晖，梁江．美国的城市规划法规体系．国外城市规划，2000．
[33] 梁江，孙晖．邹德城市土地使用控制的重要层面：产权地块——美国分区规划的启示．城市规划，2000,6．
[34] 孙施文．美国的城市规划体系．城市规划，1999．
[35] 孙施文，奚东帆．土地使用权制度与城市规划发展的思考．城市规划，2003．
[36] 唐子来，付磊．城市密度分区研究——以深圳经济特区为例．城市规划汇刊，2003，4．
[37] 田银生，刘韶军编著．建筑设计与城市环境．天津：天津大学出版社，2001．
[38] 王江．公众参与城市管理制度障碍和创新．现代城市研究，2003．
[39] 王世福．华南理工大学建筑学院．广州市居住区公共服务设施建设标准研究，2004．
[40] 文国玮，控制性详细规划阶段的城市设计控制——温州信河街地段城市设计控制规划的实践．1990年中国城市规划学术年会论文，1990．
[41] 吴明伟，陈荣．现代城市规划管理与控制性规划．城市规划，1991，3．
[42] 吴松涛，苏万庆，刘国英．单元·城市——城市特色的感知与控制．全球化进程中的城市本土性，第二届"21世纪城市发展"国际会议论文集，229～235．
[43] 吴志强．德国空间规划体系及其发展动态解析．国外城市规划，1999．
[44] 武汉市城市规划设计研究院．武汉市主城区用地建设强度研究，2008．
[45] 夏南凯，王耀武等编著．城市开发导论（第二版）．上海：同济大学出版社，2008．
[46] 邢铭．从区划法看城市规划控制方法的改进．规划师，2002．
[47] 徐国强，郑盛．控制性详细规划中有关地下空间部分的控制内容和表达方法．上海市地下空间综合管理学术论文集．
[48] 阳建强．城市规划控制体系研究初探．城市规划，1993．
[49] 郑毅主编．城市规划设计手册．北京：中国建筑工业出版社，2000．
[50] 郑正．关于控制性详细规划的内容、方法和控制指标的思索．城市规划汇刊，1992．
[51] 郑正，扈媛．试论我国城市土地使用兼容性规划与管理的完善．城市规划汇刊，2001．
[52] 庄宇．作为一种管理策略的城市设计．城市规划汇刊，1998，2．

后　记

本教材由同济大学、天津大学、重庆大学、华南理工大学、华中科技大学根据近几年来我国各地控制性详细规划的法规规范、理论研究和实践探索共同编写。本教材的前六章可作为课堂教学使用，第七、八章则供教师和感兴趣的同学参考，以加深对控制性详细规划的了解和认识。

本教材由以上五所院校联合编写。参加本教材编写的人员有：同济大学夏南凯、田宝江、宋海瑜；天津大学运迎霞、邢燕；重庆大学胡纹、杨培峰、李浩；华南理工大学汤黎明、戚东瑾、黄铎、叶红；华中科技大学耿虹、罗毅。上海市宝山区规划和土地管理局姚存卓为本书提供了第八章第一节的案例。

本教材的出版过程中还得到了中国建筑工业出版社的大力协助，特在此致谢。

夏南凯，运迎霞

2011 年 6 月